从阅读走进现实

knowledge-power

knowledge-power

读行者

生命，因阅读而美好！

森欣文化

Target Tokyo

轰炸东京

1942，美国人的珍珠港复仇之战

［美］詹姆斯·M. 斯科特◎著
银凡◎译

民主与建设出版社 博集天卷 CS-BOOKY

1.1941 年 12 月 7 日早上，日本人袭击珍珠港时，海军航空基地上被火焰吞噬的美国飞机。（国家档案馆）

2. 在珍珠港遭袭的过程中，美军在寻找天空中的敌机，加利福尼亚号战舰起火燃烧。

（国家档案馆）

3. 联合舰队司令山本五十六是偷袭珍珠港事件的谋划者，他曾在哈佛大学学习过，清楚美国的恢复能力。他最担心的就是美国对天皇的所在地——东京，实施打击。

（国家档案馆）

4. 富兰克林·罗斯福总统要求回击日本，作为响应，美国舰队司令，海军上将厄内斯特·金鼓励他的下属制定一套针对东京的航母突袭计划。

（国家档案馆）

5. 美国陆军航空部队长官，“海普”亨利·阿诺德中将从莱特兄弟那里学会了驾驶飞机。是他将手下飞行员吉米·杜立特选出，让这位解决问题的能手来策划这场将陆军轰炸机从海军航母上起飞的奇袭。

（国家档案馆）

6. 著名竞速及特技飞行员，吉米·杜立特中校是美国航空史上的先锋。（美国空军国家博物馆）

7. 海军中将“公牛”威廉·哈尔西指挥此次任务中海军特遣队的16艘战舰和1万名人员。（国家档案馆）

8. 海军上校马克·米切尔担任19800吨级航母，大黄蜂号的舰长，载着吉米·杜立特和他的突击队员驶向日本。

（国家档案馆）

9. 海员们看着大黄蜂号航母甲板上排满的 16 架 B–25 轰炸机，它们被绳索和轮楔固定在甲板上。（国家档案馆）

10. 突袭前夕，大黄蜂号的甲板上，在突击队员们的围观下，杜立特正微笑着将一枚日本勋章系到一颗 500 磅炸弹的尾翼上。（国家档案馆）

11.1942 年 4 月 18 日清晨，特遣部队遭遇了一系列的日本侦查船，这就是其中的一只。它在美军舰船炮火和飞机的联合攻击下被摧毁。

（国家档案馆）

12. 突袭开始前，大黄蜂号甲板上的陆军航空兵们正紧张地装载弹药。每架飞机装载 4 颗炸弹用于轰炸日本，配备 .30 和 .50 口径机关枪用于防卫日本的战斗机。（国家档案馆）

13. 一名东京地区的日本官员站在一个 6 英尺深、差不多 43 英尺直径的弹坑里，周围散落着一间木质厂房的碎片。飞行员迪恩·霍尔马克发动的袭击不仅正中目标，还震飞了临近建筑上的窗户。

（国家防卫研究所）

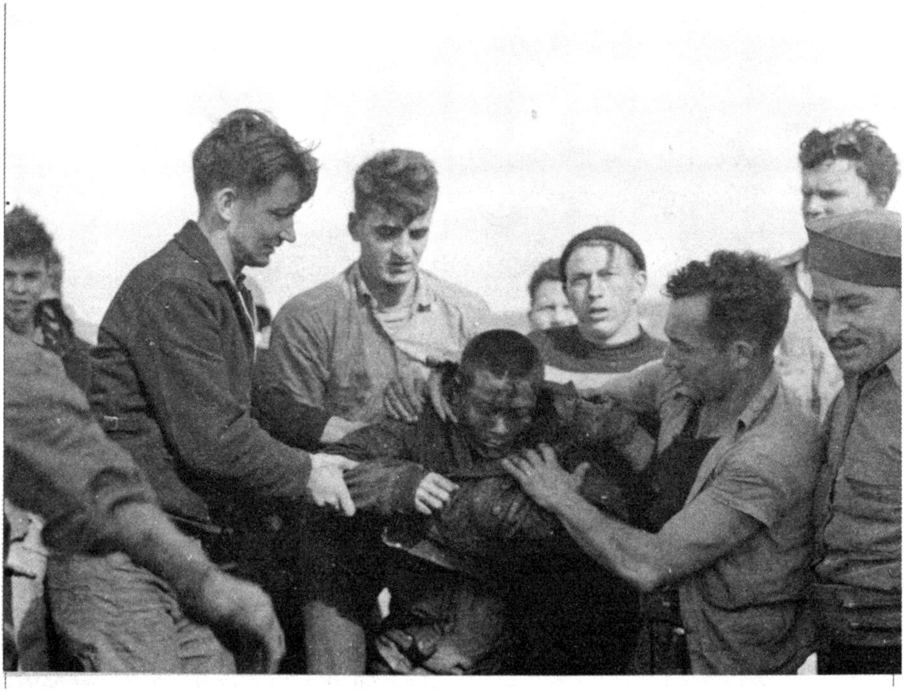

14. 纳什维尔号的船员们正扶起一名精疲力竭的日本战俘，他来自某一艘被摧毁的侦查船，被美军救起。（国家档案馆）

15.16 架 B–25 轰炸机中的一架发动了引擎，正准备起飞前去轰炸日本。狂风将巨浪掀过高耸的航母船头。（国家档案馆）

16. 每一架轰炸机从大黄蜂号的甲板上起飞，全体特遣队的海员都会为之欢呼。（国家档案馆）

17. 这张横须贺海军基地的照片是杜立特突击队的一架轰炸机拍下的，也是该次空袭行动中仅存的几张照片之一。（国家档案馆）

18. 东京地区，朝日电气制造公司的工厂附近的这个弹坑直径超过 50 英尺，深达近 10 英尺。
（国家防卫研究所）

19. 约瑟夫·史迪威中将强压着对蒋介石委员长的蔑视，两人在此合影。
（国家档案馆）

20. 在空袭日本后，当地中国人在杜立特驾驶的B–25轰炸机的残骸中搜寻。（美国空军国家博物馆）

21. 中国当地人用轿子抬着几位杜立特的飞行员。轿子是这些飞行员在中国进行转移的交通方式之一，其他的方式还包括用黄包车和中国矮马。（国家档案馆）

22. 中国士兵护送第 15 号轰炸机机组人员。上图从左开始：赫布·马西亚，杰克·希姆斯，雅各布·爱尔曼和杰克·希尔格。(国家档案馆)

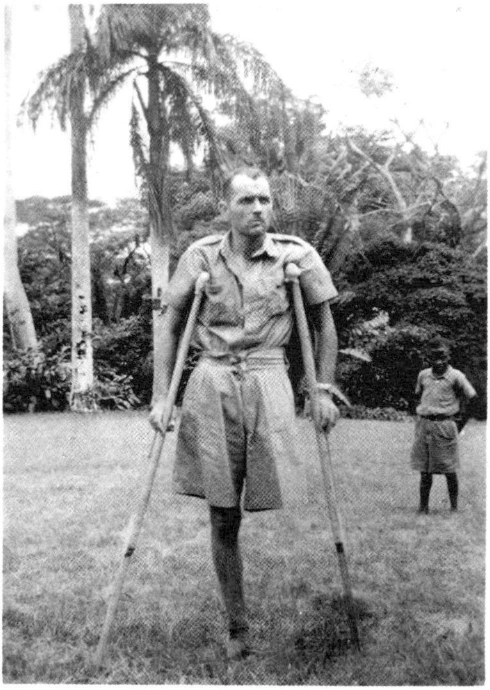

23. 泰德·劳森驾驶的“跛脚鸭”在中国近海岸的海浪中坠毁，事故导致他严重受伤，并最终由随军医生托马斯·怀特为其截掉左腿。

(空军历史研究所)

24. 吉米·杜立特和他的副指挥杰克·希尔格少校在听蒋介石夫人的讲话。在空袭日本后，蒋介石夫人在重庆刚刚为他们颁发完奖章。（国家档案馆）

25.1942年5月19日，富兰克林·罗斯福总统在白宫为吉米·杜立特颁发荣誉勋章。在场的还有亨利·阿诺德中将，乔·杜立特夫人和马歇尔将军。（国家档案馆）

26. 飞行员鲍比·海特被蒙上眼睛，从一架日本运输机里面押出。他将渡过 40 个月的囚禁生活。（美国空军博物馆）

27. 在杜立特突袭后，救济院的传教牧师和修女们为了逃避日本人，正在淌过一条小河。（德保罗大学）

28. 在杜立特突袭后，日本人立刻将鹰潭市变为了一片废墟。(德保罗大学)

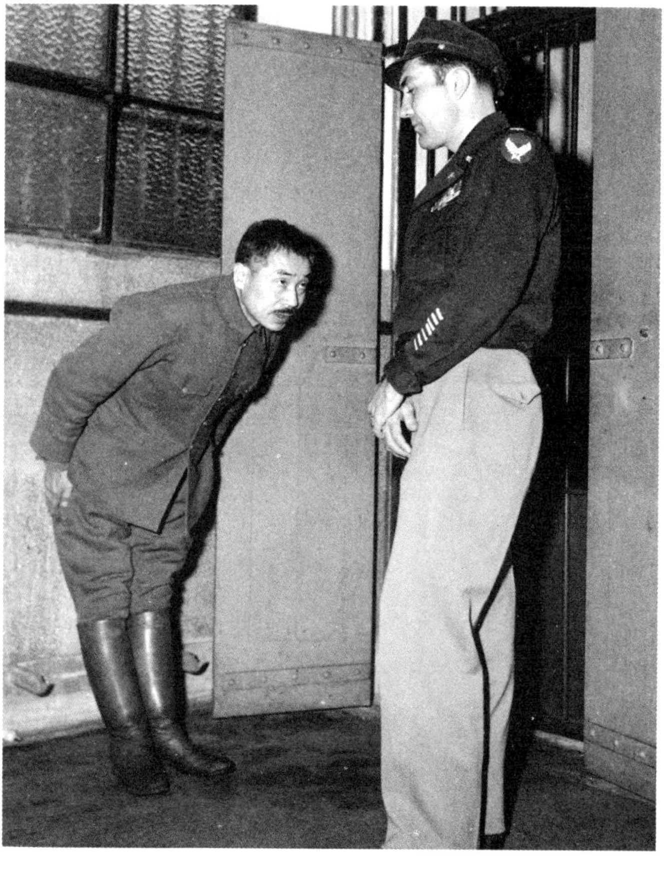

29.1946 年， 在上海进行的战争罪审判大会上，江湾军事监狱的监狱长辰太外次郎为处决杜立特飞行员而向蔡斯·尼尔森鞠躬谢罪。(美国空军国家博物馆)

☆ 献给那些从香格里拉出发的人 ☆

他的事迹与他的名字正好相反。

（杜立特一词在英文中与“成就甚微”同音）

·《迈阿密每日新闻》，1929 年 10 月 4 日·

目 录

CONTENTS

序幕

夏威夷已如瓮中之鳖。你们再最后享受一天和平的美梦吧！

——日本海军少将宇垣缠的日记，1941 年 12 月 6 日

海军中将南云忠一[1]站在航母“赤城”号[2]的舰桥上盯着面前黑色的洋面，这是 1941 年 12 月 7 日黎明前的几个小时，赤城号正从北部驶向夏威夷。这位五十四岁的中将留着光头，眉头紧蹙，加上他方形的下巴，让他看起来就像是一只斗牛犬，正目不转睛地守护着他的使命。阴沉的心情数月来让他看起来闷闷不乐，这与他一贯的风格形成了鲜明的对比，他本是个举止傲慢的人，总是傲气十足地挺着胸膛，趾高气扬地招摇炫耀，他曾在皇家花园聚会上用一把匕首威胁他的一位同僚军官，要将他开膛破肚，致使整个聚会中断。几个月来，压力让南云忠一失去了他标志性的虚张声势，这也让一些日军高级将领怀疑他

1. 南云忠一（1887–1944 年）日本海军大将（死后追晋），日本发动太平洋战争时联合舰队第一航空舰队司令长官。
2. 命名源自日本关东北部的赤城山，“赤城”号原本设计是一艘战列巡洋舰，中途改建为航空母舰，却没有再行改名而沿用原本的巡洋战列舰命名所致，后被美军击沉。

是否会失败。“我希望他不会在任务开始前就变得神经衰弱”，联合舰队的参谋长，海军少将宇垣缠在日记中写道，“生死皆是天意。但只有在接下来的战斗中取得辉煌的战果，他才能够安歇。”

南云忠一的焦虑并没有随着舰队出海而减弱，他的担忧反而增加了。他率领着世界上最为强大的航母舰队，但这一点似乎并未给他带来任何宽慰。他们的特遣舰队包括了从潜艇和油船到战列舰和航母的31艘舰船，超过15 000名军官和士兵在这些船上操作着锅炉、枪炮还有瞭望哨。一轮满月偶尔穿透乌云照射在这个令人望而生畏的舰队上。几个小时前，这支特遣队的最后八艘油船已经掉头后撤，留下参战列舰船以二十四节的速度继续向南，驶向瓦胡岛南部。战列舰、巡洋舰和驱逐舰呈箭头形在两侧保护南云忠一的旗舰赤城号，其他五艘航母排成平行的两列前进。大约350架战斗机、俯冲轰炸机和鱼雷轰炸机排满了这些航母的甲板，就等着黎明时分从航母的木制甲板上起飞了。

南云忠一的担忧并非是杞人忧天。他受命拉开对美战争的大幕，这是一次出人意料的、外科手术式的定点打击，将会给停泊在珍珠港的美国太平洋舰队造成致命的一击。即使他的舰队可以横跨3 500英里的太平洋水域而不遇到一艘潜艇、商船或巡逻飞机，南云忠一明白，对珍珠港的攻击就像是去捅一个马蜂窝。珍珠港的海岸火炮加上战列舰、巡洋舰和驱逐舰共计993门防空火炮会将日本的飞机打成碎片。美国陆军和海军分散在瓦胡岛上的机场还有400架战斗机和轰炸机。那些飞机足以摧毁南云忠一带来的所有航母，并在日落之前就能宣判日本在太平洋战争开始的第一天就已战败。联合舰队总指挥发给南云忠一的最后一条消息足以反映出这次任务惊人的风险：“我们帝国的命运，”总指挥、海军上将山本五十六警告道，“就取决于这次远征。”

这些担忧令这位身体强壮的将军夜不能寐，虽然他知道军事家们已经将这次的计划完善到了每一个细节，连木制的鱼雷翼片需要在珍珠港的浅水中运行也被列出。在特遣队出发的前夕，水兵们已将军舰上所有易燃的和不必要的设备全部去除，从舷梯到训练武器，以及秋云号驱逐舰军官室里生动的绘画作品和花瓶都被移除。为了增加特遣队的行驶距离，工人们将纵倾平衡水舱里也注入了燃料，而水手们就睡在油桶旁边。为了节省燃料，舰船上只能亮着昏暗的灯光，停止暖气供应，并在执行任务期间限制洗澡的次数。舰船一艘接着一艘地离开港口，并在择捉岛湾会合， 择捉岛湾是东京以北一千英里处，千岛群岛中的一个荒凉前哨，只有少数日本渔民居住在那里。一艘炮舰已经提前到来，关闭了镇上的无线电台和邮局。

为了摆脱美国的窃听，特遣队全程无线电静默。通讯总指挥甚至拔掉了发报机的关键部分，把它藏在一个木盒里当成他的枕头。日本广播电台充斥了用来掩盖特遣队出发的假消息，每天都有好几车横须贺军营的水兵抵达东京，在全城观光游行，为的就是让美国的外交官们看到。这些伪装让南云忠一的特遣部队在 11 月 26 日黎明后不久，神不知鬼不觉地从择捉岛湾出发了。战争的策划者们查询了近十年的天气数据，设定了一条穿过风暴频发的北太平洋的路线，这条路线在 12 月份平均只有七天的晴朗天气。几乎没有船只会到这样狂暴动荡的海面上去冒险。如果有，那么就应该被摧毁，特遣部队接到的命令是：“击沉挂着任何标志的任何东西。”

这些命令到目前为止还没有用武之地。虽然特遣部队如此好运，但南云忠一仍无法消除他的担忧，他夜不成寐，即便上床休息时也穿着制服。这位日本著名的江田岛海军学院毕业的将领，一天 24 小时会随时召集下属过来和他推敲一些细微的事情。问他的手下是否可以肯定美国的船只都停在珍珠港内，而不是停泊在毛伊岛的拉海纳镇？一天晚上，他被自己毫无根据的怀疑折磨得痛苦不堪，在夜里将他的飞行指挥官从床上拽下来，告诉他一艘美国潜艇可能正在跟踪特遣队。紧张不安的南云忠一将他真实的担忧透露给了他的参谋长——海军少将草鹿龙之介[1]。他觉得自己此前是不自量力，接下了这项风险过大的任务。要是他此前足够强硬，能够拒绝这次行动就好了。可现在特遣队已经到了海上——每天都在不断接近夏威夷——这位中将不停地念叨着这次行动成功的几率。“我想知道这次行动是否会顺利。”

“没关系”，他的参谋长耐心地一再劝他，“别担心。”

但南云忠一还是担心不已。

1. 草鹿龙之介（1892-1971 年）联合舰队参谋长、武道家（一刀正伝无刀流剑术第四代宗家）。他和山口多闻海军少将被认为是日本海军最有前途的军事将领。

感到焦虑的并不只有日本海军的将领。美日两国正朝着战争的方向走去，这一点在两国关系破裂后就已变得毫无悬念。现在的问题似乎已经是两国之间的冲突将在何时、何地发生。9天前，美国海军刚刚向太平洋舰队司令赫斯本德·金梅尔下令，采取防御措施。“这应该被看作是开战警告”，海军作战部长，上将哈罗德·斯塔克在华盛顿发出的电报中说，“与日本就达成太平洋局势稳定的谈判已经终止，在未来几天内预计日本将会有侵略行动。”陆军中将沃尔特·肖特，率领42 959名官兵保护珍珠港的驻军司令也收到了类似的警告，当天陆军参谋长马歇尔将军发来电报：“日本未来的行动不可预知，”马歇尔警告说，“任何时刻都可能出现敌对的活动。”

大多数人都预测首当其冲的会是远东地区——泰国、马来西亚或者是菲律宾和关岛——但不是夏威夷。不可能是太平洋的天堂，夏威夷。那个周六的晚上，正当南云忠一的航空母舰队伍乘风破浪驶向瓦胡岛时，金梅尔司令正在哈利库拉尼酒店用餐，而肖特将军在菲尔德军营的军官俱乐部参加一个慈善舞会。休班的军队士兵游荡在火奴鲁鲁著名的酒店街上，酒店街两旁开着纹身店、赌博游戏机店和射击馆。还有一些士兵在公主剧院观看搞笑的综艺节目“撩人的小脚”，或在水上疗养院的自动唱机前跳舞，像杰克父子、新艾玛咖啡馆和印钞机都是他们最爱的去处。在希卡姆的飞行员正好可以赶上著名好莱坞演员克拉克·盖博在那里拍摄《游乐场》，他在剧中扮演一位边境上的骗子；珍珠港新建成的布洛赫娱乐中心举办了一场总决赛，为各个舰船乐队提供了一次互相叫板的机会。那天晚上宾夕法尼亚号战列舰的乐队获胜，比赛的最后，大家合唱了“上帝保佑美国”。

周六晚上珍珠港的水域俨然成了一个停船场。这个繁忙的港口离瓦胡岛著名的威基基海滩只有很短的一段车程，港口里停着94艘船只，几乎是整个太平洋舰队的半壁江山。舰队的9艘战列舰中有8艘停泊在珍珠港，此外这里还停着8艘重型及轻型巡洋舰，29艘驱逐舰和5艘潜艇。太平洋舰队的3艘航母，也正是日本急于摧毁的目标，却没在港内。莱克星顿号航母前去中途岛交付一个中队的侦察轰炸机，而企业号航母在向威克岛运送战斗机后，还在瓦胡岛以西几百英里处回航的路上。萨拉托加号航母已经回到西海岸进行整修。那天晚上九点半，肖特将军开车回家的路上看到了港湾里灯火通明的战列舰，它们大多数并排停泊在福特岛的东南海岸，间或被探照灯的光束扫到。“这景象难道还不美吗？”将军说道，“不过要是遭受袭击的话，这是多么集中的目标啊。”

太平洋舰队情报官员埃德温·莱顿少校试图摆脱他的担心，那个周六的晚上，他在皇家夏威夷酒店的露台上吃晚餐和跳舞，就在舰队司令金梅尔用餐的酒店旁边。到了午夜，晚上的活动结束时，响起了熟悉的旋律“星条旗永不落”，莱顿立正站好，他真想大声地呼喊：“醒醒吧，美国！”那天早些时候，这位资深情报官员了解到日本领事馆已经开始焚烧官方记录和代码；此外还有突然增加的无线电保密措施。日本人使用了多重地址和总括发送——电报没有收件人也没有发件人，但是抄送给了每一个人——似乎旨在把水搅浑，莱顿担心这样的措施是为了掩盖一次进攻行动。11 月 1 日，日本改变了海军的船舶信号，一个月后又再次变更了这些信号，这进一步加深了莱顿的担忧。分析员们发现在这两次变更洗牌后，日本的主要航母已经消失了。

日本的航母会在哪里？

莱顿准备 12 月 2 日的情报汇报之前的几天里，一直难以回答这个问题。莱顿的职责是告知金梅尔舰队司令，日本会在何时、何地，以什么方式发动袭击，但莱顿只能猜测帝国海军航母的位置所在，报告中简单地写着，“不知道——在日本本土水域？”

“什么？”金梅尔爆发了，“你不知道航母都在哪里？”

“不知道，长官，”莱顿回答，并指出他只是猜测航母可能在日本的水域中。

“你的意思是说，你这位情报官员，不知道航母都在哪里吗？”舰队司令逼问。

“不知道，长官，”莱顿答道。“我不知道。”

“你的意思是说，他们现在可能正在钻石头（夏威夷州中部），而你却不知道吗？”

“是的，长官，”莱顿说，“但我希望在到达那里之前它们已经被发现了。”

但是没有人发现南云忠一的舰队。

在经过了几个月的担忧之后——再过几个小时，他的飞机即将起飞——现在南云忠一忽然平静了下来。头顶没有出现过巡逻飞机，地平线上也没有敌人舰队的影子。赤城号的广播接收器里传出火奴鲁鲁电台放送的夏威夷音乐柔和的曲调，这证实了几百英里外火山群岛上的美国人对即将到来的战争风暴毫不知情；日本飞行员们甚至笨拙地跳起了夏威夷草裙舞来嘲讽美国的无知。

这是12月的第一个星期天的早上，日本特遣舰队的6艘航母上的机组人员凌晨三点半就已起床。在舰队向东穿越太平洋的路上，许多飞行员在识记美国航母、战列舰和巡洋舰的轮廓样貌，以及详细的地图，包括瓦胡岛和珍珠港的六平方英尺大小的模型图。其他飞行员爬进驾驶舱抓着操纵杆或查看投弹瞄准镜，以免忘记战斗的感觉。战斗机驾驶员志贺吉生画了八幅关于庙宇的水彩画。志贺担心自己会死于这次战斗， 他在加贺号航母上举办了一次私人画展。毫无疑问，同样的恐惧让驱逐舰秋云号的执行官每晚一闭上眼睛就会梦见他的妻子富美子，和他们的孩子。许多飞行员在黎明攻击前的最后几个小时里，给家里的妻子和父母写信，并将剪下的指甲和头发封入信封。

飞行员戴着干净的缠腰布，穿上熨好的制服，扎上特殊的千针带——这是一种传统的腹带，由士兵的妻子、母亲和姐妹站在路口，请求每位路人在上面缝上一针，每一针都被认为是对好运的祈祷。39岁的指挥官渊田美津雄，将带领空袭珍珠港的飞行队，他穿上红色的内衣和衬衫。这样如果他在袭击中受伤，那么红色可以隐藏他的伤口，就不会影响到他手下部队的士气。机组人员在神龛旁边停下，祈祷胜利，小口喝下一点日本清酒，而后坐下来吃一顿特殊的早餐：红米饭和鲑鱼，清蒸海鲷鱼全鱼，还有被称为胜利的栗子——捣栗。航母上的忧惧情绪在日本国内也得到了共鸣，宇垣缠在日记中记下了这种情绪，“我们都伸长了脖子等着这一天，”他写道，“这是多么大的一出戏，押上了一个国家的命运和那么多人的生命！”

南云忠一的航母迎着怒涛出现在了瓦胡岛以北230英里处，航母上下颠簸，倾角多达15度，海浪浸湿了挤满飞机的甲板。183架战斗机、轰炸机和鱼雷飞机将在第一波起飞，紧随其后的第二波攻击会有167架飞机起飞。有人用粉笔在一枚炸弹上写道："攻打美国的第一枚炸弹。"飞机引擎轰鸣着启动了——甚至在护卫舰的甲板上也能听到声音——喷出蓝色的气浪。黎明微弱的光亮穿透云层，照亮了东方的地平线，航母加速后转到了顺风方向。随着第一架飞机呼啸着冲过甲板，水手们挥舞着帽子爆发出一阵欢呼，几秒钟后，飞机一架接着一架地起飞升空。相同的景象同时出现在6艘航母上，一架接一架的飞机蜂飞至空中。南云忠一和他的上级们期待已久的时刻终于到来了。已经没有回头的路可走。

太平洋战争到来了。

第一章

珍珠港遭遇空袭，这不是演习。

——美国海军电报，1941 年 12 月 7 日

1941 年 12 月 7 日，星期天的下午，富兰克林·罗斯福总统正在白宫的书房里享用他推迟了的午餐。这位 59 岁，已连任三届的总统把远离他二楼卧室的那间会客室（托马斯·杰弗逊曾在里面拉小提琴，亚伯拉罕·林肯曾在这个房间里读《圣经》）改造成了一间杂乱的书房。房间的布置反映了他毕生对大海的热爱——桌子和壁炉架上摆饰了各种船模，从河道邮船、横帆船到现代驱逐舰；而四周乳白色的墙壁则挂满了柯里尔和艾维斯描绘哈德逊河沿岸生活的石板画作品。哈德逊泥泞的河岸紧邻罗斯福土生土长的地方——海德公园村。墙上还有一幅美国革命战争时期海军英雄约翰·保罗·琼斯的画像——花费了 25 美元从二手货商店里挽救出来的——他正注视着在橡木桌前伏案工作的总统。这幅画是 1880 年维多利亚女王送给当时的美国总统拉瑟福德·海斯的礼物，由不幸沉没的北极探险者“坚毅号”上打捞出的木材制成。

这间椭圆形书房将白宫南面的草坪和远处的华盛顿纪念碑尽收眼底，它成为了罗斯福 9 年执政期间的总统中心。这位坐着轮椅的领袖，20 年前曾与骨髓灰质炎相抗争，比起楼下行政楼里正式的办公室，他更喜欢这间书房的便利。在这间书房里，他坐在陈旧但舒适的皮革沙发和椅子上处理国家事务（这些旧物是从西奥多·罗斯福总统的旧游艇五月花号里传下来的）；他还会在晚上 7 点 15 分为他的高级副官们在书房里举办鸡尾酒会，他为书桌上托盘里的酒杯倒上老式波旁威士忌和马丁尼酒，通常还会调上一点苦艾酒。“他像炼金术士一般审慎地混合各种配料，”他的讲稿撰写人罗伯特·舍伍德回忆道，“却看似不经意，因为他会一边调酒一边与人交谈。”

罗斯福的周日午餐会可以排解过去一周因太平洋局势恶化而带来的压力，因此总统决定由夫人伊利诺举办午餐会，邀请了包括他自己的侄子弗莱德瑞克·亚当斯在内的 31 人。而他自己则选择在下午 1 点 15 分的书房里与他的老朋友，也是他所信任的助手哈利·霍普金斯共进午餐。这之后，则计划用安静的下午时间专注于他珍爱的邮票收藏工作。尽管身为国家的统帅，罗斯福仍然会每周抽出时间来，在他超过一百本的手工皮质集邮册上整理、剪切和粘贴邮票。他一生共搜集了 120 多万张邮票，其中有些来自遥远的国度，如海地，还有香港邮票，甚至还有一些美国内战中南部联盟仅存的的 20 分邮票，据信一家邮局曾经售卖过。罗斯福童年时期的爱好多年来已变成了他的一种职业疗法，而现在，这位总统比以往任何时候都更需要它。

很久以来，他一直努力让美国公众和立法者们为战争做好准备，但是许多人都认为广阔的大西洋和太平洋是天然屏障，可以隔绝外国入侵。罗斯福密切地关注着欧洲的境况，阿道夫·希特勒统帅的德国已在 1939 年入侵了波兰，丹麦和挪威很快失陷，接着就是荷兰、比利时、卢森堡和法国。1940 年 9 月，希特勒在英国上空投下了炸弹，在被称作“闪电战”的八个月的攻击中，有 43 000 人丧生，超过 140 万人无家可归。罗斯福注视着这场毁灭，感到惊骇的同时也预见了未来。他警告道，如今宽广大洋的意义与帆船时代的意义早已不同。美国想要继续置身战争之外，最现实的做法就是为目前正在战争中的友邦国家提供军火。“没人能够用抚摸就把老虎驯化成猫，”他在 1940 年 12 月的炉边谈话中声明，“我们必须成为民主政治的超级军火库。”

罗斯福总统曾希望避免在太平洋上开战，但令他非常失望的是，日美之间冲突不断——而究其原因，离不开日本独特的社会和地理困境：作为一个岛国，在不到一个世纪的时间里，人口膨胀了 3 倍，达到 7 300 万。这导致国家物资上的破产，甚至连最基本的食物——大米也要依靠进口。军队只增加了日本对外国资源的依赖，从制造战机所需的铝土矿到缝制军服的棉花无不来自国外。而石油，驱动着海上的战列舰和天上的轰炸机，位列日本关键进口物资之首。日本自身的产油量为每年两百万桶， 仅相当于世界上 0.1% 的石油产量。相比之下，美国是世界上最大的产油国，年产量是日本的 700 倍。《纽约时报》的专栏作家曾评论说，“拿破仑的军队是靠胃行军，而现代机动军队靠的是汽油。”

对自然资源的渴求促使日本在 1931 年入侵满洲， 并于六年后，向中国北方全面进军。罗斯福警惕地注视着日本的侵略，但就像在欧洲一样，他能采取的行动是有限的。他派出轰炸机和战斗机支援中国，希望可以阻止日本军队。为了更好地投射美国在这一地区的影响力，罗斯福总统不顾一些海军上将的激烈反对，下令将太平洋舰队从加利福尼亚换防到夏威夷群岛。然而，这些措施并未能阻止日本。罗斯福将日本与德国和意大利一起并称为“邪恶联盟”。1941 年 7 月，日本入侵了法属印度支那南部，这释放出一个清晰无误的信号，日军觊觎着香港、新加坡，以及荷属东印度群岛。罗斯福别无选择，只有采取报复措施。他下令冻结日本在美国的资产，并关闭对日本的石油出口，这对于日本来说是一个毁灭性的打击，因为这个帝国超过 80% 的石油进口依赖于美国。

罗斯福知道，虽然日本在中国的四年战争中消耗巨大，但日本仍会是一个强劲的敌手。日本囤积了各种资源，从铁矿石，橡胶到可以供应两年的石油。为了延长储备资源的使用，日本下令定量供应国内的天然气，后来又停驶了所有民用交通车辆，包括公共汽车和出租车。而必不可少的交通工具则使用木炭或木头作为燃料。工人们每月制造出超过 550 架飞机，将日本空军的飞机数量直线拉升至约 7 500 架，其中包括约 2 675 架皇军陆军和海军战机，如战斗机和轰炸机机型。日本军事力量的不断蔓延不仅在天上。急进开展的征兵很快将使军队人数从 170 万扩充至 500 万人，而与此同时，海军在册战列舰达到了 381 艘，其中包括 10 艘战列舰、10 艘航空母舰、18 艘重型巡洋舰和 112 艘驱逐舰。在太平洋上，日本海军的装备火力不仅仅超过美军，甚至超过了美国、英国和荷兰在太平洋上海军力量的总和。

在 12 月初的这个周末，这些问题重压在总统的心里。一周前，财政部长亨利・摩根索刚刚就即将发行的 15 亿美元债券请示过罗斯福，问他是否预见到任何危机，有可能会扰乱金融市场。“我不能保证任何事情，”罗斯福答道，“这要看天意。”但是总统仍抱持着避免战争的希望。只有前一晚上的一个举动反映出了总统的紧迫感——不顾日本的政治礼仪，在晚上九点直接向裕仁天皇发送了一条消息，“只有关切两国的重大事项，我才会就国事致函陛下，”罗斯福这样开始道，“太平洋地区局势的发展威胁到了我们两国之间的长久和平，威胁到了和平为每个国家和全人类带来的利益。那些局面有可能导致悲剧。”

罗斯福的消息已经太迟了。

周日下午 1 点 40 分，总统办公桌上的黑色电话响了起来，打断了他与霍普金斯的午餐谈话。霍普金斯是罗斯福的内阁顾问，慢性疾病令他形如枯槁，以至于有人把他描述为类似于一种“奇怪、土地精灵一般的生物”甚至是“一具尸体。”罗斯福穿着一件发旧的灰色毛衣，那是他的长子詹姆斯送的礼物。总统将手里剩下的最后几口苹果咬光，接起了海军部长弗兰克・诺克斯打来的电话。

“总统先生，”诺克斯开始说，“看起来日军袭击了珍珠港。”

“欧，不！”罗斯福惊呼起来。

“是真的，”诺克斯回答道。“我把电报读给你。”

诺克斯还没有得到关于袭击的正式报告，只有一张太平洋舰队总部发出的电文，警告所有的电台发生了空袭，并且表示这次不是演习。霍普金斯认为消息一定是弄错了，日本肯定不会袭击夏威夷群岛。但罗斯福的态度更加务实，他长久以来关于日本何时何地会发动攻击的等待到此结束，这还意味着日本帝国神出鬼没的航空母舰终于现身了。“这正是日本人会干出的那种出其不意的事情，”霍普金斯在总结总统的观点时写道，“就在和我们探讨着太平洋和平的同时，他们就在密谋着推翻它。”

罗斯福致电陆军部部长亨利·史汀生。亨利·史汀生，74岁，纽约本地人，职业生涯从华尔街律师和联邦检察官起步，曾任霍华德·塔夫脱总统的陆军部长，后来成为赫伯特·胡佛总统的国务卿。当天，与日本紧张的局势促使史汀生整个早上都和诺克斯以及国务卿科德尔·赫尔待在一起。当这三人分开的时候，史汀生匆匆赶回到他在伍德利的家里，回去吃了一顿过了点的午饭。这20亩岩溪谷的房产，是他花了80万美元的天价买下的。昔日，这里曾经分别是马丁·范·布伦和格罗弗·克利夫兰两位总统以及乔治·巴顿将军的住所。

"你听到消息了吗？"总统问道。

"嗯，"史汀生回答说，"我听到了关于日本进入暹罗湾的电报。"

"哦，不，"罗斯福正色道，"我说的不是那个。他们袭击了夏威夷群岛。他们现在正在轰炸夏威夷。"

海军作战部部长，上将哈罗德·斯塔克，下午2点28分打来电话确认了袭击。整个上午，这位四星上将都待在市中心宪法大道的海军部里。袭击的消息一到华盛顿，斯塔克就抓起电话，一直在与夏威夷的海军少将克劳德·布洛赫通话，要求报告损失。尽管他们的谈话使用了电子扰频器，布洛赫还是担心电话里说话可能不安全。而他对损失含糊其辞的评估只会激怒他的老板。

"克劳德，"斯塔克终于叫了起来，"怎么样了？！"

"嗯，贝蒂，"布洛赫叫了斯塔克的绰号，"情况很糟糕。我不知道这电话里能不能说。"

"说吧，"斯塔克命令道。"告诉我。"

布洛赫服从了命令。

斯塔克告知总统，日本战斗机和轰炸机的攻击，已经重创了太平洋舰队，造成了严重的人员伤亡。虽然具体的细节报告还需要数日或数周的时间——要等到大火被扑灭和对死亡人数统计的完成——空袭摧毁或损坏了18艘舰艇，包括8艘战列舰、3艘巡洋舰和几艘驱逐舰。攻击者还消灭了188架飞机。而人员的伤亡数目将十分可怕。伤亡的士兵、水兵、海军陆战队和平民飙升到了3581人，其中2403人死亡。罗斯福指挥这位戴眼镜的海军上将，万一太平洋战争全面爆发，就执行陆军和海军已达成共识的命令。

总统挂了与斯塔克的电话后，就用私人专线接通了白宫新闻秘书史蒂夫·厄尔利。专线连通着白宫和他位于华盛顿东北莫宁赛德的家。厄尔利前一天在家里刚刚举办了一场没有新闻的新闻记者见面会，让记者们放心，这个周末不会出什么激动人心的消息。

“我想总统是考虑到你们这群记者最近太忙了，圣诞节也马上到了，他决定给你们放一天假去购物。”“我猜他正在白宫里写宣战书，不是吗？”一位记者开玩笑地说。

厄尔利向记者们保证，除了要见他的预算主管，签署程序文件，罗斯福没有任何有报道价值的计划。“今天没有任何预约，明天也没有，”他之前曾告诉记者，“而且我认为也不会有。”

但现在一切都不同了。

“你身边有笔吗？”罗斯福在电话里问道。

“需要用笔吗？”厄尔利怀疑这是一个玩笑。

“是的，”总统说，“我有一个非常重要的声明。要一字不差地传给外界。”厄尔利对袭击尚一无所知，但他从罗斯福严肃的语气中感觉到了危机。这位新闻发言人叫他的妻子去拿来了一支铅笔和几页横线笔记纸。厄尔利一边重复着总统的消息，一边让他的妻子记下了这28个字的消息。不出几分钟，厄尔利已通过白宫总机，用三方电话同时连线到了美联社、合众社和国际新闻通讯社，准备将这次攻击的第一新闻发布给通讯社。

“都在线了吗？”他问，迅速地点了下名。“我是史蒂夫·厄尔利，从家里打来的电话。我在这里有一份总统授意的声明。”

平静的星期天下午到此为止。

美国处于战争状态了。

当袭击的消息到达白宫时，特勤处特工麦克·赖利正在和首席招待员威尔逊·瑟尔斯讲着有关钓鱼的故事。负责总统安全的九人小组副组长和这个星期天下午当班的高级特工赖利从招待员的办公室冲到楼下的总机室。“给特勤局的所有休假人员打电话，”他命令操作员，“不要告诉他们为什么，就叫他们过来。还有白宫所有的警察。”

特勤局局长弗兰克•威尔逊刚从教堂回来，开车穿过岩石湾公园的一路美景，此时坐下来正准备享用晚餐——烤猪肉、土豆泥和哈伯德南瓜。电话响了。

“为什么就不能让我们安安静静地吃个饭！”威尔逊发起牢骚。

不多会儿，他的妻子回来了，面色严峻，电话里是白宫的接线员。

当威尔逊终于拿起电话时，“长官！”赖利脱口而出，“日本轰炸了珍珠港。”

听到这个消息，威尔逊瞠目结舌。半晌，他喃喃道，“我这就过去，以我的林肯车最快的速度。”

赖利打电话给华盛顿警察局长埃德•凯利要求派上16位着装警察立即来白宫报到。财政部部长摩根索稍后打来电话，他下令赖利将白宫警卫翻倍。十秒钟后，他又打电话回来要求赖利将警卫人数增加到四倍，并配备机枪。

下午3点，罗斯福召集他的顾问和高级职员到白宫开会。他信赖的私人秘书格蕾丝•塔利，原本正在康涅狄格大道的公寓里放松地看报纸，尽量不去想她昨晚替总统发给裕仁天皇的那条令人不安的消息，此时，她的电话响了。“总统希望你马上过去，”白宫首席电话接线员告诉她。“去接你的车已经在路上了。日本鬼子刚刚轰炸了珍珠港！”塔利顾不上穿戴打扮，而是“像用滑竿下楼的消防员一样，夺门而出。”

总统打电话给他的长子。长子詹姆斯•罗斯福任海军陆战队后备役上尉，居住在郊区。再过几个星期就是他34岁的生日了，他常常充当总统的助理和代理，被媒体称作“王储”。

白宫接线员的电话将詹姆斯从美好的下午觉中唤醒，一阵窸窸窣窣中，詹姆斯接起了电话，“嗨，老爸，有何指示？”

“我现在没工夫说，”总统说，“你能马上过来吗？”

“爸，”小罗斯福提出抗议，“这可是周日下午。”

总统坚持要求。

詹姆斯•罗斯福抵达椭圆形书房时，看到父亲穿着他送的那件已经发旧的毛衣，这令他感到骄傲。但看到父亲甚至头也没抬一下的时候，他感到了不对劲。“我感觉到了他那种极端的冷静—— 一种对他曾试图避免，但恐怕无法幸免的结果的悲伤认命，但同时也是勇敢的接受。”

“你好，吉米，”总统终于察觉到了他的儿子，“还是发生了。”

当天下午3点05分，罗斯福的顾问们也都挤在了这间书房里。斯廷森、诺克斯、海军顾问上将约翰·比尔道也加入到了霍普金斯、厄尔利、预约秘书马文·麦金太尔和塔利一行。15分钟后，陆军参谋长乔治·马歇尔将军和国务卿赫尔也到了。总统和马歇尔讨论了陆军和空军的部署，向赫尔强调了保持南美国家与美国同一条战线的重要性。罗斯福下令司法部，要保护日本大使馆和所有领事馆，并指示斯廷森和诺克斯保护所有的军火库、私人军火工厂和桥梁。“其中多项行动都需要总统签署的行政命令，”霍普金斯写道，“总统指示他交代过的人先去执行，行政命令稍后他再签署。”

海军上将斯塔克不断从海军总部打来电话，更新消息。先是打给总统，后来就打给塔利。塔利接听的电话机在二楼走廊，但混乱和噪音迫使她退进罗斯福的卧室里去听电话。塔利速记下细节，再用打字机敲出来，将报告呈给总统，身边一直被总统焦急的部下围着。每一条消息都比上一个更可怕。“新闻是令人震惊的，”塔利后来写道，“斯塔克上将和我讲话时，我能从他的声音中听出震惊和难以置信。起初总统周围的人还在怀疑，但随着新消息不断证实、补充之前的消息，怀疑变成了愤怒。老板看起来仍比任何人都冷静，但正是他的冷静带着震怒。每一条新消息都会让他绷紧了嘴，神情冷峻地摇头。”

总统的电话一直没有停，即便在与他的顾问会见期间。那天下午，白宫总机曾帮罗斯福连线夏威夷地区的行政长官约瑟夫·波因德克斯特。波因德克斯特告诉总统，攻击至少造成了50个平民死亡，夏威夷急需食品和飞机。他要求批准戒严，罗斯福同意了。谈话间，波因德克斯特突然尖叫起来，以为有飞机轰炸。事实上那些可能只是飞过瓦胡岛上空的美国飞机。“我的上帝，”电话这头的总统对他的助手们说，“现在另一波日本飞机正在夏威夷的上空。”

罗斯福总统接到了温斯顿·丘吉尔打来的电话。当天，这位英国首相在他坐落在伦敦白金汉郡西北50英里处的首相别墅里，与美国大使约翰·魏南特和特使埃夫里尔·哈里曼用餐。这位陷入困境的领袖整个晚宴期间一直郁郁不乐，经常双手抚头，直到便携式收音机里传出了珍珠港遇袭的爆炸性新闻。震惊让丘吉尔精神振奋，他将收音机一把摔到地上。

“我们应当对日本宣战。”首相说。

“天啊，”魏南特说，“你总不能依据听到的广播就宣战。”

丘吉尔冲出门去，奔向他的办公室。三分钟内，他的电话已经打给了罗斯福。“总统先生，”丘吉尔喊道，“关于日本那是怎么回事？”

“是真的，”罗斯福答，“他们袭击了我们的珍珠港。现在我们都在同一条船上。”

消息的确认令丘吉尔激动。英国已在战争中苦苦挣扎了17个月，英国商船在公海遭到德国潜艇的蹂躏，德国轰炸机炸毁了英国的码头，将发电厂和工厂变为废墟。现在美国将加入战斗，这意味着英格兰的获救和盟军的总胜利。“对我来说，美国与我们站在一起就是最大的喜悦，”丘吉尔后来写道，“希特勒的命运已定。墨索里尼的命运已定。至于日本，他们将化为齑粉。”

“这无疑让事情变得简单了，”丘吉尔告诉罗斯福，“上帝与你同在。”

报告不断抵达华盛顿，要拼凑出太平洋上损失的全景图还需要几小时或几天的时间。

“俄克拉荷马号在珍珠港倾覆，”其中的一条消息说。“田纳西号着火了，损失严重。”

“三艘战列舰沉没了，”另一条消息说。“其他战列舰都不同程度受损。”

“夏威夷损失惨重。”

随着消息的更新，罗斯福愈发陷入沉思。“我的上帝，怎么会这样，”他一度咕哝着说，“我将会带着耻辱下台。”

那个星期天的下午，还未意识到战争爆发的美国民众们享受着和平的最后时刻。在格里菲斯体育场的看台上，27 102位足球迷正在观战华盛顿红人队对费城鹰队的比赛。

比赛进行到四分之一场的时候，记者席上美联社新闻记者帕特·欧布莱恩收到了一条摩斯电码电报员从办公室里发来的消息。

“报道保持简短”，电文显示。

几分钟后第二条电文发来，解释了为什么电讯社不需要太多的比赛报道：“日本已经拉开战争的帷幕。开战了！”

体育场上空，扬声器开始传呼重要的军政官员。“海军上将 W·H·P·布兰德请马上向他的办公室报到”，其中一条播报，召唤海军军械处的负责人。

“菲律宾属地代表，乔奎姆·伊利扎德先生请速回办公室。”

接着还有其他播报，召唤联邦特工，军队军官和报纸记者和编辑。球迷们开始议论纷纷，虽然广播里并没有宣布战争的爆发，因为这样做会违反红人队主场禁止广播“非体育”新闻的政策。大批人员的离去使得场上只剩下几个新闻摄影师去报道红人队 20 比 14 的胜利。

类似的场景在全国各地上演。时代广场上，人群震惊地读到了这条新闻简报的同时，纽约爱乐交响乐团突然高奏起美国国歌——“星条旗永不落”，而2 200名观众齐声跟唱。在弗吉尼亚州的诺福克征兵站，一位应征男子扬言道，“我要手刃了那群小日本。”“在达拉斯的宏伟的剧院，当《约克军曹》演出结束时，公布了袭击的消息。人群先是陷入了沉默，而后爆发出了狂风暴雨般的鼓掌。一位炼钢工人感受到了这种情绪，“我们会把日本人打得满地找牙。”

在白宫，罗斯福和他顾问们的会议一直延迟到下午 4 点半，之后叫来了他的秘书塔利。当秘书走进来时，看到总统独自坐在办公桌前，电话就在身边，面前摞着几堆下午记下的便笺。罗斯福点了一支烟，深深地吸了一口。

“请坐，格蕾丝，”他说，“明天我要去面见国会。你来照着我说的写。不会很长。”

塔利坐下来。罗斯福通常需要一组写稿人来帮他起草主要演讲，这一过程通常需要十天。而现在不仅有两位写稿人在纽约，而且总统最多只有几个小时来起草一份他职业生涯中最重要的演讲之一。国务卿赫尔已经敦促罗斯福发表一篇详尽的演讲，阐明美国和日本的历史关系，但总统不同意。美国人不需要上历史课，需要的是事实的要点。罗斯福又长长地吸了一口烟，就开始了。

“昨天,1941 年 12 月 7 日,将成为世界历史上无法抹去的一天,”他口述道，“美利坚合众国受到了日本帝国海空两军同时、蓄意的进攻。”

塔利飞快地记下每个词，她注意到总统的声音和他口述邮件时一样平静，只是更注意每个字的发音并指出了确切的标点符号和分段。虽然这个演讲缺少丘吉尔“雄辩的咄咄逼人”和希特勒“歇斯底里的高谈阔论”，演讲稿撰写人罗伯特·舍伍德后来评论道，“它代表了罗斯福简练与直截了当的风格。”

总统全部说完后，塔利用打字机将草稿敲出呈给罗斯福修改。用笔如刀，总统对开头一句下了手，将“世界历史”划去，换上“耻辱”一词。这个词，他的儿子詹姆斯后来回顾道“将会永远记刻住那天发生的事情。”总统又将“同时”替换为“突然”。整个晚上和第二天早上，又两易其讲稿，这些改动包括最新收到的新闻——日本在太平洋上进攻了香港、关岛、菲律宾和中途岛。他最信任的助手霍普金斯对这个六分半中的演讲的唯一改变就是在结尾处加上了一句，“我们自信我们的武装部队——加上人民无比坚定的决心——必将会让我们取得胜利，愿上帝相助。”

楼下的新闻发布室里人声鼎沸，挤满了从记者俱乐部酒吧和下午红人队比赛中赶来的记者。记者们叫嚷着要得到消息，地板上被扔满了烟头。《合众报》记者史密斯·梅里曼后来写道，“白宫发布的新闻从没有像珍珠港事件这样引来过这么大群的记者。记者、广播电台、纪录片新闻还有图片摄影，各级秘书和华盛顿的大人物们足足有上百人。他们都想挤进新闻发布室，平常那儿只有十几个人工作。”

在总统撰写演讲稿的时候，新闻发言人史蒂夫·厄尔利又一次与记者们开了一个通报会。整个下午，厄尔利都在与媒体见面，发布有关袭击的最新细节。但是美国处于战争状态也意味着执行新的限制措施。

“在诸位离开之前，我想问你们中有来自日本新闻媒体的吗？”厄尔利说，“如果有，我无法让你带着消息离开，我已经要求特勤局扣下日媒记者的证件。”

“他们会被逮捕吗？”一位记者问。

“那要由司法部来裁决。”

人们从各个电影院中纷纷涌出，在大都会影院里，影片《马革裹尸还》中的埃罗尔·弗林在银屏上凝视着西方。走出影院的人群不断向白宫聚集，宾夕法尼亚大街上的汽车被倒逼后退。据媒体估算，多达上千的路人顶着波多马克河边凛冽的寒风，聚集在了宾夕法尼亚大街对面的拉斐特公园内。《晚星》报的记者观察到，报童们“号外”的呼喊声很快就被人群中响起的歌声盖过，群众们齐唱“我的祖国，我属于你”和“上帝保佑美国”，“父老乡亲一条心”。

互不相识的人们说着话，现场明显可以感受到一种万众一心的同志之情。

晚上 8 点 30 分，副总统亨利·华莱士和内阁成员们一队人鱼贯进入了椭圆书房，他们中的许多人是赶下午的航班到的华盛顿。定位板上的地图向下垂着，总统的办公桌周围环绕着多加上的椅子。国务卿赫尔坐在前排一把齐本德尔式扶手椅上，带着一种阴郁和怒气，手指并拢在一起。海军部长诺克斯和新闻发言人厄尔利带着更多的最新消息，不断地忙进忙出。罗斯福坐在他的办公桌后面，事实上这一天的大部分时间他都坐在这里，嘴里叼着一根香烟，对着每位进屋的成员点点头。劳工部长弗朗西丝·帕金斯回忆说，“没有了通常那种亲切的个人问候”，这位部长和邮政总局局长及副总统一起，刚刚乘下午纽约的航班抵达。“这是总统少见的不苟言笑的时候。”

“你们都赶来这里我很欣慰，”罗斯福说道，意识到了这是自亚伯拉罕·林肯在内战爆发时的内阁会议以来，最为重要的一次内阁会议。“当然，你们都知道发生了什么事。”

“总统先生，我们几个刚坐飞机过来，除了一个吓人的新闻头条外，我们还什么都不知道。”刚从底特律赶回华盛顿的总检察长弗朗西斯·比德尔打断了总统，“你能给我们讲讲吗？”

罗斯福示意诺克斯讲述了整个事件，史汀生、赫尔和总统本人偶尔也补充几句。太平洋舰队的 9 艘战列舰中有 8 艘被损毁，这条消息震惊了内阁。“海军部长没了以往的锐气”，农业部长克劳德·维卡德在他的日记中写道，“史汀生部长非常严肃。”即便是罗斯福，已经用了几个小时来接受这些毁灭性的消息，仍无法理解太平洋舰队怎么会被打得措手不及。“他对我们的海军有着无比的自豪感，以至于他真的在生理上产生了困难，无法亲口说出炸弹落下时，我们的舰队未处于战斗队形，而是挤靠在一起，无法移动。”帕金斯说，总统对诺克斯咆哮着说了两遍，“查清楚，看在上帝的份上，看看为什么要把船挤成一排。”

“那就是海军停泊舰船的方式啊。”海军部长回答。

罗斯福告诉内阁，他计划第二天中午在国会的联合会议上发表演讲并请求宣战。然后，总统大声地朗读了他的演讲词。过后，赫尔插嘴说，简短的内容是不充分的，并再次敦促罗斯福发表一篇更为深入的报告。“总统不同意，”维卡德在他的日记中写到，“但是赫尔说他认为发动一场五百年来最重要的战争应当用一份更长的声明。”

晚上 9 点 45 分，德克萨斯众议院议长萨姆·雷伯恩在四位国会议员和五位参议员的陪伴下加入了会议。罗斯福再一次回顾了最新的损失报告。“对国会议员们的影响是巨大的，”史汀生在他的日记中写道，“他们坐在那里，一片死寂，甚至罗斯福的回顾讲话结束后，他们也没说几句话。”当消息带来的震惊消退时，追责就开始了。几位国会议员嘴里嘟囔着脏话，面色涨红。德州参议院外交关系委员会主席汤姆·康奈利爆发了，“怎么回事？我们的战列舰在珍珠港怎么会像菜鸟一样被人一网打尽？”康奈利质问道，他用拳头砸着桌子，脸气得发紫，“日本的袭击让我惊讶，但更让我震惊的是我们的海军。他们居然都睡着了。”

“我不知道，汤姆，”总统说，他低着头，“我只是不知道。”

第二章

我们对敌人的回应——既然你已拔剑出鞘，你将死于此剑之下。

——参议员亚瑟·范登伯格，1941 年 12 月 8 日

日军袭击珍珠港两个星期之后，1941 年 12 月 21 日，一个寒冷的下午，罗斯福总统和他的顾问们聚在了椭圆形书房里。在攻击发生后的第二天中午 12 点半，总统在国会发表了讲话。6 200 万的听众，几乎近美国一半的人口，从广播中收听了他的 518 个字的讲话。这可是无线电广播史上最大的白天听众数目。为让公众对战争做好准备， 第二天的炉边谈话中，罗斯福再次申明了他的那些言论，从需要出兵海外作战到物资短缺，税收增加，以及美国人将在大后方进行的持续抗战等问题。“我们现在身处这场战争。我们所有人都身在其中——一直都是，”罗斯福在他 26 分钟的讲话中警告说，“每一位男人、女人和儿童都是我们美国历史巨大使命的参与者。战争命运的改变——好消息或坏消息，失败或是胜利，我们都必须共同承担。”只在几天前，海军部长弗兰克·诺克斯飞去珍珠港去调查这次持续 110 分钟的攻击所带来的损失，他向总统提交了一份 19 页的报告。那个星期天上午，停泊在珍珠港的八艘战列舰中，

马里兰号、宾夕法尼亚号和田纳西号未受到严重损害。诺克斯估计，内华达号和加利福尼亚号被三组鱼雷和六颗炸弹击中，打捞工作需要几个月的时间。相比之下，西弗吉尼亚号遭受了更大的损毁，被九组鱼雷击中使得整个左舷被撕开。诺克斯的报告称，这艘战列舰可以被打捞起来，但需要两年时间的大修。同样，倾覆了的俄克拉何马号也可以被扶起，但海军部长质疑这艘老化了的战列舰是否还值得打捞。受损最严重的是亚利桑那号，被航空炸弹击中，两侧被炸飞，约 1 100 百名水兵葬身在这艘船内。“亚利桑那号，”诺克斯说，“成了彻底的残骸。”

突袭激怒了美国公众，全国的报纸社论反映出了这一点。“战斗打响了”，《纽约先驱论坛报》宣布，而《洛杉矶时报》谴责这次袭击是“疯狗的行径。”“是日本自寻死路，”报纸写道，“现在，她将得到它。”“日本政府中的战争疯子们真的以为他们可以犯下这样的罪行而不受惩罚吗？”《费城调查报》问道，“或者是他们是有意要让整个国家切腹自尽吗？”在舆论的造势喧嚣之中，很多报纸都强调了民族团结的重要性。“如果我们之前没能忘掉分歧，我们现在会忘掉分歧”，《棕榈海滩邮报》称。《芝加哥太阳报》写道：“国家就是团结一体，否则什么也不是。”《旧金山纪事报》：“政治偃旗息鼓，无论是各党派、团体还是经济集团间的博弈。从现在起，美国就是一个军队，每个男人、女人和孩子都是其中的一个士兵，团结一心，为了一个目的，胜利。”

总统不需要看报纸就能了解到国民的心情。每天都有成千上万的电报和信件飞向白宫，包括全国 48 个州中近 36 个州长发来的支持信。新墨西哥州州长约翰·迈尔斯代表了他们的心声，“这里是勇猛骑兵的故乡，”迈尔斯写道，“你可以依靠我们。”即便是罗斯福在 1936 年总统大选中的对手，堪萨斯州长阿尔夫·兰德勒也向总统宣誓了他的支持：“有任何能用到我的地方，请尽管对我下令。”数十位市长同样代表城市写信支持，有旧金山、亚特兰大和新奥尔良这样的大城市，也有明尼苏达州的阿诺卡这样仅有 7 000 居民的小城镇。不同的团体，从蒙大拿的克劳族印第安人到黑人团体，甚至三 K 党，都发来电报表示支持。还有更多的信件和电报来自普通的民众，一位华盛顿的出租车司机，刚刚还清了他买车的钱，就提出为政府成员提供免费出车服务。还有人要为国家提供自己的丈夫和孩子。甚至来自加州的仅 4 岁的艾弗·奥利维尔也宣誓战斗:“我想把每个小日本都踢进太平洋的中心,然后看着他们沉底。”

随着局势的恶化，罗斯福知道他需要召集到一切可以依靠的力量。珍珠港偷袭后，日军并没有停下脚步，而是瞄准了太平洋另一端的美军。夏威夷被突袭后不久，关岛失守，威克岛上的部队也在抵抗了几个小时后投降。敌人同样消灭了美军部署在菲律宾的大部分空军力量，并很快将要攻占首都马尼拉。英国军队也遭受了类似的失败。裕仁的部队击沉了威尔士亲王号战列舰和反击号巡洋舰——英国在太平洋地区海军力量的重要象征——并很快就会占领马来西亚。日军的猛烈进攻显得势不可挡。“我从来没想要在两条前线上打这场战争。我们还没有可以同时在大西洋和太平洋作战的海军。”珍珠港事件后不久，总统曾向他的妻子伊利诺坦言。“我们将不得不先扩充我们的海军和空军，那将意味着在获得胜利之前，我们要吃很多的败仗。”

总统明白持续的失败只会让美国公众士气低落，现在焦虑已经出现，美国西海岸沿线住宅的窗子上都堆满了沙袋，白宫里也挂上了遮光窗帘。民意调查显示，现在每两个美国人中就有一个担心敌人会轰炸美国城市。这些担忧甚至影响到了一些总统的高级顾问。“你如今不仅对美国来说是最重要的人物，对世界来说也是，”袭击发生五天后，海军作战部长海军上将哈罗德·斯塔克在信中提醒说，“如果你万一有个闪失，就会是一场灾难。”特工处就是要防止出现这样的危机，他们将财政部的一个金库地下室改为了防空洞。总统对增强的安保措施发怒，但至少同意了在他的轮椅上系上一个防毒面具。“亨利，”他跟财政部长摩根索说，“我是不会进那个防空洞的，除非你允许我用里面所有的黄金来玩扑克。”

要缓解民众的恐惧、要让珍珠港灰烬中升起的爱国主义发扬光大，战场上的胜利是唯一的办法。一旦民众的那种团结一致开始消退，责备就会开始。攻击发生几天后，白宫的一份社论观察报告就已经表明，在表面之下，那些怨恨已经如脓疮一般开始溃烂。“袭击带来的震惊和失败意识引发了某些媒体的不满言论，”12 月 15 日的备忘录警告道，“出现了对太平洋地区军事和海军指挥的谨慎批评”。毫无疑问，许多美国人都像罗斯福的密友、助理国务卿布雷肯里奇·朗在攻击后的第二天写在日记里的那样，“心里难受得慌”，朗写道，“火奴鲁鲁岛的海军在换防的时候竟然睡着了，我真要气疯了。这是美国历史上最糟糕的一天。他们一辈子都在为重大的时刻准备着——然而在这一刻到来的时候，他们却睡着了。”

下午2点55分，当罗斯福把军事顾问们请进他凌乱的书房时，他正面临着这些挑战。除去太平洋上遇到的麻烦，他的这个星期天过得还是很安静的。伊利诺乘坐火车去纽约度周末了，在那里，她看到了科尔·波特的百老汇演出《面对现实吧！》，而后去了罗斯福家族在海德公园村的住所。伊利诺惊叹于卡茨基尔山麓的景色，此时天上下起了小雪，池塘也微微结起了冰，此情此景使她从正占据着她丈夫生活的这场战争中解脱了出来。“我希望我能告诉你，星期六晚上，当我从门廊望向窗外时，看到的星星是多么的清晰和美丽。我几乎感到我可以触摸到它们，”她写道，“相形之下，战争和悲伤的世界看起来是那么的遥远与不真实。”在与英国大使哈利法克斯勋爵的25分钟会面之前，总统先与哈利·霍普金斯一起吃了午饭。罗斯福招呼他的军事顾问进来时，在门口就见到了这位英国的外交官。

书房里坐着霍普金斯，战争部长史汀生，诺克斯，海军上将斯塔克，新任美国舰队司令海军上将欧内斯特·金，陆军参谋长马歇尔将军，陆军航空队司令中将亨利·H·阿诺德，罗斯福首先公布了英国首相丘吉尔和他的八十多位顾问代表团将在第二天抵达华盛顿的消息。在罗斯福将注意力锁定在远东地区之前，马歇尔为总统估计了当前的形势，要求美国在澳大利亚、东印度和菲律宾增强兵力。总统像大多数美国人一样，急于开战。他打算向丘吉尔施压，要他允许美国派兵进入大西洋的战场，他觉得这样不仅能打击德国的士气，而且会振奋美国民众的精神。罗斯福想要在太平洋达到相同的目的。白宫的社评分析显示公众“几乎一致认可对日本动武。”

罗斯福所面临的挑战是，美国没有发动进攻的条件。总统与持孤立主义态度的立法委员们的长期较量已经阻碍了美国的作战预备。而与此同时，日本已经大量储存了各种资源，并造出了数以千计的新坦克、飞机和军舰。罗斯福曾亲眼目睹了军队的困窘，1940 年 8 月，当他在纽约州北部视察军事演习的时候，发现士兵在演习中用排水管来代替迫击炮，用扫帚当作机枪。一些士兵甚至从未使用过步枪。陆军航空队也存在类似的短缺。美国 3 000 架战斗机中，只有约三分之一可以直接用于作战。海军急于招募新水兵，甚至降低了对视力、身高和牙齿的标准。申请者最少只要有包括两个臼齿在内的 18 颗牙齿就可以达标。甚至连总统的战争委员会似乎也存在着同样的混乱——没有人给会议做正式的纪要——而这将会激怒在几个小时内到达的英国军方领导们。“整个组织机构，”一位英国代表后来抱怨道，“还处在乔治·华盛顿时期。”

罗斯福不为这些挑战所困，而是敦促他的顾问们：美国什么时候能够使用中国的机场？中国现在是美国可以用来对抗日本唯一、真正的选择。关岛的失守加上复活节岛被围攻和菲律宾的遇袭，已经让美国在该地区失去了战略空军和海军基地。苏联的港口城市海参崴倒是个不错的选择——离东京只有 675 英里——但 1941 年 4 月签订的《苏日中立条约》意味着苏联领导人约瑟夫·斯大林可能会拒绝美军的要求。允许美国轰炸机从苏联港口起飞可能会遭致日本的报复，这对于西线正与德国陷入战争困局的苏联来说，是不能承受的风险。马歇尔向罗斯福简单通报，打算招募那些以克莱尔·陈纳德上校为首的正在中国自愿执行飞行任务的前任军官们。陈纳德曾任战斗机飞行教练，在路易斯安那州平静地退休后就去了中国当顾问。早间新闻曾报道过，就在一天前，陈纳德的飞机刚刚击落了四架日本飞机。

虽然这条新闻令人满意，但总统需要更多。在遥远的中国上空打掉几架敌机是不够的。这种交战不会削弱日本强大的战争机器，更不会引起日本帝国军事领导人或平民的畏惧。同样，这样一次小小的胜利，置于美军持续失败的背景之中，对于被炸弹吓坏了的美国公众来说，根本没有真正的影响，更没法和珍珠港的突袭相比，日军偷袭珍珠港造成了重大伤亡、击溃了整个舰队。必须让日本人经历同样的震惊、屈辱和毁灭。罗斯福明白只有一个办法可以实现这个目标，这也将是他在未来几天或几周内反复向他的顾问提出的要求。“总统非常坚持，”阿诺德回忆说，“要我们找出办法来，以空袭的形式，给日本本土带去真正意义上的战争。”

1942年1月10日，周六晚上，海军上将欧内斯特·金晚饭后回到自己的船舱里。这位现年63岁的俄亥俄州人，担任着美国舰队总司令，令他感到非常失望的是，圣诞节和新年也未能让他从太平洋上笼罩着的坏消息中得到任何解脱。下午海军上将一直在与24名美国和英国的高级军事领导人在联邦储备银行大楼里开会，大楼位于市中心宪法大道，这样的战争策略会议总共开了12个，这是第八个，这些会议后来一起被称为“阿卡迪亚会议”。两个半小时的会议，主要关注如何拖住日本继续南下的趋势并对中国立即援助，休会时约定第二天下午再开会。金匆匆赶回华盛顿的海军船坞去吃晚餐，还有一晚上的工作在他的船上等着他，他的船挂着“泼妇号（vixen）”的旗帜，这是艘333英尺长的钢壳游艇，停泊在寒冷的阿纳卡斯蒂亚河上。

金常常工作到深夜。这位身高6英尺的海军上将头上总是戴着一顶帽子，来遮盖他的秃顶，他从海军学院1901届的班上以第四的成绩毕业，在班里，他红润的脸颊为他赢得了“多莉”这个令他厌恶的昵称，他喜欢“雷伊”这个称呼，是他的名字“金”在西班牙语里的叫法。他曾在驱逐舰和战列舰上于海外服役，后来他开始指挥潜艇部门，直至成为康涅狄格州新伦敦的潜艇基地司令。认识到海军航空力量的重要性，金在他48岁时获得了飞行员执照，并在随后成为莱克星顿号航空母舰舰长。但这位上将也并非没有他的缺点，他那双游移不定的手令许多女性在聚餐时不愿坐在他的身边；他对酒的嗜好让他发明了属于他自己的鸡尾酒，一种白兰地和香槟的混合，被他命名为“金的借口”。但这位海军上将最大缺点是他火爆的脾气。他的一位女儿对此有着最好的描述：“他是海军里性情最平稳不变的人，因为他一直在发怒。”

除去他的个人缺点，金对军事历史有着极大的热情，而且事实也证明他是一位杰出的战略家。此外，他还是一个填字游戏迷，他钦佩拿破仑，他还亲自走过美国内战的战场——安蒂特姆河和葛底斯堡。金对历史的欣赏使得他在12月20日被总统任命后，试图拖延履职日期，想到1月1日再任职，这样做他觉得可以防止1941年灾难性的损失沾染了他希望在未来创造出的历史功绩。尽管美国的战争计划大致上是：希特勒被打败之前，要在太平洋上打防守战。金则打算不放过任何一个机会去打击日军。要把敌人打得措手不及、不能还手，主动出击才是最好的方法，这也是他向高级军事领导们在一份备忘录中所概述的哲学。“没有哪个打架的人可以通过防守——仅靠躲避对手的攻击而取胜。”金写道，“赢家会进攻并持续攻击，尽管为了能不断进攻他不得不吃到几记硬拳。”

海军上校弗朗西斯·洛出现在海军上将的游艇门口。洛现年 47 岁，纽约当地人，曾担任金的行动事务员。他 1915 年毕业于美国海军学院，父亲是一位退休海军指挥官。洛曾是学院游泳队的队长，创下了学校 220 码的蛙泳纪录，并获得了青蛙这个称呼。他职业生涯的大部分都在潜艇上服务，指挥五艘小船，后来还指挥过一个中队，直到他空降到海军上将的身边。如果有任何人能够习惯于金言辞激烈的长篇大论，那人一定是洛。他认为他的老板有时会成为一个“残忍、不寻常”和“不被理解、非常复杂的个体”。“别人很难为他工作，”洛后来在他没有出版的回忆录中写道，“但与他共事是种通识全知教育——如果谁能活着坚持下来的话。”一年前，在德克萨斯号战列舰上，洛在半夜例行航道转换时就遭受过一次这样的暴怒。没过几分钟，海军上将出现在了船桥上。

“是谁发的信号？”金吼道。

洛回答：“是我。”

金爆发了，指责洛篡夺权力和破坏他的权威。这位受到惊吓的下属逃到了船桥的侧翼，他的自尊心受到了伤害。金冷静下来后试图道歉，“洛，”上将把他的手搭在洛肩上，“别太难过。”

但是洛回击了他的老板。

“上将”，他还击道，“除了您要求我立即离队，除此之外，没有任何该死的事情是你对我做了，而我接受不了的。”

这一大胆的举动赢得了金的尊重。

而今，在这个一月份的夜晚，上将问，“有事吗，洛？”

洛有一个后来他自称为“愚蠢的想法”，但考虑到战争初期的暗无天日，他觉得至少值得一提。

“我去过了诺福克海军机场，你知道，长官，去看大黄蜂号航母的进展，”上校说道，“在机场地上他们画出了一条与航母甲板同样大小的区域，在上面不断练习起飞。”

“嗯，”金回答说，对洛的评论感到迷惑，“那是训练舰载飞行员的常规操作。”

“如果部队有可以在那么短的距离内起飞的飞机”，洛继续道，“我的意思是能够携带炸弹负载的飞机，为什么我们不能放一些到航母上，去轰炸日本本土？甚至轰炸东京？”

洛等着这位易怒的上将表示他的不屑一顾——或者更糟的情况——但是令他吃惊的是金身子向后靠在了椅子上。这个大胆的想法正与这位上将想要进攻的愿望一拍即合。

“洛，”金回答说，“那有可能是一个好主意。去和邓肯讨论一下，然后让他向我报告。”

洛打电话给唐纳德·邓肯上校，金的空中作战指挥。邓肯四十五岁，密歇根人，还叫着他在海军学院的昵称——吴，他比洛晚两届毕业。邓肯是位训练有素的海军飞行员，获得了哈佛大学的硕士学位，曾作为驾驶员在萨拉托加号上服役，做过彭萨科拉海军航空站的执行官，之后出任美国第一艘护航航空母舰——长岛号的指挥官。他同时还有政治关系，他的妹妹芭芭拉，是哈利·霍普金斯的妻子，于1937年死于癌症。金曾经告诉邓肯，“我对你的评价有一点，就是你绝不是个唯唯诺诺的人。”邓肯永远不会忘记这句评论，“我一直认为，这样一句话能出自海军上将金之口，是一个非常伟大的赞美。”

星期天早上，在宪法大街海军部两人见面时，邓肯警告洛，“你来找我最好有重要的事。”

“计划一次舰载飞机空袭东京，你觉得怎样？”

洛激起了邓肯的兴趣。

“在我看来，”洛解释说，“首先有两大问题需要回答：陆军中型轰炸机能否登上航母甲板？陆基轰炸机在加载了炸弹、燃油和机组人员后能否从航母的甲板上起飞？”

邓肯考虑了这些问题，解释说，航母甲板对轰炸机降落来说距离太短。即便能够起落，航母脆弱的舰尾无法承受停机装置的冲击。此外，航母的飞机升降机也装不下轰炸机，无法把降落的飞机收到舱底，为其他飞机降落甲板留出空地。

“那我的第二个问题呢？”洛紧追不舍。

“等我回头找你。”

邓肯马上开始起草一个初步计划。主要的问题是什么样的飞机可以完成这样的任务，如果有的话。洛最初提出轰炸机可以返回航母并降落到水中，但邓肯的研究显示飞机如果继续飞到中国的机场会更好。情报显示，日本的巡逻机可以飞到离岸三百英里远的地方，因此，美国使用的轰炸机要能在超过这个距离的位置起飞，轰炸东京后，还要有足够的燃料飞到中国大陆。

邓肯把各种陆军飞机的性能数据过了一遍。马丁 B–26 可以达到这个飞行距离也有大的炸弹负载，但问题是这种轰炸机能否从航空母舰的甲板上起飞。同样，B–23 可以达到任务要求，但是飞机机翼较大不仅有可能会撞上航母的岛式塔楼，而且会减少甲板上可停放的飞机数量。邓肯意识到北美航空公司出产的双引擎 B–25 最适合执行这项任务。不仅它的机翼能够通过岛式塔楼，而且使用改装后的油箱 B–25 可以达到飞行距离，并能加载很大的炸弹负载。

接下来，邓肯着手物色舰船。太平洋舰队只有 4 艘航母，萨拉托加号、企业号、莱克星顿号和约克城号，约克城号在珍珠港偷袭事件后被从大西洋重新分配了回来。但邓肯心里想到的是另一艘航母——全新的 19 800 吨排水量的大黄蜂号，正在弗吉尼亚州进行试航。邓肯知道大黄蜂完成这项操作后会到太平洋来报到。洛之前的建议是使用一艘航母，但邓肯意识到这项任务需要两艘航母。大黄蜂号的甲板上挤满笨重的轰炸机，还需要另一艘航空母舰提供战斗机掩护以及其他十几艘巡洋舰、驱逐舰和加油舰的共同配合来完成任务。最后，是对历史天气数据的分析，显示东京上空从 4 月中旬到 5 月中旬，可能出现有利天气的时间。

邓肯做完他的初步研究后，他和洛将研究结果展示给金。这位激进的海军上将喜欢他所听到的报告。

“拿这个去见阿诺德将军，如果他同意了你们的计划，就叫他跟我联系，”

金命令道，“你们两个不许跟其他任何人提起这个计划！”

两人同意。

然后金转向邓肯，“如果这一计划得到了阿诺德将军的同意，”他说，“我想让你来负责处理海军这边。”

数周以来，阿诺德将军一直在琢磨着总统要美国轰炸日本的要求，努力想要决定陆军航空队如何才能最好地执行这样一个大胆的使命。在国内，五十五岁的阿诺德在空军专业知识上是顶尖高手，他标志性的露齿笑早就为他赢得了一个昵称海普，是“快乐”的缩写。1907 年毕业于美国军事学院，教他驾驶飞机的不是别人，正是奥维尔和威尔伯——莱特兄弟，驾驶着原始双翼飞机飞上天空，没有安全带，唯一的装备是一条随风飘扬的简单绳子，那是飞机的刹闸。在一天飞机降落时，一只小虫撞到了阿诺德的眼睛，此后，飞行员们才开始使用护目镜。1911 年 5 月，6 英尺高的阿诺德仅用 10 天就完成他的航空课程——飞行总时间不到四小时——成为了当时部队中仅有的两位合格飞行员之一。

阿诺德是航空飞行的先驱之一，也是一个狂爱开玩笑的人，他曾在西点军校将炮弹一颗颗滚下宿舍楼梯。他不仅是第一个飞行高度超过一英里的军人，还是第一个担当重任的飞行员，甚至开着飞机在美国的国会大厦上方低空盘旋轰鸣，在他给母亲的信中，他开玩笑说这一飞行绝技促使国会的立法者们暂时休会。但 1912 年秋天，这位两次最高航空奖——麦凯杯的获得者，在堪萨斯州执行观察炮火的一次实验飞行中却差点遭受悲剧。阿诺德的飞机突然旋转起来，停下来后一头扎下。在即将撞地坠毁前几秒，阿诺德终于将飞机拉起降落。这次险些坠毁的经历令他十分后怕，他拒绝再次飞行。“目前，”阿诺德对他的指挥官写道，“我的神经系统已经不允许我登上任何一种机械装置。”对他的飞行员同事他说的更加直白，“就这样了，”他承认，“一个人不会两次面对死亡。”

在接下来的四年，失败感一直困扰着阿诺德，直到他终于征服了他的恐惧并爬回驾驶舱。多年来，阿诺德平步青云，节节高升，通常还并非他自己所愿。特立独行的精神不仅促使阿诺德冒着生命危险去驾驶早期毫无安全可言的飞机，也让他顶撞权威，屡屡触怒他的上级——其中一位上级官员甚至用一条镇尺去扔他。在 1940 年春天，就盟军飞机销售问题，阿诺德甚至与罗斯福发生了冲突，导致总统威胁要送他去关岛，并驱逐他离开白宫 9 个月。尽管他个性顽固，管理技巧也差得出了名——几乎没人可以欣赏这位固执的将军，这位美国空中力量的热情推进者，在俄亥俄州的牛场上空学会了飞机驾驶，地面上注视着他的是准备来收尸的殡葬员——三十年来，他一手建立起了可以执行轰炸任务的航空部队。“最好的防御，”阿诺德写道，“就是攻击。”

罗斯福在 12 月 21 日的会议上给阿诺德下令要轰炸日本，但没有给出如何执行这一任务的具体途径。依据经验，这位将军知道，这是罗斯福的风格。“一旦美国总统对整体的原则表示同意了，”阿诺德曾经注意到，“他会依赖他手下人去执行——拿出方案来完成这些大致的想法。”但阿诺德所面临的挑战是，他的军队在太平洋战争刚开战时就已经折损大半。派驻在夏威夷的 231 架空军陆航飞机，只剩 79 架还能用。同样，日军也消灭了一半驻扎在菲律宾的远东空军。美国人担心日本会进一步袭击夏威夷，阿拉斯加，甚至美国的西海岸，各防区对飞机的紧迫需求达到了顶点。“各地的指挥官都需要飞机，阻止日军进攻他的辖区，”阿诺德后来写道，“他们都要重型轰炸机和轻型轰炸机；他们要巡逻机和战斗机。”

在有限的空军资源和出兵日本在即的压力之间，阿诺德努力做着平衡。如何为珍珠港复仇的各种建议淹没了华盛顿——一位加州的轮胎经销商甚至悬赏 1 000 美元，奖励第一位袭击东京的飞行员。虽然愿望是好的，但大多数的建议似乎都缺少了对实际问题的认识，如，遥远的距离到燃料问题还有飞机的最远飞行距离。其中的一些想法甚至到了荒谬的地步，有人建议向多座火山投掷炸弹，触发火山喷发来“说服日本民众，让他们认为是神明在对他们发怒。”《沃思堡明星电讯报》总裁阿蒙•卡特，是罗斯福的助手埃德温•沃森的好友，他提出了一个更新奇的想法：利用商业航空公司的飞行员驾驶四引擎轰炸机从阿拉斯加飞到东京。“只需适当的保密和新闻审查，这个行动完全可以出其不意，就像他们偷袭珍珠港一样，”卡特说，“用五百架飞机携带从 2 000 到 4 000 磅的炸弹就能让东京从地图上消失。”

其他还有一些想法来自英美国高级官员之间的讨论。在圣诞夜的一次会议上，英国空军参谋长查尔斯•波特尔爵士描述了他对攻击的想法，“在他看来，”阿诺德写道，“攻击日本是海军的任务，甚至在年初，航母就可以溜到日本附近，发动一次日本偷袭珍珠港那样的攻击。” 这项任务的风险不会超过日军在夏威夷的行动，波特尔称，它将迫使日本海军回到本土附近水域， 减轻对菲律宾和新加坡的压力。阿诺德否定了这个念头。他不愿让海军数量有限的几艘航母去冒险，而且考虑到英国对美国飞机的渴求，他质疑波特尔的动机。“我总觉得，波特尔把他一厢情愿的想法加入了他对太平洋空中战略的推理中，”阿诺德写道，“我认为，他担心如果我们的空军计划对日本使用重型轰炸机，将减少他从我们这里获得飞机的数量。”

在同一天的另一场会议中，海军上将斯塔克考虑了从中国机场发动袭击的可能性。阿诺德指出，美国在中国还没有足够的轰炸机，并提醒在运送过去轰炸任务所需的足够的飞机之前无法行动。“轰炸机最少需要 50 架，”阿诺德建议斯塔克，“间断的攻击只会让日本人民更加牢固。”苏联已被排除而中国又短缺飞机，美国的可选项看似在减少，除非阿诺德采用波特尔的建议，将这次行动让给海军。1 月 4 日，在讨论北非可能被入侵的白宫会议上，海军上将金建议用航母运送陆军轰炸机。这个主意让阿诺德心头一动，他当时潦草记下的笔记可以证明，“要用航母运输这些陆军轰炸机，我们就需要从航母上起飞才行，”他写道，“我们将不得不尝试从航母上起飞轰炸机。这是从未有过的做法，但我们必须尝试，看这需要多久。”

阿诺德的手下立刻着手研究这一想法，虽然关注的焦点仅限于使用陆军货机登上航母来为远征军的海军战机提供燃料输送。在 1 月 5 日的备忘录中记载，阿诺德和金的一份非正式协议里甚至提到了各种运输机在航母甲板上的起飞测试。为此，分析员们提取了所有机翼宽度在九十英尺以下的飞机数据，包括实际飞行速度，副翼设置，起飞所需的地面滑跑，以及每架飞机的高度，还有为存放进甲板飞机库内而将机翼移除的可行性。分析师们排除了 DC-3 和 DC-2 型号，因为它们不仅机翼的宽度无法通过航母的岛式塔楼，而且机身过长无法放入航母的飞机升降器中。C-63 是另一个选项，但是军队里压根就没有足够的数量可用。在 1 月 13 日的备忘录中，阿诺德的手写下结论：货机行不通。“目前没有任何飞机可以在航母上操作，这就是测试的结果。”

大概就在这个时候，洛和邓肯出现在了将军的办公室。与其出动货机支援海军，为什么不使用 B–25 轰炸机，让它们去突击？ 陆军双引擎轰炸机的飞行距离意味着航母可以不必如此接近日本。如果轰炸机按照建议继续飞到中国去，航母就可以立即掉头，更进一步减少了美国航母的风险。阿诺德对这一想法拍案叫好，但他想要他手下的能人吉米 • 杜立特中校来执行它。现年四十五岁的杜立特，作为一个特技和竞赛飞行员已多次上了全国新闻的头条，而且阿诺德知道杜立特还取得了麻省理工的硕士和博士学位。如果有任何人可以评估这个计划成功的几率，杜立特可以。阿诺德召见他到自己的办公室。

“吉姆，我们有什么飞机可以在 500 英尺内起飞，负载 2 000 磅重的炸弹，并能载着全体机组人员飞行 2 000 英里？”

杜立特将美国兵工厂的库存在脑中过了一遍，推断只有中型轰炸机可以在那样短的距离内升空。这样就剩下四种轰炸机可以考虑，其中能够执行这项任务的可能有三种。

“将军，”他回答说：“给我一点时间，我会给你一个答案。”

杜立特研究了每一架飞机的性能数据后，第二天，报告 B–23 或 B–25 都是可以的。两者都需要加装额外的油箱。

阿诺德又加上了另外一个要求：飞机机翼宽度必须够窄，能够在小于七十五英尺的宽度起飞。

“那只有一种机型可以做到，”杜立特答道，“您问的正是 B–25。”

阿诺德谢过杜立特，让他退出了办公室。

杜立特所选中的机型与邓肯不谋而合。阿诺德拿起电话打给上将金。计划通过了。大黄蜂号将会在 4 月 1 日左右离开西海岸，这样航母可以完成试航并通过巴拿马运河。邓肯会处理海军的后勤问题，包括监督飞机从大黄蜂号上的起飞，视察珍珠港，组织任务所需的力量。阿诺德需要选择站在他这一边的人来指挥轰炸机的改装以及机组人员的训练。第二天，将军再次召见了杜立特。

“吉姆，我需要有人接管这个工作……”

“我知道你在哪儿能找到那个人。”杜立特打断了他的话说。

“好吧，就是你的了，”阿诺德告诉他。“只要任务需要，任何事情上你都有第一优先权。如果任何人妨碍到了你，直接和我联系。”

第三章

杜立特智勇双全。

——《纽约时报》，1927 年 9 月 23 日

吉米·杜立特是执行阿诺德将军的这项计划的完美人选。虽然杜立特并不是那种第一眼看上去就令人生畏的战士：他长着一双灰色的眼睛，身高只有 5 英尺 4 英寸——比拿破仑还矮了两英寸——在官方记录中，他经常会把身高多报几个英寸。他矮小的身高，自打他在阿拉斯加边境度过的童年时代起，就影响着他性格的塑造。他的父亲弗兰克·杜立特在 20 世纪初的淘金热中举家从加州搬到了阿拉斯加的小镇诺姆。杜立特乘船登岸到达诺姆时，破烂的小镇看起来就像是一片帐篷、棚屋和小木屋的海洋。道路上都是泥浆，公共卫生设施就是搭在海滩木桩上的厕所，每日的潮汐会冲走厕所中的污物。痢疾、伤寒肆虐，同样猖獗的还有犯罪活动，在这样一个小镇上，竟有着二三十家酒吧和卖酒的商店。杜立特甚至目睹了他最好的朋友在街上被六七只野狗撕碎。

杜立特的矮小使他在同龄人中处于劣势。学生们在学校里会欺负他，有一次他还被老师在黑板上罚写了 25 遍，“吉米·杜立特是全校最矮小的男生。”

杜立特第一次举起拳头是在5岁的时候，他与一个本地的阿拉斯加小孩打架。“我有一拳打在了他的鼻子上，血喷了出来，流得满大衣上都是。我们俩都被吓住了，”杜立特后来回忆道，“我跑回家去找妈妈，确信自己刚刚杀死了一个爱斯基摩人。” 尽管身材矮小，他很快就证明了自己是一个打架高手。消息传开，大孩子们排着队来挑战这位好战的少年。而杜立特发现，实际上他很享受好好打上一架的感觉。“因为身材对我不利，我能够幸存的唯一保障就是从一开始就快速出击，”他后来写道，“我发现如果你脚上动作够快，瞅准对手的鼻子，就很容易让对手流血，这样就能先发制人。”

杜立特的父亲从未找到过多少金子，而是基本上一直在做木匠活儿。工具对小杜立特极具吸引力，他的父亲专门给了他一套装备并鼓励他学会手艺。杜立特帮助他的父亲打造家具甚至建造房子，并从中发展了机械使用技能，这在他日后操作发动机和飞机的工作中，是一项至关重要的技能。1904年夏天，杜立特和他父亲一起花了六周的时间旅行，去了西雅图、旧金山和洛杉矶，这成为了一次新生之旅。“这三座大城市的景象和声音对于七岁的我来说，新奇而又令人兴奋，因为我已经不记得我们搬去诺姆之前所见过的一切了。”杜立特后来写道，“我平生第一次见到了汽车、火车和有轨电车。还有刷了油漆的现代房屋和商店。我的价值观当时就改变了。我以一种全新的视角去看待一切，那次短暂旅行中的见闻让我非常想成为那令人兴奋的生活中的一部分。”

他的母亲罗莎同意了带他回加州。1908年，罗莎收拾好行囊带着她11岁的儿子离开了，留下了那位愚黠的父亲自己在阿拉斯加。他们没有回到杜立特的故乡阿拉米达，而是定居在了洛杉矶附近。在阿拉斯加曾占据杜立特大部分时间的校园打架在这里继续。其中的一次打架引起了一名英语老师同时也是一名拳击教练弗罗斯特•贝利的注意，“你这样打架会严重受伤的，”贝利告诉杜立特，“你一打架就变得狂怒。如果你动了气，最终你会输掉战斗，因为你让你的情绪而不是理智控制了你的身体。”贝利让杜立特脱离了之前粗野的街头打架的方式，指导他如何上下跳动和迂回前进，以及如何用更大的力量打击目标来弥补他手臂过短的劣势。这些技能帮助15岁的杜立特作为105磅的轻量级选手，获得了1912年太平洋海岸业余拳击锦标赛的冠军。

但这位鲁莽的少年在赛场之外仍然继续打架，终于在一个星期六的晚上以扰乱秩序罪被抓进了警察局。警察打电话让杜立特的母亲把他领回去。杜立特的母亲一直就不赞同儿子打拳击，这次她终于受够了。“她要你在这儿待到周一早晨，”警官告诉杜立特，“到时候她会过来接你去上学。”母亲竟然让他在拘留室里过周末，这位少年被惊呆了，但这样的经历也给了他一个宝贵的教训。“被关押在一个寒冷、没有暖气的单人间里过了两个晚上，完全被剥夺了离开的权利，这对我来说是非常可怕的经历。”杜立特后来写道，“我发誓再也不会让我的情绪战胜理智。”他的母亲试图用一辆摩托车贿赂他，让他退出拳击比赛，但这位狡猾的少年用了一个化名吉姆•皮尔斯，骑着他的新车子，继续在西海岸不同的专业拳击俱乐部之间赶场，收入高达 30 美元一场。

杜立特遇见约瑟芬•丹尼尔斯的时候再次让情感战胜了自己。约瑟芬是他在洛杉矶手工艺高中的同学，昵称为乔。这位留着长长黑发的、年轻漂亮的姑娘回绝了杜立特这位自大的追求者好几年，直到他像一个消磨对手的拳击手那样，最终说服了她。这完全是天悬地隔的两个人。“她是一个很乖的小女孩。我是一个非常淘气的小男孩，”杜立特回忆道，“她的各门功课成绩都是 A，而我想拿到 C 都很难。”乔来自一个很有教养的家庭，刚从路易斯安那州搬到加州。杜立特是个粗鲁的人，不关心学业，经常在人前夸耀赛场上留下的淤青和被打裂的嘴唇。乔的父母对杜立特并不满意。甚至杜立特的母亲也提醒乔说，比起自己惹麻烦的儿子，她可以有更好的选择。“毫无疑问，乔改变了我的生活，”他后来说，“我开始梳理我的头发，扎领带，关注自己的穿着，并注意在她面前说话的方式。”他在高中毕业那年向她求婚。

“你一定会认为我疯了，”她回答，“我永远不可能嫁给一个整天总是想着打架的男人。”

“我会放弃搏击，” 并告诉她他的计划是回到阿拉斯加淘金，“只要我一有钱，就寄给你。”

“我妈妈绝不会同意的。”

“我要娶的人是你，”他反驳道，“不是你的母亲。”

当他在 1914 年春天高中毕业时，杜立特接受了父亲的邀请回到阿拉斯加。杜立特父子间的关系从未融洽过，这次团聚也未能补救紧张的关系。小杜立特很快就开始单干，住在帐篷里，只靠吃鲑鱼度日，却没有淘到任何金子。几周后，杜立特意识到他已经受够了。他搭便车回到沿海城市西沃德，向他的父亲道别，不知道这将是他们的最后一别。杜立特去了一艘到西雅图的轮船上当乘务员，继而又到了一艘开往洛杉矶的货船上，他一夜致富的梦想结束了。他计划考进大学取得学位。“阿拉斯加并不是我想象中的机会之地，”他后来写道：“进入大学的吉姆·杜立特才明智得多。”

杜立特在洛杉矶大专学习了两年，之后被加州大学伯克利分校矿业学院录取。在那里他在校队里和职业赛场上，继续打拳击，以此赚钱来支付账单。他重新使用了他的别名吉姆·皮尔斯，向母亲和乔隐瞒他比赛的事情。他一路重击，打败了一圈实力较弱的对手，直到他在赛场上遇到了一位身手敏捷的职业选手。杜立特立刻就知道自己遇到了麻烦。“他把我耍得像只猴一样，”他后来回忆说，“我的拳击生涯到此结束了。”杜立特决定把精力集中在学业上，虽然他在赛场上的搏斗教给了他人生中宝贵的一课。正如多年后，当他最小的儿子输掉了大学拳击比赛后，他在写给妻子的一封信中所说的：“约翰被那个锡拉丘兹男孩打败是世界上最幸运的事情，在生活中，有时我们必须学会如何失败，而且越快越好，”杜立特写道，“每个男孩都应学会如何优雅地获胜和勇敢地接受失败。”

1917 年，美国加入第一次世界大战，杜立特的许多同学都参了军。一向争勇好斗的杜立特，决定跳过大四的学业直接参军。他无意参加步兵团或海岸炮兵队，在一位招兵人员告诉他部队计划训练 5 000 名飞行员后，他看到了羽翼未丰的空军所具有的潜力。飞行一直让杜立特着迷，他十几岁时曾试图依据在《大众机械》杂志上看到的飞机原理，自己组装一个滑翔机和单翼机，虽然这两架飞机都没飞起来。他去加州大学空勤预备学校上了 8 周的课程，并利用放假期间说服了乔嫁给他。杜立特没有钱，乔用母亲作为圣诞礼物送给她的现金支付了结婚的费用。这对夫妇在圣诞夜于洛杉矶市政厅结婚。乔用剩余的 20 美元去了圣地亚哥度蜜月，在那里，这对夫妇就靠着自助餐厅为服务员提供的免费食物度过了蜜月。

杜立特完成地面学习后就到了圣地亚哥附近的罗克韦尔机场报到，开始飞行训练。他从来没有上过飞机，1918 年 1 月 28 日，当他爬进一架柯蒂斯 JN-4 飞机，开始他的第一次飞行时，他兴奋异常。这种双座双翼飞机通常被叫做珍妮，是美国第一次批量生产出来的飞机。制作材料不过是些木材、织物和电线，这种训练用机的最高时速只有 75 英里每小时。当杜立特和教练查尔斯 • 托德正在滑行准备起飞时，两架飞机在机场上空相撞坠毁。杜立特从驾驶舱跳出来奔向最近的一架坠毁的飞机。这架飞机由一名学员单独驾驶，让杜立特感到惊恐的是，这位学员已当场死亡。在第二架飞机里，杜立特发现教练和学员都受了重伤，但还活着。杜立特和托德帮助把两名受伤的飞行员从飞机残骸中拉出，消防车和救护车也都鸣着笛赶来了。

“你还好吧？”托德问杜立特。

坠机事件让他惊慌，但他确认自己还好。

“好吧，”托德说。“那我们出发。”

杜立特爬回了珍妮机上，托德发动了引擎。这架双翼飞机轰鸣着从跑道起飞，升上天空。随着托德驾驶飞机爬升到 1 200 英尺的高空，杜立特很快就忘记了地上的悲剧事故。杜立特的航空日志显示那次飞行只持续了 22 分钟，但这已足够让杜立特献身飞行事业了。“我对飞行的热爱，”他后来写道，“就从那天的那一时刻开始。”这位心切的学员把所有时间都泡在驾驶舱里，仅在练习了七个小时零四分后就独立飞行了。1918 年 3 月 11 日，杜立特从飞行学校毕业后被任命为空军少尉。他很清楚他想要成为什么类型的飞行员。“我很自然地想要当战斗机驾驶员，因为战斗机驾驶员和轰炸机驾驶员有一个根本的区别，”他后来回忆道，“战斗机驾驶员几乎总是一个铁血孤胆的个人主义者。轰炸机飞行员，因为他要与一个团队一起工作，在飞机上，会更像是一个团队的成员。”

令杜立特沮丧的是，他未能参加第一次世界大战，他的工作岗位一直在调换，直到最后成为圣地亚哥附近里姆机场的航空教练员。“我非常沮丧，”他回忆道，“我的学生们被派去海外，成为英雄。而我的工作就是培养出更多的英雄。”这段经历中也不是没有悲剧。一天，当杜立特进入降落路线的最后一个导航点时，一名学员驾驶的另一架飞机从他飞机下面切了过去。无论是杜立特还是和他在一起的学员都没有看到那架飞机。这次碰撞损坏了杜立特飞机的螺旋桨，刮下了飞机的起落架，迫使杜立特只能用机腹着陆。着陆后，他听到了可怕的消息，他飞机的螺旋桨切掉了另外那架飞机驾驶员的头。另一次，当杜立特带着他的学员起飞的时候，一位独立飞行的学员漂移到了他的航道上。杜立特飞机的螺旋桨切断了那架飞机的机尾。让他感到恐怖的是那架飞机坠毁起火，学员死亡。每次发生这样的事情，杜立特都会采用与当年托德同样的方式来处理。

“下一个是谁？”一次事故后他喊学员继续训练。

“你血管里流的到底是什么——是冰水吗？”一位教练员质问杜立特，“那孩子的死对你来说就不算什么吗？”

“今晚我会想起那个孩子，”他还击道，“但与此同时，我的工作是让这些人成为飞行员。你的也一样。”

1918 年 11 月 11 日，第一次世界大战结束时，杜立特面临着一个艰难的选择：回到加州大学完成他的矿业学位或留在部队。许多离开军队的飞行员购买了珍妮机。战时美国生产了超过八千架珍妮飞机，而现在军方将多余的飞机以每架仅几百美元的价格出售。这些飞行员飞遍全国各地，巡回表演空中特技，例如机翼行走、横滚和翻筋斗。还有一些飞行员为好奇的乘客提供飞机搭乘，一次一人几美元。杜立特不仅知道作巡回表演是危险且不稳定的工作，而且收入也不高。他现在有妻子需要养活。“我每月大约赚 140 美元，这笔钱每到发薪的日子都有，没有例外，”杜立特后来写道，“军队生活的保障非常吸引我，国家试图重建和平时期的经济，数百万复员军人不得不在外找工作。但让我最终拿定主意的还是飞行。”

“当飞行员有什么未来？”杜立特的一位朋友问。

“有一天航空业将成为真正的大产业，”他回答说，“我要待在军队里，让政府教给我有关飞机的一切。”

11 月末，圣地亚哥的军事航空展让杜立特相信他的决定是正确的。他和其他飞行员的空中特技表演让在场的人群看得目不暇接。“每架飞机之间如此接近，看起来似乎都要碰在一起了，他们在天空中简直形成了一条线，几乎挡住了太阳透出的光线，”《洛杉矶时报》报道，“他们在空中向前推进，雄伟庄严；队形完美、壮丽，在 5 000 英尺的高空中组成了一个完美的背景图案，而另外五位特技飞行员在下面猛扑、俯冲、翻跟头和旋转，动作完美和谐，仿佛他们都是由同一只手在操作。”空中表演增加了公众对航空的热情，这鼓舞了飞行员在乡村集市进行特技表演以及尝试各种创纪录的飞行和任何可以上新闻头条的事情。爱冒险的杜立特当然不会错过这个机会。“我试着发明新的特技，并意识到空中的特技飞行与地面上的杂技有相通之处，都需要在脑子里过一遍动作，”他写道。“如果你失败了，你就一次又一次地尝试，直到你掌握了它。”

杜立特不断把自己和他驾驶的飞机推向极限，但令他的指挥官非常不满的是，如一份早期效能报告中所记载的，“他的精神和身体都充满活力，但有一个严重的缺点，”该报告指出，“那就是他时而会失去正常的判断力，例如，在飞行中会冒特殊而不必要的风险。”一天下午，杜立特又表现出了那种不顾一切的鲁莽。他在飞机上发现有两名士兵在路上走着，就决定吓唬一下他们。他从士兵的头顶低空飞过，但回头一看却发现士兵们正对着他招手。愤愤不平的杜立特盘旋着又飞了回去，这次飞得更低。这回他感到飞机震了一下。回头一瞥可把他吓坏了：其中一个士兵脸朝下倒在了地上。杜立特觉得自己一定是撞死了那个士兵，震惊之中他没看到地面的栅栏。他飞机的起落架钩在了铁丝网上，撞毁了纳税人价值一万美元的飞机。让杜立特松了一口气的是，那个士兵只是被他擦伤了。“哎呀，中尉，”友好的士兵主动说道，“我很高兴你没有受伤。”

另一次杜立特和朋友们打五美元的赌，他可以坐在飞机的轮轴上着陆。这一惊人的举动刚巧被当天正在此地拍摄的电影导演塞西尔·德米尔拍进了电影。当杜立特的指挥官看到影片中放大模糊的画面时，他知道那人到底是谁。“一定是杜立特，”他爆发了，“其他人不会那么疯狂！”他古怪的举止招来了对他的约束命令。海普·阿诺德正在罗克韦尔机场附近指挥，他的一个下属闯入他的办公室，“上校，”他说，“里姆机场有一个人，他的行为实在太不像话了，需要您亲自关注一下。”阿诺德给杜立特禁飞了一个月。尽管杜立特的古怪行为，大多都是不计后果的，但每次他的努力都是为了了解自己能力的界限。“唯一真正危险的飞行员是那些超出自身能力界限飞行的人，”杜立特之后说，“飞行技术差的不一定是危险的，只要他不超出他能力的界限。”

虽然杜立特的壮举时而会让他的上司心烦意乱，比如他会为了清扫一个飞机库而开着飞机从中穿过，他从一座桥下飞过时刮断了电话线。但是毋庸置疑的是这位年轻的飞行员拥有独特的飞行技能。他早期的效能报告中洋溢着他人对他的赞许，预测他会有一个光明的未来。

“杜立特比我认识的任何军官对空军都更有价值。”其中一份报告这样陈述。

“动态人格，”另一份报告说，“是才华横溢的工程师和顶尖飞行员的罕见组合体。”

“空军中技巧高超且胆子最大的年轻飞行员，精通作战训练的最高形式。”

1922 年，杜立特大胆尝试了第一次越野飞行，在 24 小时内，从佛罗里达州的巴勃罗海滩飞到圣地亚哥。几年前，杜立特曾组织过类似的横贯大陆飞行，从加利福尼亚飞往华盛顿，但活动以失败告终：三架珍妮飞机中的两架一架燃油耗尽，一架刚飞出几百英里就坠毁了；杜立特飞回到了圣地亚哥，却在机场降落时撞坏了自己的飞机——遭遇强风袭击之后，机场的地面刚刚被翻整过，非常松软。这位经验丰富的飞行员决心避免发生同样的错误，杜立特花了两个月的时间筹划飞行线路，研究了二十年来的气象数据，每天监督对自己飞机的调整工作。“这次飞行的准备工作主要是个人的，”杜立特在他的报告中写道，“身体上要承受这次飞行的沉重负荷，精神上要排除所有担心的可能，消除那些我认为最容易导致精神疲劳和糟糕判断的因素。”

8 月 6 日晚上，杜立特爬进了专门定制的德·哈维兰[1]（De Havilland）DH-4 的驾驶舱，最高时速 128 英里的一架双翼飞机。这位自信的飞行员已经公布了他这次壮举的计划，成千上万的人前来为他送行。晚上 9 点 40 分，他发动引擎，沿着海滩轰鸣滑跑。在起飞处几百米的地方，飞机打到了一片柔软的沙子，然后冲向大海。飞机坠毁在了海浪中，翻了过来，机头被撞碎，发动

1. 英国著名飞机设计师、飞行员和航空工业企业家。

机被撞进去了四英寸。杜立特的肘部击碎了转速表。他解开安全带，跳了出来，他的头部着地，头盔和护目镜都被震了下来，挂在脸上。晕头转向，还以为自己是在水下，他抓住机身将自己拉起。“我很惊讶自己竟有那么重，因为我想在水中会有浮力，”他后来写道：“当我把头盔和护目镜从我眼前拿掉，放下我的脚时，我发现我就站在只有大约只有 10 英寸深的水里 !”

看到神情恍惚的飞行员在浅浅的波浪中努力想要拯救自己不被淹死的样子，人群爆发出了笑声。

一位女子问他是否受了伤。

“没有，”感到羞辱的杜立特回答道，“但我的感情受伤了。”

这位年轻的飞行员不愿放弃。他监督了飞机的维修过程，换了一个新的发动机和螺旋桨，尾部和机翼也换了。一个月后，带上配有特殊吸管、装有冰水和热咖啡的保温瓶，杜立特又爬回了他修复一新的德 • 哈维兰德飞机上。这一次他没有提前宣传他的飞行。9 月 4 日晚上，沿着沙滩跑道的边缘放了 18 盏灯笼，9 点 52 分，他冲过沙滩起飞。航行开始几小时后，杜立特遇到了巨大的雷电风暴。闪电如此之近，以至于他都能闻到臭氧的味道，寒冷的雨滴刺着他的脸。“我意识到风暴范围太大无法绕开，就直接一头扎了进去，相信我的指南针可以引导我直着飞出去。”杜立特后来写道，“在每一个闪电的瞬间，我都会从驾驶舱边向下看，看到熟悉的地标后再对照铺开在我面前的兰德 – 麦克纳利导航地图，我知道我飞在高空，自由并且路线正确。”

杜立特直线飞行，通过新奥尔良以西，在黎明前，直接飞到圣安东尼奥，并在那里着陆。他在地上只待了足够加油的时间，就返回天空。下面空旷的沙漠加上引擎的轰鸣声让杜立特昏昏欲睡，在抗拒身体对睡眠的渴望中，几个小时缓慢地在飞机的轰鸣声中流过。在靠近罗克韦尔时，两位飞行员同事迎接了精疲力竭的杜立特，引导他在机场降落。杜立特飞行了 22 小时 30 分钟，长达 2163 英里的航行跨越了八个州，说明了军队可以在一天之内，将飞机从一个海岸部署到另一端的海岸。杜立特赢得了杰出飞行十字奖章和著名的麦凯奖杯。陆军航空队司令少将梅森 • 帕特里克给杜立特发了一封信表达个人的感谢。“我兴致勃勃地读完了关于你横贯大陆飞行的报道，”帕特里克写道，“对你出色的表现，我想向你致以最衷心的祝贺。”

第二年，杜立特申请了军队在麻省理工学院的研究生名额（共有6个）。他未能完成大学学业，原本是没有资格的，鉴于他一直在为军队效力，他的同事们说服了加州大学的行政人员授予杜立特学位。1923年9月，刚拿到大学毕业证，已是两个儿子的父亲的杜立特带着家人搬到了麻省。杜立特开始着手解决飞行员和飞机承受能力的底线这一谜团， 希望能够解释原因不明的坠机。杜立特将他的课堂作业与近百小时的飞行实验相结合，操作一架荷兰福克（Dutch Fokker）PW-7战斗机进行了一系列高强度的、不同速度的翻筋斗、滚动和盘旋。他对他自己和他的飞机都非常地狠，以至于在一次以每小时200英里的速度俯冲时，机翼差点被撕掉。“还好那天我身上穿着降落伞，”他后来回忆道，“我差点就需要用到它。”

杜立特的实验帮助界定了飞机的耐受力，并揭示了地球引力对飞行员的重要影响。虽然飞行员可以应对重力短峰值的变化，杜立特发现，持续的加速度会导致飞行员晕厥。而血压成为了一个关键新的问题，飞行员的血压越高，可以忍受的加速度也越高。杜立特在一份报纸上发表了他的发现，这篇文章之后被翻译成了12种语言，并让军队再次授予了他杰出飞行十字勋章。这位不起眼的飞行员从麻省理工学院获得了自然科学硕士和博士学位，他后来坦白他的学术成就要归功于他妻子——乔的奉献。每天乔都会把他的课堂笔记打印出来并带着他复习笔记。“我们经常会一起学习到深夜，”杜立特回忆道，“她向我提问，她的学习方法帮助我复习并巩固我在那天学到的内容。她经常能把我想要表达的想法用语言说出来。”

部队选拔杜立特参加1925年的普利策和施耐德杯比赛时，他应用了新学到的专业知识。用抛硬币的方式决定了由他的同事，陆军飞行员中尉塞勒斯•贝提斯来飞长岛的米切尔机场的普利策竞赛，而杜立特作为他的替补。两周后，在巴尔的摩附近的施耐德杯争夺赛中，两位飞行员会互换角色。为了吸引眼球，飞行员们飞到曼哈顿上空，并在百老汇街道和时代广场上低空飞行。杜立特沉浸其中。“我们在纽约市中心上空特技飞行，”他后来回忆道，“低空飞过城市的街道，向上看到边上的高楼大厦，这是难得的刺激的事情。如果把飞机翻转过来，也同样会很有趣。”10 月 12 日，杜立特来到普利策竞赛，为贝提斯助威，直到他获得胜利。杜立特也观察着贝提斯和其他飞行员如何环绕着铁架塔飞行。杜立特计算，他可以用角度更小的转弯，更加贴近铁架塔飞过。当他爬进驾驶舱竞争梦寐以求的施耐德杯时，这种办法确保了他的胜利。

与普利策竞赛不同，施耐德杯是水上飞机竞赛——杜立特从未飞过这种飞机。比赛要求飞行员绕着一个 31 英里长的三角形赛道飞上 7 圈，总飞行长度 217 英里。10 月 26 日， 阳光明媚的下午，2 点 30 发分令枪一响，杜立特的飞机就轰鸣着冲上了切萨皮克湾上空。他沿着赛道以平均每小时 232 英里的速度前进；时速比上一年的记录还快了 55 英里。断定他能飞得更快，第二天他再次起飞并创造了水上飞机直道飞行的世界纪录，平均每小时 245 英里，打破了之前每小时 228 英里的纪录。这位自学成才的水上飞机新手激怒了被他征服的海军竞争对手们。“杜立特的飞行技术是精湛的。”《纽约时报》在报道中这样描述，“当杜立特倾斜地围着桥塔绕圈，他的飞机紧贴评委的看台飞过，评委们甚至能感受到螺旋桨的气流。”

杜立特的飞机滑行到码头时观众爆发出阵阵欢呼，这使得亲切的飞行员脱下了皮帽子并谦逊地鞠躬。空军司令帕特里克在码头的尽头祝贺他。“这是我见过的最高水平的表演，”他在嘉奖信中写道，“一次让我极为自豪的表演。”甚至陆军部长德怀特·戴维斯也发来了电报祝贺。“你辉煌的成就赢得了‘雅克·施耐德杯’再次证明了美国在世界各国中的地位。你凭借自己出众航空技术赢得了胜利，”戴维斯的电报写道，“陆军部为你感到骄傲。” 在杜立特返回俄亥俄州的麦库克空军基地时,他的朋友为他策划了一场独特的庆祝活动,他们迫使这位胜利者穿着海军制服坐进一艘安装在卡车车顶的救生艇里，艇上的标语写着：“海军上将詹姆斯·杜立特。”然后这伙人就开着车在代顿市里穿行。

杜立特的名声鹊起，以至于 1926 年柯蒂斯飞机和汽车公司请求军方允许杜立特前往智利和阿根廷去展示该公司的 P-1 猎鹰战斗机。“我相信这是非常可取的，应该会被允许，”帕特里克向参谋长建议，“我们正努力维持本国的飞机制造商。他们能获得的任何外国订单对他们和对美利坚合众国一样都是有利的。”杜立特对这个机会有着不同的看法。“这是一个梦想中的任务，”他回忆道，“表演特技就有钱赚，而且不会有规定我能飞到多低，也无需执行什么演习任务。”5 月 23 日在圣地亚哥军官俱乐部的鸡尾酒会上，话题转到了著名的默片演员道格拉斯·费尔班克斯，因他的活灵活现的表演而出名。在几杯皮斯科酸酒（一种受欢迎的南美鸡尾酒）的影响下，杜立特夸口说，所有的美国人都可以像费尔班克斯那样表演。他用双手支撑倒立着穿过房间来证明这一点。

智利飞行员为杜立特的表演欢呼，这更加鼓舞了这位喝醉了的飞行员。有人提出费尔班克斯可以在窗台上做手倒立。不甘示弱的杜立特从一扇开着的窗子爬出到两尺宽的窗沿上。在其他人期待的掌声中，他起身用手倒立。刚过了几秒钟，窗台崩塌了，杜立特从 15 英尺的高处掉到了下面的人行道上。腿上立刻感到了难以忍受的剧痛，他知道麻烦大了。X 光片显示，杜立特的两个脚踝都摔折了。受伤的飞行员躺在床上在圣文森特德保罗医院度过了 15 天，又在圣地亚哥联盟俱乐部里躺了 45 天。杜立特陷入了绝望，他的鲁莽意味着柯蒂斯没有人去展示公司珍贵的战斗机。“难堪胜过了疼痛，”杜立特后来写道，“我绝不会继续待在医院里，而我的竞争对手正在埃尔博斯克兜售他们的产品。”

杜立特叫来柯蒂斯的机械师博伊德·谢尔曼，指示他拿一把钢锯来。谢尔曼将杜立特腿上膝盖以下部分的固定石膏割掉，还做了夹子将杜立特的飞行靴子固定在踏板上。杜立特第一次站起来的时候，在右腿上用力过多，身体猛地一晃，腿上的石膏破碎了。怒不可遏的医生们拒绝再为杜立特治疗，谢尔曼帮他去除了石膏。然后他雇了一位德国假体制造商用韧性金属做支撑制作了专门的固定模具。杜立特飞上了天空，用他的特技飞行表演在对手前面超低空飞行，令地面上的人群看得眼花缭乱。他的顽强不仅帮助柯蒂斯获得了自第一次世界大战以来最大的军火合同，同时也令在场的军事专员对他大加赞赏，并向帕特里克将军发了一份报告，告知他杜立特完成这些空中表演期间总共只离开过房间四次。“这些飞行，”上校詹姆斯·汉森写道，“都是他用打着石膏的腿完成的，他是被抬上和抬下飞机的。”

杜立特完成旅行回到美国，住进了华盛顿的沃尔特里德陆军医疗中心。自从他摔伤后，四个月过去了，然而杜立特仍然需要拐杖才能行走。还在智利的时候他就已经对自己缓慢的康复感到了担心，并拍了第二组 X 光片，结果发现医生由于治疗失误，给他用反了两条腿上的石膏固形器，导致了他的脚踝不当愈合。等到杜立特回到沃尔特里德的时候，他的预后看起来很不好，首席整形医师对医疗团队说，“他的伤可能会导致永久性的残疾，”医生告诉董事会，“这将使他无法继续胜任军队的任务。” 医生们并没有再次打开杜立特的脚踝，而是给它们装上了一副新的石膏，并命令他回到床上去躺着，这回他一动不动地躺着。直到 1927 年 4 月，他的治疗终于结束时，杜立特总算松了一口气，医学委员会认为他还可以服役。

坐不住的杜立特渴望重返飞行。他和沃尔特里德的其他飞行员曾讨论过飞外翻筋斗的挑战性，这个还从未有人做到过。常见的空翻技巧需要飞行员先向下飞然后顺势在下面翻筋斗，而外翻筋斗与此不同。许多飞行员想知道外翻筋斗中相反的力，对于飞机和飞行员来说是否过大。杜立特决定探个究竟。他练习这一绝技，直到他觉得自信可以做到。1927 年 5 月 25 日，他叫来六七个飞行员同事一起见证，开着一架柯蒂斯猎鹰起飞。他爬升到 8 000 英尺后翻转飞机向下俯冲。从每小时 150 英里的速度瞬间加速到 280 英里时速的同时，他将猎鹰从背面翻转了过来，虽然有些失去方向感，但还记得向前推动操纵杆。他翻出了一圈，飞了出来，落在了这个国家的新闻头条上。“没什么，”杜立特后来告诉记者。“哎呀，只是一种不舒服的感觉，没别的了。”

1928 年，这位著名的飞行员再次来到南美，为柯蒂斯展示飞机性能。这一次，乔给杜立特下了严厉的禁令，不准他去有提供皮斯科酸酒的军官俱乐部。那个夏天，31 岁的杜立特在乘船回家的路上思考着他的未来。家里有妻子和两个儿子要养，他开始考虑军队以外的职业。“我会做什么？”他考虑，“谁会需要我？如果我找一份文职工作不需要飞行，我会不会想念飞行，会不会后悔辞职放弃军人稳定的收入？”杜立特回到麦库克基地，关于他的未来还没有做出任何决定。这时丹尼尔·古根海姆航空发展基金为他提供了机会，他可以留在军队研究一个重要的新项目，这个项目会将航空飞行推上新的高度。杜立特将带领米切尔基地的一个实验室，负责为期一年的仪表飞行（盲飞）实验。这位善于分析的飞行员立刻抓住了这个机会。

经过多年的发展，航空业已有了极大的进步，但即便是最有经验的飞行员对恶劣的天气也依旧无计可施。“雾是现代交通最大的敌人之一，”著名的飞行员查尔斯·林德伯格在1929年1月的一篇社论中写道，“它通常会带来运输停滞和严重的地面交通延误，不过受低能见度和坏天气影响最大的是航空。”仪表飞行的三大挑战是：起飞、导航和着陆，最后一项是最难的。战胜这些挑战需要新的仪表来帮助盲飞的飞行员确定方向。杜立特招募了发明家保罗·科尔斯曼，他刚刚设计了一种新的气压测高计，精确度在几英尺之内。他与工程师艾尔默·斯佩里以及他的儿子一起合作，对飞行视野进行了人工模拟，用飞机的转弯角度、倾斜度以及定向陀螺仪为飞行员提供比指南针更为精确的定位。无线电信标也同样被用来帮助飞行员导航。

在十个多月的时间里，团队致力于开发盲飞所需的设备，设计适合盲飞的飞行技术。杜立特本人亲自试验了几百次的盲飞和模拟盲飞着陆。检验这些技术的时刻终于到了，1929年9月24日早上，大雾笼罩着米切尔空军基地，天刚破晓，心急的杜立特在等着他的团队集合的空当，就先做了一次非官方的试飞。飞行中他发现浓雾高达五百英尺，这是进行测试的绝佳条件。哈利·古根海姆，基金会主席前来见证这次官方测试。甚至乔也来了。杜立特爬进一架加固的赫斯基NY-2的后座舱内，拉上罩着后驾驶舱的帆布罩。这样他能看到的就只有仪表盘上亮着的一圈刻度了。古根海姆坚持要求飞行员本·凯尔西陪着杜立特，让他坐在前驾驶舱，作为一项预防措施，虽然凯尔西会一直将双手放在头上，以便地面观察者可以看出他没有在驾驶飞机。

杜立特发动了引擎，在晨风中起飞，飞行高度保持在大约1 000英尺。他向机场以西飞了五英里，然后转弯绕回来。当他直接飞过机场上空时，由两个哨片组成的无线电信标响了起来，提示他接近信号。杜立特看了一眼他的空气速度指示器，按下了秒表。他又向东飞了两英里后掉头回来，开始逐渐下降。地面上焦虑的观众们看着杜立特从贴着机场边缘50英尺的地方通过。飞机减速滑行，然后在跑道上方降到15英尺的高度，杜立特把飞机前端拉起，着陆点离他 15 分钟前的起飞点只有几英尺。“整个飞行过程中，驾驶舱都被一个密不透光的罩子罩着，”杜立特后来说，“这是第一次飞机仅靠仪器起飞并在飞过固定的路线后着陆。”

杜立特的成就不仅再一次让他登上了全国新闻的头条，也将永远改变航空飞行。“周二记录下了辉煌的胜利，”《纽约时报》报道，“詹姆斯·杜立特中尉当之无愧是最为全能的飞行员。”对杜立特感到佩服的还有海普·阿诺德将军，十年前他曾因杜立特在里姆基地的怪异举动而将他禁飞。“那需要真正的勇气，”阿诺德在 1941 年的一封信中写道，“没有欢呼的人群，没有观众，只有吉姆·杜立特，冒着别人无法承受的风险，赌上自己的性命。”那天的晚宴上杜立特与他的团队庆祝，每个成员都在乔的白色锦缎桌布上签了名字。乔后来把每个签名都用黑线绣在了台布上。这也成为了杜立特家的一项传统。“多年来，来我们家里吃饭的每一个人都要这样做，”他后来写道，“乔在桌布上辛苦缝上了五百多个签名。”

杜立特在仪表飞行实验室的任期结束后，又开始了对未来的担忧；这一次，他做出了艰难的决定，跳槽到壳牌石油公司担任航空部门的领导。“我在 1930 年离开了美国空军唯一的原因是因为我的岳母病了，我的母亲也病了，我的岳父和父亲都已不在，需要我们照顾两位老人。”杜立特后来说，“只靠军队的工资是不够用的。去了壳牌石油公司，我的工资提高到三倍。”对于壳牌来说，是捡了便宜。著名的飞行员，仍在陆军预备役，可以继续比赛。1931 年，他赢得了本迪克斯奖杯，创造了仅用 11 小时 15 分钟横贯大陆的新记录。第二年，他夺得了汤普森奖杯。杜立特不仅囊括了飞行竞速赛的三个主要奖项，而且还以 293 英里的时速非正式地创造了最快的陆地飞行速度，超过世界纪录 15 英里每小时。

杜立特曾答应过放弃竞速比赛，却总是回到赛场。“飞行竞速就像是花粉热，”他喜欢说，“到了一定的季节它就会冒出来。”直到杜立特得知新闻摄影师们在汤普森比赛期间一直像影子一样跟着乔和他的两个儿子，希望一旦杜立特在比赛中身亡，能拍到他妻儿的惨状，杜立特终于决定退出。更加明智的杜立特在第二年发表的演讲中承认比赛的危险：“我尚未听说过有从事这项活动而能寿终正寝的先例。”竞速飞行曾经推动了航空的进步，引起了公众的兴趣，激发出了对机翼和机身设计的新想法，也提高了发动机的功率，改进了燃料，但也付出了巨大的代价——很多飞行员因此失去了生命。杜立特作为这项运动的批评者而发声，这震惊了许多航空界里的人。“飞行已成为我们日常生活的必需，”在1934年他告诉记者，“而它早已跨过了它能够或应该作为观赏或娱乐方式的界限。”

杜立特转而将他的精力集中在如何最好地推进航空进步上。杜立特警觉到其他国家的空军力量已经超过了美国，他挚爱的陆军航空兵却沦落到做着送递邮件的差事。为了保持强大，杜立特相信，美国需要研发更强劲的引擎，以便未来战机可以携带更重的负载。而他知道，建造强大引擎的唯一方法，是开发出更好的燃料——他正在为燃油公司工作。当时的航空燃料千差万别，有十八种不同的含铅和无铅燃料，从军队使用的65号汽油一直到莱特兄弟公司做专门测试所需的95号汽油。杜立特觉得是时候该减少燃料种类、进行燃料标准化了。他把这个想法告诉壳牌公司，希望公司开发100号汽油，并说服了公司投资数百万美元去开发这个在当时并没有市场的产品。他的很多同事把这项投机称为“杜立特的愚蠢。”

但杜立特要说服的不仅仅是壳牌公司；他必须说服军方。他从军队的接触中了解到当时还在设计的未来战斗机和轰炸机如果没有更强大的引擎是飞不起来的，而他要说服的是一群不情愿的、并且弄不清摩托车和战斗机是需要不同燃料的人。1934年壳牌向军方交付第一批1 000加仑的新燃料。测试结果立即证实了杜立特的预测，表明即便现有的引擎使用新燃料也能比用普通燃料产生高出30%的动能。赖特空军基地的官兵们向媒体透露了测试结果，引发了一波引擎制造商的关注。军方举行了听证会，并最终下令自1938年1月1日起，所有新造的飞机将使用100号燃油。“壳牌下了巨大的商业赌注，”杜立特后来写道，“这次冒险的投机得到了非常可观的回报，公司每日将向军方供应两千万加仑的100号燃油。”

多年来，杜立特随着壳牌公司去了许多地方，他对远东地区和德国增加的军事化感到警觉。他与德国在第一次世界大战中的王牌飞行员恩斯特·乌德特建立起了亲密的友谊，杜立特去拜访了他的家，两个人喝着法国香槟，用手枪打壁炉架上一个装满沙子的铁盒。杜立特与这位德国飞行员之间的友谊成为两国之间不断恶化关系的晴雨表。随着德国走向战争，杜立特发现乌德特与自己越来越疏远，尽管乌德特痛恨阿道夫 • 希特勒。1939 年，杜立特再次到德国。这一次，他的老朋友似乎因为和杜立特在一起被人看到而感到尴尬。战争即将来临。他看到了大堆的木材和木料，尽管德国声明这些是用来制造纸浆的，但是杜立特看出来这是用作防御工事的。“大街上，到处都是穿制服的人，”他看到，“人们在日常活动中带着一种严峻的神情，令人烦恼。”

杜立特回国后找到了阿诺德将军。几年来，这两人的关系已越走来越近；1941 年，杜立特甚至请阿诺德为他的小儿子给西点军校写推荐信。“这是我放在心上的一件事，”杜立特写道，“否则我也不会冒昧地来麻烦你。”阿诺德很乐意帮忙——他的力量让杜立特如愿以偿。“绝不要以为你对约翰 • 杜立特的推荐不是他被录取的真正原因，” 密歇根州参议员普伦提斯 • 布朗写给阿诺德的信中提到，“虽然我不能总是帮这样的忙，但是现役军官的推荐对我来说很重要。”虽然空军中许多人都觉得阿诺德最喜欢杜立特，但杜立特说他从来没有感觉到任何特殊待遇。“如果阿诺德将军认为我做得对，他会全力支持我，”杜立特曾经说过，“他要是觉得我做得不对，他会喋喋不休地不停说我。个人友谊会影响他的军事决策这样的想法与他这个人的本质是相反的。”

杜立特将他在德国的见闻告诉了阿诺德，并提醒他的老板，战争是不可避免的，美国无疑必须参战。杜立特对未能参加第一次世界大战仍然感到痛苦。他绝不打算让那一幕重演。他告诉阿诺德他想要回到现役部队。“我完全、而且立刻就能履行陆军航空队对我的任何使用安排，”他在 1940 年写道，“我想提出的唯一建议，就是给我安排能够最大利用我特殊的经验、人脉关系和能力的岗位或职责。”壳牌允许杜立特无限期地休假，阿诺德对杜立特再次穿上制服兴奋无比。“当杜立特在 1931 年离开陆军航空兵队，成为壳牌石油公司的航空部主任时，空军失去了一名真正的飞行员和一个真正的男人。但并不会太久，因为现在我们让他回来了，”阿诺德在 1941 年的一封信中写道，“吉姆 • 杜立特是一个引人注目的人，虽然他无意引人注目。”

阿诺德把杜立特派到印第安纳波利斯，之后又派去底特律帮助美国企业为增加的战争需求做准备。“我的工作就是让航空工业和汽车工业结合起来，”杜立特后来说，“这两者没有一个想要联合。”日本偷袭珍珠港之后，他度过了一个不眠之夜。只要美国一直置身战争之外，他就能在这里心满意足地解决生产上的问题。他激动地给阿诺德写了一封长达一页的信，他指出，他有 7730 小时的飞行时间，而且基本飞的都是战斗机。“我恭敬地请求，解除我目前的职务，把我重新分配到战术分队中去，”杜立特在 12 月 8 日写道，“做出这个请求源自一个真诚的信念，由于近来技术的进展，生产问题在未来将被简化，而操作问题会加剧。我因此觉得我的训练和经验放到实际操作中会比管理生产更具价值。”

阿诺德读完信后拿起了电话。

“你能多快到这儿？”他问道，“我要你直接听命于我。”

“明天可以吗？“杜立特回答。

杜立特飞抵华盛顿时已被晋升为中校。他作为一个航空工程师、特技飞行员和商人的独特背景让他成了为阿诺德排忧解难的完美人选。他的第一个任务就是检测马丁 B-26，这架无情的中型轰炸机，在飞行训练中造成了一系列致命的事故。飞行员打趣说飞机的名字“掠夺者”应该更改为“杀人者。”阿诺德想让杜立特调查这一问题，并确定空军是否应该在未来取消 B-26 的合同。他去考察了巴尔的摩附近的工厂，并在天空花了几个小时测试这种轰炸机，甚至证明给心存怀疑的飞行员看。杜立特意识到问题不在轰炸机上，而是不恰当的飞行员培训。他建议继续生产，并设计了一个修订培训计划。“B-26 是好飞机，但它需要一些技巧，”杜立特后来说，“关于它的飞行特性，良好的驾驶技巧完全可以驾驭。”

1 月下旬，杜立特已经准备开始他的下一个项目。

正在那时，阿诺德召见了他，给了他一项被杜立特称为“有生以来最重要的军事任务。”

第四章

如果你有一架可用的飞机，用它去轰炸东京。

——阿兰·约翰逊，给罗斯福的综合电报

杜立特立即开始了他称为“特殊航空项目 1 号”的计划。为了赶上暂定 4 月的出发日期，他知道他得抓紧筹划后勤保障，改造轰炸机，挑选并训练他的机组人员。但是阿诺给了他所最需要的：首要优先权。如果有任何人批评你，阿诺德指示杜立特，就让他给将军打电话。那样的畏惧会激励他人。“任何我想要的都能拿到，”杜立特回忆道，“而且在所有人之前。”第一个任务是为这次行动筹划后勤保障。这位资深飞行员预计他的轰炸机会在东京以东 500 英里起飞。再飞向中国还要增加至少另一个 1 200 英里。杜立特估计最大的不间断飞行距离是 2 000 英里，不过为了安全起见，他将必要的巡航范围设置为 2 400 英里，炸弹负载设为 2 000 磅。他知道达到这些要求，工程师需要改造 B-25 双引擎飞机，它原有最大值巡航距离是 1 300 英里。

以空军先锋威廉·“比利”·米切尔将军命名，B-25 是美国兵工厂中最新式的飞机之一。它由北美航空公司在 1939 年研制而出，以响应欧洲的需求。初始设计方案的形成仅用了 40 天。米切尔轰炸机在 1940 年 8 月首次试飞，放弃了奢侈的技术原型测试，甚至也没经过风洞测试。这种 53 英尺长的轰炸机由不少于 165 000 个零件组成，不包括引擎、仪表和大约 15 万个铆钉。采用 1 700 马力赖特旋风双引擎，B-25 能以每小时 300 英里的速度飞行，飞行高度可达到 23 500 百英尺。空军最初的订单要 184 架轰炸机——在希特勒的部队开进波兰后的第 19 天下的单——后来证明这些只是沧海一粟，战争期间，工人们总共生产了 9 816 架飞机，峰值速率达到每天 10 架。“这是一架很好的、性能稳定的飞机，” 1941 年《纽约时报》宣称，“不壮观但很可靠。”

这种造价 180 031 美元的轰炸机还远非完美。它缺少马丁的竞争者 B-26 掠夺者的力量和速度，它的 3 挺机枪也比不上波音公司生产的更大型的，四引擎 B-17 空中堡垒的 13 挺自卫机枪。同样，B-25 的 3 500 磅有效载荷也无法与在后来战争中交付的波音产 B-29 超级空中堡垒的十吨载重量相竞争。但米切尔轰炸机被选来空袭东京的原因就是——它 67 英尺的翼展能通过航母的岛式塔桥。B-25 的大小和功能使它成为杜立特完成使命所需的现成选择，也推动着这种粗犷的轰炸机进入到每一个主要战场，从欧洲到北非，再到偏远的太平洋岛屿。这一路上，工程师们改进了轰炸机的火力和装甲，增加了燃料容量，并添加了鱼雷和机翼炸弹架，让这种空中主力战机可以完成从侦察到反潜巡逻的各种任务。

B-25 的另一个特点也让它成为杜立特任务的最佳选择，操作它只需要五个机组成员，是驾驶 B-17 所需人数的一半。驾驶员和副驾驶员肩并肩地坐在紧凑的驾驶舱内，而领航员就在驾驶舱后的一个小隔间里。投弹手通过隔间下面窄小的通道进入到投弹舱。炸弹舱上面也有一个类似的通道连接着机头和机尾，机枪手就坐在里面。飞机里没什么额外的装饰，不过飞行员可以在 1 000 英尺以上的高空吸烟。“B-26 是一辆林肯城市轿车，”一位前领航员开玩笑说，“B-25 是辆福特 A 型汽车。”米切尔轰炸机不够舒适，但它飞起来却很轻松，这是机组成员所喜欢的地方。“它绝不是用铆钉钉在一起的、以齿轮和电线复杂地连接着的一堆无生命的材料，”参与此次任务的飞行员之一泰德•劳森回忆，“它是一个值得信赖的好朋友。”

为了帮助改造 B–25 以达到任务的要求，杜立特向俄亥俄州莱特基地的工程师们求助，那里是空军的主要实验和发展中心。1927 年启用，占地超过 5 千英亩，位于代顿附近的莱特基地对杜立特具有特殊的意义。在那年 10 月，基地的落成典礼上，杜立特曾在 15 000 千名惊叹的观众面前表演空中特技。莱特基地已经发展成为世界上最大的航空研究中心之一，拥有惊人的价值 1.5 亿美元的实验室和科学设备。工程师们每天在各个工作车间、风洞和可以模拟高海拔和低温温度的压力室里工作。其他人在测试新降落伞和防弹衣，并测试飞机的强度极限来确定结构强度。《密尔沃基哨兵报》的一个记者对此有最好的描述：“莱特基地是产生各种奇迹的地方，这样美国空军就能在杀敌的同时保护自己。”

这些创造奇迹的工人们在杜立特赶着四处收集飞机的时候，制定出了必要的计划。大黄蜂号飞行甲板的大小限制了他执行任务能带的轰炸机数量，但在邓肯上校把 B–25 放在航母甲板上进行测试试验之前，杜立特无法确定精确的数字。无论如何，他没有时间等待。“要求在 1942 年 1 月 23 日，或之后尽早的时候将 B–25B 飞机提供给明尼苏达州明尼阿波利斯的中州航空公司。”杜立特写给空军参谋长，“还需要调集 17 架 B–25B 到中州航空公司按照需求进行改造。” 一个星期后，杜立特将他的要求提高到 24 架飞机，这是为了确保他能有至少 18 架状态最好的轰炸机来完成使命。命令要求轰炸机在 2 月的上半个月里要交错送达。

最重要的改装集中在燃料部分。B–25 拥有两个机翼油箱可加满 646 加仑的燃油。在原有飞行距离上再增加 1 000 英里，意味着杜立特几乎需要将 B–25 的燃料容量加倍，而每加仑燃油会为轰炸机增加六磅的重量，因此也会增加起飞所需的距离。机舱内紧凑的空间意味着不能简单地加上一个油箱。有创意的工程师们转而设计了几个不同容量的油箱，见缝插针地塞进未使用的空间里。麦克维尔公司的工人们起初打造了一个 265 加仑的钢罐，但后来杜立特命令将它替换为一个较小的但具有延展性的 225 加仑的防弹橡皮油箱，由美国印第安纳州米沙沃卡的橡胶公司制造。工程师设计将橡皮油箱塞入炸弹舱的顶部，这样飞机仍有足够的空间携带4个500磅的爆破弹或4个500磅的燃烧弹簇。

然而，橡皮油箱被证明是有问题的，接缝处经常漏油。在造好了一个满意的油箱后，工程师们将油箱外罩的大小减小以方便安装，但未相应缩小内胆，导致油箱内胆褶皱，降低了容量，还增加了泄漏甚至不能用的可能性。时间不允许工人们再为所有的油箱重新做外皮，因此通过空气加压让油箱增加了15加仑的容量。工程师们同时设计了一个160加仑的橡胶皮囊，可以放入炸弹舱上方的窄小通道里。等到里面燃料用完，机上人员可以将空皮囊压扁折叠，让投弹手扔掉。第三种60加仑的密封油箱替换了机腹炮塔中经常卡壳的低射机枪。最后，每架飞机携带10只5加仑的燃油罐，装在机尾的无线电员座舱里，这样轰炸机总共可携带1141加仑燃油。

杜立特需要的不仅是油箱。为了减少重量和避免起火，他命令卸下所有照明弹，工人们只在有装甲保护的飞行员座位后留了两枚常规着陆照明弹，用以御敌。杜立特要求安装除冰剂和防冰装置，虽然会降低巡航速度，但这也是必要措施，以防万一俄罗斯人允许他们的轰炸机降落到海参崴。为了记录这次行动，工人们还在领航飞机的尾部安装了自动相机。这种相机可在半秒内抓拍60次，当第一颗炸弹落下后，相机会自动开始拍摄。杜立特同样要求技术人员在剩下的十架轰炸机上安装了16毫米电影摄影机。因为他计划在整个飞行过程中保持无线电静默，杜立特下令拆除230磅重的无线电设备以减轻重量。为进一步防范对讲机中的无线电，机组人员后来将命令发射器中的线圈也拔掉了。

杜立特开始描绘实际突袭的轮廓，在笔记本纸上起草了一份手写的备忘录。“这个特殊计划的目的是轰炸和烧毁日本的工业中心，”他写道，“预期不仅是给日本造成混乱和阻碍他们生产，而且无疑将推动其他战场上对抗日本的行动，因为他们可能会撤出海外军队去保护本土。无论是对美国公众的心理影响，还是对我们的盟友和敌人，这样的行动在目前是最可取的。”该计划要求轰炸机集中轰炸东京，尽管有一些去轰炸了横滨、名古屋、大阪和神户这些城市。杜立特下令在地图上标注出目标地区的铁厂、钢厂、铝厂，还有飞机制造厂、造船厂和炼油厂，而化学战争部开始准备48个特殊的燃烧弹簇，准备最晚在3月15日马里兰州的埃奇伍德兵工厂装船。

阿诺德帮助承担了部分任务，他找到准将卡尔·斯帕茨，空军参谋长。“如果在不久的将来，我们能派飞机轰炸日本的话，为我选出你认为最理想的攻击目标，”阿诺德在1月22日的备忘录中写道，“轰炸任务应该能够覆盖日本东京以南的任何部分。”九天之后，斯帕茨办公室发来了一份三页的详细分析，指出中岛飞机和东京燃气位于东京的飞机和引擎制造工厂，以及川崎重工在神户的工厂和三菱重工、日本爱知在名古屋的工厂。“以上飞机工厂代表了日本大约75%的飞机生产能力，”这份备忘录写道，“这些被认为是重要的目标，因为日本靠的就是这些工厂的产品。”

报告进一步指认出钢铁、铝镁行业中的重要工厂，以及关键的石油炼油厂。研究结论计算出每一个主要城市潜在袭击目标的总量。东京加上东京郊区的川崎和鹤见区共有13个发电厂、6个炼油厂、4个飞机制造工厂，2个钢铁厂和1个兵工厂。名古屋作为日本飞机制造工业的主要城市，有4个飞机制造厂，其中一个占地超过400万平方英尺，属于三菱重工，是世界上最大的飞机制造厂之一。神户有另外4个飞机制造厂，还有2个钢铁厂、2个造船厂、2个电厂。1月31日的报告指出，“这些目标很多都集中在相当小的区域里，因此通过仔细挑选，几个单个目标可以放到一起变成绝佳的面积目标。”

杜立特预想他的轰炸机群将在晚上起飞，并于黎明时分到达日本。破晓时分发动攻击可以确保更大的准确性，并有时间让机组人员飞到中国，在中国沿海的机场加油后，再继续向内陆飞800英里到达重庆，离开日军在中国控制的势力范围，而这一切都将在夜幕降临之前完成。如果敌军发现了行动小组或者出于任何原因情报要求他们晚上发动攻击，杜立特认为那需要在一个月光明亮的夜晚，以防日本城市在晚上执行停电限制。否则没有月亮的夜晚才是最好的。杜立特研究天气，希望避免遇到东京早上的雾天，中国阴云低垂的天气，以及强劲的西风和冰冻。他提出将中国每天的天气情况以特殊的代码发过来。“对气象条件的初步研究表明空袭越早进行越好，”他写道，“天气将在4月底之后变得越来越不利。”

中国仍然是杜立特整个行动中后勤保障面临的最大挑战，因为日本军队占领了中国沿海的战略位置。他选择了衢州附近的几个机场——离海岸 70 英里，约在上海以南 200 英里——预计全体机组需要至少 20 000 加仑的 100 号航空燃料和另外 600 加仑的润滑油。杜立特推荐曾在新泽西州美孚石油公司工作过的，空军后勤司令部的第一中尉哈利·豪兹，帮助筹备在中国的安排。中国航空顾问，克莱尔·陈纳德上校会在当地指定一个美国人或以英语为母语的人负责亲自检查供应是否到位。杜立特建议这项工作应立刻开始，并警告，保密是至关重要的。担心这次行动的消息会走漏给日本，即使是中国方面，在飞机降落前也不应被告知。杜立特警告说，“过早的告知对这个项目将是致命的。”

1942 年 2 月 1 日，一个寒冷的星期天下午，海军上校邓肯到停泊在诺福克海军基地 7 号码头上的大黄蜂号航母上报到。48 小时之前， 这艘价值 3 200 万美元的航空母舰刚刚完成在墨西哥湾天的试 35 航回到弗吉尼亚州。邓肯最近几周一直加紧在为轰炸东京的任务制定海军的初步计划，这一行动到目前为止基本还是理论上的，分析了飞机的翼展、起飞速度和航母甲板的空间。检验这一大胆的计划的时刻终于到了。如果邓肯的计算有误，又或者因为任何原因轰炸机被证明无法从航空母舰长度有限的甲板上起飞，那么这项任务就很可能被就此搁置。下午 4 点 50 分，他爬上航母舷梯时， 这些担忧困扰着邓肯。邓肯快步走进马克·米切尔的驾驶舱，55 岁的米切尔是大黄蜂号的舰长。

米切尔是位富有传奇色彩的海军将领。这位军官青年时期的狂放不羁，让人无法想象有一天他会接过掌管美国最新式航母的大任。这位身形结实的军官仅有 5 英尺 6 寸高，体重 135 磅，在美国的西进运动中于俄克拉荷马州长大，那个时候俄克拉荷马的居民还常常受到印第安人的袭击。他在打牌中学会算数，还看到过一位副警长将死掉的犯人扔到街上。米切尔粗野的行为方式与海军学院的刻板严格相冲突，他在学校总共留下了 280 次记过处分——超出上限 30 次——还因一位同学的死亡而卷入校园欺侮丑闻。学院最终在他二年级的时候将他开除。他有权势的父亲确保了他又被学校重新录取，米切尔不得不重新开始。从那时开始，他不断努力，终于在 1910 年毕业。“考试我只能得 2.5 分（相当于及格以上），我成了二点五，”他后来开玩笑说。“但那对我来说已经够好了。”

这位不太可能成为领导者的首长在航空中找到了他的热情。在 1916 年 6 月拿到飞行执照，成为海军飞行员 33 号。三年后，米切尔参与首次跨大西洋飞行，从纽芬兰到葡萄牙，并获得海军十字勋章。后来，他担任航母兰利号和萨拉托加号的执行官，又担任水上飞机勤务船莱特号的船长，直到 10 月份，海军委任他为大黄蜂号航空母舰的舰长。这位谦逊的舰长仍然会自己缝衬衣扣子。他喜爱钓鳟鱼，虽然总是没有时间，他只能站在桥上和别人交换钓鱼的故事来获得乐趣。他穿衣总是敞着领口，头上带着一只长沿帽来保护他的秃顶不受阳光的伤害。热带的阳光已经把他的手晒伤，让他的鼻子和脸颊长出斑点。长时间的航行会让他的皮肤干得像羊皮纸一样，迫使他坐下来的时候就会不停地用手去抓。他坐的转椅总是面对着船尾的方面。“我现在是一个老人了，”他喜欢说，“我的青年时代一直在向前看。”

那些最接近米切尔的人惊叹于他的谦逊。当他得知他刚被提升为海军少将，他为其他错失提拔机会的同僚担心。“备选人中许多是我的同学还有我的好朋友们，有我认为要比我更好的海军军官，”他给一个同事写道，“对整件事情我有一种后悔的感觉。”米切尔不仅回避自我推销，在人人个性张扬的军界，他被证明是一个淡泊而且安静得令人惊讶的领导。“他没有多余的话，”企业号舰长乔治•默里回忆，“一句简短的话，抬起眉毛或只是一个词对他来说要比别人说上十五分钟传达出更多的意思。”他说出来的话就像是耳语。“即便当他笑得前仰后合，不知怎的，他也是不出声的，”《周六晚报》这样写道，“而他骂人的时候，声音轻得就像大多数男人祷告时的音量。”

米切尔还不知道邓肯打算让他和他的航母运送杜立特去日本——如果测试成功的话。

“满载后的 B-25 型飞机能放到标准的甲板跑道上吗？”那天下午邓肯见到米切尔后问道。

“要在甲板上放多少架 B-25？”

“15 架。”

米切尔查看了大黄蜂号飞行甲板的比例模型，也叫标定板。“可以，”

他终于说，“这是可以做到的。”

“好，”邓肯说，“明天我带两架飞机上舰来测试。”

阿诺德的手下已下令三架 B–25 飞机和“可用的最佳战斗人员” 在 1 月 20 日之前到诺福克报到：“飞机安装了战斗装备，减少了炸弹数量。”计划要求第一架 B–25 起飞时只装满燃料。第二架从甲板起飞的轰炸机携带一半的负载，最后一架飞机将满载起飞：“当然，后续起飞要依据上一架飞机起飞的情况。”进行测试的前一天，其中一架轰炸机因引擎烧毁而退出。航空母舰的附属舰和舰载飞机起重机使用吊索把另外两架轰炸机搬上甲板，吊索由诺福克海军航空基地为这次行动专门制造。米切尔下令每架轰炸机用灯光指示下一架轰炸机停放的位置。海军上将金命令严格保密，因而大黄蜂号的航海日志没有留下这些轰炸机的任何记录。

2 月 2 日早上 5 点半，水手们给六号锅炉点火，45 分钟后，三号和五号锅炉也相继点火。上午 9 点 15 分，一名港口引导员爬上甲板，17 分钟后大黄蜂号起航。这个冬天的早上，西北风以四英里每小时的速度刮来，气温徘徊在零度附近，天上微微下起了小雪。9 点 52 分，船员们又给另外 5 个锅炉点火之后，米切尔亲自掌舵。一个半小时后，这艘 809 英尺长的航空母舰经过了切萨皮克的浮动灯塔。勒德洛和希拉里·琼斯两艘驱逐舰在大黄蜂号前方巡航，航母的速度增加到 22 节。

行动时间终于到了。航母日志显示，大黄蜂号在中午 12 点 55 分到达试飞地点，23 分钟后掉头转到迎风位置。第一个起飞的是约翰·菲茨杰拉德中尉，1940 年获得飞行资格。这位陆军航空飞行员到目前为止已有 1 500 百小时的飞行时间，其中超过 400 个小时是在飞 B–25。菲茨杰拉德现任俄亥俄州赖特基的 B–25 飞机测试长官，这让他成为当天下午这次测试的完美人选。“之前从未有人驾驶 B–25 从航母起飞，因此也没有任何现成的说明，”他回忆道，“我们能做的就是在陆地上练习超短距离起飞。”

这种不确定性是很明显的。通信长官奥斯卡·杜德森少校祝飞行员好运时，这位飞行员回答，“如果我们掉进了水里，可别对我们发火。”

邓肯穿着御寒的大衣和米切尔并排站立在航母翼桥的左舷上。下一层的甲板上，菲茨杰拉德发动了 B–25。透过驾驶舱的挡风玻璃，可以看到五百英尺的甲板空间。在之前 20 次的短距离起飞练习中，菲茨杰拉德能够让他的轰炸机在 300 英尺内起飞。飞机的空速指示器显示航母的速度加上甲板上的风速，在他开始滑行之前已经给了他的飞机 45 英里的时速。他最少只需要再加速 23 英里每小时，就可以飞行。菲茨杰拉德最大的担忧是通过航母的岛式塔桥，B–25 飞机 67 英尺的翼展距离不允许他在飞过塔桥时出现偏差。

下午 1 点 27 分，起飞指挥官向菲茨杰拉德闪动信号，他松开了制动器。轰炸机冲过了飞行甲板。邓肯一直盯着顽固地贴在甲板上前进的 B–25。在离甲板边缘只有几英尺的地方，轰炸机爬上了天空。驾驶舱里菲茨杰拉德的感受却大不一样，“当我收到出发信号，我松开制动，几乎立即就飞了起来，”菲茨杰拉德后来回忆道，“我飞机的机翼升起那么快，我都害怕会撞上飞行甲板上的塔桥。但是我通过了。”

米切尔冲邓肯微微一笑。

詹姆斯 • 麦卡锡中尉下一个出发。这位陆军航空飞行员发动引擎，放开制动，第二架轰炸机呼啸着飞上了天空，这次的助跑距离只有 275 英尺。大黄蜂的航海日志显示航母在 1 点 47 分完成了飞机离舰。起飞的两架轰炸机因无法在大黄蜂号上着舰，飞回了机场。

邓肯还没来得及庆祝，下午两点，舰上的战斗部署报警响起了。大黄蜂的空中侦察机报告海面发现潜艇的潜望镜。两艘驱逐舰全速前进，向空中巡逻机锁定的目标发射深水炸弹。大黄蜂转变航向，航母上的五英寸蓄电池也投入使用，加大马力。米切尔注视着行动的展开。“弗兰克，这次脱身做得漂亮，”他对舰船导航员，弗兰克 • 埃克斯中校说，“不过我仍能看到一个一英尺左右的东西似乎是竖起的潜望镜。这还是我第一次见到被摧毁的潜艇能像那样。”

勒德洛号驱逐舰进一步侦查后报告所谓的潜艇潜望镜实际上是沉船的桅杆。这让米切尔大笑道，“非常真实的军演，”他对埃克斯说，“给他们发一个‘干得好’。”

大黄蜂号航母回到港口，下午 5 点 27 分在汉普顿路的 27 号泊位定锚。邓肯匆匆赶回华盛顿，为他估算的正确而激动不已。“在机翼尖端和岛式塔桥之间有六英尺的空隙，”他在写给海军上将金的一份两页的备忘录中写道，“这对飞行员来说，似乎并没有什么问题，因为两架飞机都是直线起飞助跑，而且看起来能被很好地控制。”邓肯报告，大黄蜂可以携带十五到二十架轰炸机，具体数目要看海军想要在甲板上为航母自带的舰载战机中队留下多大的空间。金审阅了备忘录，在底部用铅笔龙飞凤舞地写了一个表示批准的词:“非常好。”

那天晚上，米切尔和他的执行官、空军军官和领航员聚在一起讨论当天的行动。邓肯只告诉了米切尔下午的行动是为了测试 B–25 的起飞性能。这位舰长知道这样的测试在陆上的机场很容易就可以做到。他同样知道的是，如果海军计划使用大黄蜂运输陆基轰炸机到遥远的基地，那么让吊车从航母上卸载飞机会更容易。米切尔只能得出一个结论：他的航空母舰将被投入战斗，但令他感到恼火的是，他的老朋友邓肯一直没有告诉他有什么任务。他的手下也同样恼火，但舰长建议他们保持耐心，“知道的越少，”他提醒道，“就越好。”

杜立特需要更多的机组人员——足够操作 20 多架飞机的飞行员、投弹手和机枪手。B–25 是全新的轰炸机型，全国没有几个机构在使用它们。杜立特要求提供轰炸机，他了解到轰炸机最有可能从第十七轰炸机大队中调出来。该大队由第三十四、第三十七、第九十五中队和第八十九侦察中队组成，全部位于俄勒冈州的彭德尔顿。与其让机组人员闲着没有飞机，杜立特决定从同一军团中招募他的飞行员。考虑到行动的危险性，他只要自愿者。第十七轰炸机大队中没有一个飞行员参加过战斗；如果有的话，也没有几个机枪手从飞机上使用过机枪。同样，领航员几乎没有实战经验，尤其是在开阔的水域上。2 月 3 日，上级的命令从电传打字机上接连发来，命令所有飞机、机组人员和地面人员调往南卡罗来纳州的哥伦比亚陆航基地。

作为全国第一个接收 B–25 飞机的机构，第十七轰炸机大队的飞行员对这种三轮起落架的双尾翼轰炸机感到惊讶。“当我第一次看到它，我被惊呆了。它看起来如此巨大，它是如此光滑和强劲，”飞行员埃德加·麦克尔罗伊回忆道，“让我想到一只巨大的老蝎子，正要蜇人！”“我吃不下饭，直到我也可以亲自尝试一下，” 另一个飞行员泰德·劳森写下，“你只要站在那里看着它们，就会呼吸沉重。”与这些机组员飞过的笨拙的道格拉斯 B-18s 机型相比，米切尔轰炸机是真正的升级换代，并获得了绰号“火箭飞机”。1941 年春天，每隔几天就会有新的轰炸机到货，飞行员就赶到北美的洛杉矶总部去领回这些刚刚从生产线上下来的飞机，还要在当地花上几天的时间试飞这些飞机。“在那儿试飞的一个星期里，我们不仅玩得很高兴，而且费用全部由北美航空公司负担，”飞行员鲍勃·埃曼斯回忆说，“我们消费什么都签账单——去酒吧，去餐厅——然后再开着我们的飞机回部队。”

轰炸机大队承担了空中试验小白鼠的角色，测试 B-25 的速度、火力和耗油量，甚至横跨全国，飞到弗吉尼亚的兰利机场。许多人参加了那年夏天和秋天横跨东南部的军事演习。“这是我第一次真正地、近距离地看到坦克、战斗机和陆基轰炸机，”飞行员杰克·西姆斯回忆道。“我确信地勤人员肯定是第一次见到我们开的 B-25。”轰炸机的机组人员进行战斗模拟，练习夜间编队飞行，以及对地面部队作战和抵御战斗机攻击。即便回到地面，这些飞行员在睡觉的时候还戴着钢头盔。“这次演习很接近真实战斗，”劳森记得，“我们一天 24 小时待命。无论白天黑夜，其他轰炸机中队都可能过来袭击，他们将成袋的面粉当作炸弹丢进我们的机库，而我们的作战飞机会围着他们盘旋。我们要在 P-38 和 P-39 将我们拦截之前轰炸什里夫波特。”

第十七轰炸兵团是美国生活的一个缩影。这里的飞行员们一些是来自大城市，也有来自小镇子的，从北方寒冷的阿拉斯加到南方尘土飞扬的德州平原，各个地方都有。一部分来自白领家庭，是医生、牙医、工程师，或者是会计师的儿子——其他人和杜立特一样来自蓝领阶层，是农牧场主、杂货商和石油勘探工人的后代。还一些，像爱德华·约克“斯基（滑雪）”上尉和查尔斯·奥扎克中尉来自新移民家庭，哈利·麦克尔中尉的父亲出生在一个从密苏里州向西到加利福尼亚的马车队里。尽管背景不同，飞行员们都紧紧团结在一起。“这是我认识的最伟大、最疯狂的一群人。在第十七轰炸机大队里面有一种很宝贵的东西，存在于不同人的集合里面，那是我之前从没有体验过的，”飞行员鲍尔记得，“我们玩得很起劲，我们工作得也很起劲。”拼命地玩，拼命地工作。

珍珠港事件后，飞行员们被调回到太平洋西北岸，在俄勒冈州和华盛顿州之间的海岸进行反潜巡逻。但与太平洋之外发生的事情相比，这个任务显得虎头蛇尾。美国离真正的战争还远，许多飞行员感到不安和沮丧。“没有有形的敌人。就像在一间黑暗的房间里被人痛打了一拳,但却不知道该往哪里还手,”劳森在后来写道，“有一种无助的、满满的、想要做点什么的感觉——日本人万一不再来了——我们必须去那边找他们打回来，把事情扯平。”多数人都同意那样做。“每个人都对上前线很感兴趣，”鲍尔回忆道，“去战场，志愿执行某项任务。”珍珠港偷袭让士兵们怒发冲冠，投弹手罗伯特·布儒瓦中士每日的口头禅反映了其他飞行员的感受：“我肯定会不惜一切代价去给东京扔一颗炸弹。”

杜立特打算为这些人提供那样的机会。

驾驶 B-25 横跨全国的飞行员，一些人被要求飞去明尼阿波利斯，给飞机进行油箱改装。其他人乘坐从俄勒冈到南卡罗来纳的火车，向东通过丹佛，走了大约五天。“我们整天玩扑克，包括晚上，”机枪手约瑟夫·曼斯克中士在他的日记中写道，“我们带了些威士忌，我喝多了。”2 月份，这些飞行员来到哥伦比亚陆军航空基地，在户外宿营，冬季的雨水很快就将露营地面变成了一片泥浆。“我们住在地面的帐篷里——我们的帐篷漏得像筛子，”飞行员比利·法罗中尉，南卡罗来纳州人，在写信给他的母亲的信中说，“这简直是对‘阳光明媚的南方’的讽刺——早晨起床的时候我们差不多都冻上了。有时候气温会降到零度以下。你知道那种温度能把人冻得麻木。相比之下，俄勒冈的天气就是夏日和风。”

许多士兵以为来到南卡罗来纳的目的是执行与东海岸类似的巡逻任务，搜寻威胁美国护航舰的德国潜艇。还有人猜测飞机可能很快就会被部署到英格兰，并在欧洲执行轰炸任务。不久之后，杜立特飞去哥伦比亚帮助编组机组人员。罗斯·格林宁中尉和陆军少校杰克·希尔格注视着他开的轰炸机像战斗机那样灵活地盘旋下降。

“该死的，”希尔格叫道，“据我所知，我们中没有一个人能像那样驾驶 B-25 飞机。”

这两个人看着轰炸机滑行进入控制塔，刚停下，飞行员就爬了下来。

“看在上帝的份上，”格林宁喊道，“是杜立特。”

“这个小个子来我们这儿究竟要干什么？”希尔格问道。

杜立特召集来集团指挥官威廉• 米尔斯中校和空军中队长希尔格、斯基•约克、阿尔 • 卢瑟福和卡尔 • 鲍迈斯特。他告诉这些人，他现在负责一项危险的任务，这项任务需要轰炸机在 500 英尺内起飞。

军官们眨了眨眼睛，不太明白。

“我能告诉你们的就这些，”杜立特总结道，“这完全是一项自愿行动。而且志愿者必须严格保密。你只能对你身边的人说，我们大概需要离开六周的时间。”

杜立特委托米尔斯和他的中队长们为他选出 24 组机组人员。杜立特唯一不想要的人只有一个，就是米尔斯，米尔斯的橡树叶徽章很快就会被换为上校的银色鹰翼徽章，级别将高于杜立特。“大队的指挥官是上校。而我是中校，”他回忆道，“他是我最不想要的人，因为我还没有得到许可来带领这次飞行。”

杜立特需要在华盛顿和明尼阿波利斯之间分身两地。他让米尔斯推荐一位经验丰富的副手，监督艾格林机场的任务培训，那里是杜立特安排在弗罗里达州的一个隐蔽的空军基地，机组人员可以在那里练习短距离起飞、射击和公海导航。米尔斯推荐了希尔格。三个队长都自愿前往，但米尔斯只批准了约克一人。

中队长们宣布了关于志愿者的消息，但不是所有人都热情响应。“你们中有人会因此牺牲，”一位队长警告他的手下，“有多少人愿意去做志愿兵？”

“啊呀，”来自俄勒冈州的投弹手雅各布•萨泽下士心想，“我可不想去。”

“你去吗？”队长问最前排的人，“是的。”

他走到下一个飞行员面前，“你会去吗？”

肯定的回答。

“你会去吗？”

“是的。”

队长一直走到排尾，站在了萨泽面前。他听到他的飞行员战友们都给出了肯定的回答。轮到他时，他低声说出了同样的话，“我懦弱到不敢说不。”

而其他很多人在被要求举手报名时，根本没有犹豫。

“整个大队的人站在那儿，”俄勒冈州的鲍勃·埃曼斯回忆说。“每个中队的每一个人都自愿参加这个任务。”

“不断有人举起手来，”查尔斯·奥泽克，宾夕法尼亚人，“没时间去考虑，来不及多想。”

没人敢错过与传奇飞行员吉米·杜立特一起飞行的机会， 正是受到这位特技和竞速飞行员的激励，许多人加入了空军。“‘杜立特’这个名字对飞行员来说太有分量了，大家只管疯狂地报名，”一名飞行员鲍比·海特记得，“他是一位真正的领导者。人们爱他、尊敬他。”

埃德加·麦克尔罗伊的副驾驶员震惊地看到麦克尔罗伊的手也举在空中。“你不能去做志愿者，麦克！”他喊道，“你结婚了，你和阿姬马上就要有孩子了。不要这样做！”

“我进空军就是为了能尽我所能，”麦克尔罗伊回答。“阿姬了解我的感受。战争对我们所有人都不会容易。”

俄克拉何马州本地人伯特·乔丹下士整晚都在站岗值班。早上的集合他来晚了，看到他的飞行员同事们都举着手。

“你们都举着手干嘛？”他问道。

“噢，”有人回答说，“他们想招人到其他地方去。”

每天住在寒冷和到处是泥的帐篷里，乔丹早已经厌倦了南卡罗来纳州。他心里发痒，他渴望去旅行。

“我只是想离开哥伦比亚，所以我举了手，”他回忆道，“成为幸运或不幸的一员，无论是什么，我被选中了。”

比尔·伯奇也有同感，他回忆起当地的雨水和泥泞，“真的是令人厌恶，所以我想不管了，我要报名。”

赫布·马西亚在敲响杰克·希尔格办公室门的时候，已经想好了他要去。但他不知道少校已经对他有了安排。

“赫布，你想要什么？”他问道。

“我准备好了，要自愿加入那个任务。”

“你已经是一个志愿者了，”希尔格告诉他，“你在我的任务组，是我的机组成员，你来做导航员和投弹手。”

约克手下的大部分军官都在明尼阿波利斯，为飞机进行燃油箱的安装。他打电话给他的副队长戴维·琼斯，让他到莱特机场见面，这两位飞行员爬到了一台吊架的横梁上。

“杜立特在这里招募志愿者。这会是一个危险的任务，”约克告诉他，“你回去把这些告诉其他人。”，

琼斯回到明尼阿波利斯，在他酒店的套房里，召集了他的飞行员。24 个人挤在房间里面，有人躺在床上，有人坐在椅子上。房间里烟雾缭绕，满是香烟的味道。

“情况有变，”琼斯告诉他们，“我们不是到哥伦比亚以外的地方工作。约克队长让我和你们谈谈，看看有多少人愿意去执行一项特殊任务。这项任务危险而重要，但也会是有趣的。”

“那么，”其中一个人试探地问，“是什么任务？”

“我不能告诉你。连我自己也不知道，”琼斯说，“我能告诉你的就是这是危险的，会带你们去国外，也许需要两三个月的时间。”

“在哪里？”有人问道。

“对不起，我不能再多说了。”琼斯说，“你已听到了我可以给你们的全部细节。现在，谁来做志愿者？”

所有人都愿意。

但不是每个人都这么幸运。

“不要因为我要去欧洲，你就把人都放走。”米尔斯警告约克，“我也需要一些精干的人。”

如潮的志愿者远远超出了杜立特需要的 24 组机组人员。约克记得：“我们报上来了那么多人，只好通过选拔来决定。”

其中一个不能去的人是罗伯特·埃曼斯。

“你必须留下来，你现在是中队里最有资历的人，这个中队需要你来管理。”希尔格告诉他。

理查德·克诺布洛赫之前请假去看他的女朋友，一回到基地，他就听说了招人的消息。“克诺布，你真不应该请假，”他的一个朋友告诉他，“他们来招志愿者和吉米·杜立特一起执行飞行任务。”

能和那样大名鼎鼎的飞行员一起飞行，这样的机会让克诺布洛赫兴奋不已。“天哪，这是一次伟大冒险的机会，”他心想，“我会成为一个英雄。”

“那我呢？”克诺布洛赫问道，“没人把我的名字报上去吗？”

“没有，”有人告诉他，“现也来不及了。”

克诺布洛赫去找他的老板，中队行动负责人，请求让他去。

“太晚了。”他告诉他。

于是克诺布洛赫赶忙去见中队的指挥官，鲍迈斯特上尉。“长官，”他恳求道，“我想参加这次行动。”

“太迟了。”鲍迈斯特说。

克诺布洛赫将他的请求一直反映到大队指挥官米尔斯那里，得到的仍是同样的回答。

“那至少把我放在替补名单上吧？我想去！”他乞求道，“能和了不起的飞行员杜立特同飞，是千载难逢的机会。”

日军在亚洲和太平洋地区横行肆虐，这让罗斯福在面对国会、媒体、甚至美国公众时，疲于应对、烦躁易怒。最近几周的消息非常糟糕，以至于国务卿赫尔开始收拾东西准备走人，而常年生病的霍普金斯则住进了医院。那些持孤立主义态度的报纸，从《纽约每日新闻》《华盛顿先驱时报》到《芝加哥论坛报》，过去曾批评总统的外交政策，现在则针对总统对战争的处理方式。一些社论认为，日本才是真正的威胁，美国应该集中力量到太平洋地区，而不是欧洲；还有一些社论甚至批评对同盟国的军售和贷款会削弱美国自身的力量。“媒体普遍想要的是进攻作战，”白宫的一份社评分析指出，“这可能不仅仅是想要向日本复仇，更是一种共识，认为只有进攻策略才能为战争画上圆满的句号。”

12 月，美国海军试图解围威克岛，一个建立在水下火山边缘 2.5 平方公里的前哨基地，这次美军想要击退日军的努力化为了泡影。超过 500 名海军陆战队队员和水兵，另外还有约 1 200 名民用建筑工人，一起抗击了日本 15 天，整个事件揪着美国民众的心。萨拉托加号和莱克星顿号航母驰援威克岛，而日军发起登岛进攻。“敌人已上岛。”驻防部队的高级军官、指挥官温菲尔德·斯科特·坎宁安，在 12 月 23 日发出信号，“这个信号发的很可疑。”当时萨拉托加号离岛只有 425 英里，海军放弃了行动，害怕会损失一艘航母或引发对夏威夷群岛的另一场袭击。当天下午威克岛沦陷。萨拉托加号上的一些船员哭了，而企业号的飞行员在非官方的日志中发泄：“每个人都觉得这像是一场黄种人之间的交战。”甚至罗斯福也觉得威克岛的沦陷“比珍珠港事件的打击更大。”

七周后，英国军队也同样无力阻止新加坡的沦陷，这是比威克岛失守大得多的战略损失。为阻止日本向印度洋扩张，用了二十多年时间，耗费 4 亿多美元建造在红树林沼泽上的赤道堡垒如今落入敌手。新加坡的沦陷为日本打开了大门，日本切断了通向俄罗斯和中国的生命线，剑指印度，还有可能与德国军队在中东汇合，同时也将盛产石油的荷属东印度群岛，甚至澳大利亚放在了日本的枪口下。约瑟夫·史迪威将军，被罗斯福任命为中国国民政府军事委员会委员长蒋介石的参谋长，他在日记中记下了他对新加坡沦陷的震惊。“天啊，到底是怎么了？”媒体也首次开始猜测，美国可能会输掉这场战争。“现在毫无疑问，”《纽约时报》的记者观察到，“我们正经历着史上最黑暗的时刻。”

接下来关注的焦点是菲律宾，约 11 万人的美国和菲律宾军队，在道格拉斯·麦克阿瑟将军的指挥下撤退到巴丹半岛，并在克雷吉多尔岛上加强了防御工事。早在 1 月 2 日，日本就已进入马尼拉，切断了美军获得任何增援的希望。尽管媒体对麦克阿瑟勇敢的举动大加赞颂，罗斯福知道麦克阿瑟将军的部队已在劫难逃。在 2 月的一个新闻发布会上，当被追问到美国为何不为麦克阿瑟提供更多的飞机时，罗斯福冲着记者大叫：“如果你能告诉我如何把轰炸机弄到那儿，那他们就可以有轰炸机。”德军和日军在广播中嘲笑麦克阿瑟，赞颂他的挣扎顽抗令美国难堪。“以公平竞争和骑士精神的名义，”其中一个广播吹嘘道，“日本国要求美国给麦克阿瑟将军提供他所需要的增援，那样无论胜败他都能心满意足地打一仗。”

珍珠港事件后笼罩着美国的团结精神现在已经消失，取而代之的是恐惧、敌意和针对日裔的种族歧视。在西海岸，早就有人妒忌那些在经济上取得成功的移民，这回更是引发了公众压力，要求将移民家庭驱逐到内陆地区的难民营；这项活动的支持者包括加州州长和整个西海岸的国会代表团。“无论在哪里孵化出来，毒蛇还是毒蛇，”《洛杉矶时报》的一篇社论宣称，“把他们赶到一处，打包处理，送去内陆的荒地。”联合专栏作家亨利·麦克勒莫尔写道：“就我个人而言，我讨厌日本人。这适用于所有日本人。”一些高级军官也支持这个想法。“鬼子就是鬼子——不管他是否是美国公民都没有区别，”西部国防军首领，约翰·德威特将军宣布，“他们这些人我一个也不想要。”

罗斯福甚至感受到来自自己内阁成员的压力。“在我看来它随时都会爆发，”2月初，司法部长助理詹姆斯·小罗警告道，他是少数反对这项举动的人之一。“如果真的发生，它将成为历史上最大规模的迁徙之一。”罗斯福认为这是军事需要，是保护这个国家所必须采取的行动。2月19日，他签署了9066号行政命令，将10多万日裔公民和日本人迁往难民营。“我并不认为他十分关心这一举动的分量或影响，”司法部长弗朗西斯·比德尔后来写道，“我也不认为宪法会对他造成任何困扰——宪法从未困扰过任何战时总统。”但是这个决定却令伊利诺感到困扰。“这些人没有犯任何罪，但是情绪起的作用太大了，”1943年，她为科利尔百科写道，“太多的人想要向有东方面孔的人报仇泄愤。”

社会矛盾的传播超出了日裔群体。一份白宫舆论分析揭示了战争如何在黑人社区引发了“痛苦和怨恨的暗流。”海军陆战队不招黑人和军队的种族隔离政策让很多黑人心中嫉恨。黑人抱怨说，美国海军招收黑人进去，只给他们不体面的活儿干，比如做餐厅服务员。“海军非常需要人，但它不需要我们，”《匹兹堡通讯》专栏作家马约莉·麦肯齐说，“面对这一切，我们真的还会觉得自己是坚强、勇敢、忠诚的美国人吗？”另一个引发社会矛盾的核心事件是美国红十字会在战争爆发之初，拒绝接受黑人献血。虽然红十字会迫于压力改变了政策，捐献的血液仍会按不同种族分类。“这会产生最深的怨恨，”一份政府报告指出，“那些要黑人为国捐躯的白种人，拒绝接受黑人的血液。”

罗斯福明白战场上的节节败退和日渐增长的社会矛盾威胁到了战争本身。随着消息越来越糟，进攻日本的需要也日渐增强。1 月 28 日白宫会议上，罗斯福不断强调发动进攻的需求，甚至询问美国是否有可能在蒙古建立轰炸机基地，阿诺德在他的笔记中记下了这次讨论：“总统说，从日本和美国双方的心理来看，现在最重要的就是尽快轰炸日本。”阿诺德随后在一份备忘录中警告罗斯福，蒙古——已不受当前中国政府的控制——不是一个安全的选择。罗斯福需要耐心。“因此我认为目前正在开展的那个计划——利用中国政府为我们提供便利以保证我们在亚洲大陆东部的安全，进攻日本敌人的中心——是合乎逻辑的、最有效的计划。”

在短期内，总统将不得不从别处寻找方法来分散美国公众的注意力。在新加坡沦陷后，伊利诺用她在日报的专栏鼓舞公众的士气。“也许我们不得不面对灾难反而是件好事，因为我们过于乐观，自大地期望着不断的胜利。”她写道，“现在我们必须从内心寻找勇气来面对失败，战斗到胜利。”2 月 23 日，电视播出了总统的炉边谈话，他在谈话中回应他的妻子，努力消除公众日渐增加的冷漠。他知道，美国需要的是胜利。“让我郑重地向世界人民宣布：我们美国人虽然被迫做出了让步，但我们会收复失地，”罗斯福向大约 6 200 万听众讲话，“我们的力量每天都在增强。很快，我们，而不是我们的敌人，将发动进攻；我们，而不是他们，将赢得最后的战斗；是我们，而不是他们，将实现最终的和平。”

第五章

一段时间内我们一切都会顺心遂意，可以像章鱼铺展触手一样向四面八方扩张，但这段时间最长不会超过一年半。

——海军上将山本五十六，1941 年 9 月

山本五十六焦虑不安，此刻他所乘坐的旗舰——大和号，正安稳地停靠在日本内海的柱岛海岸。这位 55 岁的联合舰队的指挥官——同时也是夏威夷奇袭的设计师，他明白美国仍然对日本构成威胁，即便现在太平洋舰队一大半的船只仍躺在珍珠港底的淤泥里生锈。山本早就提醒过他的上司要警惕美国作为工业强国的实力。日本现在享受的胜利，他知道，这只不过是大战的前奏。“英国和美国可能多少低估了日本，但是从他们的角度来看，这就像主人的手被自己饲养的狗严重咬伤。尤其是美国，似乎已经下定决心在不久之后就要对日本展开全面打击，”他在给一位同僚的信中写道，“日本国内盲目的快乐真是可悲，恐怕对东京的第一波打击就会使其凋零。”

山本在帝国的高层领导人中独一无二。作为前武士的儿子，他身高 5 英尺 3 英寸，只比吉米・杜立特矮 1 英寸。毕业于日本著名的江田岛海军学院，

他终身酷爱赌博，却滴酒不沾。山本曾作为一个年轻的海军少尉参加了日俄战争。1905 年的对马海峡海战中，在装甲巡洋舰日新号上，枪支爆炸夺去了他左手的食指和中指。东京新桥区的艺妓给他取了个“八十钱”的绰号，因为她们修剪 10 个指甲收费 1 日元（1 日元等于 100 钱）。爆炸中山本的下半身被 100 多块弹片击中，使得这位大腹便便的海军上将的身上永远伤痕累累，让他始终觉得不自在。“每当我去公共浴池，”他自嘲道，“人们总认为我是一个流氓。”

山本曾两次旅居美国，他曾在哈佛大学学习，后来在驻华盛顿大使馆担任海军武官。作为亚伯拉罕·林肯的狂热崇拜者，他如饥似渴地阅读着这位美国第十六任总统的传记，并要求下属也阅读。对底特律的汽车工厂和得克萨斯油田的访问使他相信世界正渐渐远离对钢铁和煤炭的依赖，并渐渐转向对石油和汽油的依赖，轻金属更适合制造飞机。当上级回绝了他参观墨西哥并获得现金支援的请求时，这位敬业的长官选择用自己微薄的薪水支付这次旅行的费用，并最终引起了墨西哥当局的注意。“一个人自称是山本五十六，日本海军的指挥官，正在全国各地旅行并查看油田。他住在三流旅店最差的阁楼里，从不吃旅店的食物，仅靠面包、水和香蕉维持生存，”墨西哥当局给日本大使馆发电报，“请确认他的身份。”

这些经历使山本对美国强大的工业实力深信不疑，即便第一次世界大战之后的孤立主义政策使美国的军事发育不良。山本反对日本与德国和意大利结盟，并长期反对与美国作战，称国家有限的资源将会在 18 个月内消耗殆尽。他的异议已经导致一些日本国内的军国主义右翼分子威胁要刺杀他，迫使军警不得不保护他。山本的一个高级副官甚至每晚睡觉时都随身放着一把剑。但海军上将拒绝让步，1940 年他对时任总理近卫文麿表达了他的担忧，当被问到日本成功的机会时。“如果命令我们与美国交战，”山本回答说，“我能保证前六个月能打一场硬仗，但我绝对没有信心， 如果战争持续两个或三个年头将会发生什么。”

不管山本如何抗议，日本一直继续着向战争推进的脚步，让海军上将策划他反对的行动，无疑使他陷入尴尬境地。1941 年 10 月在他写给一个朋友的信中他提到了陷入的窘境：“我的现状非常奇怪。因为分配给我的任务完全与我的个人意见相反，他们还希望我竭尽所能，”他写道，“唉，也许，这就是我的命运。”在之前的战斗中，日本海军从未对美军取得过压倒性的胜利，恐惧于海军将被拖进失败的泥潭，日军暂停了军事活动。山本意识到提高日本获胜机会的最好方法就是对美国驻夏威夷部队的奇袭。“我坚信，在对美国的作战中我们必须要做的最重要的事情，是在战争一开始就猛烈地攻击和破坏美国主要的舰队，”他写道，“只有这样，我们才能确保在东亚立于不败之地。”

偷袭珍珠港的成功让山本名声大噪，新粉丝的邮件甚至每天都在他的桌子上堆起一英尺的高度。山本对这种境遇嗤之以鼻。著名画家安田靫彦给山本画像的请求甚至激怒了这位海军上将，他仍为日本对夏威夷的袭击未能击沉任何航空母舰而困扰。“在我看来，”山本在给朋友的信中写道，“肖像画仅次于青铜雕像，粗俗不堪，应当严格回避。”同样，他拒绝了为东京市中心的日比谷公园题写一个新的纪念碑。当被授予两枚勋章时他拒绝接受，他有一种负疚感，尽管他指挥海军，但他还没有亲眼看到过敌人的军舰或飞机。“我永远不会戴上它们。”山本说，“我会感到羞耻。”在私人信件里他说得更直白：“我想知道那些亲眼见证在前线战斗的人被授予勋章时会有何感受。”

山本暗暗不安，因为他担心日本偷袭珍珠港的喜悦为时尚早。经过四年多与中国的战争，日本已消耗了大量库存的资源。山本知道他的国家现在时日无多了。几周以前，在罗斯福总统发表了第一个战时的国情咨文，罗斯福要求美国在本年内生产 60 000 架轰炸机、战斗机和运输机，45 000 辆坦克，20 000 门高射炮，以及 800 万吨的船只。袭击珍珠港只是序幕，预示着一场漫长而又艰苦的战争，山本在一封给同僚的信中很好地捕捉到了这一观点。“一名军人几乎不能为自己袭击了一个睡觉的敌人而感到骄傲，对攻击的一方来说，这不单单是羞耻的问题。”他写道，“我希望你看到敌人的反应之后再做出评估，因为毫无疑问，他已怒不可遏，并将很快发动坚决的反击。”

山本的恐惧与日本军队领袖、媒体和公众的观点背道而驰。珍珠港事件之后几周内，报纸刊登了这次突袭的照片和戏剧性的报道，《每日新闻》称它是“杰出地拉开了美英毁灭的序幕”。其他报纸发表了诗歌庆祝这次袭击，而剪辑好的由攻击画面组成的电影在全国上下爆满的影院里不断放映。日本的胜利感与日俱增，并自我膨胀起来。媒体开始将日本军队称为“超人”，甚至把他们当作神来庆贺。一篇报纸文章甚至宣称日本征服盛产石油的荷兰属东印度群岛应验了一个古老的神谕。“我国是由上帝发现的，”计划署主席中将铃木贞一宣布，“所以我们的军队就是神的军队。”

山本看到，随着新加坡的沦陷，这个国家的狂热在 2 月达到了高潮。众议院的成员们爆发出“万岁”的欢呼。学校停课，而报纸出版特别的“胜利增刊”。尽管正在实行定量配给政策，政府宣布每个家庭将得到两瓶啤酒、橡胶制品和红豆；13 岁以下的儿童将得到饴糖糖果。甚至，裕仁天皇出席了一场特殊的见面会——身着军装骑着他的爱马“白雪”——接受聚集在皇宫外面成千上万的崇拜者高呼“万岁。”“新加坡的垮台，”《每日新闻》写道，“无疑决定了世界历史。”《日本时报》将此次胜利与汉尼拔传奇般穿越阿尔卑斯山和成吉思汗穿越兴都库什山脉相提并论。文章中这样写道，“我们的部队就是世上的军神。”

媒体甚至夸口说攻陷加利福尼亚的海滩对日本士兵来说轻而易举。《日本时报》的一篇社论提到“一旦着陆，一支训练有素的、果敢的部队横扫眼前的一切实在再简单不过了。”“美国不能入侵的观点不过是个神话。”与此同时，美国可能会对日本进行反击的事实被视为可笑的和不可能的。一份报纸头条宣称“美国袭击日本不值一提。”其他报纸则说，“不怕美国攻击帝国。”大多数报纸指出，日本在占领了太平洋上的美军基地后，支配了广阔的海洋和天空。“至于航空母舰发起的空袭，”一位《朝日新闻》的记者认为，“任何这样的尝试都是自杀性的，因为与夏威夷不同，日本海岸有着严密的警戒，美国突袭将被扼杀在萌芽阶段。”

山本并不那么的自大，尤其因为他知道能够保护日本拥挤的城市免受攻击的资源何其匮乏。国家绝大部分的战斗机都被部署到了前线，只留下 300 架飞机守卫国土——200 架海军飞机和 100 架陆军飞机。这其中只有 50 架专门用于守护东京市和横滨市郊的工业区。大阪和神户地区的布防同样可怜，只有 20 架防御型飞机，而部署在名古屋的飞机只有 10 架。许多飞机都是老式的中岛 97 型，盟军给它起了个代号——内特，一种单座、固定起落架的战斗机。山本知道防空防御也是不足的。全国 700 门高射炮中东京只有 150 门——绝大多数为 75 毫米口径的，而神户和大阪共有 70 门，名古屋仅有 20 门。“与日本在海外的武装力量相比，”一份日本战后的报告指出，“国内防空部队的装备和训练都很差。”

然而，日本的许多高层领导人对山本的恐惧并没有感同身受。1941 年 11 月 4 日，首相东条英机在会见军事议员时排除了空袭对日本的威胁，坚称日本应专注于海外军事行动。“我不认为敌人在战争爆发后会立即对日本发动全面空袭，”东条说道，“敌人试图发动这样的袭击之前总要过上一段时间。”同样的自信使他驳回了陆军部在 1 月中旬提出的综合防空措施，包括分散工厂、保护公共设施、保护通信和运输系统，乃至疏散主要城市中心区的人口。东条同样驳回了 2 月提出的至少要疏散妇女和儿童的建议，声称这样的行动只会威胁到日本重要的家庭结构。他认为，只有懦夫才需要疏散。

山本不同意东条的观点。这位经验丰富的海军上将开创了偷袭珍珠港的先例。他知道美国坚强的民族性格——加上日本在袭击珍珠港时未能击沉美国的航母——无疑会导致美国航母对日本国土的报复性袭击。山本想起在日俄战争中，当俄罗斯海军抵达东京的海岸时，许多惊恐的居民逃到山里，而一些居民则向海军中将上村家里扔石头，之前大家都相信上村能保护家园免受攻击。山本发誓再也不会让这种情况发生了。他的副官们记得，他守护天皇宝座的决心愈发坚定，逐渐变得跟着了魔一样。“在他转移注意力之前，他会不停询问最新的东京天气报告，”渊田美津雄——偷袭珍珠港时领航的飞行员回忆道，“如果天气不好，他会觉得松了一口气，因为坏天气更能保证首都的安全。”

山本下令每天在日本东部海域进行远程的空中巡逻，同时建立了一个侦查舰队，这个舰队包含 171 艘船只，其中的绝大多数船只是从私人所有者征用的小型渔船，从 50 吨到 250 吨大小不等。舰船上装备了无线电，有任何接近的敌舰都可以快速报告。船离海岸 80 英里到 1 000 英里，白天抛锚停泊，晚上巡逻。尽管有这些预防措施，山本仍然耿耿于怀，他甚至建议一个艺妓朋友把她的财产转移到城外。“很多人感到如释重负，或说他们‘感激山本上将’，因为还没有发生一次空袭，”他写道，“他们大错特错：事实上敌人还没来袭击并非由于山本上将，而是因为敌人自己的原因。如果他们想谢谁，我希望他们去感谢美国。如果美国下定决心要对我们发动猛攻，我们根本无法保护像东京这样的城市。”

1942 年 3 月 1 日这个周日的上午，艾格林空军基地亨利 • 米勒中尉爬下他的沃特海盗双翼飞机。这位 29 岁的阿拉斯加本地人有个绰号叫“汉克”，带着短期任务降落在陆航机场。米勒 1934 年毕业于美国海军军官学院，在校期间曾师从著名教练斯派克 • 韦伯学习拳击，毕业后在德克萨斯号战列舰上开始了他的职业生涯。他在 1938 年 6 月取得了飞行执照，之后在萨拉托加号航母服役。1940 年 11 月以来，他一直在海军的埃里森空军基地——位于靠近彭萨科拉的佛罗里达州的狭长地带——担任飞行教官和人事军官；那天上午他从埃里森飞到到艾格林基地只用了短短 50 分钟。米勒接到的命令并没有提到要他将为陆军做什么，但彭萨科拉的助理培训官告诉过他，任务是协助杜立特中校。

“就是那个了不起的杜立特？”米勒问道。

杜立特要求陆军在海岸附近找个安全的地方让他的飞行员们练习水上飞行，这是参与突袭的人必须具备的技能。美国陆军航空队把艾格林基地交给了他。尽管 1933 年始建于瓦尔帕莱索镇附近的狭长地带，艾格林基地此时远未竣工。前一年已经完成一个有 1 000 个座位的食堂，现在工人们正赶着在五月前完成基地礼堂的建设。基地的第一个电影院将在 7 月开放。米勒第一次踏上艾格林机场的柏油跑道时，那里有 1 526 名飞行员生活在营房里，另有 1 872 名飞行员驻扎在帐篷里，632 名飞行员驻扎在基地外面。杜立特的飞行员们很快就会明白为什么军队选择了艾格林及其丰富的辅助机场。“这里是荒郊野外，没有任何人，”飞行员埃弗雷特 • 霍尔斯特姆——绰号“布雷克（砖头）”，当时是一个年轻的中尉，回忆道，“这里是完全孤立的。”

早在 2 月 21 日，陆军就命令艾格林的指挥官，做好准备为 20 队以上的战斗人员提供住所，同时还要为尽可能多的轰炸机提供服务。包括保证基地的军火库里存储足够的炸弹，以及为飞行员的训练提供 0.50（英寸）口径和 0.30（英寸）口径的机关枪。“因为这是极为机密的项目，”命令中写道，“关于这些飞机和人员的到达、离开以及活动的任何消息都严禁走漏。”在飞行员转移到艾格林之前，陆军也联系了海军的航空局：“我们需要一名海军飞行员——经验丰富，善于驾驶重载的飞机从航母的甲板上起飞，能在3月1日至3月15日之间到佛罗里达州瓦尔帕莱索镇的艾格林空军基地报到，指导陆军飞行员的训练。”海军的回覆是——米勒。

这位年轻的中尉向基地的指挥官报到。“你知道要我来这里做什么吗？”米勒问道。

“不知道。”上校回答道。

米勒解释说在彭萨科拉基地他是一位运输机飞行员和教练，来这里应该是教授陆军飞行员如何从航空母舰的甲板上起飞。

上校说他还是不知道米勒来这里干什么。

确信命令有误，米勒起身离开，离开时他碰巧提到了杜立特的特遣队。

上校立刻关上房门，他的声音小得就像耳语。

米勒来对地方了。

上校开车把中尉送到军营，在他放下行李之后又把他送到杜立特成立特遣队的大楼内。杜立特和特遣队的执行官杰克·希尔格都不在那里，但米勒遇到了三位陆军上尉：斯基·约克、戴维·琼斯和罗斯·格林宁。四位飞行员聚集在改进后的B-25轰炸机旁，尽管正式的训练要几天以后才开始。米勒对这三位飞行员做了自我介绍，告诉他们他将教会他们如何从航母起飞。

“你驾驶过B-25轰炸机吗？”他们中的一个问道。

米勒坦白他甚至从没见过这种飞机。

“嗯，没关系，”这位陆军飞行员宽慰他，“我们对海军也一无所知。”

四人爬进B-25轰炸机。琼斯作为驾驶员，米勒做他的副驾驶员，飞行员们加大油门，飞到了给训练预留的辅助跑道上。这次短暂的飞行使米勒感觉B-25类似于中型轰炸机，飞行员解释B-25典型的起飞速度是110英里每小时，米勒说他只要一半的速度就可以让飞机起飞。这位美国海军中尉给大家上了他第一课：双脚踩住制动踏板，把稳定杆拉回四分之三，加大油门。当发动机全速咆哮时，松开制动踏板，拉回操作杆直到飞机升空。米勒论证道，让飞机冲上天空只需要每小时 65 英里左右的速度。

“那是不可能的，”其中一个飞行员说。“你做不到。”

“好吧，”他回答，“让我们飞回去再试一次。”

米勒再一次冲上天空，这次起飞的速度约 70 英里每小时。三个陆军飞行员都信服了。

3 月 3 日，当杜立特降落在艾格林时，24 组机组人员都已经到齐了。杜立特制定了一个 55 小时的培训计划——最基本的、能够使他的队伍适应其使命的训练。计划中包括 6 小时的初始阶段——每架飞机的机长需要校准航速表、罗盘和自动飞行设备。接着，杜立特计划他的机组成员们每组都花 5 个小时向米勒中尉学习短距离起飞：四次空机起飞，四次载重后约 28 000 磅的轰炸机起飞，最后两次满载的约 31 000 磅的轰炸机起飞。机组人员会花另外 15 个小时练习日间和夜间向地面目标和墨西哥湾的浮油投掷炸弹，接着是 15 小时的射击训练，包括假想遭受追击时的反击练习。

最后，杜立特希望每个飞行员执行 14 个小时的水上飞行。他计划让飞行员从艾格林飞到佛罗里达州的迈耶要塞。从迈耶要塞起飞后飞行员将飞越墨西哥湾抵达休斯顿，然后再返回艾格林。飞机飞离艾格林将安排在白天，而返航则在晚上。作为空中练习的补充，在地面上飞行员要接受如何躲避追击和高射炮攻击的策略的讲座。飞行员们来自四个不同的空军中队，杜立特将他们编组成一个紧密的战斗集体，他认为这很重要，因为训练中的大部分时间他都会缺席。除了他的执行官希尔格，杜立特还任命约克作为飞行长官。琼斯将处理导航和情报方面的工作，而格林宁将担任射击教官。他任命比尔·鲍尔作为中队的工程长官，特拉维斯·胡佛监督物资补给。杜立特希望胡佛、约克、琼斯、格林宁和希尔格五人同时也出任此次任务的飞行指挥官。

考虑到这些，杜立特把总共约 140 名的军官和士兵召集到了飞行管理室，一时间管理室的长椅和窗台上都挤满了飞行员。对于他们中的许多人来说，这是第一次亲眼见到这位著名的飞行员。

“我心怀敬畏，”比尔·鲍尔回忆。“他是我的偶像。”

“他是个传奇，”领航员兼投弹手赫布·马西亚补充道，“你无法想象能亲眼见到他或者和他有任何个人接触。”

一些人对他矮小的身材感到惊讶。“在我的想象中他是个巨人，”领航员哈利·麦库尔回忆，“他可真是只矮小鸭。”

杜立特虽然矮小，但是他却有着光彩夺目的魅力。“我们立即被他迷住了，”琼斯说，“没用两分钟我们就中了他的魔法。”

这位著名飞行员的出现比其他事情都更能昭示此次任务的重要性。“一听到他的名字，我们就知道一定是要采取实际行动了，”飞行员查尔斯·麦克卢尔回忆，“可以预期会大干一场了。”

“我的名字叫杜立特，”他用平静而庄重的声音向飞行员们宣布，“如果你认为这不是你参加过的最危险的任务，那么连训练你也不用参加了，你现在就可以退出。浪费时间和金钱去训练无法完成这次任务的人没什么意义。你们中的任何人退出都完全没问题。”

房间陷入一片寂静，然后几只手举了起来。

“长官，”一位年轻的军官问：“你能给我们关于此次任务更多的信息吗？”

“不，现在还不行。”杜立特答道，“但你们在这里训练久了就会逐渐了解这是一个怎样的任务。现在，我想强调一件重要的事情。整个事件必须保密。你们甚至不能告诉妻子，不论你在这里看到什么，或被命令做什么。如果你已经猜到了我们要去哪里，也不准和别人谈论你的猜想。我说的话针对你们中的每个人。你们之间也不准谈论这件事。”

杜立特停了下来，让大家领会他所表达的信息。

“很多人的生死取决于你们能否为这个项目保守秘密，”他继续说道，“不仅仅是你们自己的生命，还关系到其他的成百上千人的生命。”

他警告大家不要传播谣言，发现任何好奇的陌生人都要向他报告；他会联系美国联邦调查局。

“我们这里的训练将强调团队合作，”他说，“我希望每一个人做好分配给他的工作。要使这些飞机适合执行此次任务，我们还有很多工作要做。”

除了飞机，参加此次任务的每位飞行员，从投弹手、领航员到机枪手和飞行员，也都必须接受训练。

“我们有大约三周时间——也许更少，”杜立特总结道，“记住，如果有人想要退出，他就可以退出。不会过问任何问题。”

无人退出。

米勒立即开始工作，基于对 B-25 及其引擎的特点和性能的研究制定了一个起飞的程序。他设想了航母上能搭载轰炸机的最大数量，把起飞距离削减至 350 英尺。这位海军飞行员计算出，风速和航母的速度叠加在一起会在甲板上形成四十海里每小时的风速，它会帮助每架满载的轰炸机起飞。米勒命令机组人员沿着跑道画一条黄线，这样飞行员可以练习用飞机的左侧轮胎压住黄线前进，这是一项必不可少的技能，因为轰炸机的翼尖和航母的岛式塔桥之间仅有 7 英尺的空隙。此外，他要求跑道边距起点 250 英尺和 400 英尺的位置插上旗帜，之后每 50 英尺插一杆旗，直到 700 英尺，帮助飞行员标记起飞距离。

米勒首先训练琼斯，琼斯做到以 50 英里每小时的速度升空，然后米勒招募琼斯上尉作他的助手。每位飞行员驾驶着轰炸机到跑道上报到。琼斯坐在飞行员的座位上驾驶飞机起飞并解释相关程序，而飞机的飞行员担任他的副驾驶。接着琼斯会交换座位，给副驾驶一次试飞的机会。米勒委派一名飞行员测定飞机到达 250 英尺的位置以及起飞所需的时间。另一名飞行员测量飞机升空所需的距离。米勒站在飞行员身后记录飞行速度并提供建议。事实证明米勒的理念与陆军飞行员的恰恰相反，他们习惯于利用延伸数千英尺的跑道的每一寸。特拉维斯·胡佛的反应是许多陆军飞行员听完米勒讲解之后的典型反应。

“我们做不到。”飞行员抗议。

“噢，可以的，”米勒说，“你能行。”

事实证明绝大多数飞行员都学得很快。在初步训练中，哈罗德·沃森驾驶总重约 26 000 磅的轰炸机仅以每小时 62 英里的速度起飞，甚至比米勒更好。唐纳德·史密斯技压群雄，以 294 英尺的最短距离让飞机腾空。“卓越，”米勒在他的笔记上草草写道，“这个飞行员创造记录了！”一旦飞行员掌握了如何驾驶负载较轻的飞机起飞，米勒就命令他们驾驶满载着汽油、弹药和装备的总重达到29 000磅的轰炸机来报到。每个飞行员重新又在琼斯和米勒的注视下多次起飞，制动器有时升温如此剧烈，飞行员不得不放下起落架在空中盘旋使其降温。“稍加练习后，”一份后来的报告指出，“地上的观察员几乎可以准确说出飞行员在座舱里如何操作。”

最后一轮练习中，机组人员在B-25轰炸机上装载了演习用的炸弹，甚至在驾驶室里额外加装了成堆的.50口径机枪的弹药，使轰炸机的总重提高到31 000磅。这正是杜立特预计的每架飞机在大黄蜂航母的飞行甲板上起飞时的重量，而甲板上还堆满炸弹和到达中国所需的额外燃料。沃森再次在低速上超越其他人，仅以每小时55英里的速度起飞。“看谁能在最短的距离带着最大负载起飞演变成一场激烈的竞赛，”鲍尔回忆道，“我们对飞机唯一的加重是.50口径机枪的弹药和人，一个人尝试并记录下起飞距离，然后我们所有人都爬进下一架飞机并给它多加一点负载，看看我们是否能超过刚才的距离。”

虽然绝大多数飞行员都没遇到困难——海军飞行员米勒认为杜立特、琼斯和罗伯特·格雷最棒，却与詹姆斯·贝茨冲突不断——这位中尉曾在驾驶舱待了500个小时，其中200个小时在B-25上度过。这些冲突在3月23日上午的最后一轮训练中爆发了。

“贝茨，你必须再试一次，”愤怒的米勒命令道，“你驾驶这架飞机，不要让它控制你。再来一次。”

上午10点03分，中尉发动引擎并松开制动踏板。米勒惊恐地发现飞机打着滑起飞了。贝茨拉高飞机时，飞机前进了大约25英尺右侧引擎就熄火了。轰炸机撞向地面，碾碎了起落架和螺旋桨，撕裂了机身。机组其他成员害怕飞机爆炸，纷纷爬出飞机的窗户。

“坐下来，等到这些仪器停止运行，”米勒命令道，“关闭所有的开关。”

米勒转身去拿他的稿纸和笔记本，结果却发现其他人都跳了出去。“没人受伤，”贝茨后来告诉调查员，“但飞机完全报废了。”

这架轰炸机的损失产生了新问题。约克致电哥伦比亚(美国南卡罗来纳州中部城市，该州首府)。他的好朋友飞行员鲍勃·埃曼斯接了电话。被希尔格命令待在南卡罗来纳州待命，埃曼斯敬畏地听着约克对飞行员们练习短距离起飞和长时间的水上飞行的回溯。

“我们刚刚失去了一架飞机，”约克告诉他，“我们需要另外一架飞机马上就到这里。”

“斯基，”他说他找到了机会，“你三点半或四点就能见到我。”

埃曼斯感到兴奋不已。这位飞行员匆匆回到他的帐篷，抓起一些制服，内衣和洗漱用品。他把剩下的行李打包进他的军用提箱，下令把它送往位于俄勒冈州梅德福东大街 1443 号的家里。前往他的飞机的路上，他与米尔斯上校——中队指挥官起了冲突。

“埃曼斯，”米尔斯说，“你去哪里？”

“先生，”他说，“约克从艾格林打来电话，他们失去了一架飞机。他们那儿需要一架飞机。我告诉他我 3 点半或 4 点左右就到。”

“我不知道是否该信任你。你最好找其他人把飞机送过去。如果你把飞机送过去，恐怕你就不会回来了。”

“长官，”埃曼斯抗议道，“我保证我今晚就回来。”

米尔斯考虑了一会儿，不情愿地说道：“好吧，既然你都准备好了，可以，但是如果你不回来，你知道，我会抓到你的。”

“哦，长官，”他答道，“我会回来的。”

维护问题很快就减少了机组人员的培训时间。B-25 贫乏的武器系统包括架设在顶部和底部回转炮台上的双管 .50 口径机枪和机头的单管 .30 口径的机枪，这样的配置被飞行员描述为“悲惨的缺陷”。而轰炸机上安装的机枪经常无法使用更加剧了飞行员的担忧。当机枪枪口靠近机身开火时，会把铆钉敲出来，还会撕裂飞机单薄的外壳，工人不得不安装了防爆板。同时底部回转炮台的活动、伸展和收缩功能也无法正常运行，而事实证明没有人能在执行任务前的几周之内学会如何使用复杂的射击瞄准镜。“在一个人学会使用机载机枪射击之前，”杜立特抱怨，“他可以学会拉小提琴并好到足以到卡内基音乐厅演奏。”

格林宁试着来弥补这些问题。他建议工人移除飞机底部的机枪——低空任务让它们毫无价值——这样就能减少载重并为额外加装的 60 加仑的油箱腾出空间。为了保护毫无防备的机尾，格林宁想出了一条计策。机组人员在轰炸机的尾巴上打洞并安装了两个看起来像扫帚的黑色木杆，旨在模仿 .50 口径机枪，夸大了的枪筒使其对追击的战斗机更清晰可见。许多真正的机枪要么无法射击要么常常卡壳，迫使机枪手浪费宝贵的时间来拆卸它们。在来自赖特基地的武器专家的帮助下，工作人员替换了有缺陷的枪支或换出报废零件。虽然机枪手在地面训练 .50 口径机枪的使用，但这些额外的训练意味着没有枪手向空中移动的目标开过火。

格林宁同时也在校准 B-25 特别的诺顿投弹瞄准器，一种 75 磅重的由 2 000 个以上的零件组成的模拟计算机。这架复杂的仪器以荷兰设计师卡尔·诺顿的名字命名，近 10 000 美元的售价实在是价格不菲——足够买 10 辆全新的“斯蒂庞克指挥官”（政府和军队的专门用车）了。如果轰炸机被击落，日本就可能缴获投弹瞄准器，而且格林宁知道诺顿投弹瞄准器要在 4 000 千英尺以上的高度才能取得较好的效果，但这个高度远高于杜立特任务中计划的投弹高度。格林宁在埃德温·贝恩中士的帮助下设计出一种由报废的硬铝制成的简易的替换装置并命名为马克·吐温，以纪念曾在密西西比河上使用过的水砣绳深度测深器（马克·吐温这一作家笔名来源于此）。后来的实验表明，格林宁发明的 20 美分的瞄准器在 1 500 百英尺的投弹高度上的表现要远远好于更加复杂和昂贵的诺顿投弹瞄准器。“我们要想的东西很简单，”飞行员泰德·劳森回忆说，“简单到就像用步枪指向轰炸目标，当你瞄准时就可以投弹了。”

工作人员关注的不仅仅是武器。这次任务要求轰炸机自轮胎离开航母的飞行甲板起飞之后，要毫不停歇地飞行 1 900 英里， 至少要 12 小时之后才能在中国东部着陆。即使加装了 3 个油箱，遥远的距离要求飞行员能最大化燃油效率。北美航空公司制作了巡航控制图，向飞行员演示如何能增加进气管压力并降低螺旋桨转速，从每加仑的汽油中“挤”出更多的航程。换掉受损的螺旋桨同样能让飞行员在不增加任何动力的情况下把速度从每小时 220 英里提高到到每小时 275 英里。尽管这些措施提高了燃料效率，测试显示，轰炸机燃烧燃料的速度各不相同。杜立特请求得到本迪克斯空压机公司的民用化油器专家的帮助。而令他沮丧的是，公司派来了一个自大的牛皮匠。

“我理解你需要检查化油器的压力，”工厂代表告诉杜立特，“我现在可以告诉你，在离开工厂检查之前它们都被检查过。事实上我们不会出售存在任何瑕疵的产品。此外……”

“慢着，年轻人。”杜立特打断了他的话，显然杜立特已经被激怒了。“工厂派来了什么人？是专家还是推销员？如果你是个推销员，那就回去吧，我们有足够的化油器。如果你是个专家，就留下来，我们需要你。”

那个人呆立在原地。

飞行员模拟在任务条件下飞行，计算油耗量，测算出轰炸机负载较轻时每小时燃烧 65 加仑汽油，而满载时每小时燃烧 78 加仑汽油。杜立特要求他的机组飞越墨西哥湾，这样飞行员和领航员就能学会在没有地标或无线电引导的情况下飞行。格林宁的副驾驶，来自德克萨斯州的肯·雷迪中尉在日记中记述了一件险些成为的悲剧的事件。在一次飞越墨西哥湾的过程中，内置盖板——用来覆盖移除飞机底部的旋转炮台留下的大洞——开始上下跳动。咯咯作响的盖板惹恼了飞机上的工程师兼机枪手，梅尔文·加德纳中士，他试图用两个沉重的工具箱压住盖板。“这并不奏效，”雷迪写道，“然后他就坐在了工具箱上。”格林宁叫加德纳给领航员弗兰克·卡佩勒中尉拿耳机。“正在他去拿耳机时，盖板和工具箱都从飞机上掉了下去，它们都葬身深海了，”雷迪继续道，“加德纳没穿降落伞，他真是幸运。”

杜立特同样要求他的飞行员练习如何靠近低空目标，快速投弹并躲避攻击。大部分的训练都用填装沙子的炸弹进行，但每个机组都有一次用 100 磅重的真正炸弹练习的机会。沉重的沙袋压低了停泊的轰炸机的尾巴，这样机枪手就能用 .50 口径机枪射击设置在艾格林辅助训练场的临时目标。其他时候机枪手扫射在墨西哥湾海上的浮油或者练习跟踪战斗机。杜立特曾希望他的飞行员可以向被拖拽的移动目标开火，但时间不允许这样做。“许多佛罗里达海岸的城镇受到猛烈的低空演习的骚扰，”一份报告指出，“数不清的打给艾格林司令抱怨电话证明了在这个特别的练习中飞行员们所表现出的热情。”

飞行员不仅要照看好飞机，还必须照顾好自己。照顾飞行员的任务落到了托马斯·怀特中尉肩上，大家都叫他医生。这位32岁的陆军航空队医生，是毛伊岛本地人，1937年毕业于哈佛大学医学院。怀特自愿担任此次任务的军医，不料杰克·希尔格却使他的希望遭受了挫败。这个任务里没有医生的位置。如果怀特想去，希尔格少校告诉他，他必须学会如何使用.50口径机枪射击。“值得赞扬的是，他做到了，”杜立特后来回忆，“在靶场的双管.50口径机枪射击中，他的成绩在所有的机枪手中排名第二，因此他获得了登上飞机的资格。”

考虑到重量限制，怀特计划只携带一只医疗官的战地药箱，另加几样物品，包括1 000片磺胺噻唑药片，两个金属导尿管和一个便携手术工具包。他仔细检查了每架飞机配备的两个急救箱，以确保每个急救箱里都有装着吗啡的西雷特皮下注射器和磺胺药片。“为飞行员们获取爽足粉时遇到了困难，”怀特后来写道，“很显然，人们认为空军部队总是飞行而从来不用走路。”医生检查飞行员的血型并确保血型信息被记录在每个人的胸牌上。只有在杜立特飞到华盛顿并进行交涉之后，怀特才得到了必需的疫苗。他要求获取最新的伤寒、破伤风、天花和黄热病的疫苗，并开始为飞行员接种肺炎、斑疹伤寒、霍乱和鼠疫的疫苗。“没有明显的不良反应，”怀特写道，“即使是鼠疫疫苗，虽然它的名声很糟。”

除了教飞行员在航母上起飞，米勒还让他们学习了海军礼仪，指导他们在登上一艘船的时候，要向船尾的国旗和舱面值班员致敬。他告诉他们如何洗澡不浪费水，给他们海军术语的纲要，从左舷和右舷到船底肋板和甲板的区别。其余的时间飞行员们可以放松下来，欣赏阿拉巴马大学合唱团的表演或花一个下午在墨西哥湾的深海钓鱼。“我们钓了好多鱼，”雷迪在他的日记中写道，“我钓到了大约六条，其中一条是引金鱼，其余大多数是红白相间的鲷鱼。”

其他人利用休息时间写信回家，包括理查德·科尔。“我们的指挥官是吉米·杜立特，著名的高速魔王——他驾驶B-25轰炸机也飞得那么快，”他写信给他在俄亥俄州的父母。“关于我们的飞机，我们已经学到了很多新知识，看起来我们需要所有这些知识。”飞行员比利·法罗的母亲在华盛顿的战争经济委员会做速记员，在那里她要和领取食品的长龙以及拥挤的公交车作斗争。

比利在一封信中恳求她保持坚强。“你也在为国防出力，记住，如果生活变得艰难，要知道你是在为国家工作，任何事情都值得你为国家去做，”法罗写道，“记住——任何事情！”

一天早上，劳森爬出他的飞机时发现有人在机身上面用粉笔写着“跛脚鸭”。他非常喜欢这个名字，所以他找了个机枪手在机身上画了唐老鸭的漫画，唐老鸭的耳机线绕在了头上，画上还画了一组交叉的拐杖。其他飞行员纷纷效仿劳森，很快许多B-25被命名为“威士忌皮特”“旋转的托钵僧”“地狱蝙蝠”“复仇者”“青蜂侠”“黄色炸药”“命运的捉弄”之类的名字，当然，也有“切腹自尽”这样的名字。

在整个训练过程中飞行员们谨记杜立特“不准谈论”的警告，尽管有时“保密”成了幽默的素材。

“杜立特得了某种可怕的疾病，”飞行员特拉维斯·胡佛开玩笑说，“他要执行一次有去无回的任务，而且还要带上我们。”

米勒教授的海军课程使很多人意识到这次任务可能涉及一艘航母，飞行员们怀疑这可能意味着这次任务要去欧洲或日本。“这是显而易见的，但又不允许我们谈论它，”克诺布洛赫回忆道，“不允许我们进行猜测。如果我们中一员违反规定谈及此事，其他人就会责备他。”大家意识到最终的目的地和训练没有太大关系。“我们可以在享受乐趣的同时做好我们必须要做的事情，”鲍尔回忆道，“而不谈论明天会发生什么。”

雾和恶劣的天气一度限制了白天的飞行，但杜立特觉得他的飞行员们已经学到了很多东西，尽管他自己也没闲着。在三周的时间内准备一场对日本本土的袭击，时间仓促。对中国超过四年的作战经验已经使日本帝国的飞行员变成了世界一流的。美国飞行员相比之下缺乏实战经验。操纵轰炸机是一项团队合作，只有优秀的飞行员或炮手是不够的。每个人都必须是最好的。在艾格林的几周，务实的杜立特看到了团队合作技巧上的各种缺口，然而在这里训练的最后期阶段他几乎无法补救了。“正驾驶员都非常优秀，”他在他的报告中指出，“副驾驶员也都精于做好副驾驶员。投弹手还过得去，但仍需要提高。领航员受到了很好的训练，但几乎没有实战经验。而机枪手，几乎毫无例外，从来没有从飞机上向移动的或者固定的目标射击过。”

机组人员们完成在艾格林的训练时，杜立特返回华盛顿向阿诺德做最后的报告。这位飞行老手对第一次世界大战袖手旁观，他不想只是计划和组织任务。杜立特想领导它。

“将军，在我看来，我比其他任何人都更了解这个项目，”他开始了，“你要求我调试飞机、培训人员，我都已经做到了。他们是与我共事过的最棒的一群小伙子。我希望您能授权让我自己来领导此次任务。”

阿诺德标志性的笑容消失了。尽管他赞赏杜立特的热情——也理解他想要参加战斗的渴望，但是阿诺德更需要他在华盛顿为自己排忧解难。“抱歉，吉姆，”将军回答，“我需要你留在这里为我工作，我可负担不起让你执行每一项你帮忙起草的任务。”

深谋远虑的杜立特早就设想过阿诺德会制造这样的阻力。他以推销式的游说抗衡，软化了将军的态度。

“好吧，吉姆，”阿诺德最后回答，“如果米弗·哈蒙同意，我就同意。”

阿诺德曾提到过米勒德·哈蒙准将，他的参谋长。杜立特怀疑这是个诡计。他表示赞成并退出阿诺德的办公室，冲下走廊跑到哈蒙的办公室。他敲门而入。

“米弗，”气喘吁吁杜立特开始说道，“我刚刚为我一直在做的任务见过海普，我说想领导此次任务。海普说如果你同意他就同意。”

“嗯，”哈蒙结结巴巴地说，显然措手不及，“不论什么事情，只要海普同意我当然没有意见。”

杜立特谢过他就离开了。他关门的时候听到对讲机里响起了阿诺德的声音。他可不想等在这里被召回去了。等他走远了，他听到哈蒙的抗议，“但是海普，我告诉他可以去。”

第六章

日本对中国平民百姓犯下了残忍和不可饶恕的罪行，在中国，对日本人的仇恨需要几个世纪才能消除。

——战略情报局，1942 年 2 月 3 日

3 月 19 日，星期四，唐纳德·邓肯刚刚经过两天的旅行从华盛顿来到了夏威夷。毫无疑问，横跨五个时区的飞行让这位海军上尉疲惫，而他的一个疏忽差点把他留在新墨西哥州的停机坪上，这让他倍感紧张。在乘坐飞机时，邓肯没有说明自己有飞行优先权，直到半夜被空姐叫醒时，他才意识到这个错误。飞机在快到阿尔伯克基市的时候，空姐告诉他，具有飞行优先权的陆军飞行员们正在下一站等待登机，飞机搭乘他们后会取道去旧金山。飞机上没有任何商务旅行的位置，邓肯必须下飞机。

海军上尉抗议道，他是奉命到旧金山转机去夏威夷，无论如何不会下飞机。

空姐不同意。

“哼，”邓肯反驳，“我是不会下去的。”

争论声引来了驾驶员，他走过来告诉邓肯，他必须服从飞行优先级。

邓肯向驾驶员出示了他所接受的命令。为了保密，上面只提到他必须去夏威夷参加一个会议。飞行员对他表示同情，但告诉邓肯要想留在机上，必须得有人向他直接指示才行。

邓肯让他给华盛顿的阿诺德将军打电话。

驾驶员说，他会和即将登机的陆军飞行员商量，如果行不通，就会往华盛顿打电话。

“嗯，那很好，但是如果要我下飞机，除非你把我抬下去，”邓肯告诉他，“我是不会离开这个铺位，离开这个飞机的。”

海军上尉回到床上睡觉，第二天早上醒来，飞机已快到旧金山。

邓肯把整件事抛在脑后。下了飞机，他急忙去见太平洋舰队司令——海军上将切斯特•尼米兹。珍珠港冰冷的水面上仍然遗留着日军突袭后的残骸，整个海湾周边漂浮着两英尺厚的油膜。烧坏的亚利桑那号战列舰躺在泥泞的海底，1 100百名船员葬身其中，《时代周刊》描述：夏威夷的阳光照射在倾覆的战列舰俄克拉荷马号锈迹斑斑的龙骨上，这艘从前的战列舰现在成为了靶舰——犹他州号。成千上万的潜水员、焊工和工程师冒着危险，在毒气和未爆炸的军火中清理废墟，而水面上漂浮的残骸还在诉说着那场可怕的悲剧。就在一个月前，工人们从一艘船里捞出了几千张被水浸透的圣诞贺卡；在沉没的西弗吉尼亚号舰舱里发现了一张日历，上面被划掉的日期表明储存室内的三个人存活到了12月23日，直到氧气耗尽。

现年57岁的尼米兹是德克萨斯州人，海军学院1905届的毕业生。他职业生涯大部分时间都在海底潜艇上服务。日本发动袭击后仅仅三周，这位说话简洁的四星上将出任了太平洋舰队司令。“愿上帝帮助并指引我，”那天他曾写信给他的妻子，“愿我获得所有我可以获得的支持，我需要它们！”太平洋日益恶化的局势让尼米兹沮丧，每晚躺在床上无法入睡。太平洋舰队迄今已出动航母发动过几次对日本边远基地的空袭，希望减轻太平洋西南地区部队作战的压力，但没起到任何真正的作用。“日本鬼子根本不在乎，”一位官员自嘲道，“就像狗对待身上的跳蚤一样。”无法获胜，这让尼米兹怀疑他的这份新工作还能做多久。“如果能做上六个月那都是幸运，”当月他写信给他的妻子，“公众急于求成，我无法那么快就让他们看到行动和结果。”

邓肯的到来只为尼米兹增加了的压力。有关邓肯上尉秘密来访的唯一记录就是尼米兹私人战斗日记中的简洁语句“抵达会议”。尼米兹召见了海军中将“公牛”威廉·哈尔西还有参谋长迈尔斯·布朗宁上校。袭击日本首都这一大胆的行动还只是一个手写的计划，为了保密，邓肯甚至没有把计划交给他信任的秘书打印。大约30页的纲要包含了一个天气附件、所需船只的分类、横跨太平洋的路线和所有邓肯认为需要和尼米兹共享的后勤保障细节。“海军上将金让我转告尼米兹司令，这不是给他考虑的提议，而是要他执行的计划，”邓肯回忆道，“所以没有任何是否应该这样做的问题；这件事已经定了。”

尼米兹听邓肯概述了他的提议。舰队司令指挥军队要听受上方指挥，这使得尼米兹刚上任不到一个月就与海军上将金发生了冲突。金敦促尼米兹发动能够震慑日本军队的航母舰载突袭，鼓舞美国民众。尼米兹很不情愿，害怕这会让舰队损失宝贵的航母。“太平洋舰队在各方面明显逊于敌人，”2月初尼米兹发电报给金，“不能采取激进的行动，只能采取打一枪就跑的袭击方式。”尼米兹的电文遭到金的严厉谴责，“在夏威夷的行动半径内，太平洋舰队并没有在各方面明显逊于敌人，”金反驳道，“但如果敌人夺取了在西南太平洋的目标，在从澳大利亚到阿拉斯加的范围内，你的舰队在各方面将明显逊色于当敌人。除非现在就不断全力破坏敌人的舰船和基地。”

袭击东京当然够激进。

尼米兹的军事使命是保护夏威夷、中途岛和通往澳大利亚的航线。太平洋舰队司令清楚袭击东京所包含的巨大的风险——在2月他自己的手下甚至曾提出过这样的想法，但很快被否决了。日本对珍珠港和菲律宾的进攻已经重创了美国三个舰队中的两个。即使加上大黄蜂号，美国在太平洋地区的防御中坚力量——也只有5艘航母，是日本航母数量的一半。笨重的B-25飞机太大了，无法放入航母的飞机升降机内，海军将不得不把这些轰炸机排满在大黄蜂号的甲板上，此举将使航母在紧急情况下无法启用战斗机。为了在突然袭击中保护大黄蜂号，尼米兹将不得不再派出企业号航母护航。美国太平洋上五艘航母中的两艘——正是山本在追求太平洋地区霸权中迫切想要摧毁的目标——将驶进离敌国不到400英里的范围。

危险防不胜防。美国不仅有可能损失两艘宝贵的航母，还有14艘支援舰，其中包括4艘巡洋舰、8艘驱逐舰、2艘加油船，以及1万多名船员的生命。这支打击力量将在全程无线电静默的状态下穿越太平洋，以避开从马里亚纳群岛到新几内亚之间日军基地的侦查。天空中布满了敌人的战斗机、轰炸机和侦察机，而太平洋水域里到处都是敌人的军舰、巡逻艇和潜艇，遇上任何一个都可能会危及整个行动。除了这次任务的后勤保障问题，整个行动后面还有一个更大的问题——日本将采取怎样的报复措施。这样的突袭是否会引来日军对珍珠港的再次袭击？或是对中途岛的袭击？还有美国的西海岸呢？愤怒的山本是否会命令他的军队袭击西雅图，旧金山或是洛杉矶？

但邓肯已经明确表示了尼米兹别无选择。

这个任务势在必行。

邓肯给弗朗西斯·洛上尉发了一份预先安排好的调度安排，让他提醒杜立特将他的人从艾格林基地转移到西部的加利福尼亚。简单的加密信息为，“告诉吉米让他启程。”

尼米兹找来哈尔西商量。

“比尔，你相信这样的计划行得通吗？”他问道。

“这需要很好的运气。”哈尔西回答。

“那你愿意带他们去吗？”尼米兹更进一步。

“是的，我愿意。”

“好，”尼米兹答道，“就全看你的了！”

在中国，相关的准备工作也在推进。最初，杜立特在手写任务纲要中建议与克莱尔·陈纳德上校协作，陈纳德是中国政府的航空顾问，也是美国航空志愿队（即飞虎队）的指挥官。然而在很多人那里，陈纳德却不受欢迎；阿诺德认为他是个雇佣兵，一个“狂想家”。军队高层转而找到了约瑟夫·史迪威中将，新近刚被罗斯福提拔为美国在中缅印战区的指挥官，同时也是蒋介石的参谋长。在美军将领中，很少有人像59岁的史迪威那样拥有丰富的中国经历。

史迪威是佛罗里达人，美国军事学院 1904 届毕业生。可以像讲法语和西班牙语一样讲中文——他曾在西点军校教授法语和西语——史迪威曾在一战与二战之间三次去过中国，在那里担任过从翻译官到军事专员的多个职位。

史迪威身形苗条，头发灰白，戴着一副金属框架眼镜——这更像大学教授而不是军人——掩盖着他尖刻的个性，人们给他起了个绰号“醋乔。”“阴沉严厉、好战、饱经风霜。”他的同事刘易斯·布里尔顿曾经在日记中这样描述他。在一篇写给自己家人的随笔中，史迪威本人将自己描述为“不讲理，没耐心，臭脾气，阴沉，疯狂，严厉，不敬，粗俗。”这位杰出的战术家并没有把他的策略用于社交。他把黑人称为“黑鬼”或“粗汉”，把中国人叫做“中国佬”或“布衫佬”，叫德国人“野蛮人”或“德国佬”。史迪威对日本人尤其蔑视。“当我想到这些罗圈腿的蟑螂是如何毁掉了我们平静的生活时，”他曾写道，“我就想把日本人的肠子绕到亚洲每一个街灯柱上。”史迪威甚至诋毁他的总司令“在一切军事事务上都是业余等级，”在他 2 月出发前的一次会议后，他在日记中写道，“无聊至极，废话连篇。”

史迪威的工作是去打一场在政治、军事和经济上都已陷入了僵局的战争，而多年的冲突和流血事件让这份工作更具挑战性。中国面积超过 420 万平方英里，近 5 亿的人口中 80% 都是农民。算上满洲和蒙古部分，日本已侵占了 80 万平方英里的领土，其中包括沿海港口、铁路和工商业中心，有效地切断了中国与外界的联系。史迪威的一个高级助手，“小手指”弗兰克·多恩，对此有最好的概括。“我们的盟友，中国是一个地方，而不像是一个国家；这个现有政府的经济崩溃了，它的货币系统只能依靠不计后果的多印纸币——这样简单的一个权宜之计——来维持。”多恩写道，“数以百万的人死于战争、疾病或者饥饿，被迫逃离家园，或被残忍的敌人所奴役。”

让史迪威的工作变得更为复杂的是他对蒋介石的厌恶。这位 54 岁的国民党领导人把大部分时间都用于和毛泽东领导下的共产党作战，而他在自己的政府中大量任用亲朋好友；他的妻子甚至曾出任空军副处长。史迪威认为蒋介石精神状态不稳定并且傲慢。“他以为他懂心理学，”史迪威在他的日记中写道，“事实上，他以为自己什么都知道。”在一位助手将蒋介石描述为“放置在麦堆上的一粒花生米”后，史迪威就经常把这位委员长称作“花生米”（在美语中有没用的小人物、小政客之意）。因为史迪威不按蒋介石的意图办事，导致两人之间的关系不断恶化。“在中国遇到的麻烦其实很简单，”他告诉《时代周刊》的记者，“我们正在与一个无知、没受过教育、迷信的乡下佬联盟。”当罗斯福问他对蒋介石的看法时，史迪威的回答也同样粗鲁和不明智：“他是一个优柔寡断的、狡猾的、不可靠的老无赖，从不信守承诺。”

史迪威的看法与大多数美国人对蒋介石的看法截然不同，这部分是因为《时代周刊》和《生活》两本杂志的发行人亨利•卢斯巨大无比的公众影响力。卢斯出生在中国的传教士家庭，他很推崇蒋介石，信仰基督教的蒋介石在宗教团体中颇受欢迎。1937 年《时代周刊》将蒋介石和他美丽迷人的妻子评为“年度风云人物。”这位中国领导人的形象不止十次出现在了《时代周刊》的封面——比罗斯福或温斯顿•丘吉尔还多两次，比阿道夫•希特勒多三次。媒体同样盛赞他的妻子，称她是圣女贞德和弗洛伦斯•南丁格尔的复合体，这一精心打造的形象更是激怒了史迪威和他的助手们。这些观点甚至渗透到了白宫，总统助手劳克林•柯里在一次蒋介石夫妇来美访问后说，“每个晚上他们都受到了帝王般的优待！”这样过分的崇拜让史迪威本已艰巨的任务变得更加令人不快，1944 年《哈珀杂志》的记者捕捉到了这种感受：“如果让阿西西的圣弗朗西斯来接管中缅印战区，那么在他新制服上的黄铜扣子还没来得及变色之前，他也会被人们称为‘醋弗兰克’。”

近些年来，美国领导人没做过什么事情去赢得中国人的好感。日本在中国烧毁村庄，屠杀了成千上万的男人、女人和孩子，美国一直在袖手旁观。美国把重点放在了击败德国上，向英国提供了几乎全部 130 亿美元的租借计划，而中国分享到的美国军械、飞机和坦克的份额是 6.18 亿美元，仅占 4.6%。领导人经常声称美国微弱的战时生产力意味着无法提供太多的援助，但美国情报报告指出了更准确的原因。“讽刺的是我们未能给中国更广泛的援助以抗击我们目前的敌人日本，其中真正的原因应该在于美国人的心态，”报告指出，“我们害怕德国，蔑视日本。我们沉浸在不断的希望中，想和日本修补关系，这个谬误来自于我们总是关注欧洲那些我们所熟悉的问题，而不是东亚地区遥远异国的冲突。”

蒋介石可能只是一个商人的儿子，但他足够精明，明白珍珠港偷袭已经改变了中国的战略价值。美国在关岛和威克岛的军事基地失守，加上菲律宾被围困，美国在亚洲已没有可以用来进攻日本的据点。此外，如果中国军队能够拖住日本，这将放缓日本帝国在其他地方侵略的步伐。但史迪威担心蒋介石更关心的是自己的政治利益和他与毛泽东的斗争，这会让这位中国领导人太急于利用美国处于弱势的处境。“很有可能蒋介石政权在拿美国当傻子耍；它会拖延搪塞并给出承诺，但不会做任何事情；它寻求的是不动自己的一兵一卒而跟随盟军获得胜利；它期待在战争结束时，已为自己积攒下足够的军备弹药来确保政权永固，”史迪威在一份 1942 年的备忘录中写道。“他们以为我们是傻瓜，容易轻信、容易上当，而他们只要威胁单独媾和就能逼我们就范。”

这就是海普·阿诺德和吉米·杜立特在计划突袭行动的终点安排时所面对的政治背景。这场战争也许提升了中国的重要性，但这并不会改变美国对自身利益的专注。对自身利益的保护要求美国不能把这次行动计划透露给蒋介石。从某种程度上说，美国官员们知道委员长的手下是不能被信任的。在一份 2 月份的备忘录中，马歇尔将军提醒阿诺德，“关于你和金正在进行的那项高度机密的计划，”他写道，“请阅读昨天马格鲁德发来的那份重庆会议缺乏保密性的电报。”马歇尔提到的约翰·马格鲁德准将是即将离任的美国在中国军事任务负责人，他分享了一次令人担忧的个人经历，“尽管我要求谈话内容保密，但是在面谈进行中，无意间一个帘子被掀起，露出后面正在偷听的四个仆人，”他写道，“这很典型，意味着任何有关军事事务保密而所采取的措施都是徒劳。”

这项行动要向蒋介石保密，除了害怕走漏消息，美国领导人还有其他更重要的考虑。突袭东京——日本帝国的本土和神经中枢——有可能会给中国招来日本的报复行动。蒋介石很可能会因此拒绝轰炸机降落到中国机场。美国领导人当然知道这点。日本在中国多年的暴行早已经臭名昭著，为此美国国务院在 1942 年 2 月还做了一个专项报告，“从南到北，日军在他们攻陷的每一个中国城镇里都对平民百姓犯下了各种毫无人性的罪行，”报告指出，“日军所到之处往往伴随着对无辜平民的大规模抢劫、强奸和屠杀。”

这份长达 13 页、单行距的报告——后来被美国军政高层传阅——让美国的决策者们惊恐地窥见到了任何被日军俘虏的飞行员或为飞行员提供帮助的当地村民会遭到日军怎样的对待。日本军队曾用囚犯做刺刀练习，把人活埋或活活烧死，并逼迫村民观看，作为获取情报的手段。日军士兵包围整个村庄，将村子点着，然后用机关枪扫射试图逃跑的居民。1937 年上海沦陷后，日本新闻报纸记录了一场两个下级军官之间的“杀人比赛”，看谁先用刀杀死 100 名中国人。“一天两人都超过了 100 人，但对是谁先超过这个数字还有争议，于是又决定将人数提高到 150 人，也有报道说是 250 人，”报告中说，“其中一个军官在接受日本记者采访时声称比赛过程是‘有趣的’。”

1937 年 12 月，日军的暴行在进入首都南京时达到了高潮。日本人哄骗许多中国士兵投降，诱使他们出城，再将成千上万的降兵批量屠杀。在南京城内，成群的日军蹂躏着中国百姓。屠杀的规模如此之大，以至于堆在长江岸边的尸体将这条大江染成了红色。每天晚上强奸事件多达上千起，日军为掩盖罪行，将许多女性在强奸后杀死。“也许在强奸她的时候，我们会把她看作女人，”一个士兵在战后写道，“但当我们杀死她的时候，只把她当成是一头猪。”战争罪法庭后来估计南京大屠杀——为人们所知的名称——造成了超过 26 万平民遇难，后来一些专家将这一数字定为 35 万人。这些恐怖的暴行美国早在战争结束之前就以知晓。“日本军队的行为，”美国国务院报告总结道，“构成了现代军事史上最黑暗、最可耻的一页。”

随着海军特遣部队开始准备启程，阿诺德让史迪威给出一份中国准备工作的最新进展。在史迪威离开美国前不久，阿诺德将军曾简要地跟他说过这次行动的后勤保障问题，而没有说飞机事实上会轰炸东京而后取道去中国。这项计划要用到中国的五个机场分别位于衢州、桂林、丽水、开安和江西的玉山。信号照明弹和无线电信标将引导轰炸机在这些设施简单的机场降落，机组人员可在补充燃料后继续飞往重庆——中国新的首府，在离沿海大约 800 英里的内陆。到重庆后轰炸机将组建成一个新的中队，在中国抗击日军。自从史迪威出发去了中国，阿诺德还没收到过他的任何消息，现在剩下的时间可不多了。3 月 16 日，阿诺德的手下给史迪威发去电报，“在中国东部机场安排燃油和炸弹补给一事进展如何？”史迪威没有回应。两天后又追加了一份电报，“机场方面的进展如何？把燃油运送到位，时间不多了。”

史迪威经过海上23天的航行，跨越了2万英里的行程，最近才刚刚抵达中国。他到达的时候恰逢日本袭击缅甸南部，打破了战略平衡的一个重要支点。作为首都也是重要海港的仰光——是滇缅公路的起点——在3月初被日军攻占。一条狭窄的丛林成了最后的屏障，暂时阻隔着日军向印度推进后进入中东与德军汇合。令史迪威非常失望的是中国军队和敌军相差悬殊。尽管中国号称拥有近300万正规军，但物资缺乏迫使大多数士兵分要共用一条毯子睡觉，穿着草鞋打仗。疾病和营养不良每年夺去这个国家40%的兵力，更加剧了困境。军队将领临阵脱逃时有发生。史迪威在写给妻子的信中说，“在你收到这封信之前你就会了解到我要和什么作斗争。这可不是一幅美丽的画卷。”

因为没有被通报过突袭计划，史迪威未能领会阿诺德完成计划的紧迫性。3月22日，他终于给阿诺德发去电报，加尔各答的美孚石油公司有3万加仑的100号汽油外加500加仑的5加仑罐装120号燃油。“请告知使用目的。”史迪威问道。“为了给美国陆军飞机使用。请求权限将这些燃料运送到中国。”阿诺德下令立即将燃料运往桂林；他会提供十架运输机协助。他进一步命令每个机场驻扎12个人看守，包括一名讲英语的人。所有的人员和物资必须在4月9日晚12点之前到位。为了照亮跑道，在飞机跑道的一侧和迎风方向的末端各使用5个照明弹。“在你出发前，我和你讨论过的那个至关重要的计划是否能成功就取决于这次空运能否按时完成，以及能否万无一失地保密。”

史迪威在3月29日的电文中建议使用中国的燃料，而不是从印度进口。中国人警告，只有衢州和桂林机场才能安全起降重型轰炸机。如果美国打算使用其他机场，必须找个有资质的军官先去检查一下。“除了燃料，不需要弹药、炸弹或物资，”阿诺德打来电报，“只要赶在4月10日之前，使用中国的100号燃油或任何其他可用燃油。行动计划只需要中型轰炸机在机场进行一次的起落。只有行动需要用到的那些机场应该被标示出来。为确保能用，这些机场的燃油和汽油补给必须进行检查，收到这条消息后就尽快开始。快速维修工具必须列出具体明细。”特遣部队的启程日期已近在眼前：没有时间了。“4

月 20 日，特殊项目将到达目的地。万一到达日期有变，将会通知你，”阿诺德打电报说，“但你也必须为没有通知的变动做好准备。”

杜立特从阿诺德那里收到消息，该离开艾格林去西海岸了。3 月 24 日凌晨 3 点，他集合了他手下的人。约克猛敲酒店房间的墙壁，告诉住在隔壁的布里克·霍斯特姆出发的消息，“嘿，快点，”约克在隔壁喊道。“我们该走了！”

杜立特告诉他的人，全体 22 组机组成员将横跨东西飞到萨克拉门托的麦克莱伦机场，在那里将对飞机进行最后的改装和调整。然后机组人员将继续飞到阿拉米达海军航空站，在那里飞机将被装上大黄蜂号。多出来的机组人员将会回到哥伦比亚。

“把你们的财务问题都处理好——你们所有人，”杜立特提醒说，“不要在给家人或妻子的信中留下任何你要去哪里的暗示。”

这次行动的压力最终击倒了飞行员弗农·斯丁基，他出现了严重的胃部症状——一个溃疡。托马斯·怀特，这次任务的行军医生，诊断这个中尉有些神经焦虑，便解除了他的飞行任务。杜立特认为斯丁基的离开是一个机会。“不用抢别人的位置，”他说，“我将接手这个机组，当他们的飞行员。”

那个周二的早上，机组成员们匆忙准备出发，肯·雷迪在他的日记里记下了这一场景。“航站楼里就像是一个疯人院。每个人都赶着要尽快出发。”

米勒羡慕地看着匆忙的飞行员们，杜立特走了过来，“我听说你那里出了点意外 。”杜立特说，指的是前一天贝茨的坠机。

“是的，先生，”海军中尉答，“但是技术和飞机都没有问题。问题出在贝茨。他不是在驾驶飞机，而是让飞机在驾驶他。”

杜立特明白。他告诉米勒这些机组人员将飞往美国西海岸，并将在加州的一个机场完成最后的指令。

“嗯，你知道，中校，”米勒说，“这关乎我的职业自豪感。我不想让西海岸有任何人对你说，‘不行，这得从头再来’。如果有可能，我想和你一起去，如果我们在那边还有时间做更多训练的话。”

“如果华盛顿那边允许的话，”杜立特回答说，“今天下午你就可以跟我出发。”

杜立特同样也想留下约克，约克受米尔斯上校指派在佛罗里达帮助训练飞行员，但实际上他并不参加任务。

杜立特打电话给在南卡罗来纳州的米尔斯。“纽特，老朋友，我需要约克到萨克拉门托待几天。你不介意让他过去，之后就马上回来吧？”

米尔斯犹豫了起来，显然他觉得很可疑，但还是让步了：“好吧。”

那天下午，罗伯特·埃曼斯驾驶着一架轰炸机在佛罗里达着陆，来替换贝茨坠毁的那架飞机。他发现大部分机组人员都已离去，留下约克清理航站楼。

“大家都去哪了？”埃曼斯问道。

“他们都走了，去西海岸，”约克回答。“你还想继续吗？”

“比什么都想。”

“我们可以替换那组机组人员，”约克说，“那几个人在事故中都被吓坏了，他们需要另外的机组人员和飞机。”

杜立特想用横跨全国的飞行作为另一次训练，指示他的飞行员向西超低空飞行测试燃油的消耗，在乡下田野的上空轰鸣嘶吼，正如他们会在日本上空那样。每六架轰炸机列成一队飞行，机组人员们决定找点乐子。

“我们飞得很低都可以看见电报线，”劳森后来写道，“我们所有人似乎都认为可能活不了多久了，所以不妨做一些我们一直想做的事情。这是我做过的最疯狂的飞行，我还做了一些小孩子的把戏，如将 B-25 倾斜飞过一座离地面很近的、打开的吊桥。”

劳森的领航员查尔斯·麦克卢尔中尉描述了飞行员们是如何吓坏了地面上的居民。“当我们离开艾格林，穿过阿拉巴马州时，我们飞得甚至比许多树还低，一般是在追逐农民，特别是正在耕地的黑人。一个老黑人被他受惊的骡子拖着满地跑，因为缰绳就绕在他身上，”麦克卢尔之后写道，“一个黑人抓着两个小黑孩儿，跑向一个小棚子躲避，我肯定飞机螺旋桨的冲击波一下就能把那个小棚子吹翻。”

飞行员的行为吓到的不仅是当地人。“去西海岸的旅程是一次过瘾的、横跨全国的合法低空飞行作业，要是现在估计会让我尖叫不止、A 级精神崩溃。”艾登·琼斯回忆道。“我把一些蒿草吊在飞机的底部，”雅各布·萨泽记得，

“我看到牛竖着尾巴奔跑。我们就从它们的背上飞过。”

恶劣的天气迫使许多飞行机组在德州停了下来，在圣安东尼奥过了一夜后继续飞往凤凰城，里弗赛德，最终到萨克拉门托。然而，杜立特继续向前，凭借仪表导航飞越了落基山脉。

在德州的停机期间，导航员乔治·巴尔给家人打了电话。他母亲死后他一直和他们住在一起。“我要和吉米·杜立特一起去执行一个特殊的任务，”巴尔喊道，“祝我好运。”

第二天，飞行员继续前进。“我们飞往萨克拉门托，中间不停，这是我最长的飞行，用了 9 小时 25 分，”雷迪在日记中写道，“路上大部分时间我都坐在机首，真正好好看了一下这个国家。”

希尔格飞过亚利桑那州南部，沿着 10 号高速公路穿过龙骑兵山脉和德州峡谷。

“你能看到下面那个小点吗？”马西亚问少校，“那是我长大的小镇。”

“那个地方到底叫什么来着？”希尔格问道。

“墓碑镇。”

在飞行的最后一天，罗森和麦克卢尔的恶作剧仍在继续。“在德州上空，我们追了几个小时的牛。在埃尔帕索附近，我们把汽车追得从高速公路上开了出去，还一度让一辆大巴车打滑后停了下来，我们把飞机拉起来，看到乘客们纷纷走向空旷的原野。”麦克卢尔写道，“沿着山谷到萨克拉门托，我们一直坐在飞行舱里，看到我们飞过的农民每个人都向我们招手，这和在南方遇到的黑人完全不同。”

杜立特降落在麦克莱伦，会见了陆航指挥官约翰·克拉克上校和他手下的高级工程维修人员。在行动小组 4 月出发前，杜立特仍有一系列需要改造和加装的设备。

“我想要给每一架飞机进行全面检查，包括飞机引擎、设备及配件，”杜立特开始说，“我们不希望把飞机拆成碎片。只是在它们可以被检查的范围内进行检查——打开飞机引擎罩，打开通道等。还有在每架飞机上安装一对螺旋桨，已经订下了 44 只。”

“我们没有接到过制作螺旋桨的任何电文。”其中有人提出异议。

“三周前就已下了订单。”

对自己所提的要求，杜立特又感受到了熟悉的阻力，尽管航空站要求他们提供合作的指示非常清楚。“杜立特中校所需的服务和物资，”命令中阐明：“将被给予最高优先权。”

他决心把简报继续下去，提醒相关人员飞机已经改装过，增加了几个油箱。安装在炮塔下面的60加仑橡皮油箱将在当天或第二天送抵萨克拉门托，同时到的还有油箱的新外壳。

“我的座驾是完全改装好的，拿它作为示例。”杜立特告诉他们。

他指示军官们将无线电联络装置和跟踪天线从每架轰炸机上拆除，再配上降落伞。

“先生，你需要多少降落伞呢？”

“大约60只整体型和大约40只可拆卸型。降落伞到货后要配备给每位飞行员，并做上标记，”杜立特继续说道，“莱特机场将会有人过来为6架飞机安装相机，为剩下16架飞机安装电影摄像机。”

杜立特再次警告他们不要改动飞机，除非维修人员发现有重要问题。“如果你发现有什么绝对是不对的，我们要把它修好，”他说，“我们急着给它们做最后的润色，然后就要带走它们。”

因为计划是把轰炸机交给中国，杜立特指示他们，将新颖的诺顿投弹瞄准器、无线电话和仪器配件都在萨克拉门托拆卸下来，然后装船运送到最终目的地。

“我尤其关注的是螺旋桨，”杜立特将话题转了回去，“它们应该被刷上漆。但不要闪亮的颜色。它们两个星期以前就应该在这里了。”

“弹药呢？”

“贝尼西亚兵工厂会提供的。”

杜立特要求任何烧坏的仪表灯都要更换。“哪里能用得上备件，就都换上，”他补充道，“备用保险丝也一样。要和飞机上原来的配置一样。”

杜立特指示航空站官员，如果出现任何问题就联系约克上尉。

“这个项目是高级机密，”他总结道，“事实上，我不得不用密电码告诉阿诺德将军我到这了。”

杜立特的会议讲话被翻译为重要的指令——至少在纸面上是这样。“在任何情况下不能拆除或篡改这些飞机上的任何设备，”命令指出，“对这个项目必须时刻严格遵守：检查员或飞机上的工作人员发现有缺陷或损坏的部件时，必须先将这一情况通知项目总监或项目主管，才能实施任何修理。”

杜立特的飞行员们一个接着一个地飞抵麦克莱伦基地。

“密切关注现场，”杜立特指示他的人，“我要每位第一驾驶员确保他自己的飞机处于最佳状态。”

他告诉他的机组人员，机械师们会移除无线电设备：“你们要去的那里用不上。”

很多机组人员现在猜想到他们要去的地方可能是日本。

橡皮油箱、照相机和用扫帚把伪装成的机尾机枪引起了地勤人员的好奇和疑问，他们的提问招来了厉声的呵叱：“管好你们自己的事！”

虽然有严格的命令，但问题依然存在，正如劳森的描述，“我不得不站在一旁看着一个机械师让引擎转得如此之快，以至于刚换上的螺旋桨叶被卷起的沙土在叶梢部分打出了凹痕，”他写道，“还有另一个机械师试图用砂纸磨掉这些凹痕，被我看见，我对他大吼，直到他去拿来一些油擦在刚刚被他用砂纸打磨过的地方。我知道一旦被刮擦过，螺旋桨的叶梢就会被海风侵蚀得稀烂。他们加速引擎的方式让我们害怕。我们所有人都担心他们对待飞机的方式会伤害到我们的飞机，但又不能告诉他们为什么我们想让他们如此小心。我想我们肯定是那些机械师见过的最大一群指手画脚、爱发牢骚的人。”

杜立特终于拿起电话打给阿诺德。

“事情进展太慢了，”他告诉将军，“如果您能亲自催促一下这些人，我将非常感激。”

阿诺德帮了忙。

有一次，杜立特正和几个飞行员在飞机管理室里聊天，突然听到轰炸机引擎回火的声音。他从上面看到一位工人试图启动引擎，一架 B-25 喷出阵阵黑烟。

之前，一位专家曾来到艾格林专门为所有飞机调整了化油器，不是按照常规调整，而是确保每架飞机能够达到最大的飞行距离。杜立特还特别命令过，任何工人都不能碰化油器的任何部分——在任何情况下都不能替换它们。

“这是怎么回事？”杜立特询问。

“我们只是在调整化油器，”机修工回答道，“它们全部需要调整。”

“我简直被气疯了，”杜立特后来回忆道，“自然是对他们大发雷霆。”

他冷静下来后，再次拿起电话打给阿诺德。

机组人员在兵工厂那里也遇到了类似的麻烦，不得不再次致电到华盛顿。甚至怀特医生也和不肯合作的医疗供应官有了争吵。“好几次我们所需要的东西就在他的货架上，但显然他不想用光他的储备，就用一个又一个的借口拒绝满足我大部分的请求，”怀特在他的报告中抱怨，“尽管我解释了需求的紧迫性，但那位外科医生拒绝改变他的决定。”

在轰炸机进行改装期间，机组人员会利用晚上去放松。肯·雷迪去打保龄球、到浪花酒店去跳舞，甚至与一位牧羊场场主的女儿去了低级的舞场。其他人待在参议员酒店。一天晚上几个飞行员决定从酒店的窗口往下扔美元，想看看这会在下面的街道上引起怎样的骚动，但这个计划在实施的过程中出了岔子，一些钞票落在了窗台下面的横梁上。“我们抓住迪安·霍尔马克的脚踝，把他大头朝下放到窗外；他捡起钞票再扔到街上，”霍尔斯特姆回忆道，“大概在这个时候，一些资历较高的家伙让大家在招来警察之前快停下来。”

格林宁、琼斯和约克摇摇晃晃地从酒店的酒吧里走出来，发现一位老绅士昏睡在大厅里。

“咱们给他烫烫脚。”琼斯建议。

琼斯把一根点着的火柴插到老绅士的鞋头上，而其他飞行员都撤退到大厅另一端看着。火柴烧了下去，烧完了，老绅士还是睡得很香。琼斯又做了一次，这一次用了两根火柴，但还是没能弄醒这个人。第三次，他决定用整盒火柴插满这个绅士的鞋底。

“你们这些男孩太可耻了！”一个女人发出抗议，她看到了整个恶作剧。“你们就不能放过这个可怜的人么？”

那位绅士突然醒了。他没对琼斯发怒，竟转过身来对那女人叫道，“走开！你这个老丑婆，让他们玩去吧。”

他随即又倒下睡了过去。

其他飞行员用这段停飞时间给家里最后再写一封信，包括工程师雅各布·爱尔曼。“这将是一段时间内我最后的一封信，因为我们已经出发——我不能告诉你我们要去哪里，但你将会在报纸上看到我们的消息，”他写道，“要是关于我们去哪儿的消息走漏了出去，那我们就永远都回不来了。”工程师梅尔文·加德纳也这样说。“妈妈请别担心，”他写道，“记住没有消息就是好消息。”

阿诺德发来机密消息，命令杜立特前往附近的旧金山去会见哈尔西上将、他的参谋长、米尔斯·布朗宁上尉和邓肯。在珍珠港，哈尔西听了邓肯的简报后想要面见杜立特——这个他将为之压上整个太平洋舰队的人。尼米兹同意了，命令哈尔西飞去西海岸。3 月 30 日，军官们在费尔蒙特酒店的酒吧里碰面。这座豪华的酒店坐落在诺布山顶，俯瞰着海湾美丽的景色。这些人坐在酒吧里，但是哈尔西担心杜立特在这里朋友太多，会被认出来，所以大家都去了哈尔西的房间。“我立即意识到与吉米·杜立特——我当时还不认识这个人——进行个人接触是必要的，”哈尔西后来回忆道，“首先，这样我们就可以互相了解。其次，可以讨论行动的方式和手段。”

在三个小时的会议中，哈尔西和邓肯向杜立特说明了海军的计划。两艘潜艇——多特号和长尾鲨号——将侦查天气状况，寻找水面舰船可能会遇到的敌人海军力量。大黄蜂号、2 艘巡洋舰、4 艘驱逐舰和 1 艘加油船将作为 16. 2 特遣部队，在马克·米切尔的指挥下于 4 月 2 日离开阿拉米达。等哈尔西飞回珍珠港后，将在 4 月 7 日率领 16. 1 特遣部队出海，包括企业号航母，另外 2 艘巡洋舰、4 艘驱逐舰和第二艘加油船。这两支特遣小组将于 4 月 12 日，周日，在海上会合成为 16 特遣部队。整整 16 艘战列舰将一起向东京进发，在距离日本约 800 英里处加油。加油后，两艘加油船留在后方，航空母舰、巡洋舰和驱逐舰将继续前进到距敌方首都 400 英里处。

“我们从每一个角度讨论了这次活动，”杜立特回忆道，“我们试着把每一种可能出现的紧急情况都考虑了一遍，并想好了应急方案。”一旦特遣部队接近日本，轰炸机将立即起飞，执行任务，然后到达中国或落入海中被潜艇收起。如果特遣队在夏威夷或中途岛的飞行范围之内被发现，这些轰炸机将起飞去那里。最坏的情况下，工作人员将 B–25 推下航母清空大黄蜂号的甲板，让海军的战机在舰上着落。“这是可以理解的，我接受这种可能性，”杜立特写道，“毕竟，如果两艘航母还有巡洋舰和驱逐舰都损失了的话，那将意味着美国太平洋地区的海军力量在相当长的时间内的终结。因此， 在我们要向日本本土发动攻击的尝试中，海军承担着非同一般的风险。”

随着最后的调试和修改的完成，机组人员准备飞到阿拉米达登舰大黄蜂号。直到那时，约克才知道机械师——无视杜立特的命令——已经调换了他飞机上的化油器。“我们只是碰巧发现的，检查了引擎和序列号，发现它们是不同的，”他回忆道。“化油器被换了，没有人提过，也没有做出任何的标记。然后被我们偶然发现了。”

约克叫来一个机械师。

“我们不得不换掉化油器，”他解释道。“这架飞机上的化油器不合适。”

约克把杜立特拉到一边把这件事告诉了他。

“哦，天啊，”杜立特说，“你打算怎么办？”

没有时间了——他什么也做不了。

“我认为这也没什么不同，”约克回答。“反正不管怎么看，化油器就是化油器。”

这句话后来会常常在他耳边想起。

“好吧，如果你这么认为，”杜立特答道，“一起来吧。”

米勒和飞行员们在萨克拉门托北部的威洛斯附近的机场继续练习短距离起飞。

“你认为大家都练得怎么样？”杜立特问他。

“我认为完全没有问题，”米勒说，“每个人都做得棒极了。”

杜立特计划带十五架飞机连同几组额外的机组人员到大黄蜂号航母上。“请你把机组成员按照起飞熟练程度排个序——1、2、3、4、5、6、7 这样。”

米勒照做了，他把名单交给杜立特和希尔格审阅。希尔格反对米勒将贝茨排除在外。

“当你来到敌人领土的上空，后面还有日本鬼子的追击，你就必须非常敏捷，你必须不断思考，”米勒说，“如果你惊慌失措，你就输了。我不会带上贝茨。”

贝茨会登上航母，但他不会执行飞行任务。米勒不愿就此结束自己的冒险之旅，当杜立特再次问他机组人员的准备情况时，他抓住机会证明自己。

“你知道，中校，如果你想要验证，我在 B-25 上的时间比任何人都少，”他说，“你可以多带一架飞机到航母上——第 16 架飞机——当我们离开旧金山 100 英里的时候，我就带着它起飞，我会把它开回哥伦比亚，南卡罗莱纳，回到陆军，回到彭萨科拉去。”

杜立特称会考虑此事。

这位经验丰富的飞行员准备出发时，飞行管理员递给他一份详细的报告表格，要他填写飞机修整工作完成的质量如何。

“我没时间看这些。”杜立特吼道。

“但这是我们的标准程序，中校，”飞行管理员反驳道，“你必须报告工作完成的过程。”

杜立特一把抓过表格，横跨整个页面的对角线草草写了一个词：“差劲。”

“等一下，中校，你必须给我们一份详细的报告，”管理员抗议，“这样不行！”

杜立特拒绝了。

“如果这样的话，”管理员反击道，“我不会签署你的飞机许可——这是规定，你知道！”

杜利尔没理他。他走向飞机，爬了进去，滑向跑道。

杰克·希尔格目睹了他们刚才的交流，露齿一笑。

“那家伙是谁？”管理员向希尔格抱怨，“我可以告诉你他肯定会遇到很多麻烦的！”

“他当然会，”希尔格同意，“他当然会的！”

杜立特最后的这次爆发促使航空站指挥官克拉克上校向他的上级打了一份先发制人的报告，希望可以反驳任何投诉。虽然克拉克注意到战争已让航空站里有才华的人寥寥无几，但他还是忍不住指责杜立特及其手下。“在预定计划完工前不到24小时，这位飞行指挥官突然对我们的工作表示出完全的否定，结果谣言四起，飞行员对他们各自飞机的状况表示怀疑。从航空站无数次的经验来看，随着主要改装项目完成后出发日期的临近，飞行员都会出现这种倾向——开始担心，”克拉克写道，“但从来没有过一次，他们能为他们的恐惧找到合理的依据。”

第七章

我们相信上帝之手会帮助我们——正义、庄重和人道的一方。

——指挥官拉塞尔·伊利格，1942 年 4 月 3 日

1942 年 4 月 1 日下午，大黄蜂号航母耸立在阿拉米达美国海军航空基地的一号码头。这艘 19 800 吨的航母于 3 月 4 日离开诺福克，穿过巴拿马运河取道圣地亚哥，再到旧金山时已是一天之前。其右舷被不少于 12 根的马尼拉线和四线系船绳索固定在码头上，造价 3 200 万美元的大黄蜂号看起来非常壮观。在弗吉尼亚州的纽波特纽斯造船厂和干船坞公司的船体装配工、焊工和电工工作了两年多的时间打造出了国家的第八艘航空母舰。完成后，大黄蜂号全长 809 英尺，超过 2 个足球场的长度。9 座巴布科克和威尔科克斯锅炉产生的过热蒸汽可为航母的 4 个涡轮机提供高达 12 万匹的马力。四个锰青铜螺旋桨——每个重量超过 2 700 百磅——让大黄蜂号在海中以 33 节或约 38 英里的时速前进。

航母就像是一个小镇，舰上大约 170 名军官和 2 000 名士兵都以大黄蜂号为家。

船员们睡在能容纳60多人的四层铺位隔间里，而大多数的军官睡在两人或4人的包厢内。一个海水淡化车间将海水转化为饮用水，并提供淋浴、厨房和锅炉所需的淡水，而冰库、电冰箱和食品储藏室里携带着冷冻牛排、鸡肉以及蔬菜和水果罐头。5位医生和一队看护兵随时待命，处理从常规感冒到紧急阑尾切除术的各种病患。这艘航母上还有洗衣房、理发店，甚至一个小型图书馆。船员们可以拿起邮票到邮局寄信，也可以在船上的商店里购买香烟、剃须刀和牙膏。565英尺的封闭式机库——上面的铁门在飞机预热时可以打开放出有害气体——同时也是一个完美的电影院。

一日三餐，船员们要在餐厅的窗口前排队领餐，在长条桌凳上用餐，这些桌子和凳子都用螺栓固定在地上，以应对海面上的颠簸。而军官们可以在铺着白色亚麻桌布和使用压花银质餐具的军官室里享用美餐。军官室横跨整个航母的宽度，室内标志性地陈列着一个大黄蜂窝，悬挂在天花板上。许多人都对航母上被称作机械奶牛的冰激凌机感到惊奇——能将脱水牛奶搅拌成冰淇淋——这在热带水域上的长途航行中简直是圣品。不过，海军先进的造船技术并不能解决一切问题。“在刚刚出海的第一个月里，航母上伙食通常是不错的，”登上大黄蜂号的一位陆军飞行员弗雷德里克·米尔斯记得，“之后就开始越来越差。新鲜的牛奶几乎立刻就消失了，接下来逐渐消失的是新鲜的鸡蛋、青菜和其他蔬菜，最后是新鲜的肉。军官和其他船员一样，只能吃奶粉、鸡蛋粉和罐装水果蔬菜和肉罐头。”

航母上的生活区主要在木质飞行甲板上，船员们开玩笑说军舰就像是一个上面扣了个门板的浴缸。每天早上天刚一亮，伴随着第一队巡逻飞机起飞，全船战备部署开始，而在日落时分，这样的仪式还会再进行一次。因为在这两个时间段，太阳照射角度低，航母最容易被敌人潜艇发现。大黄蜂号的岛式塔桥高于甲板约40英尺，包括导航桥、海图室、船桥和司令舱。“航母甲板上的噪声很大——有风撕扯岛式塔桥绳索发出的声音，有两边水流的声音，有航母巨型的身躯撞击大海发出的声音，还有其他的声音，”米尔斯后来写道，“但这些声音会让人感到平静而不是觉得混乱。”米切尔舰长下令为大黄蜂号加上了一个特殊的标志，象征着这次即将执行的任务——用印刷体在船的烟囱上写着："铭记珍珠港。"

杜立特第一个来到达阿拉米达海军航空站，他随后立即向那位烟瘾极大、时刻带着宽沿帽子的舰长（米切尔）报到。米切尔的传令兵，海军陆战队下士拉里·鲍嘉站在舰长门外。他听到里面有人在说，"这是杜立特中校，舰长。"

"我没多想，"鲍嘉后来承认，"但过了一会儿，我听到我们的指挥官乔治·亨德森说，'你好，吉米'。我这才恍然大悟。我知道他是谁。吉米·杜立特！那个家伙创造了所有的飞行纪录——速度、耐力、高度和距离。他要和我们一起出发。"

鲍嘉非常了解杜立特的名声，他立刻把自己的政府保险金从一千美元提高到了 5 000 美元。

米切尔告诉杜立特，他打算把他个人的住处让给杜立特使用，这个套房在飞行甲板下面，包括一个大型的会议房间、卧室和厕所，而米切尔自己将搬到船桥边的一个小房间。

"你要和你的人开会，住在有会议室的套间会方便一些，我的套间正好有会议室，"米切尔说，"而且要开私人会议，这也是船上唯一够大的地方。"

杜立特原本计划带 18 架轰炸机登上大黄蜂号，但甲板上只能安全地放下 15 架 B-25。机组人员担心航母飞行甲板的长度不够，杜立特想起米勒的建议——多带一架额外的轰炸机用来演示。他去问米切尔的想法。

"我同意，吉姆，"舰长告诉他，"这是你的舞台。"

4 月 1 日下午，所有机组人员离开麦克莱伦机场去阿拉米达，杜立特在那里迎接他们的到来。此前，他曾指示他的飞行员至少要在天上飞行一个小时，来最后检查每架轰炸机是否有机械故障——无论多小的故障——杜立特指示，都将停用那架轰炸机。另外他还指示飞行员在码头边的一个斜坡上练习滑行。杜立特打算将所有 22 组机组人员都带上大黄蜂，不仅是万一有人退出后可以作为候补，而且杜立特不想让任何人在经历了大量的训练后被留在后方。他不能冒任何走漏消息的风险。

在一个美丽晴朗的日子，气温高达 58 华氏度，机组人员一个接一个地都到了。斯基·约克和他的副驾驶员罗伯特·埃曼斯接近阿拉米达时，这两位飞行员看到了连接旧金山和奥克兰的海湾大桥，这可是个找乐子的好机会。

“你觉得如何？”约克问道。

“我们这次是要去太平洋上寻找《绿野仙踪》里的奥兹男巫，”埃曼斯心想，“这可能是我们最后的机会了。”

“咱们开始吧，”他说。

约克小心降下飞机，飞机轰鸣着飞入桥下，机腹只差几英尺就会贴上旧金山湾凉爽的海水。飞机降落后，约克向杜立特介绍他的新副驾驶员，埃曼斯伸出手来握手。

“你驾驶 B-25 有多久？”杜立特问埃曼斯。

“长官，大约有 1 000 小时。”

“你想去吗？”杜立特继续问，“这件事是完全自愿的。”

“是的，长官，”埃曼斯回答说，“我想去。”

杜立特说，“好吧，你现在是新成员了。”

埃曼斯后来回想起他对他的新指挥官的第一印象，“约克把我介绍给杜立特的那一刻我就知道为什么这次任务一定会成功，”他后来写道。“一下子就很容易明白为什么像他这样的性格能够极大地为参与这次空袭的所有人带来最高程度的士气、纪律和信心——对他们的领导、对他们的飞机，最重要的是，对他们自己的自信。”

约克和埃曼斯不是唯一用海湾大桥来最后找点乐子的人。在他们的飞机“跛脚鸭”靠近阿拉米达时，导航员查尔斯·麦克卢尔拿着一台彩色胶卷的摄影机。

“到桥下去飞怎么样？”副驾驶员迪恩·达文波特中尉问道，“泛美公司的那帮小子经常开着水上飞机这么做。可以让麦克好好拍一下。”

驾驶员泰德·劳森没有反对，虽然在最后一刻他努力不让自己把飞机拉起来，害怕桥下面可能有电缆。当轰炸机从桥下飙升起来的时候，麦克卢尔嚎叫了起来——他的摄影机没拍上。他乞求再穿越一次，但劳森反对，直接飞向了阿拉米达。“当我放下襟翼开始着陆时，我们同时都大喊起来，”他后来写道。“我猜其他人也和我一样，有一种空落落的感觉。一艘美国航母就在我们下面。3 架我们的 B-25 已经在它的甲板上。”

“该死的！”一个飞行员在对讲机里说，汇总了所有登舰人员的想法。“这航母难道不小吗？”

跛脚鸭着陆了，劳森将飞机滑行到杜立特和约克跟前，放下窗子。

“一切都好吗？”杜立特问道。

劳森犹豫是否告诉他自己轰炸机的对讲机系统是坏的，但他还是选择忽略这个问题。

“滑出机场，停到大黄蜂号那个码头的边上去，”杜立特指示，“那里有人接应。”劳森照做了。海军船员们将轰炸机的燃油几乎全部抽干；然后，这些机组人员看着一台辅机把他们的飞机“跛脚鸭”拖下码头，再由一台特制吊车将它吊起放上航母的甲板。为了严格保密，大黄蜂号那一天的航海日志没有提及装载轰炸机的行动。

“我惊奇而又担心地看着我的陆基轰炸机被装载到一艘航空母舰上！这真是让我大开眼界。” 一名飞行员杰克·西姆斯后来写道。“我猜所有的突击队员都会感到相似的忧虑，看着每架飞机的结构加固点被连上缆绳然后被海军船坞的起重机举起放到航母上。”

“我想我们中此前没有人登上过航母，”飞行员比尔·鲍尔回忆，“更不用说一艘海军舰艇。”年轻的中尉看着起重机举起他的轰炸机，感到脖子后面的汗毛都竖了起来。他所接受的一切训练就是为了这一刻。“我的天，”他想，“就是这样！”

大家对美国最新的航母发出赞叹。从天上看，大黄蜂号，用一位飞行员的话说，像一艘“邮船”，但站在码头边，航母就像是矗立着的摩天大楼。“我们知道我们要从一艘航空母舰上起飞，但这还是我第一次近距离地看到航母。天啊，看上去真是非常令人敬畏，”飞行员特拉维斯·胡佛记得，“我这辈子从未见过这么大的东西。”

“她看起来真是壮观，”劳森回忆道，“我无法描述我当时的感觉，站在那里仰望着她。也许我感受到的只是简单的爱国主义情感。”

亨利·米勒中尉走了过来。

“不要告诉这些海军的小伙子们任何事情，”他警告劳森和他的人，“他们不知道你们要去哪里。”

杜立特跑向这位海军中尉。“你知道，我跟他们说了你的想法，额外多带一架飞机，他们同意了，”杜立特告诉他，“所以我们会带上第16架飞机，在100英里的地方让你起飞。”

“那太好了。”

陆军飞行员们列队登舰，每一位都向船尾的美国国旗和甲板上的军官行礼，就像米勒之前教他们的那样。

大黄蜂号舰载机的飞行员们站在甲板上，好奇地看着陆军轰炸机降落在附近的机场。“哎呀，那些家伙们飞进来的时候怎么一点也不快，他们的飞机不都是呼啸着飞进机场的吗，俯冲轰炸不是一般陆军的做派吗？”一位航母飞行员说，“看起来他们好像有一点被海军化了。”

其中一个在观看的人是大黄蜂号的情报参谋史蒂夫·朱里卡上尉，他是为数不多知道航母此次任务的人之一。“我想船上大多数军官，当然包括舰长和我，我们最初的想法是在这样一个全部由志愿者组成的飞行团队里面，飞行员一定是能力卓越，并且渴望与团队一起有所作为的人，”他回忆道，“但是从外貌、穿着和举止上来看，我得说他们看起来是混乱无纪的。典型的表现是他们敞着领口，或穿着短袖T恤——阿拉米达的天气很凉爽——军帽上的帽顶圈要么塌了要么压根就不见了，穿着破旧磨损的鞋子。他们没穿飞行服。”

朱里卡把自己的担忧告诉了米勒。陆军飞行员们准备好了吗？米勒对他交了个底，“我为他们做了我能做的一切。关于短道起飞，现在没有什么是他们不知道的了。”米勒对他的同僚吐露了心里话，“问题是当航母出发、他们起飞后，他们能最终完成这个任务吗？”

陆军飞行员们看着船员们为B-25飞机在甲板上标记位置，将飞机首尾交错地排在一起，在轮子下面垫上楔子，再把飞机固定住。紧密的排列方式让第十六架轰炸机的机尾只能悬在航母尾扇外面。大黄蜂号航母也许鼓舞了大家的信心，但她较短的飞行甲板只能差强人意，尽管在航母调试中它上面能够容纳至少4 000人。“我这辈子从没见过这么小、不起眼的东西能被叫做跑道，”

胡佛回忆道，“我此前的敬畏感变成了一身的鸡皮疙瘩，因为它是这么小的东西。”

这些陆军官兵将和大黄蜂号上的军士长们同吃同住。军士长们基本都住在海军少尉们的包间里，少尉睡在铺上，而军士长通常就睡在地上简易的折叠床上。“当时我是陆军中尉，级别在少尉之上，但那似乎并没有让他们有所重视，”劳森在后来写道，“他们钻进舒服的铺位，然后指给我一张折叠床。”

其他飞行员都在舰长舱里睡在折叠床上，除了飞行员理查德·科尔和比利·法罗被排在了外面的走廊里。“你得穿过大厅去洗手间里刷牙洗澡，”杜立特的副驾驶员科尔回忆说，“但除了这个，并没有什么不妥。”

旧金山湾看起来就像海军的泊船场。除了大黄蜂号，还有马里兰号、宾夕法尼亚号、科罗拉多号、田纳西州号、爱达荷号、新墨西哥号和密西西比号战列舰，西马仑号油轮，圣路易斯号、纳什维尔号和文森斯号巡洋舰，库欣号、史密斯号、普雷斯顿号、奎因号、美瑞迪斯号和格雷森号驱逐舰停泊在其他船只中间。4 月 1 日，靠近西海岸的高压云层为第二天的早上带来了浓雾，这为特遣部队出发提供了绝佳的掩护。

4 月 1 日下午 2 点 45 分，所有的轰炸机都被固定在甲板上后，港口引导员上岸。31 分钟后——在四艘拖船的帮助下——大黄蜂号离开码头，抛锚停泊在 9 号泊位。

那天下午晚些时候，杜立特召集了他的人。

“好了，现在每个人都空闲了。大家玩去吧”他对他们说，“每个人都去好好玩一下。保密第一，但你们可以去见任何想见的人，做任何想做的事。”

杜立特也做了他想做的事，和他的妻子，乔，待在旧金山的酒店里。当他走进电梯，电梯操作员看见了他身上的制服。

“听说你们明天要出发了，”操作员问道。

这句话震惊了杜立特，他在心里寻思不知道这个操作员到底知道多少。杜立特没有搭他的话，在电梯间里一言不发。“他的话向我证明要想让军事运动保密是极其困难的，”杜立特写道，“任何人都可以一眼看到大黄蜂号就停在旧金山湾里，甲板上有 16 架陆军航空部队的 B-25 飞机，显然是准备要去什么地方。”

那天晚上许多飞行员都去了马克之顶——诺布山上马克霍普金斯酒店的屋顶酒吧。在几周的训练之后，这些飞行员们终于放松了下来，在这里畅饮鸡尾酒。许多人一直狂欢到出发的最后一刻；甚至还有几个人差点错过了出发时间。飞行员理查德·克诺布洛赫记得，“我们有足够的时间去纵情享乐。”

他们中的大部分人都要去执行飞行任务——而并不是所有人都能活着回来，这一点有人已经想到了。“这是一个美丽的夜晚，当我望向窗外，看到整个城市时，我想到的是也许我们再也看不到这里了，”导航员查尔斯·麦克卢尔记得，“所以最好停下凝视着它。”

月亮升了上来，这些人可以看到停泊着的大黄蜂号，甲板上的轰炸机在夜色中显示出轮廓。海军已经放出消息说这些飞机将被运往夏威夷；不过，看到这些飞机还是让许多人感到不安。

“把飞机放上航母本身还不至于泄密，”赫布·马西亚回忆道，“但是要相信一群进城去喝得烂醉如泥、跟女孩子们搭讪聊天的小伙子们，真的需要很大的勇气。”

“我们是有一些担忧，” 杜立特的导航员汉克·波特承认，“但这些担忧很快就消失在了威士忌和苏打水的作用中。”

4 月 2 日，星期四，清晨，停泊在 9 号码头的大黄蜂号微微摇晃。对于航母上的军官和船员，这一天早就开始了。凌晨 3 点 40 分，海军的 4 号油驳就开到了航母的左舷船尾，为大黄蜂号加了 153 329 加仑的燃油，使得航母的燃油量超过 140 万加仑，这一过程只花了两小时四十分钟。为了给早上的出发做准备，船员们八点集合，给 2 号、3 号、6 号、8 号和 9 号锅炉点火。

杜立特整晚都在旧金山和乔在一起，第二天一早就起来，为了在收拾行装之前能有时间与她吃一顿告别早餐。关于这次的任务他没和家人提过一个字，但是几周来他不断往返于华盛顿、佛罗里达州和俄亥俄州已经让家人提出了疑问。“听到各种有关你的行动的传言，现在我很困惑，”他的长子，吉姆，一位空军飞行员，在一封信中写道，“想听听发生了什么事。”

杜立特对他相伴 24 年的妻子也同样保持了沉默。“我要到国外去一段时间，”早上他只告诉了乔这些，“我会尽早和你联系。”

“在我们之前一起的生活中有很多分离，但我有一种感觉她知道这次的离别是不同的，”他后来写道，“我轻轻地吻了她。她忍住泪水，但我敢肯定她觉得要过很长时间她才能再看到我。我想的是我们是否还能再见面。”

杜立特回到航母上与米切尔讨论大黄蜂的出发计划，一位军官中间送进来了几条消息，其中一条是汽油、燃油和机场标识物的安排在中国正在进行中。他翻阅了其他消息，看到有马歇尔和阿诺德将军发来的告别辞，“我会一直想着你，”陆军参谋长写道，“愿上帝保佑你。”甚至连严厉的海军上将金也发来了一张手写便笺祝杜立特好运，“当我得知是你将在大黄蜂号的远征中带领陆军航空部队时，我知道成功的几率已大大增加，”金说，“对你、对你的官兵和手下们，我要衷心地祝愿你们胜利完成任务——以及‘一路顺风’和‘狩猎成功’。”

杜立特正准备出发时，接到命令要他上岸接一个紧急电话。他忧心忡忡地爬进船长的小舢板船，怀疑这个电话是阿诺德打来的，要在最后一刻把他拉出任务组。当发现电话那头是马歇尔将军时，杜立特感到惊讶。

“杜立特？”将军问道。

“是的，长官。”

“我打电话来是要亲自祝你好运，”马歇尔说，“我们的关心和祷告会与你同在。再见，祝你好运，平安回来。”

这个电话让杜立特一下子不知所措。陆军的最高长官亲自打电话来祝他成功，这一姿态表明了对于这个在战场上正遭遇困境的国家来说，他这次任务的重要性。杜立特一时不知该说什么。

“谢谢你，长官，”他终于说出，“谢谢你。”

大雾笼罩着海湾，能见度降低到不到一千码，战列舰开始一个接一个地起锚。早上 7 点 42 分，轻巡洋舰纳什维尔号启程，最后校准了船上的无线电测向仪；其次是驱逐舰，包括奎因号、美瑞迪斯号和格雷森号；10 点 18 分，大黄蜂号启程，载着她的嘉宾——陆军 76 名军官和 64 名士兵；一分钟后巡洋舰文森尼斯号和西马仑号油船启程。10 点 33 分，这些舰船从海湾大桥下通过，不到半小时后又经过了恶魔岛（当时为联邦监狱所在地，关押着重罪罪犯）。船队以一千码的间距列成一队，驶过反潜网的开口后，11 点 13 分，通过了金门大桥，雄伟的红色大桥是旧金山的象征，将旧金山湾与太平洋隔开。任务终于开始了，而对于大黄蜂号，这次出发是尤其不祥的——这艘航母再也没有回到过美国。

大黄蜂号驶向大洋时，水手们排队站在飞行甲板上。这一个场景在好几位陆军飞行员的日记中都有记载。“回头去看金门海峡真是让人激动，”比尔•鲍尔写道，“脑中闪过的想法是混杂的，至少我是这样，许多是对将要发生的事情的期待，其余的是看到海军护航队的阵势而感到震撼。”“我们（陆航飞机）出发就是令人厌烦的灯塔上呼啸的警报声，”肯 • 雷迪发现，“出海后不久，我一直在想的一个问题有了答案，就像这么大的一艘船，它仍然会在海上颠簸。”其他人不由得想到了将要面临的危险。“我们通过雄伟的金门大桥时，”乔治•拉金写道，“我们在想是否还能再次看到它。”

等到加州的海岸线从大黄蜂号船尾拖着的浪花中消失后，杜立特在军官室里召集了他的人。在几周的训练过后，许多飞行员在猜测这次任务的真相，现在是时候消除这些疑虑了。

“为了让你们中那些还不知道的或者还一直在猜测的人明白，我告诉你们，我们会直接去日本，”杜立特告诉他们，“我们将轰炸东京、横滨、大阪、神户和名古屋。海军会带着我们到尽可能近的海域，当然，我们将从甲板上起飞。”

投弹手霍勒斯 • 克劳奇的话无疑总结了许多同伴们的感受。“我们都欢呼起来，”他回忆道，“同时觉得难以相信。”对“跛脚鸭”轰炸机的驾驶员泰德 • 劳森来说，这个消息提供了一个具体的目标。“你不知道听到这些话后我是如何松了一口气，”他后来写道，“它移除了我数周来的百思不得其解，结束了我们所有人的缄口不言。我现在可以站起来，扯着嗓子大喊日本。我不再胡乱猜测。这是一项任务，明确而具体。”

“我们在艾格林接受的所有训练都是为了一个新的目的，”布里克·霍斯特姆记得，“轰炸东京！”鲍勃·埃曼斯非常激动地意识到他猜错了。“道格拉斯·麦克阿瑟将军当时正被围困在菲律宾。我们以为是去巴丹半岛增援他解围，”他回忆道，“我们没想到去的就是日本的首都。”

杜立特继续做他的简报，通知他的人在中国机场着陆的计划，在那里加油，然后再飞往重庆。“现在，我们将在这艘航母上待很长一段时间，但是在我们起飞之前，你们还有很多工作要做。”

和以往一样，他在讲话结束时问大家是否有人退出。

一个也没有。

那天下午晚些时候，水手长尖锐的鸣笛声回荡在整个大黄蜂号上面，之后广播里出现了执行官嘶哑的声音：“现在请听通知。”米切尔接过话筒，“这艘船要带着陆军轰炸机到日本海岸，”他向军官和全体船员宣布，“去轰炸东京。”

“船上的每一处都爆发出了欢呼声来回应这个通告，”米切尔在他的行动报告中写道，“士气前所未有的高涨。”

“这是开战以来最振奋人心的事，”大黄蜂号上的一位物料主任，约翰·林奇中尉记得，“我们要去轰炸东京！”

“我不知道谁更兴奋，”陆军投弹手罗伯特·布儒瓦回忆道，“是我们陆航空军还是海军人员。知道我们终于有机会反击日本鬼子真的太让人兴奋了。”

通信兵通过信号将新闻传给特遣队的其他军舰。当扬声器广播了米切尔的声明时，《生活周刊》杂志编辑约翰·菲尔德正坐在一艘军舰的军官室里。“它让每个人都僵在了椅子上，”菲尔德在后来写道，“现在我们知道了这次秘密行动的目的。”

“带我回弗吉尼亚，”军官室里一位黑人服务员喃喃自语，但其他人很快就以《白雪公主》的调子唱起了一首歌，“嗨哦，嗨哦，我们去东京；我们会轰炸、猛攻，会很快回来。”

战争策划者们为珍珠港复仇划定了一条 5 223 英里的航程，这正好与四个月前日本南云忠一上将所采用的路线平行。特遣队将沿着北纬 40 度线前进，那里经常会遇上强风，暴风和大浪。恶劣的天气可以降低能见度和限制巡逻机的侦查，日本海军和商船也很有可能会避免这条线路，这样就为美国舰队打开了一扇通向日本帝国水域的后门。“我们向北到达北纬 40 度线，然后就像沿着高速公路一样一直沿着它穿过太平洋，”大黄蜂号上的舰载战斗机飞行员约翰·萨瑟兰记得，“沿着这条纬线行驶很好，一路都很难走，因而也很安全，天气不好，雾很重，一阵接一阵地下雨。那一次，糟糕的天气和摇晃的船一点儿也不会让人感到不开心，我们都想要不被看到。”

安全是最重要的。即便是这些军舰刚刚驶出美国的西海岸时，岸基飞机一直在天空守护着特遣队直到夜幕降临。然后这些船只在无线电静默的状态下曲折行进，灯光熄灭，躲避敌人的潜艇。大黄蜂号的飞行甲板上挤满了轰炸机，她就像是一只没有了牙齿的老虎。直到一周以后，特遣队才会与哈尔西他们的企业号航母汇合，在此之前，米切尔只能依靠护航舰的保护。美国最新的航母、两艘巡洋舰和一艘装满了油的舰队油船组成了一个引人注目的袭击目标，这一点西马仑号的船长，罗素·伊利格在给他手下的战争咨文中强调，“我们的新任务可能会将我们置于炮火之下，不仅是来自潜艇还有飞机和水面舰艇的攻击，”他警告说，“要充分做好准备，采取致胜行动。对你工作的了解和细小职责上的认真表现变得比以往任何时候都重要。记住，在海战中没有第二次选择的机会。”

为了应对这样的威胁——装着超过 600 万加仑燃油的油船如果受到攻击是极其危险的——伊利格部署了战斗指令。“不要以为小日本离得很远，”他警告手下，“想象他们就在这里！”水手们都穿着冬季的长袖衣裤防止闪光灼伤，每人都分发了钢制头盔和防毒面具。将船上易燃的橡胶垫扔掉，换掉非水密门甚至浴帘；只留下灯火管制遮蔽所需的帘子。伊利格下令船上的玻璃舱门全部换成金属板，军官特等舱布置为战斗救护站。船长知道不能心存任何侥幸。“我在东方服役六年，包括在中国的两年，与日本鬼子有过密切接触。我见识过他们的残暴和兽行——还有勇敢。如果你想生存，就必须做到你最好的程度，”伊利格指示他的人，“这是一场你死我活的战斗。”

这次任务的真相已被大家了解，随着大黄蜂号的不断前进，每个小时这艘航母都更加靠近敌人的领土。杜立特的会议再三强调了这次任务的重要性。那天下午劳森给他的机组成员发了便笺纸，要求每个人写下任何改进飞机的想法。其他紧张的飞行员迈着步伐丈量甲板跑道的长度，数着珍贵的每一英尺。跑道的边界不再是旗帜和白色的标线，而是冰冷的蓝色海浪。一旦错过起飞点就意味着栽进太平洋。甚至杜立特——这位传奇飞行员——也感到不安。出海后的第一天，他也盯着下面的飞行甲板看得出神。

“嗯，汉克，”他对米勒说，“你觉得在这个跑道上能起飞吗？”

“轻而易举。”

“咱们到那架飞机上去看看。”

杜立特爬进驾驶舱，米勒跟着他坐到副驾驶的座位上。

“跑道距离看起来很短。”杜立特说。

“你看到甲板那边的工具箱了吗？在岛式塔桥边上？”米勒说，“那就是我以前在萨拉托加号和莱克星顿号航母上驾驶战斗机起飞的位置。”

“亨利，你们海军用什么词来说‘全是废话’？”

两个人从飞机上爬下来，米勒去吃午饭了，而杜立特匆忙去找米切尔。他告诉舰长，他想取消米勒提出的示范起飞，而将第16架飞机带去执行任务，这样将为这次行动增加4颗炸弹的火力。

正当米勒快吃完餐后甜点时，他听到广播里在叫他的名字，召唤他去船桥上。年轻的上尉到达后发现是米切尔在找他。“嗯，米勒，”舰长对他实话实说，“我认为无法为你达到甲板上40节的风速。”

“舰长，反正我也不需要，因为我们有495英尺长的跑道，”他回答，“我教给这些人的是如何从风速40节的航母上以250英尺的距离起飞。我们还有很大的空间。”

米勒还讲了午饭前他和杜立特的谈话。

“嗯，米勒，”米切尔回答道，“你带换洗的衣服了吗？”

“噢，是的，长官，”他回答说，“我把我的行李都带上了，因为我要飞到南卡罗来纳的哥伦比亚，中间不停。”

米切尔跟他开门见山地说，“我们要带上那架额外的飞机。”

米勒当然无比激动。他一直都想跟着去，而现在他会被留在船上，可以看到所有16架飞机轰鸣着从甲板上起飞，而所有的飞行员都是他训练出来的。米勒最后带着些戏谑说道，“舰长，能在下一个邮政航标处把我放下吗，”他说，“我现在还是个上尉，但等他们打电话把我从世界的另一端叫回彭萨科拉，说不定我已经被降成少尉了。”

“去他们的，我会看着你把这件事做好。”米切尔说。

随着日本不断取得胜利，日本高级领导人开始争论战争未来的走向，而山本上将对防御东京不受攻击的执着却有增无减。在太平洋战场上最初几周的快速取胜让这个国家的许多军事专家始料未及。筹备偷袭珍珠港这一野心勃勃的计划和夺取盛产石油的南部地区都冒了巨大的风险，日本高层领导人也因此没有进行下一个作战阶段的计划，而这一疏漏，在战斗接近尾声的第一个月就凸显了出来。联合舰队参谋长宇垣缠，命令他的参谋在2月底之前准备出一份未来行动计划的蓝图，在他的日记里记下了他们的吃惊，“就目前的入侵行动而言，我们本应该在3月中旬才能完成第一阶段的行动。在那之后我们做什么？”他在1月5日写道。“向澳大利亚和印度推进、袭击夏威夷或摧毁苏联吗？”

战争策划者们讨论了几个选项，其中包括结束进攻行动，准备防守，但这个想法未获得多少支持。另一个选项是入侵澳大利亚，夺取美国可以用来反击日本的平台。或者部队可以进军印度洋，占领锡兰，彻底摧毁英国舰队，此举将让日本与德国在中东会合。最后一个选择是跨越到太平洋的中部，夺取夏威夷群岛，与美国一决胜负。由于日本在中国陷入了战争的泥潭——并且害怕扩张过度——军方否定了所有这些选项。“我们想要入侵锡兰，但不被允许！”联合舰队的空军军官美羽义刚上尉抱怨，“我们想要入侵澳大利亚，但我们不能！我们想要袭击夏威夷，但还是不能那么做！这都是因为军部不会同意出兵。”宇垣缠也这样认为，“这样被动真是恼人，”他在日记中写道，“当我们拥有主动权的时候，战斗会变得更容易，麻烦会更少。”

在这场争辩中，山本始终专注于一点——消灭美国的太平洋舰队。虽然偷袭珍珠港之后举行了庆祝，但山本认为这次胜利基本上是得不偿失的。日本预期可以摧毁美军 6 艘航母中的 3 艘，但是攻击让他们损失了 29 架飞机、5 艘小型潜艇和近 100 人。那个星期天的早上，海军中将南云忠一本应该利用这次出乎意料的成功，命令他的飞行员再次装弹，乘胜攻击，如果必要的话，应该连续攻击数天。山本知道只摧毁战列舰和飞机是目光短浅的——留下了潜艇基地、维修设备和储存着 450 万桶宝贵燃料的地面储油罐——这些将帮助美国加速恢复。空袭仅仅过去两天——珍珠港的暗火还没完全扑灭——山本命令宇垣缠制定一份入侵夏威夷的计划。他不得不清理南云忠一留下的烂摊子。

山本认为摧毁美国的航母——那天早上没有停在珍珠港——再加上夺取夏威夷将会给日本讨价还价的权力，签署更为有利的和平协议。鉴于日本的巨大成功，山本的担忧似乎是毫无根据的，但这位经验丰富的海军上将发现了麻烦出现的征兆。这种威胁第一次出现在 2 月 1 日，日军袭击夏威夷刚过去 56 天，一艘美国航母突袭了马绍尔群岛和吉尔伯特群岛。这次黎明发动的袭击消灭了日军的一艘猎潜舰艇和 6 500 吨级的运输船波尔多丸号，损毁其他 8 艘船只，包括一艘轻型巡洋舰。突袭甚至还击毙了马绍尔群岛指挥官，海军少将八代祐吉，宇垣缠在海军学院的同学，也是日本的第一位在战争中丧生的海军将领。“他们终究还是来了，”宇垣缠不敢相信地在日记里写道，“他们够有胆量！”

这次突袭虽然被日本媒体嘲笑为“游击战”，却震动了日本的高层领导。“这次攻击是上天对我们缺点的警告，”三和义勇宣布，“我们的参谋只能个个咬牙切齿、失望地上下直跳。”很少有人相信这样大胆的攻击会是最后一次。如此大胆的进攻反映了美国人爱冒险的民族性格，宇垣缠指出，这只会让日军的高层显得“可笑”。“偷袭珍珠港完全出人意料，但美国的这次突袭却不同，它发生在战争期间，”宇垣缠在他的日记里透露，“这对于我们来说，幸运的是敌人这一次只是抓伤了我们，给了我们一个很好的教训，而不是直接袭击东京。”有这种担心的并不只有宇垣缠。日本的缺乏防御无疑会招来美国人的再次攻击。“无论发生什么，我们必须要绝对防止任何对东京的空袭，”三和说道，“对付敌人的航空母舰，防守是糟糕的策略、是更糟糕的战术。”

继马绍尔群岛和吉尔伯特群岛突袭后，2 月 20 日，美国又袭击了腊包尔市（位于新几内亚），虽然被日本击退，但日方损失了 19 架飞机。美国航母随后在 2 月 24 日和 3 月 4 日分别攻击了威克岛和马库斯岛。六天后，航母又出现在了新几内亚，出动 104 架战斗机和轰炸机打击了莱城和萨拉莫阿的日军。“未能在珍珠港摧毁美国的航母，这件事在后来就像幽灵一样困扰着我们，”夏威夷攻击的主要策划者之一，源田实写道，“我们总是要为此担心，不得不在我们计划的每一次行动中都考虑到这些航母出现的情况。”美国航母发动的这些突袭使日本高级海军飞行员们相信，日本对澳大利亚和在印度洋的英国军队的攻击是浪费时间。美国的航母仍然是太平洋地区仅存的难以对付的力量。带领偷袭珍珠港的渊田美津雄甚至警告南云忠一中将，“不要把剑伸得太远。”

美国的航母袭击并没有给日军造成多大的损失，但是四处发动突袭的航母却构成了巨大的潜在威胁。就像玩俄罗斯轮盘赌一样，枪口指向天皇的所在地——东京，只是一个时间问题。哈尔西对马库斯岛的攻击已经引起了相当大的忧虑，马库斯岛离东京只有不到 1 000 英里。在高级海军军官们为了击退袭击而焦头烂额的时候，不知情的日本民众正在进行庆祝胜利的活动。“如果敌机真的来了，向庆祝的人群发动攻击，一想到会有怎样的后果就会让我不寒而栗，”宇垣缠在他 3 月 12 日的日记中写道，“在欢呼的人群上面的一大波空袭！”随着美军的进攻变得更加大胆，日军高层领导人开始考虑一个长期以来一直被认为是无法想象的问题，三和在他的日记中记下了这个问题，“我们如何保护我们的首都，抵挡敌人的空袭？”他写道，“这是一个大问题。”

山本知道保护东京的唯一办法就是消灭美国的航母。但那不是件容易的事。在太平洋舰队和亚洲舰队遭到破坏后，美国就像对待濒危物种一样对待她的航母，一出现危险迹象就立即撤退。在 6 500 万平方英里的大洋上，山本的军队没有办法预测到在哪里可以找到它们。这位海军上将需要一个计划来吸引美国的航母参战，一个让切斯特 • 尼米兹上将不得不派出航母参战的目标。因为军方不会同意入侵夏威夷，山本需要一个海军自己就可以完成的计划。他将目光投向中途岛，一个 2. 5 平方英里的珊瑚环礁，在东京和夏威夷群岛之间，位于瓦胡岛西 1 300 英里处。中途岛曾是泛美航空公司“快帆”式水上飞机跨越太平洋的中途停留区，现在已经成为美国重要的海军航空和潜艇基地，其重要性接近珍珠港，海军中将南云忠一因而称它为“夏威夷的哨兵”。

这个被海风侵蚀的珊瑚环礁，在山本眼中不仅是最终夺取夏威夷的完美跳板，而且他知道，这是一块美国在太平洋地区永远都不会放弃的宝贵地产。他许可了夺取中途岛的计划，并准备好在东京海军总参谋部展开一场势均力敌的苦斗。山本派黑岛亀人上校和渡边安次指挥官去东京，参加在 4 月 2 日（大黄蜂号从加州出发的同一天）开始为期三天的会议，让他们力请批准自己的计划。海军总参谋部的高级军官们认为美国最终的进攻范围不会超出太平洋中部，而是会停留在澳大利亚以北，那里靠近日本的南端边界，美国及其盟友会在那聚集他们的轰炸机、军舰和军队。比起把兵力冒险放在不切实际的寻找几艘航母的行动上，这些官员们更愿意夺取新喀里多尼亚、萨摩亚和斐济岛，这样就可以切断美国与澳洲新西兰地区盟国的重要通讯线路。

海军总参谋部巧妙地批评了袭击中途岛的行动计划。富冈定俊上校和三代辰吉指挥官首先发难，他们担心这样的计划会冒着伸展过度的危险换取微不足道的战略回报。三代含泪争辩，美国肯定在偷袭珍珠港中有了宝贵的教训，美国人可能已经强化了夏威夷的布防，现在时刻监视日本舰队的动向，绝不会再次被打得措手不及。中途岛临近夏威夷，这又进一步给了美国明显的战术优势。而日本将不得不远征东京以东 2 000 英里，仅能依靠长途跋涉后疲惫不堪的航母部队作战。美国会在水中布满潜艇，在天上出动夏威夷基地的轰炸机。此外，也不能保证美国一定就会出动她宝贵的航母来保卫中途岛——为什么不让日本先占领这块条件艰苦的环礁，然后再封锁绞杀，让它无法得到增援？

即便日本占领了中途岛，三代争辩，这块微小的环礁又有什么真正的战略价值吗？美国舰队很容易就绕过中途岛有限的空中巡逻范围。此外，这块环礁离美国的西海岸如此之远，占领它对美国民众士气的影响几乎可以忽略不计。在持续几天的争论中，山本的计划缺少大的战略目标，只是想要摧毁美国的航母这一点也变得更加清楚。“让人怀疑山本总司令是否意识到将中途岛作为空中侦察基地会是多么不力，”三代在战后一篇发表的文章中写道，“他真的有全面考虑过给这样一个孤岛维持供应所面临的巨大消耗和困难吗，或为了保有它而对其他区域空军力量的削弱，以及对整个舰队各项行动的影响吗？”

双方都不肯让步，4 月 5 日，渡边打电话向山本请示。这位海军上将明确表示他的计划是命令，而不是商议。日本要么夺取中途岛，要么他就辞职。“我们在整个太平洋地区的战略能否成功将取决于是否能摧毁美国的舰队，”他在一份最后声明中警告称，“我们相信，通过对中途岛实施既定行动，可以成功引出敌人的航母力量，并在决战中予以摧毁。”在他提出偷袭珍珠港的计划遭到反对时，山本也曾以辞职相威胁，并让海军总参谋部屈服。现在这位日本武士的儿子比以往更受欢迎。海军总参谋部要怎么解释他的突然辞职呢？海军总参谋部作战计划组的领导，海军少将福留繁知道，山本又赢了。“如果山本总司令如此坚持，”他说，“我们要么就由他去做？”

三代低下头哭了。

第八章

我们不要嫉妒敌人骄人的胜利，因为那只存在于他们的想象中和他们广播电台的电波中。

——《日本时报》1942 年 2 月 8 日

在大黄蜂号上，史蒂芬·朱里卡上尉向杜立特和他的手下简单介绍了东京和日本上空的情况。要说专业知识，海军里没有几个人能与这位 31 岁的上尉相比。朱里卡在菲律宾长大。他的父亲在美西战争后定居菲律宾，在棉兰老岛西南端的泗布考湾经营种植园。朱里卡的少年时期充满了大多数孩子只能在冒险故事书中读到的奇异故事。他在经常有鲨鱼出没的碧蓝色的海域中学会了游泳和航行，猎取在废椰子壳中做窝的眼镜蛇，甚至在满是水蛭的沼泽地带射杀鳄鱼。他童年玩伴的种族多样性反映了菲律宾作为亚洲十字路口的历史角色——而朱里卡学会了他们所有的语言，菲律宾语、汉语、西班牙语和日语。等他再大一些，他的父母为了进一步增长他的见识，把他送到日本神户的寄宿学校，后来又送他去中国的上海。

当朱里卡 14 岁高中毕业时，他的父亲鼓励他去读斯坦福大学，希望他将来回菲律宾经营家族的生意，但朱里卡犹豫了。他从小就一直想要当一名海军军官，虽然他是美国公民，但他没有认识的国会议员或参议员去把他推荐到海军学院。朱里卡别无选择，只有入伍、服役两年，然后参加学院的入学考试。他虚报了年龄，仅 15 岁就参加了海军。朱里卡于 1933 年从海军学院毕业，在巡洋舰路易斯维尔号和休斯顿号上服役。1934 年罗斯福乘坐休斯顿号去拉丁美洲，朱里卡还和罗斯福一起在船上打过桥牌。随后朱里卡取得了飞行员资格，在萨拉托加号航母上驾驶鱼雷轰炸机。1939 年，美国海军情报局负责人写信给朱里卡，问他是否愿意去东京担任海军武官助理。朱里卡迫不及待地抓住了这次机会。

几位专员都在大使馆外工作，收集日本海军的情报。大部分情报来自公开渠道，从报纸新闻到每年都会在日本国会讨论的海军年度船舶制造预算。其他时候朱里卡会去南方的神户偷拍新船下水，他在东方酒店长期租用一间 4 楼的客房，能看到三菱船厂。在战时峰值期间，庞大的三菱船厂雇佣了近 23 000 名工人制造货船、潜艇和海军辅助舰船。每过三个月，这位专员都要搭乘美国总统轮船公司向南开往菲律宾的船，说服船长途中经过日本造船厂附近，因为船厂靠岸的一面通常都用脚手架和网布遮挡住了。其他日子朱里卡会参加飞行表演——他曾经坐进三菱零式战斗机的驾驶舱——或者在机场附件打高尔夫球，这样他就可以记录来往飞机起飞和着陆的时间。

随着战争在中国愈演愈烈——美国和日本之间的关系也愈发紧张——日本当局加大打击美国在日从事的间谍活动。军事警察对去过美国专员家里拜访的日本客人进行询问，阻止了当地人与美国人的交往。与此同时，警方开始尾随军事外交人员。当海军少校亨利·史密斯·赫顿坐火车经过吴市的海军基地时，服务员进入列车包厢，放下了遮阳窗帘，并要求使馆的高级海军武官不许拉开窗帘。当火车停在广岛——日军大型陆军基地所在地——服务员再次降下了窗帘，这一次甚至还不准史密斯·赫顿离开车厢。“东京真是一个活死人的城市；和去年相比，是如此不同！”朱里卡在 1940 年 10 月的信中写道，“大多数的美国和英国妇女还有一些男人都走了，现在剩下的人也都在打包或准备打包离开。”

虽然挑战增加了，朱里卡却坚持着，并扩大了他的侦查范围，这也使他成为一个对杜立特的行动至关重要的人物。“作为一名飞行员，我感兴趣的不仅仅是船只，”他回忆道，“我开始留意空袭目标。”石油仓库、化工厂和高炉——任何钢厂的心脏。朱里卡知道，推动着一个国家和她的战争机器的工业力量，在生死攸关的搏斗中，正是致命的弱点。而在日本首都和周边地区，这位勤奋的专员发现这样的弱点无处不在。“每次我开车从东京到横滨，都会穿过川崎令人赞叹的工业区，我会走一条不同的路线，经过石化工厂、化工厂和钢铁工厂，亲自看看这些大家伙的位置。工厂占地有数百英亩，”朱里卡说，“真的是一望无际，一个大工厂接着另一个大工厂，一路下去。”

在 1940 年的夏天，朱里卡和他的同事们意识到他们没有日本的目标地图或其主要工业的地图。一些信息在书上和钢铁厂、丝绸工厂和造船厂出版的商业手册上可以查到。情报官员们收集到了详细的土地地图——由日本政府印发——准确标出了房屋、道路和主要街道。情报员们用搜集的商业数据充实地图，标注重要公司，甚至特定的建筑。“我们开始填写我们认为重要的目标，先是东京地区，然后从川崎一直到横滨，我们标注了造船厂、原油和汽油储罐区，还有一些具有战略意义的主要码头和桥梁，主要是与北海道线相交叉，或投弹后可以阻断交通很久的隧道。”

但是美国海军武官，更习惯于标注舰船和武器装备，要完成目标地图，朱里卡找到了意想不到的盟友——俄罗斯人。尽管东京的外交社会活动充满活力，但是苏联海军武官基本上不与他人交往。一天在当地的网球场，朱里卡设法认识了苏联海军武官助理伊凡·艾格利切夫，并获得了他的午餐邀请。当朱里卡到达苏联大使馆时，艾格利切夫带他去了他的办公室，让他坐在一棵盆栽棕榈树旁，并递给他一杯伏特加。朱里卡勉强抿了几口他的午间烈酒，看着主人自己一饮而尽。“当他转身去倒酒时，”朱里卡记得，“我把我那杯酒倒进了花盆里。”艾格利切夫不断给两人的杯子里倒酒，朱里卡也不断把酒倒给他的棕榈树，总共喝了不到四分之一的伏特加。“等我喝到了一杯时，”朱里卡回忆说，“他已经喝了四杯。”

在午餐期间，官员们抱怨想要在日本获取任何真正的情报是多么困难。

“我们知道，比起我们来，你们与日本的关系更好，”艾格利切夫评论到。

朱里卡则坚称他一定是在开玩笑。毕竟，美国与日本已濒临战争。“你看报纸吗？”朱里卡问道。

苏联官员承认，他不相信报纸上说的。尽管日美两国政府之间关系紧张，艾格利切夫重复他的观点，美国专员与日本人之间的关系更友好，也掌握日本帝国海军更多的情报。但是也许他这里有美国需要的东西。朱里卡想要拿什么交换日本船只的具体情报呢？

无需交出他长期对飞机起飞时间的监视记录，朱里卡知道他可以拿出日本海军的信息，那些他是从报纸和杂志等所有非保密来源中获得的情报，任何人只要愿意花时间去找都可以得到。

朱里卡说，“好吧，我最近才开始考虑将来的某一天我们可能会想知道日本油罐场或造船场这类场所的位置。”

“啊，”苏联专员答道，“那类信息我们都有记录。我们多年来一直在收集这类情报。”这正是朱里卡想听到的。

“我会把你想知道的告诉你，”艾格利切夫继续说，“你想从哪里开始？”

朱里卡的回答很简单：东京。

在东京湾的上端和宏伟的富士山山脚下——高度超过 120 000 英尺的活火山——坐落着日本帝国的首都。东京不仅是国家政府和权力的中心，也是日本的商业、工业、运输和通信的重要枢纽，汇集了全国顶尖的医院、大学、百货商店、博物馆和剧院。根据1940年的人口普查，东京人口已经达到6 778 804人，平均每十个日本人就有一人生活在东京，这也让东京成为仅次于伦敦和纽约的世界第三大城市。市内分为 35 个行政区，面积超过 200 平方英里；一些行政区内的人口密度超过每平方英里 10 万人——这一数字几乎是华盛顿特区的 10 倍。

但东京简直是城市规划师的噩梦。工厂、房屋和商店都挤在一起。工业规划区却人口密集，而住宅房屋经常被改建加大变成作坊。游客抱怨这座城市街区的布局不符合任何可辨认的规划，再加上街道往往没有名字，使得情况更为复杂，居民们相互指路不得不通过附近的主要路口。更具有挑战性的是城市街道上的建筑物编号不是按照地理位置顺序排列的，而是按照建筑物建造时间的先后顺序排列。在拆迁地址上建造的新房屋还将保留原来的编号，这个规定随着东京城市密度的飙升，更加剧了混乱。一条街上至少有十几个住宅有着完全相同的编号。

这些怪异的模式让这个城市的导航异常复杂，在战争前夕，这座城市有惊人的 1 057 921 个住宅、商店、学校和政府建筑。四通八达的交通网络包括公共汽车、电动火车，甚至还有一条地铁——虽然只有 9 英里的线路——载着大批的工薪族来回穿梭于这个热闹的首都。超过 45 000 个工厂和小作坊里的工人生产出大量的纺织品、陶瓷、机器和工具等各种产品。在东京有二十几家银行，港口日均有 50 艘船到港。有钱的主顾在银座购物逛街——日本的高档购物街，被称为东京的百老汇——商家们在自动扶梯转角和直升电梯里招徕顾客。与传统歌舞伎和能剧剧场竞争的电影院门前人潮涌动。

皇宫是这个拥挤的城市的核心。被宽阔的护城河、古城墙和高耸的松树围护着，皇宫占地 531 英亩，是 40 岁的裕仁天皇的家，也是东京最开阔的空间。被一位美国记者生动地描述为“一块天堂里面住着一位人形的神”。再向南几个街区是帝国议会，一座西式的政治宫殿，里面是两院制立法机构。日本国会大厦花费 850 万美元，花费了 19 年时间建成——是日本最大的公用建筑——建筑面积 597 000 平方英尺，共有 390 间房间。大理石墙壁、铺着地毯的走廊和编号的电梯——加上中央大楼呈金字塔状的楼顶——这些都促使记者们将帝国大厦与美国麦迪逊大道上的大都会人寿保险大厦和华尔街银行家信托公司的摩天大楼相比较。

但日本从一个孤立的岛国到现代强国的转化还远未完成。看惯了旧金山和纽约宏伟港口的美国人刚到东京会对首都粗糙、未经修饰的外观感到乏善可陈——如果不是惊骇的话。东京代表两种生活，一个跨越几个世纪的城市里，闪耀的西式办公大楼和宽阔的大道松散地覆盖着过去原始的农业生活。一个强大到足以控制全球十分之一地区的国家，在她拥挤的首都里怎么还会出现排污明渠？“这是一个古老而又崭新的城市，落后而又超现代，既东方又西方，”

一个美国新闻记者评论道，“庄严的寺庙宁静地矗立在烟囱前面。芝公园里有日本幕府时代的寺庙和陵墓，也有现代化的游泳池。”

《纽约时报》记者奥托·托斯彻斯，乘坐柯立芝号邮船，在 1941 年 2 月 7 日黎明到达日本。他在日记中记录了开车从横滨到东京市区大概 20 英里路程给他留下的印象——一座弥漫着令人作呕的臭鱼气味的城市。“路的两侧都是肮脏、破旧的木屋商店和棚屋，这和美国国内描述的日本风景中漂亮的娃娃商店可一点儿也不一样。老百姓看起来都很穷。大多数人都拖着脚步，穿着脏兮兮的和服或一身搭配怪异的西式服装，尽管是冬天， 他们中的大多数人却都光脚穿着木屐。农民驾着笨拙的牛车，完全是破衣烂衫，有时披着稻草做的蓑衣。衣衫褴褛的还有数不清的小孩——矮小但敦实，半光着身子的顽童。”托斯彻斯评论，“棚户区！是眼前的场景让我想到的唯一的词。我看看我的同伴，他们笑了；他们在其他刚来的人的脸上早已看到过这种惊讶的表情。”

与中国 4 年多的战争让运回日本国内的奢侈品越来越少，取而代之的是大量装在锡盒中的阵亡士兵的骨灰。随着国家将所有资源转向战争，国内燃料短缺，到处都实行放弃开车和食物配给的政策。东京也不例外。在东京的地标式建筑帝国酒店——由著名建筑师弗兰克·劳埃德·赖特设计——为节约用电，电梯停用，客人们需要自己爬楼梯。政府劝止旅游，禁止跳舞——跳舞被认为与战时的气氛不符——关闭了城内 8 家大舞厅和超过 100 所的夜总会。居民们要藏好自家的宠物猫狗，它们经常被套走杀掉，它们温暖的毛皮被用来做手套。《华尔街日报》记者雷·克劳门利写道，“我见过家庭主妇们排了一上午的队拿到两个胡萝卜，另一个队伍里，有人排了整个下午拿到一条沙丁鱼，还向人夸耀她们的好运气。”

美国战争策划者们知道东京是特别适合发动突袭的目标，不仅因为它是日本的首都和工业中心，更重要的原因是东京这座城市有着致命的弱点——设计缺陷。1923 年 9 月 1 日中午之前的两分钟内，这个致命的缺点就曾暴露在全世界面前。周六上午，天气暖和，居民们纷纷前往海滩和山上休闲，一场 7.9 级的地震突然袭来。大地摇晃呻吟起来，突然一声巨响贯穿了整个城市，办公室、酒店和餐馆纷纷倒塌。据横滨警方估计，倒塌的建筑在 1 万座以上——这座城市十分之一的建筑。但是这次地震和随之而来的 40 英尺高的海啸只是噩梦的开始。破裂的煤气管道和倾倒的火炉引发了一场炼狱般的大火，由于台风接近，风助火势，烈焰尽情地吞噬着东京密集的房屋和商店，而这些建筑物的材料基本是木板和纸。

桥梁崩断，向前推进的大火切断了退路，惊恐的居民逃向为数不多的几个公园。一些市民将泥巴涂在脸上，防止皮肤被火灼伤，而一些人的头发被飞散的火花点燃。许多人跳进运河和池塘里，但却因水中人多杂乱而被淹死，或因大火将水烧热而被烫死。逃到东京相扑体育场附近陆军服装装卸站的 44 000 人，挤在 20 英亩的空地上，最后只有 300 人幸存，其他人都被出现的火龙卷吞噬。《跨太平洋》月刊编辑亨利 • 金尼，后来描述了他从山顶目睹的恐怖场面。“有近 50 万人口的横滨已经成为一个巨大的火海，红色的火焰跳荡闪烁，吞噬着一切。偶尔可见建筑物的断壁残垣，像岩石一样竖立在翻滚的火海中，已经无法辨认，”他在《大西洋月刊》中写道，“就好像大地正在燃烧。”

大火燃烧了 46 个小时，烧毁了横滨和东京的大部分，据估计有 14 万人丧生——超过了日本在日俄战争中的死亡人数。虽然是地震引发了 1923 年的大火，但燃烧弹也很容易给东京带去另一场大火。为了限制火灾的蔓延，工程师为东京增加了 6 条主要大街——每条 120 英尺宽——和 100 多条其他街道。工人们建造了一些大型公园和 50 个小型公园，作为防火墙和避难所，而东京的新建商业区使用了西方的抗震和防火技术。但经验教训总是短暂的。从 1927 年持续到 1931 年的经济萧条使得政府官员放松了建筑标准， 1938 年情况变得更糟，钢铁开始被禁止在私人建筑中使用。现在被杜立特瞄准的东京——和 19 年前被摧毁时十分相似——98% 的建筑材料是木材和纸张。“如果你能给它好好放上七把大火，”朱里卡对行动组保证，“他们永远都无法扑灭。”

杜立特开始讨论最佳进攻计划。一个想法是在日出之前三小时起飞，这样黎明时分特遣队就会到达东京上空。这可以确保出其不意，也可以最大限度保证飞机的安全。投弹条件会很理想，而且机组人员也有足够的时间在夜幕降临之前到达中国。海军拒绝在夜间点亮航母——很容易被日本潜艇发现——加上在黑暗中起飞的不确定性，促使杜立特放弃了这个计划。另一种可能的方案是在黎明时起飞，这样在早晨发动袭击后，仍然有足够的时间让机组人员在天黑前到达中国。杜立特也否定了这个计划，因为这将迫使飞行员在白天轰炸，将飞机暴露在敌人的防空炮火和战斗机之下。

杜立特选定的计划是在天黑前起飞。他将第一个起飞，在黄昏时分到达东京上空，用燃烧弹攻击这个城市最易燃的区域。其他飞机 3 个小时之后起飞，用他投弹引起的大火作为引导，找到目标。这可以让轰炸机在黑暗的掩护下发动攻击，并在天亮时到达中国。杜立特将 15 架飞机编成五组，每组 3 架。特拉维斯·胡佛将会带领第一波飞机轰炸东京北部。第二波由戴维·琼斯率领，目标是市中心。斯基·约克率领第三组攻击东京南部和东京湾的中北部。第四波由罗斯·格林宁领导，将打击神奈川的南部郊区，横滨和横须贺的海军船坞。杰克·希尔格率领最后一波，轰炸工业城市名古屋、大阪和神户。

杜立特将飞机分散在 50 英里的战线上，此举将使攻击覆盖最大的范围，也会造成是更大的空军部队而不仅仅是 16 架轰炸机来袭的表象。这样宽广的战线将进一步确保了出其不意的效果，也防止两架轰炸机飞到同样的地点。同样，这还有助于削弱敌人随后采取的对抗措施。杜立特让飞行员自己选择目标城市。写有选定目标的文件夹被传下去，目标包括了从炼油厂、储油罐区、钢铁厂到弹药库和造船厂。每个机组都被分配了一个基本目标和备选目标，在敌人的高射炮或战斗机使他们无法靠近原始目标时，可以机动选择。“我花了比大多数机组人员更多的时间来评估整体目标的选择，” 希尔格回忆道，“为了保证每组任务中对日本最具破坏力的目标分布均衡。”

飞行员们仔细研究了 2. 5 英尺大小的目标地图，上面标注了公路、铁路、甚至个人的住宅。朱里卡为他们指出上面的主要地标如多摩川和帝国大厦。“我们每组都认真学习和记忆了要飞过的海岸线的轮廓，” 导航员查尔斯·麦克卢尔后来写道，“以及特定工厂、铁路站场和其他我们要袭击的军事目标的轮廓。”杜立特严格地给他的人进行培训。“我们一遍又一遍地记忆确切的路线，” 他回忆道，“他们应该看到什么；哪里标志着已经接近目标；当接近目标时，飞行员、投弹手和导航员会看到什么；在哪里他们应该把飞机拉到适当的高度；

还有目标的外观。”

让朱里卡很失望的是并不是所有的突击小组都把培训课当回事。“简报会定在早上 8 点 30 分开始，早饭后的时间，但他们会悠闲地陆续进来，9 点或 9 点 15 分之前是无法开始的，有时要等到 9 点 30 分，”他回忆道。“他们集中注意力的时间很短，最多半小时。在我看来，有一点会让他们感兴趣，那就是他们会有生命危险。突袭任务也很可能会失败。”朱里卡比任何人都清楚这些人所面临的危险。“如果他们在日本投弹被抓，他们能活着的几率就微乎其微，”他警告说，“我认为首先他们会被游街示众，作为重要认证，然后通过某种非法法庭的审判后很可能被公开斩首。他们知道这些后似乎在课堂上安定下来不少。”

一些突击队员甚至抽扑克牌来决定谁会炸掉皇宫。“我们都想炸掉它，”蔡斯·尼尔森回忆道，“对小日本我们没有任何爱。此外，我们认为天皇是整个事情的始作俑者，我们想来个釜底抽薪。”

杜立特听到了他们的闲言，立刻予以制止。“你们只能轰炸军事目标，”他命令道。“没有什么会比轰炸皇宫更能让日本民族团结起来。皇宫不是军事目标！你们还要避开医院、学校和其他非军事目标。”

杜立特跟他们讲了自己 1940 年访问英国的时候，德国轰炸了白金汉宫，这种袭击毫无效果，却让英国人团结在了一起。同样这也适用于日本的皇宫。这次任务的目的是散播不团结的种子，扩散日本军队能否保护人民的疑虑。如果攻击了天皇，这些都会被淹没在民族主义的喧嚣中。“虽然我也可以把皇宫指定为一个袭击目标，但我单方面决定，我们不炸它，”杜立特后来写道，“我认为这是我在整个战争中对轰炸人员做出过的最严厉的警告。”

特遣队员了解了他们在任务中要用到的武器。每架飞机将携带 4 颗总重 2 000 磅的炸弹。大多数的飞机会携带总重 500 磅的 M-43 爆破弹和 M-43 燃烧弹组合，每个 M-43 由 128 个四磅重的小炸弹组成，设计分散面积为 200 英尺乘 600 英尺。

“要在最短的时间内投下爆破弹，呈直线投下爆破威力最大，”杜立特建议。“避免扔到石头、混凝土和钢材上面，因为那样爆破效果不理想。”

一位飞行员突然站了起来，问道是否轰炸居民区。

“绝对不要！”杜立特警告说。“你们只能寻找和对准军事目标，如军工企业、造船设施、发电厂等。攻击居民区绝对没有任何益处。”

他又重申了不许轰炸皇宫的警告。“它还不如一个飞机厂、船厂或一个炼油厂值得轰炸，所以别去管它。”

其中一个飞行员问杜立特如果他的飞机被击中会怎么做。

“如果出现这种情况，每位飞行员必须自己决定要做什么，或跟他的机组成员说什么，”他回答说。“我知道我会怎么做。”

大家一阵沉默。

“我不打算被俘虏，”杜立特答道，“我 45 岁了，已经度过了完整的人生。如果我的飞机受损，并且没有任何战斗或逃跑的可能性，我会让我的机组成员跳伞，然后我开着 B-25 撞向我能找到的最好的军事目标。你们这些小伙子还都年轻，前面还有很长的人生路。我不期望你们中的任何人像我打算的那样做。”

许多人意识到了这次突袭的残酷性。“我们认为能从大黄蜂号上成功起飞的几率是 50%，”尼尔森回忆道，“如果我们成功起飞，在日本上空被击落的几率也是 50%。而且，如果我们能走到这一步，完成了空袭，能飞到中国的几率也只有一半。如果我们到了中国，还有一半的几率会被俘虏。我们认为这样的几率真的对我们不利。”

每位特遣队员都配发了一把手枪、一个降落伞刀、一个替换弹夹、一天用量的 C 型野战口粮、一只手电筒、一壶水、一个海军防毒面具和一把手斧。并不是所有的装备都是合格的。“我查看了那盒 M1911 的手枪，”飞行员埃德加·麦克尔罗伊记得，“它们的状况如此糟糕，我拆开了其中几把手枪，用几把报废枪支上的好的零件重新组装了一把能用的枪。其他几个飞行员也是这么做的。”

飞行员们又听了不计其数的其他课程和讲座。朱里卡教给他们一句重要的中国话“我是美国人”。他还教给他们最简单的区分日本士兵和中国人的办法是看脚趾。“日本人穿着日式厚短袜，大拇指和其他四个脚趾是分开的，”他回忆道，“中国人的脚趾都是在一起的。”

格林宁继续对机组人员进行射击训练，在大黄蜂号的船尾射击风筝。练习最刻苦的要数参谋军士埃德温·贝恩，他在大黄蜂号即将出港前替换了杰克·希尔格机组突然生病住院的火炮瞄准手。

“对机尾枪有了解吗？”杜立特问他。

“没有，长官，”贝恩答道，“我是无线电技师。”

“你曾经是！”杜立特告诉他，“现在你是机尾火炮手。”

其他时间飞行员研究气象学，还在大黄蜂号的领航员弗兰克·埃克斯中校的帮助下，练习天文导航，用甲板上和轰炸机导航器舱中的六分仪测量天体与海面的夹角。任务助手哈里·约翰逊少校对机组人员的勤奋印象深刻，他在报告中说：“飞行员和他们的导航员一起反复标绘路线，直到我觉得他们中的大多数人几乎完全记住了地图。”

杜立特提示机组人员在飞行路线中应该如何丢弃用完的燃料罐。“我不想让你们把用完的罐子直接扔出去，”他指示，“如果你这样做了，它会给日军留下最好的线索，让他们追踪到我们的航母。当然要先把罐里的燃料用完，然后把用完的燃料罐留着，都攒到一起再扔。海军一直对我们很好。让我们以任何我们可以的方式来表达我们的感激之情。”

任务医生托马斯·怀特最后为大家注射了鼠疫疫苗。引起了飞行员们的另一轮调侃。“一个小伙子发誓如果他受伤，他流出的都是免疫血清，因为他相信他的血管里已经全是疫苗，没有血液的位置了。另一个飞行员想知道我什么时候会给他注射乳胶。”怀特写道，“他想要像油箱一样可以自动防爆！”怀特向队员们回顾了他们在中国将会面临的环境卫生危险，反复强调避免皮肤破损的重要性，只喝开水和吃煮熟的食物。约瑟夫·曼斯克在他的日记中说，“听医生说话的口气，所有的疾病一定都在中国爆发了。”

怀特医生在大黄蜂号医务科的帮助下，甚至给每位队员搞到了一品脱的威士忌酒，表面上说是为了治疗毒蛇咬伤。

“中国有蛇吗？”克诺布洛赫问道。

“我不知道，”医生回答，“但是如果有，这肯定能帮到你。”

第九章

今天距珍珠港事件已经过去了四个月，而这四个月来的每一分钟局势都在恶化。

——布雷肯里奇·朗，1942 年 4 月 7 日的日记

冬去春来，罗斯福眼看着太平洋地区的局势不断恶化。日本占领了石油资源丰富的荷属东印度群岛，攻陷了缅甸首都仰光，切断了滇缅公路——援助中国的重要生命线。日军的魔爪向南伸至澳大利亚，袭击了澳大利亚的沿海城市达尔文，击沉了停泊在达尔文港口的所有船只。无力阻止日本的扩张，罗斯福对温斯顿·丘吉尔首相深表同情，丘吉尔因为新加坡的陷落而生了好几周的闷气。“这些天我承受着巨大的个人压力，我不喜欢这样的日子，我发现自己很难保持警惕，”丘吉尔坦承，后来补充道，“现在战争的分量非常沉重，而一段时间之内我只能预期战事一定会变得更糟。”

务实的总统劝导丘吉尔去关注未来。“不论我们遭受了么严重的挫折，而我也从未低估过它们，我们必须不断地期待着在下一步对敌人发动攻击。”罗斯福在其他的通信中再次强调了这一主题。“单单想着新加坡或荷属东印度

群岛无济于事，”他建议。“它们已经失守了。”在一次较为轻松的交流中他鼓励丘吉尔找到一种放松的方式。“每月我会去海德公园村待上四天，就像爬进一个洞并把洞口封上，”他写道。“只有发生非常重要的事情时才会有人给我打电话。我希望你能试一试，我希望你砌砌砖头或再画一张画。”

罗斯福不时努力奉行自己的建议，战争中的挫败和孤立主义敌人持续发动的猛攻常使他心烦意乱。在 3 月 6 日他写给著名的纽约银行家弗雷德·肯特的信中，用猛烈的抨击证明了这一点。“你郑重其事地声明，要不是防御计划开始以来的罢工造成的 3 000 万个人工日的损失，菲律宾、荷属印度群岛和新加坡就都不会失守。当你说出这些话的时候，你变得相当令人厌恶。你的话听起来就像《爱丽丝梦游仙境记》。”总统写道，“让我告诉你一些更异想天开的事情吧。如果防御计划开始以来，我们美国本土没有因为撒旦制造的灾难——普通感冒，而失去 6 000 万个人工日的话，毫无疑问我们拥有的飞机、枪支和坦克足以横扫欧洲、非洲和整个亚洲。”

当保住菲律宾的努力接近其悲剧性的结局时，总统的压力更大了。在罗斯福的命令下，麦克阿瑟在 3 月出逃，而中将乔纳森·温赖特带领的 11 万人美菲联军留守在了巴丹半岛和修筑了防御工事的科雷吉多尔岛。由于日本人的封锁，温赖特的部队增援断绝，不得不与疟疾和饥饿斗争，被迫宰杀并食用骑兵的战马。“长时间内我们的军人仅靠二分之一到三分之一的配给维持生命，”温赖特在 4 月 8 日的电报中说，“他们已不具备战斗所需的体力。”麦克阿瑟提醒马歇尔将军要做最坏的打算。“鉴于我对那里局势的了解，我认为形势已经极度危急，你应该能预料到将会发生的灾难。”

形势无药可救。罗斯福指示温赖特去做他觉得最好的选择。“我对你英勇的行为和你在这个最艰难的任务中的表现满怀钦佩，”他发电报说，“我保证你具有完全的行动自由，我对你在危急形势下做出正确决定的智慧充满信心。”4 月 9 日，日本攻占了巴丹半岛——在大黄蜂号离开旧金山一周之后——为日后夺去数千生命的臭名昭著的巴丹死亡行军埋下了伏笔。与 14 000 名菲律宾的保卫者躲在科雷吉多尔岛的工事内，温赖特那天晚上听到“可怕的寂静”笼罩了巴丹半岛。“战场上如果有什么比爆炸带来的震颤和战士的嘶吼更糟糕，”

他后来写道，“那就是沉默和死寂。”他试图在给总统的电报中表现出乐观。“我们的旗帜仍在岛上的堡垒上空飘扬。”

但这并不会维持太久。

温赖特知道这一点，日本人也知道这一点。

罗斯福同样也知道。

巴丹半岛的失守加重了罗斯福身上的压力。美国人已经厌倦了撤退和失败。“巴丹半岛的失利是一声号角，告诉我们只有进攻才会赢。”《旧金山纪事报》评论。“进攻不仅更符合我们的风格，”《纽约时报》随声附和，“这也是伤亡最小的通向胜利与和平的道路。”杜立特的任务被指望着能有效补救珍珠港事件、威克岛战役、关岛战役和现在的巴丹半岛战役带来的挫败感。这次任务本来追求的就不是战术上的成功，而是振奋人心的头条新闻，但最近发生在菲律宾的灾难更放大了这次任务本已十分巨大的政治风险。如果日本摧毁了美国宝贵的航母、巡洋舰和驱逐舰，美国民众会作何反应？罗斯福是在为了提高国民士气而逼迫国家的海军去自杀吗？这个问题很快就会被给出答案。

特遣部队劈波斩浪一路向着日本西行，陆军飞行员们渐渐开始习惯大黄蜂号上的生活。除了参加课程和讲座，飞行员们开始为轰炸机担心起来，它们无遮无拦，暴露在腐蚀性的海风、喷溅的海浪以及狂风和暴雨中。大家对容易泄漏的辅助油箱小心翼翼。“对固定在甲板上的飞机必须每天都进行检查和确认，”飞行员杰克·西姆斯写道。“电池电量下降需要经常充电，火花塞堵塞了，制动踏板失灵，液压组件和系统发生泄漏，发电机有时发生故障。这是一场旷日持久的、没完没了的与零件的战斗。”

在一次这样的检查中，爱德华·塞勒发现了一个问题。他放光了右侧引擎储油槽里的油，拔出磁力塞——用来吸附任何松动的金属碎屑或粒子。他发现塞子上吸着两个马蹄形状的金属片，这是传动轴上用来固定引擎的游星减速器的。这两个金属片的缺失意味着引擎的齿轮传动系统故障，一种灾难性的故障。塞勒把消息报告给杜立特。

“你能修复它吗？“杜立特问道。

塞勒知道这不是件容易事，它需要移除并拆卸飞机的引擎——在一艘正在行进的航母上。

“或许吧，”塞勒说，“我之前从来没有这样做过。”

杜立特直言不讳。

“你要么修复它，要么把飞机推到海里去。”

塞勒开始工作。轰炸机的尾巴用铁链固定在航母的船尾，使得轰炸机无法被运到甲板下面，塞勒不得不在飞行甲板上拆除飞机的发动机，即使风速有时达到 35 英里每小时。海军水手们帮忙在飞机周围搭建了一个配有链式起重机的三脚架来支撑超过 2 000 磅的莱特式气旋引擎。当他拆开了轰炸机的引擎，塞勒仔细包装好每个螺母和螺栓，以防它们掉出船外。

大家把引擎拿到大黄蜂的飞机库甲板下面，在那里塞勒拆开了引擎后半部分，陷入了零件的汪洋大海中。他命令机械车间制造了替换的金属片，然后仔细地安装它们。“这里没有人做过这样的或者类似的工作，”他回忆道。“依靠的只有自己的头脑，把它拆开，然后再重新拼凑起来，让一切都刚刚好。”工作人员把重装的引擎运上升降机，塞勒重新把它装进轰炸机。“发动引擎之后它运转良好，”塞勒说。“像这样的大修之后，我们通常会进行试飞来看看一切是否真的运行良好，当然我们当时没有机会那么做，我们只能保证目前一切都好。”

飞行员们应付着其他问题，不论大小。

泰德·劳森继续命令机枪手戴夫·撒切尔不准叫他“长官”。

“好的，长官，”撒切尔回答，“我不会了。”

鲍比·海特作为候补队员之一登上了航母。他渴望参加任务，向他的朋友兼同事飞行员比利·法罗抱怨。

“我训练了自己的机组成员，做好了一切准备，”海特发牢骚道，“我想去。”

法罗不像这位替补飞行员一样狂热，他问海特是否愿意登上他的飞机，即便这意味着地位的降低，从机长到副驾驶。海特迫不及待地抓住这个机会。“我乐意去，不管是当投弹手、机尾机枪手还是机头机枪手。”他回忆道，“只要让我参加这次行动，待在什么位置上都行。”

飞行员们利用有限的空闲时间参观大黄蜂号，拜访机库甲板和鱼雷舱。具有工程学背景的希尔格惊叹于锅炉和发动机舱的构造。作为此次任务的副总指挥，他自己享有一间包房，还巧遇了一位高中时代的老朋友，他现在是大黄蜂号上的军官。杜立特的领航员汉克·波特忽然意识到，在特遣部队离开旧金山的那天早上，他为了赶上最后一只返回航母的小船，把他的胸牌忘在了酒店的房间里。他说服航母医务处的技术人员给他造了个新的胸牌。类似的，理查德·科尔在光学修配车间待了一天，做了一个新的螺丝来替代他太阳镜上丢失的那个。约瑟夫·曼斯克拜访了船上的牙医和理发师，而赫伯·马西亚给他的两名海军室友当起了国际象棋比赛的裁判，他们很少有机会面对面下棋。

“嘿，比尔刚才的棋子是在这儿吗？”其中一个水手总会问马西亚。

“不是。”

“我要撤回那步棋。”

用餐成了飞行员们每日最重要的事情，肯·雷迪在他的日记中写道。“海军的饭菜不能用‘好’来形容，而要用‘极好’来形容，”他写道，“始终如一的精致菜肴我前所未见，新鲜的水果、蔬菜和牛奶。”泰德·劳森的记述印证了他的说法，“海军就像喂死刑犯那样把我们养肥了，”他后来写道，“我们甚至可以吃到鸡肉。”随着大黄蜂号一路向西——生鲜的库存日渐萎缩——飞行员们尝到了海军的传统烹饪。“我从来没把豆子当作早餐，”罗伯特·布儒瓦承认，“但后来在中国回想起这些豆子时，真觉得它们像冰激凌一样可口。”

当对新环境的新奇感消失后，许多飞行员都安下心来打扑克或掷骰子赌博，令人惊讶的是飞行员们的营房里竟有一只台球桌。“究竟船上的台球桌是干什么用的？因为即使被固定住了，即便船停在码头上，我还是不知道该如何使用它，”戴维·琼斯后来说，“但无论如何，它在那里，它成了一个很大的可以掷骰子的牌桌。当我们不用学习时，总有人聚在这里掷骰子玩。”

真是玩得热火朝天。

“恐怕这是大黄蜂号上有史以来最大和最好的骰子游戏。”劳森的导航员查尔斯·麦克卢尔回忆说。“所有的轰炸机军官都有钱，并且都认为钱财怎样都无所谓了。我们没有预测灾难的第六感，但我们意识到我们是在进行最危险的尝试——去攻击一个前所未有的敌人；钱在这种情况下似乎无足轻重了。这样的想法背后有着坚实的逻辑。除非发生奇迹，不然所有人别想毫发无损地逃脱。”

甚至肯·雷迪，以前他在彭德尔顿失去了40美元之后就发誓戒除赌博，又拿起了骰子和纸牌。“自从上船之后，我又恢复了良好的判断能力，”他在日记中透露，“我用5美元的纸钞掷骰子玩扑克，4天赢到104美元。其中有一天我输到了19美元，但到第四天我又赢回了104美元。”

并不是所有人都在赌博中有利可图。

戴维·琼斯和中尉威廉·“格斯”·韦德赫姆同住一个包间，韦德赫姆是空军第八侦察中队的参谋长。韦德赫姆不仅收集到了最棒的唱片，同样对纸牌也很感兴趣——还有着与之相匹配的自负。“当你像我一样经常吹牛时，”他经常调侃道，“你就能兑现你说过的话！”

他做到了，他在牌桌上清剿了许多突击队员在船上的积蓄，输了钱的突击队员们聚集在走廊上哀伤地唱着“在德克萨斯州深处”。“然而他忘了一件事情，”罗斯·格林宁后来指出，“我们还有一些不参加突袭行动的陆军队员也在船上。等到突击队成功完成了对珍珠港事件的复仇时，我们的陆军队员赢走了格斯的1100美元以及其他海军扑克家带上船的每一分钱！”

海军高级军官们忽略了船上的非法赌博，尽管特遣队中鲍尔奇号驱逐舰上的军事法庭判令十几名水手犯了赌博的过错，每人罚款40美元。

米切尔甚至一度走进大黄蜂号上的一场赌局，透过一位年轻少尉的肩膀向牌桌张望。

“运气如何？”舰长问道。

这位嘴角叼着雪茄的陆军飞行员抬头瞥了一眼，没有认出米切尔。

“好吧，乔，”他回答说，这让米切尔的勤务兵大为尴尬，“想来试一手？”

虽然舰长不屑理睬这样的非法赌博，但其他军官已经开始对飞行员松散的行为动怒，包括朱里卡。“他们中绝大多数人都睡过头，几乎没人下来吃早餐，”上尉后来抱怨，“扑克游戏如火如荼，有时24小时不停歇。我知道有的赌局持续了两到三天。有人会在用餐时跑到餐厅并带回足够的食物以防止挨饿。我知道还有些人会在船上豪饮。”飞行员在其他方面也惹恼了海军。“我们如此挥霍，在他们的船上购买量巨大，”麦克卢尔回忆道，“我们成箱买烟，成打买糖，几乎耗尽了他们的库存。”

也不是每个人都赌博。“如果你不玩扑克，” 杜立特的副驾驶员科尔回忆说， “你多少得自己找点消遣。” 飞行员们有一天在这艘船的附近发现了鲸鱼。另一次一群金枪鱼跃出了水面。雅各布·萨泽发现自己被追随着特遣队的信天翁迷住了。一次在夜间站岗时，他的内心在孤独和恐惧中挣扎。他试图用第一次世界大战的统计数据来安慰自己，参加战斗的士兵只有一小部分会死亡。当然他也会是一个幸运儿并存活下来。“我开始想知道我还能在这个世界上活多少天。也许我没有那么幸运， 毕竟我参与了这次行动，”萨泽沉思着。“想到我可能会死在我要去的地方，我开始战栗。”

萨泽并不是唯一一个这样想的人。其他人也在努力克服相同的恐惧， 4 月 5 日星期天早上人满为患的复活节圣歌活动就是明证。那些在乱成一团的甲板上找不到座位的人就站在过道上。海军少校爱德华·哈普，大黄蜂号上的随军牧师，看到不少于三十位杜立特的特遣队员并肩挤在前两排座位上。“看着这些年轻人，我不知道我该对他们说什么。我知道他们中的一些人永远不会回来，”他后来写道，“然而，将要以身犯险的人并不喜欢听到危险。”哈普选择不把他的布道聚焦在眼前危险的任务上，他甚至建议人要与上帝和解。“我反而谈到了永生。我告诉他们，存在着死亡无法控制的领域。人的品格就是其中之一，”他写道，“死亡也无法摧毁它们。”

哈普弹奏手风琴带领大家唱赞美诗，弹奏飞行员们想要演唱的歌曲，主要是他们童年起就耳熟能详的老赞美诗；之后七名飞行员问他要《新约》，好带在身上去执行轰炸东京的任务。那天早上飞行员肯·雷迪侧耳倾听，开始想念德克萨斯州家乡的教堂。“复活节的圣歌不错，但我的思绪却在鲍伊教堂的长凳上徘徊。贝拉先生坐在前排，赫德太太努力弹奏着钢琴，鲍勃·斯潘领唱，爸爸恭敬地站着， 妈妈帮着拖沓的音乐击掌，”他在日记中写道，“然而当今天的圣歌结束后，大家走向餐厅的时候并不探讨牧师的发言。没有礼拜之后的讨论，没有多萝西和乔治，没有索罗，没有爱德华和玛格丽特。我只是走回餐厅然后吃饭。”

同行的飞行员约瑟夫•曼斯基在他那一天的日记里记录了类似的情绪。“船上的复活节和平常没有什么不同，”他写道，“我们早餐吃了豆子，晚餐吃了鸡肉。没什么特别的。”

中将哈尔西结束了他在旧金山和杜立特的会谈，准备在4月2日返回珍珠港。这位三星海军上将需要些时间来做最后的准备工作。然而，强劲的西风迫使所有飞往夏威夷的航班被取消，阻碍了他的计划。其后的两到三天强风都没有减弱的迹象。到4月5日，让哈尔西沮丧的是，他已别无选择，只能让大黄蜂号推迟一天会合。哈尔西的运气继续走低。第二天，当他准备返回珍珠港时，他突然发现自己得了流感，“当我登上飞机的时候，我的身上装了那么多药片以至于一动就哗哗作响，但我一路都在睡觉，直到飞机降低高度准备着陆时，我被自己流出的鼻血弄醒了，”哈尔西后来写道，“我就这样舔着鼻血踏上了火奴鲁鲁岛。”

哈尔西在4月7日会见切斯特・尼米兹和他的计划参谋组，完成了20号到42号作战计划，雷厉风行的太平洋舰队指挥官在那天下午就签署了这些计划。作为计划的一部分，哈尔西要求两艘潜艇在日本附近巡逻，负责监视可能危及此次任务的敌军。海军将把其他所有潜艇都转移到赤道以南。汇合地点以西的任何船只都被哈尔西认定为是怀有敌意的。企业号在第二天下午12点32分抵达，同行的还有巡洋舰北汉普顿号和盐湖城号，驱逐舰鲍尔奇号、贝纳姆号、艾勒特号、范宁号以及油船萨宾号。

《芝加哥每日新闻》的记者罗伯特•凯西登上了盐湖城号，随着船只离港，他希望能捕获到行动的获蛛丝马迹。他希望碰上的是多个航母、战列舰和巡洋舰执行的大型任务，但这八艘静悄悄地驶出港口的舰船看起来更像是平常执行任务的老调重弹。“也许事情会有不同的进展，”凯西在他那天的日记中写道，“但表面上看起来就像另一次对威克岛外围的攻击。”

大黄蜂号的米切尔出发不久之后就告诉了特遣队员们任务的目的地，与他不同，出发几天之后哈尔西仍旧守口如瓶，这让很多人大受挫折。足智多谋的记者凯西向盐湖城号上的所有人逼问任务的内容，包括指挥官约翰・福特，他凭着《愤怒的葡萄》和《青山翠谷》两获奥斯卡最佳导演奖，一位刚刚被召来服役的海军预备役。“据我们所知，”福特告诉他，“这次任务是种变相的自杀。”

凯西不是唯一抱怨哈尔西过度保密的人，尤其是随着航母的北上，温暖的夏威夷白天逐渐变成了严寒刺骨的夜晚。

“冷得像阿拉斯加，”一位企业号的飞行员在他 4 月 12 日的日记中指出，“只有上帝和将军知道我们来这里干嘛。我们可能要去轰炸日本本土。”

沮丧的记者发现他只能从海洋广阔无垠的美丽中寻求安慰。“我们前面的船只排成一队行进，雾灰色的船只在发光的蓝色大海上就像一列哥特式教堂。”凯西在他的日记中写道，“我站了好一会儿，在严寒中陶醉于这极致的美丽。”

4 月 9 日大黄蜂号收到了哈尔西延迟的消息后进行了反方向航行并减缓了航速。4 月 12 日下午四点半，当大黄蜂号检测到西南方向 130 英里的雷达信号之后，两支特遣部队开始彼此靠近。第二天早晨 5 点 28 分，大黄蜂号上的瞭望台发现了企业号的侦察机。37 分钟后，哈尔西舰队的桅杆逐渐出现在 20 英里之外的海面上。

那天早上企业号的飞行员汤姆·奇克正拖着用于射击练习的靶子在空中飞行。“当我飞过大黄蜂号时，我低头看见了那些挤在飞行甲板上的 B–25 轰炸机，”他回忆道，“不用说，我在接下来的三个半小时都在琢磨我们的目的地。我甚至一点也没有想到东京。”

奇克的惊诧反映了挤在企业号甲板上的水手们的想法，他们透过望远镜紧盯着大黄蜂号。

“那是 B–25 轰炸机 !”一位水手大声宣布。

“你疯了，水手，”企业号的飞行员嗤之以鼻，“B–25 轰炸机无法在负载炸弹的情况下从航母上起飞，而如果它起飞了，它也不可能再落回航母上了。”

“他们不需要携带负载，你个呆瓜，他们也不需要落回航母上。它们会被送去支援地面的基地。”

“在这儿？哪个地面基地？”

“我敢打赌，我们会穿过阿留申群岛并把它们交付到西伯利亚的秘密基地。”

“他们会在航母上使用陆军飞行员吗？如果用的话，我们航母舰载飞行员的职业生涯就结束了。让我们加入海军陆战队吧。”

两支执行任务的舰队汇合了。大黄蜂号作为舰队的中心领航，油船萨宾号和西马仑号跟在大黄蜂号后面一千码的距离，紧跟在油船后面的是企业号。巡洋舰北汉普顿号和文森尼斯号排成一列，而纳什维尔号和盐湖城号排成另一列。八艘驱逐舰每艘间隔一英里，排成一个圆形的全方位反潜艇屏障，跟随着舰队一路向西。如果天气允许的话，飞行员会在白天进行连续巡逻，外加在黎明和黄昏时对每个船头前面 60 度、二百英里范围内的飞机进行搜索。

4 月 13 日，企业号上的扬声器开始作响，哈尔西通知战士们他们的使命。“这支舰队，”他宣布，“将要开往东京。”

“我从来没有听到过企业号的船员们发出这样的呐喊！”海军上将后来写道。“我认为，他们的渴望一部分来自四天前巴丹半岛的失守。”

然后这位海军上将向特遣队中的其他船只发送信息，说明这个计划的细节。“命令：距日本一千英里时给重型船只加油，”哈尔西指示，“从那里起航母和巡洋舰巡航到达距离东京 500 英里以东的位置，然后大黄蜂号上的轰炸机起飞并发起攻击。驱逐舰和供油船在加油后留在原地，撤退时再加入队伍。进一步的行动指示会根据战况给出。”

凯西直接从盐湖城号的舰长那里听到了这个消息。这不是对威克岛或马库斯岛的攻击，而是攻击敌人的本土。凯西看着由航母、巡洋舰和驱逐舰组成的气势惊人的特遣队劈波斩浪，他之前的沮丧消失了。“这样一支强大的军队，”他在日记中写道，“小日本如果没有两倍于我们的船只和至少同样多的飞机将不敢与我们交锋。”

上午 11 点，盐湖城号的舰长通过扬声器提醒船员们要对敌人的潜艇保持警惕。

“你们参与的是颇具历史意义的事件，”他宣布，“在历史上，日本的本土将第一次受到攻击。这次攻击将会奏效，并无疑产生深远的影响。”

同一天特遣队越过 180 度子午线，也就是国际日期变更线，向前跳了一天，直接到了 4 月 15 日。凯西在他的日记里用墓志铭记载了这一天的消亡：

这里躺着
4 月 14 日，一个星期二，
它牺牲了生命，是因为船儿西行越过
国际日期变更线。

特遣队每一天都向日本挺近 400 英里，大黄蜂号每天消耗 5 万加仑的燃料。无线电员们每天 24 小时围坐在仪器前，监视着东京的商业电视台，翻译新闻和广播内容，而军官和飞行员们则日夜坚守战斗岗位。米切尔通过无数的演习让他的水手们做好战斗准备，从射击、损害控制到弃船逃生的各种练习。海军密集的练习使一些杜立特的飞行员不胜其烦。“在我看来，”罗伯特・布儒瓦抱怨，“每次当我准备开始睡觉或吃饭的时候那该死的战斗警报就响起来了。”

西马仑号的舰长罗素・伊里格的战斗指令反映出了战斗的危险性，他要求水手们扔掉所有的杂志，用湿抹布擦干净舱壁、照明器具、家具、头顶的管道和电缆线以消除易燃的粉尘。他下令把军官的特等舱改造成战斗的急救站——准备好用来切开衣服的剪刀和小刀——并命令水手刮掉胡子、剪短头发，头发最长不能超过两英寸。“今天晚上把所有的鞋油、生发油和润发油都扔出船外。洗干净你的头，不要涂任何生发油或任何润发油，”他命令道，“把船上所有不必要的灯都关掉，点灯消耗电力，电力消耗蒸汽，而蒸汽消耗燃料。我们需要那些燃料！”

持续的恶劣天气折磨着舰队，迫使西马仑号在 42 海里每小时的大风里减缓航速来防止船体受到破坏。4 月 6 日，文森尼斯号上有人失足落水——他被驱逐舰梅瑞迪斯号从 51 华氏度（10 摄氏度）的海水中救起——而几天之后西马仑号试着给大黄蜂号补充燃料的时候，又有人失足落水，驱逐舰不得不第二次伸出援手。一天晚上，波涛汹涌的大海掠走了文森尼斯号的扫雷器和一个可容纳 60 人的救生艇，其中包括两支船桨和 5 加仑水，而大黄蜂号的水兵不得不去救援约瑟夫・曼斯基，这位突击队员在检查轰炸机是否安全时被风暴困在了甲板上。

可怕的海洋。“跛脚鸭”高度仪上的数值起起落落，最高到200英尺，甚至让经验丰富的老水手都感到惊讶。“我们遇到了我所见过的最糟糕的鬼天气。”中尉罗宾·林赛——企业号上的飞机起落指挥官——回忆说。“三天以来海浪太高，甲板倾斜得厉害，以至于当我站在飞机起落指挥台上时，不得不让一个人站在身后抱住我，我才不会摔倒。好几次我都摔倒了，你可以想象飞行员脸上惊讶的表情，因为当他飞过指挥台上空时发现指挥台上没有指挥官。”

随着特遣队靠近日本，船上紧张的气氛上升了。“你能感觉到紧张的气氛，在起居室，在食堂，在瞭望台和塔桥上，”《生活》杂志的编辑约翰·菲尔德写道，“在不被敌人发现的情况下，我们能走到距离东京多近的地方？没人知道。”

渴望分散注意力，水手们用短波收音机收听旧金山歌舞乐队的表演。其他人在起居室交换笑话。

“有人看到斯塔顿岛的渡轮开过去了吗？”有人打趣说。

这个笑话打破了紧张的气氛，但所有人的目光很快就瞟向了装裱在舱壁上的地图，证实了每个水手都知道一个事实。

特遣队现在已经在敌人的地盘上了。

即使是大黄蜂号的牧师，爱德华·哈普，也心存疑虑。

“我们怎么才能成功完成任务？”他向米切尔问道。

“任务必须成功，”舰长回答道，“整个战争也必须成功。”

没有人比杜立特更清楚这一点。一天晚上晚饭后，哈普在甲板上塔桥的附近遇到了杜立特。“在黄昏中我看到一个孤独的身影，”牧师后来写道，“我停下来，看了一会儿。那是杜立特，他走来走去，标志性地低着头。我几乎可以看到他在思考，他慢慢地从这边的栏杆踱到那边的栏杆。在那一刻我看到了压在他身上的千斤重担。我没有打扰他，收回了自己的脚步。”

杜立特在距离飞机预定起飞还有几天的时候，组织了对每架轰炸机进行最后的检查，发给每位飞行员一份写着24条细则的清单，内容从保证枪支和炸弹的正确加载到带好地图、航海图、急救箱以及保温瓶装的淡水和打包好的午餐。杜立特希望大黄蜂号能将特遣队送到距离日本450英里的范围内。即使特遣队不得不从距日本 550 英里的位置起飞，他预测任务也很可能会成功。杜立特设置了一个 650 英里的最远极限距离。超过这个距离起飞，他怀疑飞行员们的燃料是否能到达中国。一些特遣队员觉得这条消息令人不安。“当然这听起来可不像什么好消息，”约瑟夫·曼斯基在他的日记中写道，“但无论现在开始担心什么都太晚了。”

陆军飞行员们也在为任务做个人准备。“矮子”蒙克打包了他的便携式留声机，而肯·雷迪用玩扑克的收益支付了他的伙食费，借给威廉·伯奇、詹姆斯·帕克和哈罗德·沃森每人 10 美元，之后把手表打包起来邮寄到家中，并小心地为其保价 50 美元。罗伯特·埃曼斯最后一次在大黄蜂号上给他母亲写信。“可能很长一段时间之内我们中的任何人都没有任何消息了，”他写道，“所以不要担心，我觉得自己终于要为这该死的战争做些什么了。”

就在起飞前几天，无线电操作员接收到一条东京广播电台的英语广播宣传，它让飞行员们大为震惊。“路透社英国通讯社宣布，三架美国轰炸机轰炸了东京，”广播中说，“这是最可笑的故事。日本人民知道敌人的轰炸机绝对不可能出现在距东京 500 英里的范围内。日本人民不会为这些愚蠢的事情担心，正在享受着春天的阳光和樱花的香味。”这条新闻让哈尔西警惕起来，也让突击队员们异常失望，他们一直都希望自己能第一个攻击敌人的首都。这条奇妙的新闻登上了美国报纸的头条，而与此相反的是杜立特却怀疑它的真实性。“日本无线电台今天奇怪地否认 3 架美国飞机轰炸了东京，”《纽约时报》报道，“这很奇怪，因为东京广播电台在竭尽全力否认显然没有其他人报道过的东西。”

4 月 17 日早上 6 点 20 分，西马仑号在大黄蜂号的左舷并行，用 200 634 加仑燃料填满了航母的油箱。这艘加油船接着给北汉普顿号和盐湖城号注满了燃料。与此同时萨宾号给纳什维尔号、企业号和文森尼斯号加满了燃油。东南方向吹来的狂风达到了 41 海里每小时，巨浪拍打着船头。东京 1 000 英里以东的地方，能见度下降至 1 英里。

下午 2 点 44 分，大黄蜂号和企业号在 4 艘巡洋舰的护卫下超过了加油船和驱逐舰，开始了朝向东京的最后航程。大黄蜂号以 25 海里每小时的速度为这支简化了的舰队领航，企业号在 500 码外紧随其后。北汉普顿号和文森尼斯号在大黄蜂号的右舷排成一列，而纳什维尔号和盐湖城号以相似的队形排列在大黄蜂号的左舷。“我们把驱逐舰留在原地，当我们在日本附近需要快速撤退的时候就没有阻碍了，”哈尔西回忆道，“就像乡下士兵不喜欢骑兵那一套，因为他不想在撤退时为马操心。我们不知道将会发生什么。”

水手们通过 3 号升降机把燃烧弹送上飞行甲板，而爆破弹则通过普通升降机运送。其他人为机头和旋转炮塔的枪支填装弹药，包括穿甲弹、燃烧弹和曳光弹。飞行甲板上新画了两条白线作为飞行辅助线——一条线指示机头的运动轨迹，另一条指示飞机左轮的运动轨迹——保证飞机与航母的塔桥之间留有 6 英尺的间隙。在日落前半小时飞行指挥员为起飞排列好了轰炸机的位置。即使 16 架轰炸机的尾巴已经伸出航母的船尾摇摇欲坠，杜立特的飞机作为领航机也只有 467 英尺的起飞距离。

米切尔把杜立特召到塔桥上。

“吉姆，我们现在已经在敌人的后院了，”舰长告诉他，“从这里开始任何事情都有可能发生。我认为我们应该举行个小仪式了。”

飞行员们在飞行甲板上集合了，同行的还有一名海军摄影师。美国海军舰队 1908 年 10 月访问了横滨，天皇的代表给他们颁发了纪念奖章。两个布鲁克林海军工厂的员工，熟练装配工亨利·沃姆斯丁和造船工人约翰·劳雷，当时作为康涅狄格号战列舰上的水手收到了这样的奖章，在珍珠港事件后他们将奖章还给了海军部长弗兰克·诺克斯。沃姆斯丁写道，“我们可否请你把奖章绑到炸弹上，并以这种方式将它返还给日本。”

丹尼尔·奎格利，住在宾夕法尼亚州的齐尔沙治号战列舰上的前水手，给诺克斯写了类似的信并附上他的奖章。“效仿我以前舰队的战友，”他写道，“我在此附上过去日本天皇发给我的奖章，相信它最终将会带着足以撼动天皇宝座的炸弹落回东京的糀町地区。”

朱里卡也上交了自己的奖章，他作为大使馆专员时收到了这枚以天皇的名义赠送的奖章。

拘谨的米切尔对空军进行了简短的演说并大声宣读了海军上将金、陆军上将马歇尔和陆军上将阿诺德发来的消息。接着杜立特和他的手下们把奖牌绑到了炸弹上。撒切尔在绑奖牌时咧嘴一笑。

“我不想让整个世界都着火——除了东京。”有人在一枚炸弹上用粉笔潦草地写道。其他炸弹上写着，“你会得到一个爆炸！”和“炸弹美国制造，日本享受。”海军下士拉里·博加特，舰长的勤务兵，在炸弹上写了女朋友和他的父母的名字。“这枚来自佩吉。”他在一枚炸弹写道，在另一个枚炸弹上他写道，“这枚来自妈妈和爸爸博加特。”“我们在所有的炸弹上都写满了口号，几乎所有人都动手参与了，”大黄蜂号上的信号员罗伯特·努尼回忆道，“我们为能参与这次冒险而感到骄傲。”

备用的轰炸机飞行员们挥舞着大把的现金，乞求能登上飞机。“突袭东京行动中我最鲜活的记忆之一就是一群人为了能去送死，愿意每人支付 150 美元，”萨德·布兰顿后来写道，“这些人用上了他们知道的所有方式乞求，想要借用或挤占飞机上的一个席位。”十六组机组人员没有人退让一分一毫，雷迪在他的日记里写出了这种感觉，“我在这次行动中的位置不是金钱可以买到的。”

杜立特与他手下在起居室举行了最后一次会议。他的说明简单扼要，提醒大家任何时刻都有可能起飞。在任何情况下都不准飞到俄罗斯的海参崴。他重申他的命令，不准向日本的皇宫或任何其他非军事目标投弹。“如果一切顺利，”杜立特告诉他的手下，“我将起飞并在黄昏到达东京。你们其他人将在两个或三个小时之后起飞，可以使用我轰炸产生的火光作为导航的坐标。”

像往常一样，他给他手下最后一次退出的机会。无人退出。

杜立特以一个承诺结束了谈话。“当我们到达重庆，”他告诉他们，“我要给你们一个永生难忘的聚会。”

在 17 日的夜晚大家分散开来，劳森爬到了床上。特遣队中的其他人也都爬上了床；为了防备突然降临的危险，许多人都和衣而睡。

“听着，伙伴们，今晚这里不准玩牌，”劳森的海军室友命令其他人，“劳森现在需要好好睡觉。他需要睡眠。”

4 月 13 日，中校爱德华·亚历山大和少校爱德华·巴克斯乘坐双引擎 DC-3 型运输机从重庆升空，为接收杜立特和他的手下们的中国机场做最后的准备。这两位陆军飞行员计划先飞到成都，把笨重的美国运输机换成两架中国战斗机，然后再前往桂林、开安、玉山、衢州和丽水。特别的1号航空行动此时仍然是个被严守的秘密。比起冒着被截获信息的风险通过无线电进行安排，陆军更希望亚历山大本人亲自对机场指挥官进行操作上的简要指导。甚至使用两架中国的战斗机而不是美国运输机，也是为了防止任何敌人的间谍质疑为什么美国飞机会拜访这样偏远的机场。“我接到的命令是要绝对保守保密，”亚历山大在他的报告中写道，“因此这架飞机起飞时没有通知中国空军或预定目的地的任何中国人。”

亚历山大命令当地机场的指挥官准备好东京突击队所需的一切。桂林机场需要准备10 000加仑的100号燃油和100加仑的120级润滑油；其他每个机场需要5 000加仑的燃料和100加仑的润滑油。亚历山大还指导当地的工作人员如何迅速给轰炸机加油，这个地区紧邻日军前线，杜立特和他的手下们在地上停留的时间越短越好。此外，当地指挥官需要会说英语的翻译人员，着陆用的照明弹和发射导航信号的无线电发射机，引导特遣队着陆。“发送的无线电信号由以下内容组成：数字57，压低1分钟，数字57，压低1分钟，数字57，然后关闭1分钟。”建议从重庆拉一条电缆线。“这个信号会在指定的日期日出以前连续重复2小时。”

指定的日期是4月20日。

来往的信息填满了华盛顿的公文夹，重庆表示准备工作在中国进展顺利。史迪威要求知道一系列的细节，从轰炸机燃料口的大小到飞行员是否需要食物和水。但这些沟通被证实不过是披在中国涣散的筹备工作上的官僚主义外衣，当然一部分也是因为阿诺德拒绝向史迪威透露行动的真正目的。严格的保密，不畅的沟通，对中国领导人的不信任，遥远的路程以及任务终点不安全的机场混合在一起，可能给杜立特和他的手下造成灾难性后果，随着大黄蜂号一天天驶向东京这种可能性也在日益增加。作为任务十分艰巨的证明，亚历山大并不是第一个被派去检查机场的人。史迪威的空中作战官克莱顿·毕塞尔上校，十天前派遣一名中尉乘坐一架老旧的C-39运输机执行这项任务，指示他如果被捕就吞下他的命令。“无论是陆军中尉史普瑞尔还是C-39运输机都不适合执行这样的任务，”毕塞尔在他的报告中承认，“但我们别无选择。”

毕塞尔的评估不幸被证明是正确的。史普瑞尔的飞机在他还没完成任务之前就坠毁了，但亚历山大从史普瑞尔的失败中吸取了重要的教训——他这次选择使用两架战斗机，部分为了能让任务成功的机会加倍。除了运筹方面的问题，其他挑战的出现也威胁着筹备工作。4 月 1 日，日本轰炸机在战斗机的伴随下两次轰炸了最东部的两个机场，摧毁了 4 500 加仑燃油。第二天，日本轰炸机又轰炸了三个最东部机场，虽然这一次仅造成了微不足道的损失。丽水机场在 4 月 3 日受到了日本的空袭。东京广播电台声称日本发动空袭是因为美国加长了机场跑道，想要利用这些机场发动对日本的轰炸。“醋乔”史迪威认为这次袭击不仅仅是一个巧合。“三个主要的机场都被轰炸了，”史迪威在他的日记中透露，“泄密？或者只是小日本的预防措施？怀疑是华盛顿方面走漏了消息。”

亚历山大和巴克斯乘坐 DC-3 运输机降落在成都，下午 4 点乘坐两架柯蒂斯鹰式战斗机再次起飞。天气预报预桂林附近的天气状况不佳。亚历山大决心继续前进，却发现山脉和山谷上低矮的云层使得飞机根本无法着陆。“当时那里的地表云层高度大约为 0，而云层的顶部则高达 12 000 英尺，”他在报告中写道。“战斗机无法夜间飞行或在无线导航下飞行。”飞行员别无选择，只能返回重庆。他们在 6 点半左右到达了中国的首都。他们发现这一地区已经被云雾吞没。亚历山大穿过云层并设法成功让他的飞机在嘉陵江边的沙堤上降落，虽然飞机的起落架被河边的鹅卵石块撞坏了。巴克斯拒绝冒险降落，他跳伞逃出了飞机。他们用可能的最快方式赶往最近的机场，终于在三天后到达了遂宁市的机场。

4 月 17 日，亚历山大和巴克斯再次从成都出发，乘坐的 DC-3 运输机上还带着 4 名精通英语的中国无线电操作员，他们将被分配到开安、玉山、衢州和丽水的机场。然而不良的天气状况加上无线电故障，迫使飞机在昆明过夜。陆军飞行员拒绝放弃，第二天早上再次起飞。完成任务的紧迫性促使亚历山大通过中国空军安排导航信号和无线电领航帮助飞机降落。有时仅凭仪表导航，在云雾遮盖的高达 15 000 英尺的山峰中间绕了半个小时以上，DC-3 终于抵达桂林。然而完善地面无线电的努力失败了。亚历山大又别无选择，只能返回。“需要特别指出的是，同行的中国人带去了完善桂林无线电导航的具体步骤和协议，”他在他的报告中强调，“然而，没有一项有用。”

政治方面的斗争还在继续。蒋介石最初在3月下旬同意使用五个机场，虽然他不知道轰炸机会在轰炸东京后到达中国。然而中国的战争形势持续恶化，促使蒋介石敦促美国领导人把行动推迟到5月末，他认为这样能给他的地面部队更多的时间来保护衢州不被日本人占领。罗斯福进一步要求轰炸机攻击缅甸和孟加拉湾的日军。4月12日，马歇尔将军给史迪威发送了一条紧急信息。行动不能延迟：特遣队的16艘舰船和一万名船员已经向日本进发。“1号特别任务已经是箭在弦上，无法召回，”马歇尔的电报中写道，“他们可以降落的机场应当立即确定并做好所有准备。”第二天阿诺德的电报也发了过来。“1号任务不能停止，”他在电报中写道，“我们依赖你的援助，准备好着陆需要的照明、导航以及燃料的补给。”

4月14日，史迪威会见了蒋介石后向马歇尔报告称蒋委员长仍然要求推迟任务。第二天，将军得到消息称，蒋介石再次要求官员向华盛顿的高层领导表达他的担心。蒋介石不允许轰炸机在衢州着陆，但勉强同意使用其他四个机场以及一个在衡阳的机场。作为一个精明的政治家和战略家，马歇尔加紧避免产生任何不良政治影响，他指示史迪威向蒋介石解释美国的地位。“我们对在1号特殊任务的执行时间上产生的明显误解感到遗憾，”马歇尔指示史迪威将军告诉蒋介石，“看来我们一定是没有让委员长充分了解我们的意图，因为几周以来，我们一直认为该项目是出于他的意愿。绝对保密的必要性不允许该任务被提及，除非用最机密的语言。”

马歇尔让这项行动看起来好像是美国出于利他主义想要帮助蒋介石，指出飞行员和轰炸机着陆之后将留在中国继续执行其他任务。美国领导人因此认为蒋介石希望这项行动越快执行越好。马歇尔的信息里没有提到的是，美国希望从这项行动中获得的好处以及从马歇尔到杜立特全都知道的、很快就会降临在中国头上的可怕后果。“现在这项任务已经进入了最后阶段，无法召回，”马歇尔总结道。“请通知蒋委员长，我和他在这一点上缺乏一个完整的共识让我深感遗憾，我真诚希望这件事不会让他感到尴尬。”马歇尔最后的话写给史迪威，“一旦你得到特遣队完成任务的消息，”他命令道，“请立即报告陆军部。”

蒋介石的一再反对让美国人忧心忡忡，4 月 16 日阿诺德上将下令给罗斯福发送一份单页的备忘录。马歇尔第二天又给蒋介石发送了一条电报，指示史迪威亲自送给蒋介石。“我想亲自向你表达我深深的歉意，在事情刚开始的时候未能向你表露其细节，”马歇尔写道，“总统完全理解你的困难处境，尤其担心我们在中国的所有行动是否完全在你的掌控下以及是否符合你的意愿。自从他知道你认为这个任务现在不合时宜，他很乐于取消这个任务——如果可能的话，而现在他后悔无法取消任务，因为任务的完成已经迫在眉睫。因此他特别感谢你采取了使冒险变为成功的有效措施。”

马歇尔在 4 月 18 日又给史迪威发去了电报。这一次他担忧的重点不是蒋介石，而是实际操作。美国想保持这个任务的秘密性。“对此次特殊的轰炸任务不要进行任何形式的复述或宣传，”马歇尔命令。“我们的目的是对任务的出发地、目标国家、目的地和行动带来的结果完全保密。就公共信息而言，命令你否认关于此事的任何消息和任何关联。命令你积极寻求委员长的协助并观察这一策略是否奏效。一旦你获得关于此事的确切消息——通过幸存者或其他途径，命令你立即向陆军部紧急呈报。

第十章

目前太平洋舰队的行动由于保密需要未向你详细传达，但我们希望你会认为这些行动切实有效，很快你就会知道了。

——罗斯福发给丘吉尔的电文，1942 年 4 月 16 日

1942 年 4 月 18 日，黎明前的几个小时，特遣部队灯火全熄，在黑暗中以 20 节的速度破浪前进，此时离东京还有 800 多英里。大黄蜂号航母带领舰队向正西方向 267 度前进，企业号航母紧随其后。在大黄蜂号右舷方向护航的是北安普顿号和文森尼斯号巡洋舰，在左舷方向护航的是纳什维尔号和盐湖城号。凌晨 3 点 10 分，企业号雷达操作员报告，在船首左舷方向 21 000 码，约 12 英里处发现两艘水面船舶。两分钟后，在大约相同的方向，远远地出现了灯光。战斗部署警报立即响起，整个航母上的船员从铺位上一跃而起，紧急进入战斗岗位，准备好弹药，拉起枪炮覆盖。广播的消息很简短："发现两艘敌船。"

虽然哈尔西的四艘巡洋舰和两艘航母火力远超敌方船只，这位经验丰富的舰长知道一旦交战就会让这次偷袭过早暴露，如果此前他们的雷达还没有引起敌人注意的话。阴沉的夜空既没有月亮也没有星星，在黑暗的掩护下，他需

要在黎明到来之前尽可能地向前推进。现在的每一个小时、每一英里，都至关重要。哈尔西通过高频短程无线电下令舰队向右 90 度绕开敌船。凌晨 3 点 41 分，敌船从企业号雷达监测 15 英里范围内消失了。早上 4 点 15 分，战斗部署解除，舰队继续向西前进。天刚一亮，3 架侦察轰炸机从企业号的甲板上起飞，向西侦查 200 英里之内的范围，另有 3 架侦察机和 8 架战斗机起飞开始空中巡逻和护航。

天亮后，随着特遣队不断接近敌人的国土，天气变得越来越糟。一望无际的海面上，碎云低垂，不时降下暴雨。高达 30 节的风速掀起阵阵白浪，浪头不时冲上舰船的船头。盐湖城号上的记者罗伯特·凯西将当时的场面记在了他的日记里，“我 5 点钟走到甲板上，外面风极大。天色阴暗。海涛汹涌，”这位《芝加哥每日新闻》的记者写道，“海浪从甲板上滚落，有时涌上甲板的水有几英尺深。很难站立。”杜立特飞行队的肯·雷迪冒险跑到了大黄蜂号的最高处，他在日记中也记录下了类似的场景，“海面波涛汹涌，甲板上的飞机不断拉扯着固定绳索，就像马戏团里的大象在试图挣脱锁链。”

5 点 58 分，海军中尉奥斯本·怀斯曼在舰队前方的上空巡逻时，发现了一条小渔船在黑色的大海上摆动。这位海军飞行员，按照命令并没有攻击，而是尽量避免被发现。怀斯曼飞回航母，将前方 42 英里处发现船只的消息报给哈尔西，并且表示，他相信敌人的监视哨已经发现了他。哈里斯再一次选择避让，下令特遣队转向西南，但此举只带来了短暂的平静，7 点 38 分，大黄蜂号的瞭望塔在 8 英里外发现了一艘敌方巡逻船。90 吨位的日本“日东丸”号，是一艘被日本海军征用的渔船，也是山本上将设置的海上防御网的一部分。日东丸号向东京发出了报警电文：“发现 3 艘敌人航母。位置，犬吠崎以东 600 海里。”

战斗的时刻到来了。

纳什维尔号拉响战斗部署警报，并通过信号旗请求开火命令。7 点 52 分，哈尔西下令允许开火。一分钟后，纳什维尔号巡洋舰开火，其火炮主要射程在 9 000 码，或 5 英里内。15 个 6 英寸炮组，每 3 个架在一个炮塔上，可投掷重达 130 磅的炮弹，最高射程将近 15 英里。炮击在海面上进行了一轮又一轮。

穿甲炮弹以 2 500 英尺每秒的速度落入目标周围的海水中，激起了巨大的水雾以至于看不到日东丸号了。

7 点 55 分，纳什维尔号停止射击一分钟，让水雾落下，而后继续开火。虽然射击频率差不多达到每分钟 150 发炮弹，但却很少击中目标。海面上高达 20 英尺的大浪遮挡住了敌船，只留下桅杆的顶部可见。此外，遮住日东丸号的浪头也拦截了巡洋舰的炮火。纳什维尔号提速到 25 节，靠近敌船至 4 500 码处，向左转舵以便从海浪的波谷中射击。

巡洋舰密集的炮火声让整个特遣队兴奋起来，急切的船员、飞行员和记者都争着要一睹为快。“15 门 6 英寸火炮织出的弹幕真是太妙了。炮弹就像机关枪子弹一样被打出——8 枚炮弹同时发射，”凯西在他的日记中写道，“船身周围都是闪光就像灯光路标上闪烁的灯泡。”同样感到惊奇的还有《生活》杂志的编辑约翰·菲尔德。“舰船的炮火又大又红，”他写道，“如雷霆一般滚动。”

大黄蜂号的舰载战斗机飞行员约翰·萨瑟兰觉得这样的经历有些超现实。“亲眼观看自己的第一次实地作战，感觉真的很奇特，”他回忆道，“我们站在甲板上观战，看着我方舰船发出的炮火和从日本船只那边打过来的寥寥无几的炮弹。就像你在新闻短片里看到的网球运动员在接球时那样来回动着头。”

“好吧，如果打仗都像这样，”萨瑟兰心想，“那也不错。”

为了看得更清楚，朱里卡从飞行甲板爬到了船桥上。“我能看到纳什维尔号上的炮火齐射。”他记得，“海浪很高，当日本的警戒船被浪头推起来的时候，就可以被看到。然后又会随着波涛落下去，这时你就只能看到它桅杆的顶端。它的周围都是被炮弹炸起的水花，但是它还在那里。”

炮火声惊动了杜立特突击队的人。

“砖头”霍尔斯特姆在大黄蜂号的走廊上抓住一个海军少尉问道，“发生了什么事？”

“我不知道，”少尉答道，“我认为他们正在向一艘潜艇开火。”

纳什维尔号上震天的响动几乎让行军医生托马斯·怀特惊呆了，而投弹手雅各布·萨泽满心敬畏地站在航母的甲板上。“那艘军舰的整个一面就像在喷火一样，”他回忆道，“砰砰砰地不断发射。”

纳什维尔号轰击日东丸号时，企业号航母的八架战斗机在 5 000 英尺的上空盘旋。飞行员俯冲攻击，却发现了第二艘日军巡逻船，88 吨位的南欣丸 21 号。飞行员们转向这艘较小的船，用 50 口径的机关枪向这艘拖船扫射。其中一名飞行员 11 次从船上飞过，至少射击了 1 200 发子弹。被摧毁的拖船开始下沉，飞行员们又加入了对日东丸号的攻击。

企业号舰载飞行员约翰·罗伯茨少尉渴望战斗。他把他的战斗机拉升到 7500 英尺以上，然后对准日东丸号俯冲下去，但是在 3 500 英尺处为避免撞上另一架战斗机而退出进攻。罗伯茨再次返回，下滑轰炸，扔下一颗 500 磅重的炸弹，但偏离了目标约 100 英尺。他和其他战斗机一起向顽强的日东丸号扫射，直到将所有子弹打光。罗杰·米赫上尉在他的报告中总结了他们的攻击：“歼灭敌军人员。摧毁敌船。当离开时，敌船已在海涛中翻滚。”另一名飞行员更为直接，将他的飞行员同伴们描述为“一群嗜血的混蛋”。

8 点 21 分，日东丸号爆炸起火， 两分钟后，终于沉了下去。此时离攻击开始正好过去了半个小时。日东丸的两名幸存者在水中上下浮动，但都没能被救起；舰长看着其中一个受伤的水手被淹死。纳什维尔号本想让日东丸号保持沉默，但在这艘巡洋舰发射第一颗炮弹后的 27 分钟内，日东丸的无线电员一直在发送电文。毫无疑问，日本现在已经知道了这支正在靠近的舰队。

一艘 90 吨的渔船消耗掉了纳什维尔号 928 发 6 英寸炮弹，包括战斗结束后火炮退弹的 13 发炮弹。舰长觉得很丢面子，责怪他手下那些缺乏经验的炮手射击技术太差，也埋怨翻腾的海水帮助保护了日东丸号。“用了 915 发炮弹击沉一个舢板船显得很可笑，也明显太过了，”他在报告中写道，“但是在此情况下也不是完全不可原谅的。”

杜立特站在大黄蜂号的船桥上和米切尔一起观看了战斗。

“看起来你将不得不赶快启程，”舰长告诉他，“他们知道我们在这儿了。”

此时，哈尔西向大黄蜂号发出命令，“起飞轰炸机。杜立特中校和勇敢的突袭部队，祝你们好运，上帝保佑你们。”

杜立特和米切尔握手道别，然后立刻跑下船舱去拿他的包，并喊他遇到的队员去飞机上。许多队员刚在军官室里坐下来吃早餐，航母的扬声器响了起来。“现在注意！现在注意！陆军飞行员请上飞机！”

大家都还没准备好。格林宁刚写完一封给妻子的信，而埃德加·麦克尔罗伊正在放松地翻看一份大黄蜂号的海军口令副本。杰克·西姆斯听到机组人员即将出发的消息时，正处在一种最不稳定的状态。“我正巧在厕所，当我听到命令时，”这位飞行员回忆，“相信我，那是你能找到的最好的泻药！”

杜立特撞见了米勒。

“能帮忙把飞行员都带到飞机上去吗？”

米勒答应了。

船员们在湿滑的甲板上来回奔跑，帮助陆军飞行员拉掉引擎和炮塔覆盖。船员为了把油箱加得更满，来回晃动油箱排出里面的气泡。工作人员把五加仑罐装汽油从后舱口递给机上的火炮手，其他人解开飞机上的绳索，将轮楔移除，海军操作员将轰炸机移动到起飞位置上。工作人员将燃烧弹从甲板下面拿上来为飞机装弹。“为了轰炸日本我们已经准备了几个月，”导航员蔡斯·尼尔森回忆道，“我们兴奋得像是要迎来一场大赛的足球队一样。”

问题很快就出现了。

一天前，戴维·琼斯的飞机弹仓内的油箱漏油，技术人员不得不把橡皮油箱清空进行粘补，然后整晚晾在那里等粘胶变干。当机组人员赶来为这只 225 加仑的胶皮油箱加油时，他们发现海军在刚才的战斗部署中已经关闭了燃油管道。罗斯·格林宁命令他的机工长将他们额外的罐装燃油拿给琼斯，并相信海军会将燃油管道及时开启让琼斯完成加油。

那天早上在战斗部署开始之前，哈罗德·沃森已经同意给他的轰炸机更换堵塞的火花塞。“当警报响起时，我发现飞机左引擎的罩子已经被拆开，所有的火花塞都在外面！”他回忆道。“直到前面的一架飞机发动引擎的时候，我的最后一片引擎罩才被装好。”

“矮子”蒙克来到泰德·劳森的轰炸机“跛脚鸭”边上，手里拿着一个水果蛋糕锡盒。“喂，”他对投弹手鲍勃·克莱弗喊道，“你们能给队友帮个大忙吗？把我的唱片放在你的座位下面。我会在我的飞机上带着留声机，等咱们在重庆见了面，好好热闹一下。”

米勒也走了过来，伸出手来握手告别，“我多么希望能跟着你们一起去。”

飞行员在大黄蜂号的导航间进行检入，查看最新的天气预报、风向信息和船的位置。机组人员知道，飞机上的磁罗盘在这艘铁质的航母上放了两个多星期后，已经不准了。此外，外面的风暴让领航员无法使用六分仪来确定方位。飞行员们只能靠航位推测法飞向日本。另一个挑战是他们必须迎着24节的风速飞行。然而，最大的担忧是距离问题。大黄蜂号离东京仍有824英里，几乎是杜立特原计划距离的两倍。

罗斯·格林宁正在检查每架飞机是否装弹，导航员弗兰克·卡普勒跑了过来，“格林宁上尉，我们离东京有800多英里，”卡普勒惊呼道，“我不知道我们要从这么远起飞。”

格林宁赶快跑下去通知杜立特，但他只是点了点头，一句话也没说。

他早就知道。

大黄蜂号到日本的还有800多英里的消息很快就在突击队员中间传开了。“我并不担心，”杜立特的导航员汉克·波特回忆道，“我们对我们的飞行员充满信心。我们对我们的飞机充满信心，我们对自己也充满信心。我们要做的就是去完成这个任务。”

其他人并没有波特这样的信心。

燃料可能会耗尽的消息在队员中产生了巨大的影响。“事情现在是这样，我们的燃料大概够让我们飞到离中国海岸200英里内的地方，”杰克·希尔格对他的机组成员实话实说，“如果有人想要退出，现在就可以退出。我们会用船上的候补队员取代他。退出这件事情永远都不会被提起，也不会对你不利。这是你的权利。由你自己决定。”

希尔格的手下全神贯注地听着。

投弹手赫布·马西亚想起了他的父母和妻子——玛丽·爱丽丝还怀着他们的孩子。他想到了所有他应该对他们说而没说的话。想到他自己的牺牲至少会是光荣的，这让他感到了安慰。“这原本是不可能发生在我身上的事情，但它却发生在了我身上，因此我要参加，并真正把它做好，”他总结道，“做好这件事才是我真正在乎的！”

其他机组人员也都有马西亚这样的决心。

“没有一个人退出，”希尔格的工程师雅各布·爱尔曼写道，“虽然我猜他们中任何人的感觉都不会比我好到哪里去。”

“砖头”霍尔斯特姆在机上发动引擎，他的领航员爬上飞机把坏消息告诉了他。“我们现在到底怎么办？”他心想。

飞行员比利·法罗问投弹手雅各布·萨泽是否会划船，而另一位中士在萨泽爬进机舱后座时喊道，“我们有千分之一成功的几率。”

感到担心的不只是那些飞行员。

“我们知道飞行员开着这些飞机飞到中国的几率连渺茫都算不上，”米勒回忆道，“就是太远了。”

虽然增加的距离使得前景堪忧，但机组人员还是加紧准备起飞——加载装备、启动引擎和查看清单。卡尔·韦尔德纳做着准备，但他的胃却在上下翻搅。“我很害怕，”这位2号轰炸机上的导航员后来写道，“我们知道我们幸存的几率有多小，在我看来，我们正在做一件不经过思考的事情——就像自动机器一样。我想我们确实没为自己多想，或许也容不得我们多想。”

8点03分，大黄蜂号转向顺风方向，并将速度提高到22节。海水击打着航母的船首，即使是经验最丰富的老海员也感到了惊恐。“这是我的生命中唯一的一次，”哈尔西回忆道，“看见绿色的海水上到航母的船头上来，再流到飞行甲板上去。”

海军操作员将轰炸机尽量摆放到飞行甲板的最后端，每两架并排，前后交错。七级以上的强风加上飞机开动的引擎令飞行甲板上的船员很难操作，每个人都系着安全索，防止被卷进飞机旋转的螺旋桨中。“风确实很大！”甲板上的工作人员乔治·伯恩斯坦回忆道，“当B–25加速时，我们必须完全趴在甲板上，用手指紧扣系紧装置。”

在轰鸣声中，米勒喊着向飞行员指示：保持调整片在中立位置，放下襟翼。有任何变化他会写在一块黑板上。米勒要求，“在松开制动器之前，看着我！”

杜立特爬进了最前面的一架轰炸机，坐在他的副驾驶员陆军少尉迪克·科尔身旁。飞机里还坐着导航员，陆军少尉汉克·波特；投弹手，弗雷德·布雷默中士；火炮手和机工长，保罗·伦纳德中士。雨水敲打着驾驶舱的挡风玻璃，杜立特紧紧盯着 467 英尺长的甲板跑道。整日的训练和整夜的担心都凝聚在了这一刻——不仅对杜立特来说是这样，全体 16 组机组人员都是如此。“我们都站在周围注视着，焦急地等待。”爱尔曼回忆说，“我们做了那么多次的练习——在陆地上——但这将是我们第一次真正开着巨大的轰炸机从航母上起飞。”

特遣队其他船只上的喇叭也响了起来：“大黄蜂号正在准备起飞袭击东京的轰炸机。”

所有官兵，从厨师和舵手到工程师和火炮手都冒雨挤在甲板上，来见证这一具有历史意义的事件——有些人甚至还看到了赚钱的机会。“水手们，像股票经纪人一样，对未来即将出现的可能下起了赌注，很快两种不同的意见上都被下了大笔的赌金：他们会成功起飞吗，还是会失败？”企业号航母上的飞机检验员阿尔文·柯南回忆道，“有利条件是，如果 B-25 此前没在其他地方试验成功过的话，就不会出现在大黄蜂号航母上，但是经验丰富的老水手对军队所做的任何事情都持怀疑态度，于是我下了 10 美元等额投注，这样最多也只会输掉一半的钱。”

杜立特发动轰炸机的双引擎，检查了磁电机。航母自身的速度加上狂怒的风暴，为大黄蜂的甲板上提供了每小时 50 英里的风速，正是起飞的完美条件。他竖起大拇指向飞机起落指挥官埃德加·奥斯本上尉晃了晃。奥斯本将手中的信号旗在空中画圈挥动，水手们拉开战斗机的轮楔，信号旗指示杜立特加速向前。

“一切就绪了吗，保罗？”杜立特问他的机组成员。

“一切正常，中校。”

奥斯本注视着大黄蜂的船首，以便在航母船首开始向下扎进波浪的时候放行杜立特。这样 B-25 经过甲板助跑到达船首时，刚好船首已开始随着波浪向上摆动，有助于飞机弹起升空。奥斯本把旗向下挥去，杜立特松开了飞机制动。

8点20分，轰炸机呼啸着跑过甲板。“飞机两个引擎的尖叫，那种兴奋和急促，构成了一种难以置信的景象。我脸朝下躺在潮湿的甲板上，抓着系紧板，防止被那股可怕的风吹走。当杜立特的B-25动起来的时候，它看起来似乎是不真实的。”格林宁后来写道，“我兴奋得整个脊背上下直打冷颤。”

杜立特飞机的左侧轮子压着甲板上的跑道白线。他通过了50英尺线，然后是100英尺线。

再然后，200英尺线。

“他来不及了。”有人喊道。

轰炸机冲向甲板的末端，然后似乎消失了。

“杜立特失败了。”麦克卢尔在心里想，“没有他我们也要完成任务。”

然后杜立特的飞机咆哮着从船首下面升上了灰暗的天空。

“太好了！”克诺布洛赫喊道，“太好了！”

水手们都拥到了飞行甲板上，航母的岛式塔桥上也爆发出欢呼声。“大家的呼喊声在东京都应该都听得到，”行军医生托马斯·怀特记得，“我们都在喊叫，激动地互相捶打。我认为当时舰队里所有人的声带都得因为嘶喊而充血。”

盐湖城号巡洋舰上的记者罗伯特·凯西在他的日记里记录了这一刻。“第一架轰炸机从大黄蜂号起飞。这简直是奇迹，”他写道，“航母正在向下扎入水中，甲板被白色的海浪淹没。随着航母的船首从海中抬起，巨大的飞机刚好从上面弹起。”

升上天空后，杜立特指示科尔收起起落架，而他开着飞机在大黄蜂号上空盘旋。航母的航位方向用很大的数字标在了岛式塔桥后面的炮塔上。根据航母的方向，杜立特将飞机调整到与甲板平行的位置，让波特计算出飞机磁性指南针的误差，之后再飞向东京。

在下面的甲板上，特拉维斯·胡佛中尉发动了他的轰炸机。飞机摇晃和震颤起来。胡佛嘴巴发干，他盯着甲板跑道的尽头，此刻它正埋在波浪中。奥斯本把旗向下一挥，胡佛放开了制动，冲过甲板跑道。此时距离杜立特起飞只有5分钟。“我马上就要冲出甲板了，”他回忆道，“我向后拉下操纵杆，飞机就像一匹跃起的野马那样立了起来。”

向上抬起的船头把轰炸机的前端推得更高。水手和飞行员们都惊恐地看着这一幕，以为飞机肯定会失速坠落。正在飞机看起来会一头扎入大海时，胡佛和副驾驶员比尔·菲茨休两人一起伸直手臂拉起操作控制杆，将机头拉了回来。

“起来！起来！”甲板上的飞行员喊道，“把它拉起来！”

胡佛拉起了飞机，并很快恢复了控制；一种如释重负的感觉传遍了全身。“我感觉棒极了，几乎是欣喜若狂，”他回忆道，“我们飞起来了。”

这样笨拙的起飞让一些海军飞行员觉得不屑，其中一位海军飞行员把胡佛犹豫不决的起飞比作一只起跳的“袋鼠”。

排在第三位的飞行员是鲍勃·格雷。8 点 30 分，他从甲板上呼啸而过的时候惊呆了他的飞行员同伴们。他把棕色的飞行员系带鞋换成了牛仔靴。“牛仔靴是世界上最舒适的鞋，”他声称，“走路最舒适。”

米勒看着格雷的飞机爬上天空，然后他在黑板上草草地写下几个字，提醒后面的飞行员要保持飞机配重在中间位置。在接下来 10 分钟，第四、第五和六架轰炸机都成功起飞。

泰德·劳森在引擎预热时测试了“跛脚鸭”的襟翼，但由于过于兴奋，忘了在起飞前把襟翼降下来，8 点 43 分，劳森松开飞机制动。“我们看着他的飞机消失在了船头，”格林宁回忆道，“然后在航母前方的水域上又摇摇摆摆地飞了起来，样子就像是一只大牛蛙。”

米勒在他的报告中，带着一丝幽默描述了劳森差点发生的灾难，标注了最重要的事实：“他成功地逃走了。”

8 点 46 分，约克从甲板上起飞。

“起飞顺利，斯基，”埃曼斯说，“这和你们在艾格林的地面起飞练习相比怎么样？”

“我上哪里去知道？”约克回答，“我还没飞过。”

现在剩下的轰炸机以每三分钟的间隔顺次起飞。每架飞机的安全起飞不仅为下一位飞行员增加了几英尺的甲板空间，而且也提升了其余飞行员的信心。

对飞行员比尔·鲍尔来说就是这样。“他看起来对这次突袭并不担心，”他的领航员比尔·庞德回忆，“我的印象是，对他来说这似乎是另一次横跨全国的飞行。唯一的区别是起飞跑道要比平时短一些。”

格林宁并没有他的同事那么笃定。“我能看到许多面孔正从船桥上和岛式塔桥的围栏上向下张望。那些替补机组人员就在其中，”他后来写道，“我在想现在他们中还有多少人仍愿意和我们交换位置。”

到9点15分，只剩下最后一架飞机，其他飞机都已安全起飞。最初的那种激动开始消退。最后一架飞机，“地狱蝙蝠”的机尾由于悬在航母尾部之外，在9点19分，一阵吹过甲板的强风掀起了这架B-25飞机的前端，几乎要把整个轰炸机推进海里。“船员们，踩着湿滑的甲板，顶着大风，将飞机团团围住，”副驾驶员鲍比·海特回忆说，“所有人都出动了，用手抓住我们飞机的前端和前轮。”

一等兵罗伯特·沃尔，在用力的过程中摔倒，被卷进了“地狱蝙蝠”的左螺旋桨，螺旋桨削到了他的后背并将他的左臂齐根砍伤。

当事故发生时，萨泽正在甲板上移除轮楔。他惊恐地查看了当时血腥的现场。

“让他们去死吧！”沃尔嘴里咕哝着，在引擎的轰鸣声中，萨泽并没有听到，但是从这位海员的嘴型上读出了他说的话。

“帮我把他抬到一边去，”萨泽对其他海员大吼。两名海员将受伤的士兵拖到了安全的地方。

这场悲剧震惊了机组人员。

“那个海员的手臂几乎被切断了，”领航员乔治·巴尔回忆道。“这次事故令我惴惴不安，在整个排队起飞的过程中，我脑子里想的全是这件事。我希望这不会是个恶兆。”

萨泽爬上轰炸机，但却发现了更多的问题。前面一架飞机的机尾在他们飞机前端的树脂机头整流罩扎穿了一个洞。

“我是否应该告诉驾驶员呢，”他思量着。

杜立特曾警告过，工作人员会把任何有缺陷的飞机推下大海。为了这一天，萨泽付出了太多的努力，是不会让一个破了的机头整流罩阻挡他的。他会把破洞的事情告诉法罗——但是在轰炸机升空之后。法罗放开了制动，几秒钟后，“地狱蝙蝠”从甲板上冲过。

特遣队的全体船员看着法罗的轰炸机升上早晨阴云笼罩的天空。“当最后一架飞机离开后，整个船上大家身上都松了一股劲儿，”信号员罗伯特·努尼少尉记得，“之前大家神经紧张地看着他们起飞，现在每个人都筋疲力尽。我们在用精神的力量推着每一架飞机从甲板上起飞。”疲惫很快又变成了兴高采烈。“我们大声欢呼起来，眼里含着爱国主义的热泪，”企业号上的飞机检验员柯南，曾打赌至少一半的飞机会起飞失败。“我认为我的10美元输得很值，就像是为了战争的胜利而捐了这笔钱。”

一名船员双手紧扣放在头顶；另一名船员为自己祝福。“轰炸机布满天空，”《生活》杂志的约翰·菲尔德写道。“它们双引擎的低沉轰鸣声，它们美丽的线条，机翼和机身上醒目的美国标志，这些让我们所有人都感到骄傲。”记者罗伯特·凯西在他的日记中记录，“飞机都平静地飞向地平线。没有任何故障。它们都是在飓风中直接起飞的。”

米切尔带着难以置信和震惊观看了整个起飞经过。每一次轰炸机呼啸着从甲板上经过，这位经验丰富的飞行员都绷紧了神经，双臂本能地摆动，仿佛他正在驾驶。“只有一个例外，其他所有的起飞都是危险和不当的，”他在报告中抱怨。“显然，最前面起飞的几个飞行员将飞机的配重完全拉到了机尾，这样一来，当飞机以过快的速度到达船头，飞行员将飞机向上拉起时，会造成角度过大，在几近失速的危险中，飞行员拼命把飞机朝天的机头拉下，然后在几英里内都挣扎着试图控制飞机，获得真正的飞行速度和100英尺以上的高度。”

其他高级海军军官显得更为宽容。“对我来说，那些飞机能够起飞就是一个奇迹，” 文森尼斯号的船长，弗雷德里克·瑞福克上尉站在企业号的舰尾观看了起飞，“我认为那些大飞机随时都会坠入海中，但它们非常完美地把握住了时机。”没有谁会比汉克·米勒上尉更感到满意，是他训练了所有80名机组成员。“毫无疑问，如果可以的话，大黄蜂上的每位军官、每个人都会把全世界的勋章送给那些从甲板上起飞的人，”他后来说，“他们真的配得上。”

杜立特开始了向东京的长途飞行，他很高兴成功回答了装载炸弹后的B–25能否从航母起飞的问题。“起飞是容易的，”他后来在报告中夸口说，“夜间起飞也是可能和可行的。”

杜立特将轰炸机下降到波峰高度，掠过黑色的海面，飞机离水面仅有200英尺。他再次查看了当晚在中国的着陆计划，希望史迪威将军在机场已做好了必要的安排。

坐在他旁边的副驾驶员迪克·科尔也想知道中国是什么样子。虽然增加了飞行距离，他相信他的机组会到达中国：“我从未想过我们有可能会到不了。”科尔反而哼着民间小调“加农炮，”完全没注意到他已经引起了大家的注意：“我正忘乎所以地一边唱一边跺着脚，老板用一种质疑的眼光看着我，就好像他觉得我疯了。”

起飞半小时后，特拉维斯·胡佛中尉的轰炸机跟上了杜立特的飞机，很快，杜立特的飞机转向一边，避开海上一艘疑似伪装的军舰。胡佛看到船周围出现了一小块一小块的白烟，说明下面可能在开炮。卡尔·韦尔德纳感到他的胃又抽紧了。“我为什么在这儿？”他想，“如果不是在这儿，此时我会很自在。”

16架轰炸机以平均不到4分钟的间隔，全部从大黄蜂号上成功起飞，它们在空中形成了150英里长的松散的一列。大多数飞机向正西方向飞去，计划经犬吠崎跨越日本的海岸线，犬吠崎是东京东部的一个设有灯塔的海角。“除了任务最后，并有没约定的集结地点。”劳森回忆道，“为了不消耗过多的燃油，那些先起飞的飞机不能在舰队上空等待编队。每架飞机就是独立的一队，这是打完就跑的突袭——每架飞机要单独行动。”

飞行员们把用完的5加仑燃油罐打上洞，再扔进海里。驾驶员们超低空飞行在蓝色的波涛上，一些飞得如此之低，以至于海水偶尔会溅到挡风玻璃上——“地狱蝙蝠”的螺旋桨甚至有一次切进了海浪，让整个轰炸机震了一下。

起飞后不久，驾驶员戴维·琼斯让工程师约瑟夫·曼斯基报告最新的燃油总量，这位年轻人把数据报给了琼斯。

“好吧，小伙子们，”琼斯在对讲机里宣布，“我们没有足够的燃油到达目的地，但我们会尽可能地往远飞。”

轰炸机里安静了下来。

“我到底给自己找了怎样的麻烦？”曼斯基心想，意识到他只有一件事可以做。“在一个笃信基督教的家庭里长大，”他后来写道，“我跪下来开始祈祷。”

惊险的起飞让下士伯特•乔丹筋疲力尽。起飞后他整理了自己的操作空间，并测试了 .50 口径机枪，却发现机枪炮塔坏了；原因是电引线没有连接，不过这一点直到任务结束后他才知道。无法转动的炮塔使机枪失去了作用。与此同时，乔丹发现左机翼油箱漏油。他试图告诉飞行员“砖头”霍尔斯特姆，但在引擎的轰鸣声中无法与他交流。直到狭窄通道里的橡皮油箱终于被用空了，乔丹向前爬到驾驶舱才把这个坏消息告诉了大家。

其他飞机也遭遇了类似的问题。戴维 • 琼斯发现他的轰炸机左后侧油箱少加了 30 加仑燃油；轰炸机“旋转的托钵僧”的炮塔油箱在离顶 14 英寸的拐角接缝处漏油，埃尔德雷德•斯科特中士用对讲机提醒了飞行员哈罗德•沃森，并尽快转移了里面的燃料。斯科特同样发现了左侧机枪的液压装弹器坏了，他不得不手动给 .50 口径的机枪装弹。

轰炸机飞行在途中，萨泽在对讲机中告诉法罗机头整流罩坏了。“这东西上有一个直径 1 英尺的洞。”

“你说什么？”在引擎的轰鸣声中法罗努力想要听清。

萨泽重复了一遍。

副驾驶员鲍比 • 海特爬下去检查损坏情况。“把你的外套脱下来，”他指示萨泽。“看看能不能用我们的外套把洞堵上。”

160 英里的时速让他们的外套很快就从整流罩里飞了出去。

海面上出现了一些正在作业的日本平民和海军船只；随着轰炸机不断接近日本，遇到的日本船只会越来越多。

“我们现在进入了危险区域，”飞行员唐纳德 • 史密斯在对讲机中警告他的机组人员。“保持警惕。在我们的右手边出现船只。”

“看到了，长官。”爱德华 • 塞勒操作着炮塔。

包括杜立特在内的一些飞行员都看见了敌人的巡逻机。“一架双引擎飞机在我们前方的云层中冒了出来，从我们右边飞过，”琼斯在他的报告中记录。“我维持原来的航线不变，它转向避开了我们。可以清楚地看到上面的日本标志。”

乔伊斯在起飞一个半小时后也遇到一架双引擎巡逻机。“它立刻冲出云层来追击我们，”他在报告中写道，“我加大马力把巡逻飞机甩在了后面，它并没有向我开火，但我认为它认出了我是敌人。”

这些插曲预示着前面的危险，促使许多机组都进行了几轮试射，其中就有“跛脚鸭”的机枪手戴夫·撒切尔。

“天啊，这该死的，”当.50口径的机枪响起来的时候，副驾驶员迪恩·达文波特在对讲机里说“这回可是来真的。”

“跛脚鸭”还从低空掠过一艘商船。

“让我们给它来一颗炸弹。”达文波特开玩笑说。

船上其他人都表示同意。

驾驶员劳森并没有理会他们的玩笑。

“好吧，”领航员麦克卢尔最后放弃了这个想法说道，“但我打赌那个家伙已经向东京发了一堆关于我们的消息。”

轰炸机“黄色炸药”的飞行员唐纳德·史密斯在无聊的时候用收音机调台，收到了几百英里外的一个日本广播。“听起来是一个普通的广播节目，”他在报告中记下，“我间断地听了有一个多小时。”

史密斯不是唯一在收听东京广播电台的人，朱里卡上尉在过去的一周里也在收听同一个广播台，随着大黄蜂号靠近日本，他关注广播中是否出现发现特遣队的新闻。轰炸机“青蜂侠”的领航员蔡斯·尼尔森指示飞行员迪恩·霍尔马克，“你只要照着这个飞，保持方向指针正中，我们就能从东京的正中间横穿过去。”

随着轰炸机轰鸣着向日本飞去，飞行员们最初从甲板上起飞时的那种激动紧张逐渐消失，飞机下面只有蓝色的太平洋翻卷着冰冷的波涛，时间从几分钟变成了几小时。“我们一直在向前飞，两到三个小时之后，开始变得无聊，”

劳森回忆道。“我已经足够紧张了，但是在那么低的位置飞得那么缓慢，驾驶飞机还真是件费力的事。”

“青蜂侠”的机组人员都坐着不说话。“我们都忙着考虑问题，我们的神经都是拉紧的，”尼尔森说，“我在想我的妻子，托拉。我和她 1941 年 12 月 8 日结的婚，正好是国家宣战后的第一天。我们在一起快乐地度过了 40 天，然后我就自愿参加了杜立特的飞行队。”

“所有的对话都简短扼要，”埃曼斯回忆说，“每个人都在脑子里把自己负责的事情过了一遍。当然，经常会有一些黑暗的想法跳出来，比如在大海上引擎熄火，或遇上日本的零式战斗机群，我的脑子里面一直在虚构迫降和战斗的场面。”

埃曼斯努力让自己想点别的，想着他在大黄蜂号的商店里购买的东西。“我想到了自己买的成堆的剃须刀片、糖果和香烟，”他回忆道，“然后笑自己买了这么多东西好像要出去一年似的，实际上我们已经是在执行最后一个任务，而且当天就会结束。或许几天之内我们就会回家。”

随着飞机临近敌人的国土，太阳驱散了早上的阴云。飞行员密切关注飞机燃料的消耗。早上在大黄蜂号甲板上的引擎预热就让他消耗了相当于 8 个 5 加仑油罐的燃料，劳森为此痛心不已。“宝贵的 40 加仑，”他后来写道，“在我们出发之前就没了！”

预计增加的距离需要额外的 150 加仑燃油，琼斯对他将要面临的挑战有一种近乎宿命论的接受。“海军一下子变得战战兢兢，提前了 10 个小时把我们踢走，”他在日记中抱怨，“离东京 810 英里——大家都知道会完蛋。噢，好吧。”

斯基·约克忙着计算轰炸机的燃料消耗。

“嗨，鲍勃，看看这个，”大约在 11 点，起飞两个多小时后约克说，“是我疯了还是我们真的烧了这么多油？”

埃曼斯查看了数字，他想知道是汽油表不准呢还是飞机在漏油？

“见鬼，斯基，”他回答说，“如果显示是正确的，我们甚至都无法靠近中国的海岸。”

导航员诺兰·赫恩登扔下手里的地图去检查炸弹舱里的油箱，而后报告了一个坏消息：汽油表的显示是正确的。

“乖乖，”机枪手大卫·波尔中士说道，“波尔夫人年轻的英雄要去中国海上迫降——如果我们能通过东京上空的高射炮和战斗机防御网而没被击落。我，一个20岁的波士顿男孩，他是中士，80名杜立特突袭队员中年纪最小的一个，未来就这样没有了。”

机组只有几个选择，而且没有一个是好的选择。他们可以在日本着陆，但在发动攻击后降落，等待着他们的很可能是酷刑甚至死刑。他们也可以飞向中国，在海上迫降，祈祷在被鲨鱼吃掉之前获得美国潜艇的远程营救。最后的选择是飞往俄罗斯，距离会短得多。即使这样，他们还是有被俄国人误当成敌机击落的可能。

“赫恩登，你有绘制从东京飞到俄罗斯的路线吗？”约克问道。

“我绘制了所有的可能线路。”

“俄罗斯是中立的，不是吗？”机械师西奥多·拉班中士问。

“杜立特并没有直接命令过不许去俄罗斯，但他说得很清楚，飞去俄罗斯不是一个好主意，”约克补充道，“俄罗斯也许会给我们提供燃料，然后我们会在明天早上穿过被占领的朝鲜到中国。”

“希望如此！”埃曼斯说。

讨论很快就被打断了。

“这里有海岸，”有人喊道，“我们到了！”

4月18日7点半，早餐过后，山本上将在他的旗舰“大和号”上接到了日本“日东丸”号发来的报告。随后，想要与遭受袭击的日东丸号取得联系的各种努力都失败了，但是几乎没人会怀疑这份报告的真实性。最近几天美国增加的报文通讯量——加上4月10的无线电情报——都指向了一个结论：一直以来山本所担心的国家首都遭袭的威胁已经近在眼前。此前日本已经错误地得出结论，认为1月份夏威夷附近海域的潜艇攻击使美国损失了一艘航母，这样美国就只剩下3艘航母了。根据日东丸号的错误报告，整个太平洋舰队的航母力量正在向东京进发。山本最可怕的噩梦成为了现实。他下令实施 3 号战术，既日本的国土防卫计划。“以 3 艘航母为主力的敌方部队今早出现在 0630 位置，东京以东 730 英里处，” 他火速发出消息，“迎战美国舰队。”

海军总参谋部的大多数人认为日本至少还有一天的时间准备。航母舰载飞机较短的飞行距离意味着突袭最早也要到 4 月 19 日的早晨才会发动，因为航母必须前进到靠近东京 200 英里的范围内才会放出和收回舰载飞机。用航母发动突袭正是美国袭击马绍尔群岛和马库斯群岛时所用的战术，更不用说日本偷袭珍珠港用的也正是这一招。日军高级领导人急忙召集所有可用的空军和海军部队来击退入侵者。日本的许多前线部队仍在海上；其他刚回来的部队需要休整。日军领导调集了一切资源，甚至征用了“加贺号”航母上的战斗机和轰炸机。这艘航母参加了珍珠港偷袭，后来因为触礁而停在了佐世保进行修理。几个小时之内，日本已召集了不少于 90 架航母战斗机，80 架中型轰炸机，36 架舰载轰炸机和两架水上飞机。

第二十六空中舰队指挥官，海军少将山形诚刚，在日本东部岛屿执行空中防御巡逻任务，警示他的攻击和侦察部队战斗即将临近。早上 6 点半，4 架可载 6 人的双引擎中型轰炸机，从东京附近的木更津空军基地起飞，执行上午的例行巡逻飞行，侦查东京 700 海里内的范围。起飞后 3 小时 15 分钟，飞行员发现了两架敌人的双引擎轰炸机出现在距东京 580 海里和 600 海里处，距日机只有 2 英里。但出人意料的是这份不寻常的报告未能阻止日本领导人继续相信美国的攻击最早会出现在第二天早上。急于开始进攻，中午 11 点 30 分，日本起飞了 3 架中型轰炸机。12 点 45 分，又有 29 架携带着空中鱼雷的轰炸机和 24 架配备了额外油箱的航载战斗机轰鸣着升上了天空。

日本军舰也同样做好了战斗准备。第二舰队指挥官，中将近藤信竹， 前一天刚刚从南部的作战中返回横须贺，准备立即返回海上指挥所有可用船只，包括舰队的第四巡洋舰分队，由爱宕，达克和玛雅号组成；第五巡洋舰分队的妙高号和羽黑号。第一舰队指挥官，海军中将高须四郎，将带领 4 艘战列舰从广岛湾出发来支持他。海上部队全速前进拦截美国舰队，其中包括距离本州岛约 500 英里的潜艇中队的 6 艘潜艇。另一个中队的 5 艘潜艇放弃了特鲁克岛的任务，改为搜索小笠原群岛以北。在巴士海峡，台湾海岸以南，海军中将南云忠一命令他强大的航母队伍赤城号、苍龙号和飞龙号驶向东方。战斗机驾驶员渊田美津雄，曾领飞突袭珍珠港的队伍，快步走进了赤城号的作战指挥室。

渊田刚进门，第一舰队行动干事源田实中校宣布："嗯，美国人他们终于来了！"

考虑到地理位置与苏联和中国临近，日本公众早就对可能发生的空袭有所准备。在整个 20 世纪 30 年代，日本每年都在东京、横滨、大阪、名古屋、京都和神户 6 个主要城市进行防空演习，重点演练急救、停电和有毒气体防御。百货商店和公共建筑通常都会展示第一次世界大战期间的德国炸弹和包括飞机、炸弹和地下避难所在内的小型城市模型。不少于 70% 的东京成年人购买过简易的防毒面具。与中国的战争更增加了这些预防措施的重要性，促使日本领导人征募了东京 140 955 个社区团体，这种社区组织由 10~20 个有亲族关系的家庭组成，家庭之间的关联甚至可以追溯到封建时代。他们的装备就是手动泵、水桶和铲子，在空袭事件中这些团体会战斗在人民防空的前线。

虽然这些预防措施与政府所吹嘘的日本不可能遭受袭击的说法正相反，东京市民已把防空演练的麻烦当作战时生活的一种常态，就像配给供应和外国进口商品的减少一样。但除了这些不尽如人意的地方，对于许多居民来说生活并没有什么改变。就在两周前，数千人还参加了樱花节。音乐爱好者们还在谈论周三和周四晚上著名钢琴家草间和子在日比谷大厅的演出，而政客们正在为即将到来的议院选举奔忙，100 名候选人将竞选 32 个东京区席位。前一天有不少于 230 个竞选集会在首都举行。东京大学棒球春季联赛——来自 6 所学校的赛队——要在下午 1 点以两场比赛为新赛季开球，早稻田大学对东京帝国大学；庆应大学对法政大学。

在日本国内，所有的战争新闻都经过政府媒体的筛查，日本侵略军被描绘成了把亚洲和太平洋地区从美欧帝国主义桎梏之下解放出来的大救星。就在同一周，有新闻报道称，在新近占领的香港，日语教材已经成为最畅销的书。其他新闻还包括，苏门答腊岛上的居民庆祝日军空降两个月纪念日，新加坡的小学生激动学唱日本国歌"君之代"。在国内方面，超过 3 万名日本阵亡士兵家属首次聚集在首都，参加4月24日开始的靖国神社祭奠仪式，为期四天的活动包括将日军侵华战争中丧生的15 017人供奉于神社内。“我感到诚惶诚恐，”一位寡妇告诉记者，“我丈夫的灵魂将被奉为神明。”

与此同时，社论对夺取巴丹半岛表现的洋洋得意。“随着科雷吉多尔岛即将被攻占，整个西南太平洋将成为日本海军的独家海域，”那天早上《日本时报》的一篇社论吹嘘，“在公海上，美国和英国的战列舰只能如丧家之犬一般四处流浪。但幸运的是，事情变得简单多了，因为它们中的大多数已经被送进了海底，横扫这些水域的日本军舰已将英美舰船清洗一空。”这篇社论还继续嘲笑了未来几周内盟军可能会发动进攻的传言。“没有任何基地可以让他们的舰队出发，他们如何实施计划？”“他们所有对夏季攻势的大肆宣传都是绝望的盟军领导人一厢情愿的想法，希望阻止他们的人民老是想着他们陆海两军在日本手中遭到的无数失败。”

这天早上，许多东京居民忙碌的周末会被一次短暂的“入侵”打断。两天前报纸已提醒市民4月18日上午进行防空演习，头一天晚上当地警方还将此事告知了美国和英国大使馆被扣留的外交官。东京对所谓的“一级警报”做出反应，几乎与此同时，最后一架B-25已经从大黄蜂号上起飞。没有警报响起，政府也没有要求居民进行隐蔽。只有城市消防和防空警报哨所参与。两个消防中队出现在英国大使馆外面，而被扣留的美国外交官员只是将大使馆和官邸的窗帘拉上。然而，演习很快就结束了。上午9点30分，英国大使馆的防空瞭望员已经下岗，上午11点，美国大使馆的瞭望员也打高尔夫球去了。

此外，首都上空的空中表演也很频繁，这个星期六早上也不例外。东京居民提前庆祝裕仁天皇在月底的41岁生日，加上靖国神社的活动，这一天将有500架表演军机从上空飞过。几天前媒体就对军事演习进行了宣传，日本当局在当天早上也提醒了美国大使馆的外交官。消防队员留在街上观看演习，而被扣留的外交官无事可做也凝视着天空，看日本战斗机在上空模拟空战。部队沿着城市的滨水区布满了防空气球——一种用金属线缆固定的可充气巨型多囊气球，可有效阻拦低空飞行的敌机。这些活动在将近中午的时候接近尾声。一位被扣留的美国外交官员获得特别许可去看医生，在中午 12 点 15 分上了一辆有轨电车。其他外交官在相互闲聊。在东京这座不断向外扩张的城市里，人们的生活又恢复了平常，2600 年来日本从未有过入侵者，毫无疑问，东京居民对此感到很安心。

第十一章

起飞后一切都很平静，直到我们靠近海岸线。

——7号机上的领航员，查尔斯·麦克卢尔

杜立特飞临日本，轰炸机仅以200英尺的高度低空掠过太平洋蓝色的波涛。天空放晴，海上能见度达到70英里，可以看到海面上聚集着许多平民和海军舰艇。来自南达科他的23岁领航员汉克·波特中尉，起飞后就一直在努力确定准确的方位。飞行员们看到了前面的海岸。

“我们现在要么在东京以北50英里，要么在以南50英里，我是这么认为的。”杜立特告诉波特。

“我认为我们大约在东京以北30英里。”波特说。

杜立特的轰炸机在犬吠崎以北50英里处进入了日本陆地。“我们在原定路线以北，但决定利用这个错误从北面飞入东京，”他在报告中写道，“这样就可以避免遭遇西面的防空火力。”之前被巡逻船发现加上其他的报告让杜立特怀疑日本的战斗机和防空炮已经做好准备，等着他们的轰炸机从西边飞来。从北飞入就可以摆脱它们。

“我们有伴了，中校。” 副驾驶员理查德・科尔突然说道，向驾驶舱外的一架 B–25 示意，那架飞机也侧了一下机翼向他们示意。

飞行员特拉维斯・胡佛中尉的飞机并排飞在杜立特飞机的左边。

这两架轰炸机呼啸着飞过东京北部的机场，看到这里的机场和天空中布满了飞机，主要是些小型双翼机，应该都是些初级的教练机。在炮塔中的机枪手保罗・伦纳德中士看到了 40 架飞机。“日本看起来是绿色的，平静而且风景如画。”科尔后来写道。“地面上的人向我们招手，似乎到处都在打棒球。”布雷默回忆道，“我们看到下面街上车来人往，一切如常，”他回忆道，“所以我们知道他们对我们的到来毫不知情。”

杜立特在地形允许的情况下尽可能低飞，向正南方向飞过东京的郊区。轰炸机几乎“贴在水面上”飞过了东京东北部的一个大湖，手贺沼。几天来困扰着行动组的坏天气已经放晴，这个星期六，日本的天空是万里无云的，虽然雾霾把能见度降低到了约 25 英里。飞行员和机枪手在天空中搜寻战斗机，而波特试图找出飞机的确切位置，这比他之前想象的要难得多。地图上显示，东京西北部被 5 000 英尺的高山环绕，但波特向下看去，只见平坦的土地。此外，尽管高速公路并不能被明显看到，但河流、运河和铁路，包括巨大的户锢铁路调车场却很容易辨认。他找到了横穿东京北部的荒川——上面建有大型桥梁，和立川铁路——始于故宫通向东京正西方向，很容易被认出来。

杜立特发现了大约 10 英里外有九架战斗机，每三个一队。那些飞机在 8 000 英尺的高空巡航。杜立特保持低空飞行，希望不会被发现。战斗机飞过去后，机组成员又在东京中心以东发现了 5 只防空气球，远处还有更多。

飞过海岸线后 20 分钟，两架轰炸机到达了东京北部的隅田川。胡佛向西飞去寻找他的目标，而杜立特继续向前飞入东京。他的主要目标是皇宫以北几英里处的兵工厂。炸弹舱里放着 4 颗燃烧弹，他希望用它们引发一场更大的爆炸。现在飞行员们可以清楚地看到东京商区林立的高楼，以及皇宫，甚至皇宫四周泥泞的护城河。

此时，杜立特驾驶飞机在空中盘旋着，像是一把即将刺进日本帝国心脏的匕首。他将飞机拉高到 1 200 百英尺，转向西南方向，准备轰炸。

“接近目标。”他告诉投弹手弗雷德·布雷默中士。24 岁的布雷默来自华盛顿。

布雷默奋力压下按钮，弹舱门打开，机舱里立刻充满了引擎巨大的轰鸣声。

“准备就绪，中校。”布雷默在对讲机里宣布。

杜立特将飞机维持平飞状态，准备投弹，以离地面不到四分之一英里的高度超低空飞行，此时防空火炮响起。布雷默瞄准了兵工厂。驾驶舱仪表板上的红灯闪烁，第一颗炸弹垂直落下。布雷默记下了时间是下午 1 点 15 分，虽然地面上的时间还要早一个小时。驾驶舱的仪表板上红灯再次闪烁。

然后又一次闪烁。

和最后一次闪烁。

4 枚燃烧弹——每枚包含了 128 枚四磅重的燃烧子弹——落向东京。

在地面上，鹤卷国立学校的几名教师抬头看着杜立特的轰炸机在头顶呼啸，飞机低得可以让人清楚地看见上面的美国标志。“飞机上投下类似炸弹的物体，”一位教师回忆道，“在下落的过程中它们像雨伞一样打开，里面的东西像传单一般纷纷落下。”

大约 30 枚小炸弹落在了学校上面，包括在院子里的 15 人，约有 150 名学生在午饭后聚集在操场上准备上剑道课。其他的小炸弹落在了大街上，造成一名行人死亡，几家商店和房屋起火。受惊的居民本庄征吉，急得连裤子都没穿就冲到了屋外。还有其他的小炸弹点燃了附近的冈崎医院，护理员忙着向外转移病人。

距离医院大约二百码，是早稻田中学，教师们正在商议参加一个同事的葬礼，学生们在外面的院子里玩耍。一枚小炸弹击中了四年级学生茂小岛的肩膀，他倒地抽搐，几秒钟后就没了声息。

总之，杜立特的袭击造成了 2 人死亡，19 人受伤，其中 4 人重伤。日本调查人员后找到了 425 个燃烧小炸弹，包括 31 个未爆炸的。250 个小炸弹点燃了住宅，另有 150 个被消防队扑灭，造成轻微损害。还有 100 个落在了道路和田野上。消防队员紧急灭火，但还是有 36 座建筑包括 44 个住家被完全烧毁。袭击还部分摧毁了其他 6 座建筑，包括 20 个住家。

防空火炮在天空中响起。轰炸任务已经完成，布雷默调整 .30 口径机头机枪，给它装弹，但最不巧的是偏偏此时机枪卡壳了。他发现有一发子弹卡在了 T 形槽里。他向后拉枪栓拉柄，并用手指取出了卡住的子弹，然后重新装弹。

防空炮弹在轰炸机周围爆炸。炮弹的高度刚好，但大多数炮弹都打到了轰炸机左右两边约一百码的位置。

“你那里一切都好吗，保罗？”杜立特问他的机枪手。

“一切都好。”他回答说。

“他们打偏了有一英里。”杜立特补充道。

一颗爆炸的炮弹让轰炸机整个晃动了一下。

“中校，”伦纳德回复，“这个可没有一英里。”

杜立特将轰炸机俯冲下去，以略高于屋顶的水平飞过东京西郊，进入一片起火冒出的烟雾之中。之后向南朝大海飞去，途中经过一个小型飞机制造厂，外面排列着十几架新造好的飞机。

“中校，我们不能烧掉几架日本飞机吗？”布雷默问道。

“这只会让引起他们的警觉，”杜立特答道，“会让他们做好准备，给我们后面的机组带来麻烦。”

急切的布雷默又在下面的高速路上发现了一辆坦克或是一个装甲车，再次要求允许开火。

杜立特说，“放轻松，弗雷德，他们可能会以为我们是一架友好的飞机。就让他们那么认为吧。况且打掉一辆坦克也不会赢得整个战争。”

几乎与杜立特在同一时间，特拉维斯·胡佛中尉找到了他的袭击目标。作为第一波三架轰炸机的领头飞行员，胡佛整个上午都在天空中寻找罗伯特·格雷中尉和埃弗雷特·霍尔斯特姆的飞机，但是没有发现他们的任何踪迹。他唯一遇到的另一架轰炸机就是杜立特的飞机。

导航员卡尔·韦尔德纳中尉，在飞机起飞时就设定了 272 度朝着正西方向的路线。按照这个飞行方向，胡佛应该在设有灯塔的犬吠崎海岬进入陆地，而当他向下看去时，只见长达数英里的白沙海滩。韦尔德纳知道情况不太妙。

实在是不妙。

胡佛也有同感。

“我该怎么做？”飞行员问道。

韦尔德纳唯一能给出的建议就是跟着杜立特。

韦尔德纳扫视着他的地图，再望向窗外，苦苦寻找着任何方位线索。他成为领航员完全是因为他在之前的飞行员训练中被淘汰了下来。这样的经历留给他比较严重的自卑感。每过一分钟——飞机正盲目地深入日本——他的恐惧也在积累。“我一生中从未感到过如此无助，”他写道，“我们经过稻田、溪流和几座寺庙，但我无法在我的地图上确定任何一个地标。我知道这些地图可能不够准确，但是我感觉手里拿的似乎是世界上另一个国家的地图。没有一样能对得上。”

不能确定自己的位置，胡佛选择跟着杜立特的飞机，然后 100 英尺的高度沿着西部农村低空曲折前进。让飞行员惊讶的是，这一路上竟然如入无人之境。此前与日东丸号的交战，加上被各种日本船只和飞机看到，似乎都未能引起日本对这支空袭部队的注意。甚至连轰炸机低空飞过的军事基地看起来也没有处于警戒状态。

“没有遇到追击的飞机或防空炮火，”韦尔德纳在他的报告中写道，“民众对我们的到来没有表现出任何惊慌。”

“我看到地上的人，”投弹手理查德·米勒说，“不经意地抬起头看着我们飞过。”

胡佛的飞机携带 3 枚 500 磅重的爆破弹和一枚燃烧弹。他们的袭击目标是隅田川转弯处附近的一个发电站和弹药库。“在到达东京北部郊区之前，没有发现任何重要的军事目标，”胡佛在报告中写道，“我认出了隅田川，并立即向西转向，沿着隅田川接近我们的目标。飞机开始爬升。”

胡佛仔细查看下面拥挤的河岸，但在地图上标示的位置上并未发现发电厂。他赶紧调换目标，发现河边有两个厂房和一些仓库。整个区域都被狭小的建筑挤满了，毫无疑问这里可以燃起大火。

太好了。

“这里就是我们的目标，”胡佛喊道。

胡佛没来得及把飞机拉到 1 500 英尺的高度，所以他就在 900 英尺的高度进入平飞状态。理查德·米勒少尉立刻将炸弹准备好，但他不知道胡佛已经更换了目标。“我看见了一个大工厂周围还有几个小仓库正符合我们对目标的描述，”他在报告中写道，“我立刻打开炸弹舱门，快速瞄准那座大型工厂的中心，然后用手动释放开关，以半秒钟的间隔释放了所有 4 枚炸弹。”

“投弹完毕，”米勒喊道，同时关上了弹舱门。“让我们离开这儿。”

炸弹引爆的同时，胡佛倾斜向上拉起飞机。在不到 900 英尺的高度，爆炸的冲击波震动了全体机组人员，崩出的碎片甚至向上超过他们的飞机 100 英尺。“3 枚爆破弹”韦尔德纳后来在他的报告中指出，“在我意识到它们被投下去之前，它们的冲击波已将我们抬起。”

在几英里之外，杜立特的副驾驶员理查德·科尔看到爆炸的碎片遮蔽了天空，在炮塔中的机枪手保罗·伦纳德则认为爆炸可能会让胡佛的飞机坠落。

但是，胡佛撑了过来，飞机从烟雾和碎片中呼啸而出。靠近朝日电机制造公司工厂的大爆炸点燃了 38 个建筑，除了 8 个，其他全部被摧毁。52 个住宅被烧毁，14 个被损毁。爆炸的气浪把一个女人从二楼冲出，但她奇迹般地落在了街上的榻榻米垫子上，毫发未损。

还有 10 个人就没有这么幸运了，其中几人被烧死在倒塌的房子里。攻击还造成另外 48 人受伤，其中 34 人伤势严重。输水管道破裂阻碍了灭火，加上隅田川正处于低水位的季节，消防员难以用泵抽上水来。调查人员后来测量出两个弹坑都有 30 英尺宽，15 英尺深。

“我向后望去，看见我们的袭击目标被黑烟笼罩，”机枪手道格拉斯·雷德尼中士在他的报告中写道，“目标靠近底部的位置有火焰和烟雾。”

坐在轰炸机前面的飞行员感到不放心，问雷德尼是否看到了爆炸。“是的，长官，”机枪手告知胡佛，“所有 4 枚炸弹击中同一处目标，整个区域都在冒烟。我们打中了！”

“好吧，伙计们，坐稳了，”胡佛用对讲机宣布。“我们要下去了。”

飞行员把轰炸机大角度俯冲下去，机上松散的物件都飘了起来，一起向上翻腾的还有韦尔德纳的胃。“我看了一眼空速指示器，发现已经接近安全飞行的红线，”领航员后来写道，“外面我能看到的只有屋顶——有上百万个。”

之后轰炸机从城市屋顶上空仅 30 英尺处低空掠过，直到胡佛发现正前方横着一条电线。

“从上面飞过去还是下面？”他问道。

“你最好不要从下面飞。”韦尔德纳立刻说。他提醒胡佛省一点用油，到中国还有很长的距离。

“我只想快点离开这里。”

1 点 35 分——杜立特和胡佛袭击后约 20 分钟，格雷中尉也冲过了日本的海岸线，在犬吠崎灯塔以南 15 英里、横滨正东方向飞入日本。

虽然轰炸机从航母起飞的平均时间间隔只有 3. 9 分钟，但机械故障和导航错误拖住了这支空中舰队横跨太平洋的脚步。这多达半个小时的延误给了日本得以喘息的机会，从震惊中恢复了反应。大约 12 点 35 分，空袭警报在整个东京上空响起，战斗机紧急升空，军队架起防空火炮。发动突然袭击的条件已经消失了。

格雷穿过房总半岛，半岛向南环抱着东京湾，将太平洋挡在外面。轰炸机还未到达东京湾，机组人员就发现了半岛上有穿着蓝色制服的人正在从东南方向赶往东京。格雷进入东京的路线刚好在滨海区域防空火炮防线的一侧， 他在逃离时还要折回到这段危险的区域。此前杜立特经过了他们要轰炸的目标上空，无疑已经惊动了地面部队，这让格雷的行程变得更加危险。

格雷飞过海湾时，高射炮弹不断在空中炸开，随着他的飞机在天空中留下了一串烟雾。他飞向目标：一个钢铁厂，化学工厂和一家天然气公司——在皇宫西北方位人口密集的工业区内。

“他们在朝我们射击。”副驾驶员“矮子”蒙克惊呼道，后来他这一“敏锐的”观察遭到了同机成员的取笑。

格雷穿过防空炮火继续前进，将飞机拉升至 1 450 英尺；东面 10 英里处一个油罐似乎在燃烧。

“把我们的 4 枚炸弹分 4 次投放，”投弹手亚丁 • 琼斯中士写道。“然后开始行动，迅速离开那里。”

格雷没看到第一枚炸弹击中目标，但他感到了震动。他相信他的第二枚和第三攻炸弹直接击中了天然气公司和化工厂，后者让整个化工厂都燃烧了起来。他将剩下的一枚燃烧弹投到了小工厂密集的区域。“威士忌皮特”的领航员查尔斯・奥扎克中尉透过窗外，“看到了浓烟从目标区域冒出。”

格雷直接击中了日本柴油机制造厂，炸弹穿透了3号仓库的木质屋顶落下，在水泥地面上砸出了一个18厘米的凹坑，然后爆炸。工人们正在厂区内吃午饭，之前没人拉响空袭警报。巨大的爆炸令12名工人丧生，另有88人受伤，其中47人重伤。袭击将仓库夷为平地，并损毁了另外8个建筑，引发了2号仓库的火灾，但是被扑灭。他的另一枚炸弹部分摧毁了另外两个建筑，使9人受伤。格雷的燃烧弹在平民居住区散开，烧毁了包含27户住家的四座建筑。其中包括山乐庄公寓和一家服装厂的宿舍。

格雷开着轰炸机腾挪移动躲避密集的防空炮火，并立即向右急转，开始撤退。

琼斯操作一架.30口径机枪向1 000英尺下方的建筑和街道扫射；机关枪的嗒嗒声回荡在驾驶舱内。奥扎克看到下面有些木质建筑在被子弹打中后似乎着火了。琼斯看到了一个类似工厂的建筑，屋顶还有防空监视塔。“我看到有15到20个人倒下，看起来像是被我们的火力击中，”奥扎克在他的报告中写道，“其余的人四散奔跑。”

遗憾的是，那些都是未成年人。

水元小学的教师们当天已经让学生们放假，但许多孩子留下来清扫教室。在格雷的飞机呼啸着出现在上空之前，大约150名学生已经开始往家走，琼斯扣压机枪扳机，向学校的一楼和二楼扫射。

受到惊吓的学生又向学校跑了回来，学校老师雪辉古沢引导学生进入教室隐蔽。高年级新生石出巳之助突然倒地。古沢以为男孩只是绊倒了，继续引导其他学生，几分钟后回来发现石出仍在躺地板上。古沢查看了这个男孩，意识到他中枪了，玻璃窗上有一个弹孔。“这名学生立刻被转移到了另一个房间里，他的脉搏很微弱，”古沢回忆，“中枪一小时十五分后这名学生在被送往医院的路上死亡。”

埃弗雷特·霍尔斯特姆中尉驾驶着 4 号轰炸机，在接近日本时，他感到忧心忡忡。他的一个机翼油箱漏油，机上的 .50 口径机枪无法使用，而且他是攻击东京北部的第一波轰炸机中最后一个到达的，这意味着地面的防空武器已处于高度戒备的状态。他决定要以智取胜。

他指示领航员从东京南面登陆，相信这样就能够躲过准备从东面迎敌的日本战斗机。整个上午，霍尔斯特姆一直朝着正西方向飞行，却不知道飞机上的指南针偏差了 15 度。他以为到了东京，以 75 英尺的高度低空飞过东京南部的一群小岛。

其实他离东京的最南端还差得很远。

核查地图后他们发现轰炸机在东京以南 75 英里的位置，这一发现给他们的总行程又增加了 150 英里。霍尔斯特姆继续向北飞向东京，他告诉他的机组，如果轰炸机遭到日本袭击，他计划就地扔下炸弹逃跑。霍尔斯特姆接到的任务是轰炸一个火药库和位于东京北部的服装仓库。从南进入东京，怕是很难顺利飞到这些目标所在地，所以，他决定将他们携带的三枚爆破弹和一枚燃烧弹投向备选目标——一个油罐储备场和部队的营房。

但霍尔斯特姆的计划却适得其反。日本出动的轰炸机和战斗机飞向南面的海域，霍尔斯特姆正好与他们迎头撞上，而他的飞机燃料不足，并且机枪也无法使用。

副驾驶员卢西恩·杨布拉德正爬到机舱后面去把炸弹舱里的最后剩下的燃料加到机翼油箱里，突然霍尔斯特姆发现有两架战斗机出现在了相模湾上空——位于东京西南的景观水域。他喊杨布拉德回到他的座位上来，并立即将飞机向下俯冲错过他们。“他们机翼上的红点看起来就像谷仓一样大，”杨布拉德在他的日记中写道，“我们真的撞在枪口上了。”

其中一架战斗机开了火。

霍尔斯特姆看着子弹飕飕地贴着驾驶舱飞过。“当我看到 7.7 毫米的子弹从我们的机翼上弹起时，”他回忆道，“我觉得这简直就是要死！”

杨布拉德发现了1 500英尺处的另外两架战斗机飞了过来。

“我下了决心，我们应该逃跑，”霍尔斯特姆写道。“我认为如果我们继续，飞机肯定会被打下来。”

霍尔斯特姆命令投弹手倾倒炸弹。罗伯特·斯蒂芬中士打开炸弹舱门，在75英尺的高处将所有炸弹倒入了大海。海水吞没了霍尔斯特姆的四枚炸弹。他将飞机掉头向南将战斗机甩在了后面。

机组成员感到非常沮丧。

“那是一种让人虚弱的感觉，”导航员哈利·麦克尔回忆道，“所有的努力都白费了。”

戴维·琼斯上尉的轰炸机从犬吠崎灯塔北面，以高出海面50英尺的高度，穿过海岸线，迪恩·霍尔马克和泰德·劳森中尉的飞机紧随其后。由这3架飞机构成的第二轰炸小组负责破坏东京的市中心。琼斯加速到200英里/小时，直捣内陆，但当他发现并没有出现预期中的敌机时，他把速度降至每小时180英里。

没遇到任何阻击叫他松了一口气，但没过多久就出现了更为紧迫的问题。田野、街道和村庄从轰炸机下面不断飞逝而过，琼斯和他的机组成员寻找能够帮他们定位的地标。5分钟过去了，10分钟过去了，最后琼斯不得不痛苦地承认：“我们不知道自己到底在哪儿。”

“好吧，”他终于决定。“我们往南飞。”

又过了10分钟。

然后15分钟过去了。

琼斯知道，寻找东京所消耗掉的燃料每增加1加仑，他们飞去中国所剩的燃料就会减少1加仑。

慌了神的驾驶员决定轰炸他看到的第一个目标，但是当飞机越过一座山脊，飞过东京湾的河口时，他立刻认出了他们的位置。原本打算从北向南飞入东京，但琼斯过早开始向南飞，飞到了房总半岛末端，也绕过了东京。他进入了横须贺东面的海湾，向北继续前往东京。

他接到的任务是轰炸皇宫东面的几个目标，包括一个军械库。由于燃料不足，琼斯决定轰炸其他目标。透过驾驶舱的挡风玻璃可以看到，沿着海湾密布着无数适合的袭击目标。琼斯把他的打算告诉了投弹手丹佛·特鲁洛夫。

琼斯把飞机拉上 1 200 英尺的高度，特鲁洛夫一边指示琼斯调整方位，一边瞄准一个距离海滨两个街区的储油罐。特鲁洛夫的下一个目标是一座几层楼高的砖砌建筑，看起来像一个发电厂。琼斯转向左边，继续寻找更多的目标，这让他见证了第二枚炸弹的爆炸。“建筑的外形就像一个木桶，”他回忆道，“它的四周向外旋转，顶部也转了起来。然后这只‘桶’爆炸了。烟雾、灰尘和砖块崩得到处都是。”

突袭者们又用燃烧弹袭击了另一个有锯齿状屋顶的二层建筑。这个大规模的建筑长度超过两个街区，让琼斯想起北美航空公司的加州工厂。“袭击它很容易，”他在报告中写道，“燃烧弹中的每一枚小炸弹都打到了工厂的屋顶上。”

防空火炮促使琼斯把飞机加速到每小时 270 英里，这导致特鲁洛夫没有击中最后一个目标。爆破弹仅损毁了一个两层建筑的一角，这个建筑的屋顶上有窗户和通风机，西侧是一条水道。

一份战后的分析报告显示，他们的一枚炸弹穿过一个工厂的屋顶，在一根离地面十英尺高的支撑梁上爆炸，造成正在午休的 12 名工人死亡，11 人受伤。工厂房屋的钢架结构并没有让整个建筑倒塌。另一枚炸弹穿透了横山工业仓库的屋顶，这个仓库同时也用作办公。炸弹击中了一堆木材后爆炸，爆炸半径达 65 英尺，波及隔壁的另一家工厂，共造成 15 名工人死亡，另外 11 受伤。总而言之，这次袭击造成 27 人死亡，是这次任务中单个轰炸机袭击造成死亡人数最多的一个。

琼斯俯冲下去，以略高于屋顶的高度低空逃脱，轰炸机周围是日本防空火炮、甚至机枪子弹的呼啸声。在飞机炮塔中的约瑟夫·曼斯基被吓坏了，“当我看到曳光子弹时，”这位机枪手回忆道，“我慌忙从炮塔上下来，一发子弹都没打。”

霍尔马克中尉和“青蜂侠”上的机组成员惊叹于竟能如此轻易地进入敌国领空。没有防空炮火，没有战斗机，这只是一个温暖的星期六下午。“天气是如此晴朗宜人，甚至都让人觉得我们是一架来访的商务班机。”领航员蔡斯•尼尔森回忆道，“好天气让我们感觉很好。我们认为这是一个好兆头，我们一定会成功。”

当轰炸机接近东京时，这种平静结束了。

霍尔马克将飞机拉升到1 500英尺的高度，以超过每小时220英里的速度前进。轰炸机的炸弹舱门打开时，高射炮和停在海港里的战列舰开炮了。其中一发打到了副驾驶员罗伯特•米德尔中尉附近的防风玻璃上。地平线上是前面几架轰炸机袭击后留下的滚滚黑烟，而头顶1万英尺的高空有6架日本飞机呼啸飞过。

霍尔马克接受的任务是轰炸位于东京东北角东京湾沿岸的多个钢铁厂和铸造厂。尼尔森估计目标的范围不小于600英尺宽2000英尺长。这位来自德州的飞行员现在要实现他自己的一个预言——在珍珠港遇袭的几天后，他在写给父母的信中说过“日本鬼子当然犯了一个巨大的错误。我想几个月之内，美利坚合众国就会让他们追悔莫及。”

投弹手威廉•迪特尔下士，用“马克•吐温瞄准镜”扫视着下面日本的首都。尼尔森催促他快点选定在哪里投下轰炸机携带的唯一的一枚燃烧弹。

“我会选出来的，”迪特尔回答。

霍尔马克打断了他们的争论。

“我已经为他选好了在哪里投放燃烧弹，”驾驶员指示。“我会往回飞到我们的目标区域上空盘旋，把燃烧弹撒在整个区域。”

“你确定不去皇宫上空盘旋吗？”尼尔森开玩笑说。

霍尔马克水平飞向既定目标，然后再绕回来，在目标区域上空总共停留了3分钟。

“从1 500英尺的高度我们不可能打偏，”尼尔森后来写道，“我们看到了炸弹爆炸，看到了烟和火，然后绕了回来。”

霍尔马克的第一枚炸弹在日本富士钢铁厂前面的路上爆炸，炸出了一个约有 30 英尺宽的弹坑。爆炸摧毁了附近的 7 所住宅，另外损坏了 11 所住宅，使一人严重受伤。“青蜂侠”的第二枚炸弹击中了日本冶金，炸弹穿过屋顶，在水泥地面上砸出了一个大坑。巨大的爆炸炸飞了整个木制建筑，震掉了周边工厂的屋顶和窗户。接到警报的工人已经从厂内撤离，但飞起的弹片还是割伤了其中一些工人。霍尔马克的燃烧弹小炸弹散落到了一个 1 000 英尺长，150 英尺宽的居民区。69 枚小炸弹落在了居民家里，使 3 人受伤。其他的小炸弹在附近的田野里和道路上自行燃尽，日本的调查人员还找出了 11 枚哑弹。

后来日本指控“青蜂侠”扫射平民，对此，尼尔森进行了抗辩，称他们的轰炸机根本没有使用机关枪。不过，战后日本的档案显示，学龄前儿童中村喜郎背部中弹，死于轰炸机投放燃烧弹的区域，这可能是被弹片击中，甚至是被防空炮火击中的。

霍尔马克和他的机组最后看了一眼爆炸的情况，就赶快逃跑。天空中充满了防空火炮打出的黑烟，炮弹爆炸时又变成白烟。

“我没有任何感觉，直到我们扔下炸弹后在天空中盘旋，”尼尔森回忆道，“当看到我们的炸弹击中了目标的时候，我们就安心了。”

“命中目标！”霍尔马克喊道。

大家和他一起向迪特尔祝贺。

霍尔马克俯冲到只有 50 英尺的高度掠过海湾，和他的领航员一起唱着“我们不想让整个世界都着火”。

机组成员放松了下来，任务完成了。“我们感觉很好，”尼尔森写道，“我们认为最坏的时候已经过去了。”

他错了。

泰德·劳森中尉驾驶轰炸机第七个登陆，在负责轰炸市中心的小组中，他是最后一个。他惊讶于东京看起来如此的普通。“我对日本有一种根深蒂固的、来自明信片图片上的概念。我以为首先会看到的是终年积雪的高山或是火山，”他写道。“但是这里只有稍稍高出于海面的土地，在我们 20 英尺的飞行高度都是很难分辨。”

海滩之后，犹如被一条横线分隔一般，齐刷刷地出现了绿色的田野和农场。劳森意识到在海上待了近三周之后——周围全是灰色和蓝色——出现这些充满活力的颜色是一个可喜的变化。“春天的嫩草绿得鲜亮。还有开花的果树，在田地里干活的农民，在我们从他们头顶飞过时，向我们招手，”他写道。“一座刷成红色的庙宇在我们的前方隐隐出现，它的颜色极其漂亮。”

连机枪手大卫·撒切尔下士——操作 .50 口径的机枪抵御敌机——也忍不住偶尔瞥上几眼轰炸机下面掠过的异国景色。“我看到日本有不少高速公路，但上面没有汽车，只有自行车，”他在报告中写道，“当我们从屋顶上飞过时，田地里和道路上的人就会停下他们手上正在做的事情，抬头看着我们。从他们的反应来看，他们似乎从来没有看到过日本飞机飞得这样低。”

“跛脚鸭”在一所学校上空低空飞过。孩子们涌了出来，在院子里向飞行员挥手。这样平静的景象让大家都放松了警惕，直到劳森看见了学校的旗杆。日本国旗迎着 4 月的和风招展，鲜红的太阳标志印在白色的背底上。“就像当胸被猛击了一拳，”飞行员回忆道，“这次行动可是要动真格的。”

“把眼睛睁大点儿，撒切尔。”他命令道。

“我在注意观察。”

劳森沿着几个山谷飞向东京，周围的丘陵隐蔽着这架双引擎轰炸机。时间一分一分地过去。劳森，副驾驶员迪恩·达文波特和投弹手罗伯特·克莱夫同时发现了 6 架敌军战斗机，6 架飞机在 1 500 英尺的高空排成两队向他们这边飞来。第一架战斗机从上面上飞过，接着是第二架，但其中一架战斗机脱离了队形开始俯冲。

“我看见他了。”撒切尔肯定地告诉他的飞行员。

劳森问他是否需要给炮塔通电。

“不，”他回答说，“再等一等。”

每过一秒钟，劳森都变得更加担心。

“我不知道那一架战斗机到底中了什么邪，”撒切尔最后宣布，“我想他一定是又飞回到队伍中去了。”

“跛脚鸭”翻过一座小山，然后俯冲下去，掠过东京湾，离水面只有15英尺。

“所到之处没有任何采取警戒的迹象，”领航员麦克卢尔回忆说，“舰船都停泊在港口。我们近距离地飞过一艘航母——看起来好像没有人一样，甲板上也没有飞机。我们可以轻松地把它炸掉。但是我们没有。我们的命令是轰炸特定的目标，其他的一切我们都只是从上面飞过。”

劳森接近了日本的首都，掠过岸边密布的码头和船坞。透过驾驶舱，他看到整座城市伸展在了他的面前。“我日夜无数次地想象过东京和生活在那里的800万居民，我感觉东京应该是非常紧凑、集中的，就像旧金山那样。但正好相反，它四处向外延伸，像洛杉矶一样，”劳森写道。“东京的大部分区域看起来都有一种过分现代化的千篇一律。”

机组人员看见了之前几次攻击留下的大火和蔓延在东京东北部上空的烟雾。防空炮火响起，劳森将飞机拉升到1 400英尺，从滨海区往西飞向皇宫。虽然任务是轰炸日本机械工厂，但克莱夫看到一个有半个街区大小的工厂，上面有几个100英尺高的烟囱。

劳森的飞机仪表板上的红灯闪了起来，第一枚爆破弹垂直落入了东京，爆破弹落入了日本钢管工厂边的一条水渠里，只造成了轻微的破坏。克莱夫又看到了两个工厂。红灯一次又一次地闪烁。第二枚炸弹在一个焦炭堆上面爆炸，这是钢铁厂的重要燃料；第三枚炸弹落在了旁边，没有造成什么破坏。

克莱夫用“马克·吐温投弹瞄准仪”在日本钢管厂的造船工厂上空释放了最后一枚燃烧弹。燃烧弹分散在了约九百英尺乘二百英尺的区域。还有一些落在了屋顶上引发了火灾，但很快被人们用防火沙桶扑灭。总而言之，这次袭击造成四人受伤，其中两人伤势严重，主要是四肢被烧伤。

“跛脚鸭”掠过皇宫，驾驶舱内的飞行员看到了高耸的宫墙和地上的草皮。麦克卢尔按下他的摄影机拍摄杜立特突击队的战果。“当我在镜头里注意到有小块的斑点时，感到很气愤，心想，偏偏在这个时候镜头上竟然有污渍，”他写道，“我放下拍摄机，看看到底是什么问题。原来，那些并非是灰尘斑点，而是防空炮弹四散的弹片。”

地面的防空炮组都瞄准了“跛脚鸭”。撒切尔看见一颗炮弹就在飞机右翼边爆炸，几乎与此同时，劳森将飞机俯冲下去逃跑。

“是高射炮——高射炮！”大家异口同声地喊道。“我们快离开这里。”

东京大学的一位英国教授——日本未扣留的为数不多的几位英国公民之一——约翰·莫里斯，那个周六下午他正在东京的主要购物街——银座闲逛，突然刺耳的空袭警报响了起来。莫里斯以为这是一次常规的午间演习，直到他抬头看见一架美国轰炸机撕开头顶的天空，飞机上的标志清晰可见。他没看到日本战斗机，虽然几分钟后听到了从城市郊区传来防空炮弹的嘶吼。这位困惑的英国人环顾四周，看看其他在购物的人。“没有任何恐慌的迹象，”莫里斯后来写道。“警察中断了交通，但是没有人试图隐蔽；大家的情绪是困惑中带着兴趣，每个人都想知道接下来会发生什么。”

莫里斯的经历绝不是个例。大多数东京居民对突袭完全不知情。16 架轰炸机对一座面积超过 200 平方英里以上的城市发动攻击，这意味着首都近 700 万居民中能亲眼看见突袭的人微乎其微，虽然很多人会看到正在飞向或飞离目标的敌机。超低空飞行的轰炸机从住宅、餐馆和商铺屋顶掠过，这让许多人趴在窗户上观看，一些人为了看得更清楚跑到了街上去看。“大多数人都不相信，认为这只是另一次演习，” 东京索菲亚大学的一位天主教神父，布鲁诺·比特回忆，“但当他们得知这是一次真正的突袭时，没有人能阻止他们走到外面去，爬上屋顶或烟囱，以便看得更清楚。换句话说，这是一个让人感到刺激的，而不是令人害怕的事件。”

对法国记者罗伯特·吉兰来说，正是如此。当攻击开始时，他正在市中心附近的家里。他听到了一连串巨大的爆炸声。“炸弹？”他正在猜想的工夫就听到了防空炮的声音。“不过，”他想，“如果这是突袭，我们应该会听到防空警报才对。”不出 4 分钟，警报声划破了周末的宁静。“正午时分的突袭！”吉兰喊道，“我们的第一次突袭！所以他们已经来了！”这位记者跑到街上奔向虎之门，那里是市政部门所在地附近的主要路口。他顺着许多人手指的方向望去，正好看到了一架轰炸机急速飞过。“每个人都走到了门外，他们站在街上想更清楚地看到突袭，”他后来写道，“人们看起来并不十分担心，至少他们表现得很兴奋。”

这次袭击可能会让《日本时报》的首席社论作者——斯坦福大学毕业的河合一男——质疑他自己早间发出的那份声明，即，太平洋现在已是日本的独家水域。“警报声还未退去，飞机已在城市上空，天空中满是炸开的防空炮火，”他回忆道。“我当时正在外面，看到了开火，但以为只是演习，虽然用真正的炮弹演习看起来有些奇怪。然后我看到了飞机，意识到这是一次突袭。之后警报终于响起。”这次突袭使得很多人质疑国家的战争准备，包括东京郊外一个村庄的小学校长在内，他看飞机从他的学校上低空飞过。敌人是怎么穿过日本的防御网的？“至于军事武器，我们有竹矛。我们被要求使用竹矛来防御敌人的降落伞部队，”他在战后告诉美国调查人员，“这真是滑稽。”

海军上校富冈定俊和陆军大佐服部卓四郎在陆海两军俱乐部享用午餐。两位官员讨论了夺取中途岛的提议，他们都不赞成。此时，远处炸弹的爆炸声打断了他们。富冈猜测突袭飞机应该是来自于美国的航母，心想这下山本可以放弃夺取中途岛的计划，在日本海岸就可以把美国的舰队解决掉了。

“太好了！”他喊道。

美国大使约瑟夫·格鲁上午刚刚会见过瑞士公使，之后便离开使馆走向山上的住宅，打算去吃周末午餐。这位留着小胡子的政治家看到远处有几处地方起火，但他并没多留意，认为那不过是些普通的火灾，在到处都是木质建筑的东京，火灾每隔一段时间就会爆发。格鲁到了住处，和其他几名被扣留的美国人走进花园。远处很快又有了新的起火点，形成一个半圆，从东京的北部一直延伸到南部的横滨，黑色的烟柱翻卷着冲向天空。突然防空炮火响起。就在此时，美国大使看到一架双引擎轰炸机在离美国使馆不到一英里的天上快速飞过。飞机突然向下俯冲，贴着屋顶向西而去。

“我的天哪——我希望那不是一架美国轰炸机，”格鲁脱口而出，“我看它可能是掉下去了。”

当格鲁看到第二架飞机时，他才意识到刚才那架轰炸机实际上是在低空飞行躲避追击。第二架飞机向东飞去，后面出现了一连串的黑色烟雾，他意识到那是防空炮弹。“所有这一切都令人非常兴奋，”他在日记中写道，“但是当时很难相信这不是日本飞机的模拟作战。”

海军武官亨利·史密斯赫顿少校正和他的妻子待在办公室里，他听到了第一轮的爆炸声。这对夫妇赶忙跑到外面。已经爬上屋顶的军队翻译官向下喊话，告诉史密斯赫顿这是他所见过的最真实的演习。翻译官报告了几处起火冒烟的地方，此时又有一处突然起火。史密斯赫顿遇到了正要离去瑞士公使，问他这是否会是真正的袭击。这位欧洲的外交官表示怀疑。史密斯赫顿就进到院子里去吃午饭，餐厅的门对着花园。这位武官看见附近的一个屋顶上站着一名警察，这时一阵爆炸震动了整个大使馆。他的妻子立刻跑进花园里，一架轰炸机就从头顶上呼啸而过，还没有人来得及辨认飞机的标志它就已经消失了。“我们里面有一半的人认为这是真正的空袭，但没人能确定飞机的国籍，”史密斯赫顿回忆道，“另外一半仍然认为这是一次演习。”

就这些轰炸机是否是早上演习计划的一部分这个问题，外交官们决定用100美元打赌来解决分歧。“我们总共看到了3架轰炸机和6处大火，”格鲁回忆道，“但即使那样，我们仍不知道这到底是真正的袭击还是日军安排好的与防空演习相配套的表演。我自己的手下人里面就有很不同的意见——可以说两方都下了大赌注。”

“好吧，”最后有人对门口的警卫说，“今天你们的演习非常成功。”

“那不是演习”，卫兵回答，“是真的袭击。”

类似的反应也出现在了英国大使馆。，美国轰炸机的轰鸣声加上地平线上的黑烟终于让使馆内的87名被扣留的外交官员相信这次袭击是真的。密码专员弗兰克·默塞就是其中一位。“我们最热切的愿望，”他后来说，“已经成真。”使馆工作人员进入各自的防空岗位。他守在使馆地下室的入口处，承担协助救援担架员的角色。他看着烟雾从山后升起，但实在是没有事情可做，“我跑进了楼里，爬上屋顶，真是一幅美丽的画面。”默塞回忆说。在下午剩下的时间里，他和他的同事们为美国飞行员举杯庆祝。“那里，从东京的重工业区方向有六个巨大浓黑的烟柱升了起来。烟幕弹不可能会有那样的效果。当我们看着烟雾增加并随风散开的时候，一架巨大的双引擎轰炸机突然咆哮着从半英里外的地方飞过。”

“你们竟然轰炸我们，这太不公平了，”大使馆的一位当地员工抱怨，“我们的房屋都是木质的，而你们的房屋是石头材料。”

丹麦公使拉尔斯·提尔利茨从他家窗口看到了袭击。前一晚，他刚参加了日本外交部长为中立国家外交官举办的晚宴。提尔利茨听到外交部长的妻子向另一位妇人坚称没有必要建防空洞，也没必要把她的皮草、珠宝和葡萄酒装船运出东京。美国永远也不可能轰炸东京。当他看见头顶飞过的一架轰炸机时，他再次想到了昨晚听到的对话。

阿根廷商务帮办穆尼斯·拉瓦列也同样看到了整个袭击，虽然他是爬到大使馆的屋顶看的。他看到4架轰炸机在城市屋顶上将近一百英尺的高度飞行，引起了这次空袭中少有的恐慌场面。“我看到下面的街道，似乎整个东京都进入了恐慌。小日本跑得到处都是，互相推搡，叫喊着，”拉瓦列回忆道，“我看到港口附近有火冒起。我们使馆里的两个日本翻译被吓得魂不附体。”

“如果这些袭击继续，”一位女仆抱怨道，“我们会疯掉的。”

自从战争爆发以来，驻日美国记者的境遇可要比那些外交官们糟糕得多。后来一份战略情报局的报告指出，“似乎存在一种针对新闻记者的敌意，确实如此。”这一点《纽约时报》的记者奥托·托里斯切斯有最深刻的体会，他被关押了几个月，期间他一直在祈祷“美国的空中舰队快来把这该死的监狱连同整座城市一起炸成碎片。”刺耳的警报和守卫们跑过走廊的脚步声让托里斯切斯意识到他的祈祷终于得到了回应。“一名对我友好的楼层卫兵打开了我的门告诉我这不是在演习，而是真的突袭。他拉长着脸，摇了摇头，”托里斯切丝在他的日记中写道，“一次突袭—— 一次实打实真正的突袭——显然是日本始料未及的。我高兴得想要欢呼。”

美联社记者约瑟夫·戴南连同其他十几个美国人在东京和横滨之间的一个拘留营中看到了这次突袭。太平洋战争刚开始的第一天，这位记者刚从教堂回到家里就被警察抓了起来，之后就等着日本派船把他遣返回国。这漫长的等待让他遇到了被他称为“一生中最令人激动的事情。”“我们正在喝咖啡和吃面包，警察冲进了我们的营地，激动地对我们说把炉子里的火灭掉，窗户都关上，因为遭到了空袭。我们以为只是一次演习——虽然我们听到川崎工业区方向有两声巨大的爆炸，”戴南在 7 月获释后在一篇文章中写道，“一架美国飞机直接从我们的营地上空飞过，它引擎的轰鸣声甚至比我们留声机中正在播放的贝多芬第五交响曲还要美妙动听。”

第十二章

东京既是我国的首都，也是神国的中心，所以从这个意义上讲，任何情况下都不允许敌人空袭东京这样的事情发生。

——1942 年 2 月 8 日舰长三和义勇的日记

随着燃油的减少，斯基·约克呼啸着飞到了东京上空，驾驶着大黄蜂号上起飞的第八架轰炸机，也是飞往东京南部的 3 架飞机中的第一架。他的目标是飞机引擎制造厂，被简称为 331 号目标。

计算表明约克的轰炸机平均每小时消耗 98 加仑燃料，远远超出 72~75 加仑每小时的合理范围。约克已经耗尽了辅助油箱里的燃油，它本应该能支持飞机飞行到轰炸结束，甚至能坚持到抵达中国海岸前的 45 分钟。泰德·拉班对油箱的最新检查显示，轰炸机无法飞到距中国 300 英里之内的地方。

“老天呀，”约克惊呼，“前面那里看起来有一艘航母！”

约克让飞机左转避开了航母，这艘航母装配了防空炮而且甲板上停满了战斗机，对于这架缺少护航的轰炸机来说它真是个大威胁。

“该死，富士山到底在哪儿？”埃曼斯问道，紧盯着逐渐靠近的海岸线。

“我看过很多日本洗衣房的日历，我原以为富士山白雪覆盖的粉红色山峰早就应该若隐若现了。”

透过驾驶舱的挡风玻璃框可以看到碎浪冲刷的海滩。

“因为从东京到海参崴在罗盘上相差 300 度，”赫恩登喊道。

“该死的，鲍勃，”约克再次抱怨，“我无法接受燃料的消耗量。你能弄清楚到底是怎么回事吗？”

“除非我们发生了燃料泄漏——该死的，没有任何证据能证明这一点。”

大家一致同意俄罗斯成了唯一的希望。

“我当然希望可以让他们知道我们要来了，”埃曼斯补充道，“那样如果我们能到那儿的话，起码他们能知道我们是谁。”

轰炸机呼啸着冲上海岸。飞行员们看到一片围着栅栏的营地上站满了人，足有数千人之多。一个白顶的警戒塔矗立在营地的一角。下面很多人疯狂地向飞机挥手或者不停地上下跳动。飞行员们发现下面大多数人有着西方面孔，使飞行员们推测下面很可能是一个战俘收容所。“他们苦难深重的生命里，也许在这短暂的瞬间闪过了一线希望，”埃曼斯写道，“但愿如此。”

轰炸机飞驰过村庄和稻田，嗡嗡地飞过小学生的头顶。大卫·波尔在炮塔里发现 9 架战斗机在他们头顶大约一万英尺的地方飞过，但敌人的战斗机没有发现贴地飞行的 B- 25 轰炸机。“在陆地上飞行 30 分钟后，我们仍然没有发现东京的影子，所以我开始搜寻合适的目标——任何值得的轰炸的东西，”约克说。“我们无意中发现了一个工厂，主建筑有四层楼那么高。这是个发电厂，有三到四个高大的烟囱，紧邻铁路站台。”

约克拉回操作杆，让飞机爬升到 1 500 英尺的高度。

“打开炸弹舱门，赫恩登，”约克说，然后转向埃曼斯，“这样的时刻忘了打开炸弹舱门可就糟了！”

赫恩登按照命令打开舱门，嘴里念着《圣经》第二十三诗篇：“虽然我穿过死荫的幽谷，我无所畏惧。”

4 枚炸弹垂直落下。

“投弹完成！”赫恩登大声喊道。

爆炸产生的冲击使轰炸机颠簸起来，同时把爆炸产生的碎片抛到了飞机上。浓烟和气流直冲天空。第一枚炸弹紧贴着西那须野火车站和铁路上的建筑落下，炸出了一个超过 6 英尺深，30 英尺宽的弹坑。冲击波破坏了附近一家住户的窗户和门，而爆炸发生时那户人家恰好外出了。第二枚炸弹击中了一片基本上无人居住的地区，而第三枚炸弹在稻田里爆炸了，震碎了附近建筑上的玻璃窗。燃烧弹同样也没造成多大破坏。总之，约克的攻击只损坏了一栋建筑，没有造成任何人员伤亡。后来日本调查人员找到的一个套管上标着“芝加哥 ACME 钢铁公司”。

约克又让飞机回到屋顶的高度。不像其他飞行员那样，在轰炸之后飞回到大海，轰炸机继续向西北方向飞行。

“密切注意后方，波尔。”

“遵命，长官，”机枪手说，“未发现威胁。”

东京西部的山麓有着高达 8 000 英尺的山峰，宽广的山脉被视为本州的脊梁。约克慢慢拉回操作杆，轰炸机开始攀升，翱翔于白雪皑皑的山峰之上。机组人员还看到了日本海，在远处的地平线上泛起层层的银浪。

“很好，”飞机开始顺着山脉西边的斜坡下降时波尔宣布，“未发现威胁。”

“我敢打赌我们是第一架轰炸东京的 B-25，也是在第一架在星期六的中午横穿日本的 B-25。”埃曼斯开玩笑说。

“而且还是从大黄蜂号上起飞的。”约克笑着回应。

中尉哈罗德·沃森驾驶的“旋转的托钵僧”——大黄蜂号上起飞的第九架轰炸机——已经飞到了东京以北 35 英里的地方。飞机横穿海洋，赶上了之前起飞的其他飞机。

沃森的飞机嗡嗡地掠过的海滩和一个沿海机场，机场的地面上散布着 18 架双引擎轰炸机，坡道上的战斗机正在为起飞预热。飞行员转向西南方向，穿过薄薄的云层爬升到 4 500 英尺的高度，在通往目的地的途中飞机还经过了四个机场和川崎汽车坦克制造厂。机组人员看到电灯厂、东京广播电视台和日本特殊钢铁公司附近的火光。在皇宫的北边，其他人在杜立特袭击过的目标附近也投下了燃烧弹。

沃森飞过东京湾的西北角，在接近坐落在海滨的目标时他的飞机下降了。海面上 3 000 英尺的高度漂浮着防空气球——有一些固定在海湾里的驳船上。防空炮火的隆隆声从沃森到达东京的郊区时就开始就响个不停，使得 “旋转的托钵僧” 的炮手，埃尔德雷德·斯科特中士把这个下午描述为“风和日丽的好天气，飘着‘防空炮火’这朵乌云。”

“我以为飞机随时会被击穿，”斯科特后来告诉记者，“但这样的情况并未发生。”

沃森穿过高射炮的炮火朝着他的目标前进，稳稳地操控轰炸机。在后来的调查中，一个地面上的目击者将之描述为“高贵的从容”。轰炸机在东京皇宫和东京湾的海滨之间急速飞过，在日本国会和《每日新闻》总部的上空低空盘旋。一张“旋转的托钵僧”的照片甚至出现在了第二天早晨的报纸上。

沃森把飞机稳稳控制在 2 500 英尺的高度和 230 英里每小时的速度上，准备开始一次 10 秒钟的冲刺。韦恩·毕塞尔估算着目标的大小，目标坐落在海湾边缘突出的沙洲上，包含一排 8 到 9 栋长约 200 英尺，宽约 50 英尺的建筑，建筑之间间隔约 100 英尺。“我在目标区域投下了两枚爆破弹，”投弹手写道，“燃烧弹的投放有 4.5 秒的延迟，4.5 秒之后我把剩下的一枚爆破弹和燃烧弹一起扔了下去。”

第一枚炸弹撕裂了危险物品仓库的屋顶，仓库里装满了汽油，重油和氯甲烷。这个 500 磅的武器从高压气瓶上反弹到隔壁的木质大楼前爆炸了。第二枚炸弹在距第一枚炸弹 60 英尺远的地方爆炸了，留下一个 6 英尺深，30 英尺宽的弹坑。此前防空炮的射击已经让大家意识到发生了空袭，工人们已经开始撤离，但第二枚炸弹的弹片还是杀死了一个工人，并且让 41 人受伤，其中三个伤势严重——一个头部受创的伤员后来死了。爆炸破坏了工厂的 5 座建筑。燃烧弹落入了居民区，烧毁了一栋房屋的一部分。最后一枚爆破弹是枚哑弹，但它仍然在一栋民房的屋顶造成了近 2 英尺的大洞，穿透木地板后深深埋入潮湿的红粘土里，后来军方挖了 650 英尺周长的大坑才把它挖出来。

当炮手埃尔德雷德·斯科特回头查看爆炸造成的破坏时，他发现机组成员们遇到了麻烦。日本飞机正在向这架轰炸机猛扑过来。“在我们背后看到曳光弹弧形的飞行轨迹，我们下面的一架战斗机离我们只有一百码，也在向我们发射曳光弹，而且直接指向我！”他写道。“我开火了，结果却发现我的瞄准镜模糊不清。我唯一能做的是把我的手指放在扳机上，利用我的曳光弹追踪目标。随着我的子弹越来越靠近目标，敌人的战斗机因为左翼失灵而掉了下去，然后就再也没有出现过。我想我击落了它，但我无法完全确定这一点。”

中尉理查德·乔伊斯驾驶着最后一架轰炸东京的飞机，他的任务是轰炸东京的南端，特别是日本特殊钢铁公司的工厂及其设在多摩川以北大约 1.5 英里处、芝防区内的仓库。

作为第十架轰炸机的飞行员，乔伊斯担心遭遇防空炮火，促使他把飞机拉到 3 000 英尺的高度，躲在云层中横跨太平洋。他在犬吠崎飞上了海岸，接着向南飞 10 英里之后又转向西方，朝着房总半岛和东京湾飞去。

随着乔伊斯逐渐靠近攻击的目标，领航员兼投弹手贺拉斯·克劳奇为自己做好心理准备。“当我们靠近目标的时候，我开始翻阅我带着的《圣经》。”他回忆道。“我还做了一个简短的祷告，然后我想是时候回到手头的工作了。”

乔伊斯对准他的目标，让飞机下降到 2 400 英尺的高度并把速度降至每小时 210 英里，现在炸弹舱的门被打开了。一艘从横须贺海军基地冲出来的航空母舰向他们开火了，但可悲的是没有一发炮弹击中目标。

克劳奇做好准备然后投放了炸弹。“目标是如此密集，我们又飞得如此之低，”他回忆道，“我们命中目标。”

乔伊斯的第一枚炸弹炸飞了一个码头；第二枚炸弹击中了一栋作为工人的教室和宿舍的建筑。空袭警报一响，许多工人就被疏散到政府指定的备用场地。然而，并不是所有人都离开了。等待政府分派任务的新工人仍在在宿舍徘徊。炸弹的爆炸立即杀死了 5 名新工人，外加 2 名女性办公室员工，她们留下来收集重要的档案。还有 7 名工人几小时后因为受伤而死亡了。乔伊斯的第三枚炸弹落在了日本铁道部供应局设在品川的服装工厂的北面，将 40 英尺半径内的几所木制房屋夷为平地，杀死了 6 名居民，其中 2 人是儿童。

弹片把100英尺外的服装厂打得到处都是窟窿，杀死了工厂的5名工人，包括几名女性办公室员工。另有7人重伤，同时铁道部也有多人受伤。乔伊斯的攻击总共杀死25人，包括男性、女性和儿童——仅次于琼斯机组造成的伤亡——致使23人重伤。另外还有50人受了轻伤。总之，他将9栋包含16个单元的建筑夷为平地，损坏了另外8栋包含20个单元的建筑。

密集的防空炮火在轰炸机的周围隆隆作响。乔伊斯朝着目标又长又直的飞行轨迹使敌人的炮手有机会向他瞄准。被囚禁在田园调布区一所学校里的美国人目睹了乔伊斯疯狂的逃脱，担心日本人会击落这架轰炸机。一个炮弹爆炸的位置距飞机如此之近，弹片在水平尾翼前面的机身上撕开了一个直径8英寸的洞。

乔伊斯的运气越来越糟糕了。9架敌人的战斗机出现在轰炸机上方约5 000英尺的高度。两架战斗机立即俯冲攻击，距离轰炸机不足600码。乔伊斯向前推下操纵杆。轰炸机的速度飙升至每小时330英里，同时乔伊斯让轰炸机下降到战斗机的下方。大角度的俯冲使子弹飞出弹药箱缠在一起，导致轰炸机的炮塔形同虚设。拉金疯狂地补救这一情况，而敌人的机枪子已经弹射穿了轰炸机左侧的翼尖。一架战斗机紧贴着轰炸机飞过，克劳奇甚至觉得他伸出手去就可以碰到它。投弹手跳起来紧贴着舱壁："我想往下看看，看他打了多少个洞，因为我确信他从下面向我们开火了。"

乔伊斯沿着多摩川向西部山区猛冲，沿途低飞掠过树顶。又有两架战斗机加入了攻击的队伍。乔伊斯超过了3架战斗机，但另外3架仍紧追不舍，只是因为拉金的炮火而无法靠近。一架战斗机靠了过来，紧贴在轰炸机上方。"我在山区转向南边，朝大海飞去，我们用所有的弹药向他开火，"乔伊斯写道。"我相信我们击中他了，但没人确定我们是否把他击落了。"

当乔伊斯掠过相模湾时，防空炮火再度爆发。又有两架战斗机猛扑向轰炸机。乔伊斯加大马力并拉回操作杆，让飞机每分钟上升2 000英尺。"似乎小日本看到他们身后的曳光弹就不敢接近了。"拉金在他的日记中写道。"我们终于能够爬进云层甩掉他们了。"

罗斯·格林宁机长，驾驶着从大黄蜂号上起飞的第十一架轰炸机，领导着这次突袭的第四波攻击，袭击的目标是神奈川、横滨和横须贺。中尉埃德加·麦克尔罗和比尔·鲍尔驾驶着第十二架和第十三架轰炸机紧随其后，这三架飞机到达海岸后才分道扬镳。

“让我们表现得若无其事，” 格林宁的副驾驶员肯·雷迪建议，“说我们在吃三明治怎么样？当我们回到美国， 我们可以说我们一边吃着三明治一边轰炸东京。”

格林宁咬了一口自己的三明治，但他是如此紧张，他既没法咀嚼也吞咽不下去。“切腹自尽”在东京东北部登陆，格林宁以每小时 170 英里的速度飞向南部的横滨，横滨是位于东京南部的工业区。“我没想过我这辈子竟会在如此之低的高度飞行，要避开河床，在树木之间穿行而不是在它们上空飞行。”格林宁写道。“我不确定这是必要的，但它给了我们一种安全感。但这样驾驶飞机真是让人感到难熬。”

轰炸机呼啸着掠过霞浦湖时遭到了 4 架日本战斗机的袭击。机枪子弹击穿了轰炸机的左翼。机枪手梅尔文·加德纳用 .50 口径的机枪还击。“击中了四架飞机中的两架，一架被击中的飞机还起火了，”格林宁后来报告，“没有看到它们是否坠毁。”

另外两架战斗机似乎后退了，直到加德纳的机枪卡壳了，紧接着炮塔的电机也烧坏了，轰炸机的后半部分烟雾弥漫。战斗机立即俯冲攻击。格林宁别无选择，只能下降想要超过他们。“我们尽可能地冲向地面，飞行的高度甚至低于一些电线，以期战斗机可能撞到电线，但他们没有，”这位飞行员回忆道，“我低空掠过一个农场，我甚至以为自己会撞上一个正在用牛耕种的农民。我真好奇他会想些什么，当我们的 B-25 突然从他的头顶冲过去，后面还跟着两架穷追不舍的战斗机。”

格林宁从驾驶舱的窗口望出去，看到两架战斗机中的一架一连 15 发子弹都击中了他们，在“切腹自尽”的右翼后缘到螺旋桨打出了一排弹孔。他必须投下炸弹——越快越好。他下令比尔·伯奇做好投弹准备；炸弹舱的门震颤着打开了。格林宁携带着 4 枚燃烧弹，原计划要去轰炸横滨的炼油厂、码头和仓库，但紧紧尾随其后的战斗机使他不得不改变初衷。“我看到了一片密集的建筑，盘算着我们最好把它作为轰炸目标，在我们还有能力轰炸的时候。”他写道，“我们注意到炼油厂的管道和储油罐被盖上了茅草进行伪装，看起来似乎像一片民宅。我们宽慰自己，如果我们必须去炸炼油厂，这将会是个很好的选择。”

格林宁做好轰炸的准备，拉回操作杆，让飞机爬升到600英尺的高度——远低于预期的1 500英尺的高度。

“哦，如果我的妻子看到我现在的狼狈样会怎样。”格林宁心里想道。

驾驶舱内仪表板上的红灯不断闪烁。4枚燃烧弹一股脑落了下去，立刻引起了一次巨大的爆炸和多次连锁爆炸，每一次爆炸都使轰炸机摇晃起来。“巨大的火舌和恐怖的爆炸，把我和副驾驶从座位颠得直着向上飞了出去，即便系着安全带，我们的头还是‘砰’的一声撞到了驾驶舱上面。”格林宁后来告诉记者。“我们投下炸弹后，速度马上变快了，立即就甩掉了那两架追击的战斗机。”

格林宁轰炸的不是一个炼油厂，而是还在建设中的香取海军航空站，当时正被脚手架覆盖着。这次袭击摧毁了6栋建筑，包括一栋工人的宿舍，但轰炸没有造成人员伤亡。格林宁环视机舱，发现血从雷迪的脸上流了下来，他的头撞到了舱壁上，一个为任务成功付出的小小代价。轰炸机呼啸着冲向大海，格林宁终于吞下了他的三明治。“当我们转身向后望去，”雷迪在他的日记里写道，“我们看到巨大的烟柱至少冲上了半英里的高空。”

比尔·鲍尔中尉驾驶着第十二架轰炸机在千叶市的北部飞上海岸，千叶是东京东面的一座城市。鲍尔和他的飞行员们努力保持正确方向，他的飞机沿着日本海岸5~20英里范围内的陆地，飞向横须贺东部的目标。

鲍尔在飞上陆地之后就保持超低空飞行，“命运的捉弄”这架轰炸机在离地面仅仅几英尺的高度飞行。“我手忙脚乱帮当地人收割水稻，”他在日记中写道，“在零高度飞行真是个苦差事。”

除去艰苦的飞行，鲍尔忍不住赞赏起丰饶的乡村。“到底为什么，”他想，

“他们非要和我们开战呢？”

鲍尔掠过一片机场，扰乱了至少10架中型轰炸机的着陆。东京以东的佐仓市附近，机组成员发现了一场正在熊熊燃烧的大火，那正是格林宁的杰作。几架战斗机开始尾随轰炸机，但从来不靠近到1 000码以内。当鲍尔接近横须贺，他把飞机转向西方，飞往木更津市海军航空基地的南部。“前面就是海湾，”他在日记中写道，“我们向海面冲去，嘴巴像被胶水粘住，眼睛瞪的老大，目标已经出现在前方了。”

鲍尔的接到的命令是轰炸横滨造船厂。但阻航气球环绕着目标，使这次轰炸成为了泡影。他命令沃尔多•比纳特重新挑选目标。这位投弹手选定了一个他认为是小仓炼油厂的地方——实际上那是日本石油公司——鲍尔把飞机稳定在大约1 100英尺的高度上。“那时候，”飞行员后来在他的日记里写道，“感觉真是天塌地陷。”

防空炮弹在空中爆炸。鲍尔不顾爆炸的黑烟，向他的目标前进。控制面板上的红灯开始闪烁。

“开始投弹。”比纳特大声报告。

鲍尔倾斜飞机，红灯又闪烁几次。飞机以每小时200英里的速度飞行时，如果投弹的总时间为4秒，会造成半英里的破坏范围。比纳特看着第一枚炸弹撕裂了一个码头附近的仓库的屋顶，第二枚炸弹落在了通向两个码头的铁轨上。他把第三枚炸弹对准了3个石油储罐，但他以为自己既没有靠近它们也没有击中它们，因为巨大的黑云突然笼罩了这片区域。“我通过偏移测量仪看见它们击中了目标。”领航员比尔•庞德后来写道。“毫无疑问，但那天码头上的大部分工作都停工了。” 副驾驶员萨德•布兰顿印证了庞德的说法“我们的炸弹正中靶心。”

一份战后的分析报告显示，一枚炸弹爆炸的位置距离日本石油的巨型储油罐只有30英尺，而距一个军用储油罐只有90英尺，取而代之的是摧毁了6个地下输油管道和一堵钢筋混凝土的墙体。工人们躲进最近建造的、还没有投入使用的蒸汽炉中躲避。另外两枚炸弹击中了昭和电器厂，破坏了厂区的铁路，留下了8英尺深，几乎40英尺宽的弹坑。爆炸把一片16英尺长的铁轨抛出了近200英尺，击穿了附近一个工厂的屋顶；而弹片炸穿一个氢气罐，引发了火灾。几十束燃烧弹落入昭和电器厂和邻近的日本钢管厂，摧毁了一栋两层的建筑。另有70束燃烧弹落入两个工厂之间的运河，没有造成任何破坏；调查人员后来收集到13束未爆炸的炸弹。鲍尔的攻击总共炸毁了两幢建筑并损坏了另一栋建筑的三分之一。没有造成任何人员伤亡。

鲍尔潜行返航，飞机超低空掠过屋顶飞向大海，躲避着潜在的防空火力。只有当轰炸机冲出海岸线之后，飞行员们才终于放松下来。“因为飞机上不允许吸烟，我就嚼起了口香糖，”庞德写道，“我的嘴巴早就变得异常干燥，以至于口香糖老是黏在我的嘴里。我真的觉得自己满嘴都是棉花。”

埃德加·麦克尔罗伊中尉，驾驶着最后一架轰炸东京郊区的飞机，在下午1点30分看到了远处的海岸线。他下令投弹手罗伯特·布儒瓦准备好机头的机枪。

“麦克，我想我们向北偏离了约60英里，”领航员克莱顿·坎贝尔中尉大声说道。“我不十分确定，但一定是这样没错了。”

坎贝尔的判断十分接近事实。“复仇者”上岸的位置向北偏了大约50英里，麦克尔罗伊不得不返回海面，沿着海岸线向南飞行。轰炸机低飞掠过许多小渔船和至少4艘货船，在下午2点20分，麦克尔罗伊再次转向内陆。“复仇者”飞过了在东京湾东南部海岸的一个机场。当坎贝尔准确找到轰炸机的轰炸目标时，防空炮火开始隆隆作响。麦克尔罗伊驾驶着飞机转向西北方向，冲向目标——横须贺海军基地飞去。“看到下面蓬勃发展的都市让人兴奋得发抖，”布儒瓦后来写道，“这就是我们对珍珠港事件的回应。”

副驾驶员理查德·克诺布洛赫发现几艘巡洋舰停泊在海港内，但真正的大奖，飞行员们很快就意识到，在干船坞里，日本工人正在将潜艇支援舰大鲸号改造成一艘16 700吨的新航母，龙凤号。布儒瓦不敢相信他之前所做的功课是多么的精准到位。“我已经在航母上把照片看了许多遍，以至于我知道这个海军基地里每个工厂的位置，”他后来写道，“这里就像是我自己家的后院。”

麦克尔罗伊拉回操作杆，让飞机爬升到1 300英尺的高度，他把速度控制在每小时 200 英里。“猛烈的防空炮火在我们周围炸响，”这位飞行员后来写道，“但我不管它们，朝着我们的目标直接飞了过去，鱼雷工厂和干船坞。”

“准备投弹！“麦克尔罗伊喊道。

随着麦克尔罗伊做好冲刺的准备，开始从东到西飞过工厂和船台滑道，布儒瓦打开了炸弹舱的舱门。布儒瓦盯着瞄准器上的基本成像，知道低空飞行和庞大的目标保证了轰炸的成功。“一个瞎子，”他后来开玩笑说，“也能击中我的目标。”

控制面板上的红灯随着布儒瓦的操作不断闪烁，布儒瓦投下了三枚爆破弹，接着是一枚燃烧弹。

“投弹完毕！”他喊道。

克诺布洛赫从萨克拉门托空军基地的杂货店得到了一个袖珍照相机。现在他和坎贝尔从驾驶舱和领航员的侧窗不断拍照，那些正是这次突袭中唯一幸存下来的照片。

“我们炸掉了一艘航空母舰！”负责控制炮塔的工兵兼机枪手亚当·威廉姆斯喊道。“整个码头都在燃烧！”

炸弹在船坞上撕开了一个 26 英尺高，50 英尺宽的大洞，贯通了大鲸号的左舷，这个损伤使其转换为航空母舰的时间推迟了四个月。另 30 束燃烧弹落入了 4 号码头，引发的火灾烧死了 5 名工作人员，麦克尔罗伊对轰炸的报告中记述了这场屠杀。“大型起重机被炸翻了，一艘在船台里的船只燃起熊熊大火，”他写道。“当飞到距大海 30 英里的地方时，我们仍然能看到浓烈的黑烟从目标滚滚升腾。”

这副景象在小岩荣一看起来要糟糕得多，这位 19 岁的平民在横须贺海军兵工厂附近工作。当空袭警报响起，爆炸震动房屋的时候，他正在与佐世保海军兵工厂的员工通电话。“我向窗外望去，看到骇人的黑烟迅速升腾。”他回忆道。他为了更开阔的视野而冲上了屋顶。“大量伤员被用担架被抬到码头旁边的医务室。”

中将都筑伊七，兵工厂的负责人，出现在小岩身后，他的脸上浮现出悲哀的笑容。“敌人，”将军说，“真是不简单啊。”

杰克·希尔格少校从桂离宫灯塔北面的悬崖上飞上了陆地，几乎是在横须贺的正东方向。这位杜立特的副指挥官驾驶着第十四架飞机，带来针对工业城市名古屋、神户和大阪的最后一轮空袭。对于希尔格来说，这次任务带有个人感情色彩：海军刚刚通知他，他的弟弟因为日本人在爪哇岛击沉驱逐舰斯皮尔伯利号而失踪了。

希尔格转向西南方向，朝着名古屋湾沿海岸线飞行，飞机低飞掠过几十名渔民，他们中的许多人都向飞机挥手致意。唐纳德·史密斯，驾驶着第十五架轰炸机，一直在希尔格的侧翼飞行，最后分开飞向神户。希尔格从未见过比利·法罗，他驾驶第十六架轰炸机，本应在希尔格的另一侧飞行。

在名古屋的南部，希尔格转向内陆，在100英尺的高度从知多湾向北飞去，知多湾沿岸拥挤的工业设施一直延伸到更大的名古屋湾。

希尔格计划绕过名古屋的东区，此举能让他迂回飞行并自北向南飞过城市上空。赫伯·马西亚扫视空荡荡的天空寻找敌人的踪迹。“那些战斗机都去哪儿了？”领航员虽然纳闷，却松了一口气。“谢天谢地，我们不会被击落。”

机组人员惊叹于地面的美景。“这是一个美丽的春日，天空晴朗无云，”希尔格在他的日记中写道，“日本是个美丽的国家，他们的城镇看起来就像孩子们的游乐园。轰炸这样的城市真让人难过，但这都是他们自找的。”马西亚同意这个观点。“我们飞过了一些低洼的、漂亮的乡村；青翠欲滴，一尘不染，”他回忆道，“似乎每一寸土地都得到了充分的利用。”

“看，他们在那边进行足球比赛呢，”希尔格对其他人说道，“我真想知道比分是多少。”

没有人怀疑将会发生空袭。

马西亚注意到，有些人甚至站起来向他们挥手。

名古屋市与机组人员的期望大相径庭。多数机组成员都认为这个日本工业的核心——日本第三大城市，约有130万居民——应该比实际上更大。从1 500英尺的高空向下看去，城市的运河已经难于辨认，而沿河工业区更是模糊不清。“在日本上空飞行时，我们整个机组都对土灰色的城市印象深刻，要找到目标十分困难，”希尔格后来在他的报告中指出，“所有建筑物都是灰色的，而且外观非常相似。城市的外观与我们从目标档案和地图上的信息得出的预期大不相同。”

希尔格的飞机在城市上空轰鸣。他得到的命令是轰炸名古屋城附近的第三军团指挥总部，商业区西北部的储油厂，位于城市中心的名古屋兵工厂下属的厚田工厂，以及位于海滨的三菱飞机制造厂。在希尔格调整好飞机的方向开始进攻之前的两分钟，防空炮台开始发威，用一团团黑烟填满了轰炸机上方和后面的天空。

“希尔格少校，长官，”贝恩通过内部电话喊话，他的声音流露出满腔愤怒，“那些家伙在向我们开炮！”

工兵雅各布·艾曼在陆军兵营的练兵场上发现了一个装有四门防空炮的炮台，那正是他们要寻找的兵营。他还在三菱飞机制造厂的旁边看到了另一个炮台。“有些防空炮如此之远，看起来它们并不是真的在试图攻击，”艾曼后来写道，“我只在飞机上找到了一处弹痕——在飞机左翼顶端夜航灯附近的一个小洞。”

希尔格使飞机以 220 英里每小时的速度平飞，开始了他的进攻。副驾驶杰克·希姆斯问希尔格是否感到灼热。

“不，”希尔格答道。

“那你到底为什么出了这么多汗？”

希尔格的飞机携带了四枚燃烧弹，以期能造成尽可能大的破坏。马西亚把正下方的陆军兵营设成了目标。随着第一枚燃烧弹落下，红灯开始闪烁，独立的小炸弹束分散开来。贝恩从飞机后部的炮塔观察爆炸造成的破坏：“我在这片区域看到十到十五处起火点，还有二十多处地方冒出了绿色的烟柱。”

马西亚准备接着轰炸石油存储仓库。他选择了建筑群中最大的一栋建筑，那是一座巨大的大学体育馆，有着弧形的穹顶。

希尔格逼近了他的第三个目标，兵工厂。“一座巨型建筑，”他在日记中写道，“马西亚闭着眼睛也能击中它。”投弹手也同意他的观点，“我所需要做的就是把炸弹扔下去，”他回忆道，“我不可能打不中。”

防空炮台继续发威，射出一颗颗炮弹，天空中布满了一片片黑烟。“我们的第四个也是最后一个目标是我从这场战争开始就一直想要破坏的地方，”希尔格后来写道，“三菱飞机制造厂，它生产一种与 B–25 非常相似的双引擎重型轰炸机。主建筑是约有 250 码高的方形建筑，马西亚正中靶心。”

机组其他成人也都同意希尔格的观点。“那真是漂亮的一击，”埃蒙写道，“我看到炸弹击中了目标，然后火蛇就从整栋建筑蹿了出来。”他还看到了其他情况，“当我们飞过那片区域，一位女性保洁员从一栋建筑里冲了出来，向我们扔拖布！”

希尔格让飞机下降，低空掠过两个石油存储罐。“我射出了 30 到 50 枚子弹，但两个油罐都没有起火，”贝恩在他的报告中写道，“从曳光弹的轨迹我能清楚看到击中了油罐。”

希尔格的袭击破坏了 23 栋建筑并使另外 6 栋建筑受到损伤。他错过了陆军兵营反而击中了名古屋陆军医院，破坏了 18 栋建筑；被烧焦的建筑中包括 6 个病房，但看护人员及时疏散了病人。由于无法扑灭大火，陆军消防队召集了平民帮助灭火。即便这样，这场地狱烈火燃烧到第二天才被扑灭。这次袭击同样烧毁了一个食品存储仓库和陆军兵工厂，烧毁了名古屋发动机厂的 5 栋建筑并损坏了另外 5 栋建筑。轰炸没有造成人员伤亡。

埃蒙斯看着贝恩，忍不住大笑起来。“他的左手紧紧攥成拳头，手里还捏着我们飞到日本上空时他开始吃的三明治，花生黄油酱和果冻都流到了他的手指上，”这位工兵后来写道，“整个空袭我们用了大约 8 分钟，他一直没松手。”

轰炸机低飞到达海湾后转身飞向大海。一朵又浓又厚的黑烟形成的蘑菇云升上了城市上方 6 000 英尺的高空，30 英里之外的飞行员们都可以看到。后来从中国收集到的情报证实那场大火持续燃烧了 48 个小时。

“乖乖，”贝恩喊道，“你真应该看着那里的大火。”

中尉唐纳德·史密斯驾驶着第十五架飞机从大黄蜂号上起飞，他边听东京广播电视台的广播边在希尔格的侧翼飞行。在下午 1 点 25 分空袭警报打断了常规的广播，警报包含45秒的警铃，接着就是叫喊声，似乎在喊三个单词。“警报播放了十分钟，”史密斯在他的报告中写道，“这就是广播电台最后的播音。”

毫无疑问空袭已经开始了。

“噢，噢！”副驾驶格里芬·威廉姆斯喊道，“我看到陆地了。”

“我们应该很快就会采取些行动了。”怀特医生补充道。

史密斯向南飞去，沿着海岸线飞行了一小时十五分钟，飞行高度仅在那些渔民头顶100英尺。

“这是个击沉那些船的好机会，斯米蒂，”霍华德·赛斯勒从轰炸机的机头喊道。“从他们上方飞过，然后我给他们来上几枪。”

“最好不要，”史密斯答道，“只要我们不开火，他们就会认为我们是友好的。这次的轰炸应该是次奇袭。”

“我想我得把衣领上的扣子解开，”工兵爱德华·塞勒说，气氛紧张气来了，“衣领变得有些紧。”

史密斯调转机头飞进了名古屋湾，呼啸着飞过灯塔和海岸警卫炮台而没有受到任何攻击。“我们唯一打扰到的人，”怀特在他的日记中写道，“是一个渔民，他被吓得跳进了水里！”

希尔格在下午2点30分转向名古屋。而史密斯继续向神户前进，驾驶着“黄色炸药”从海面上密密麻麻、花花绿绿的小船上几英尺的高度飞过。“在我们越过海岸飞向海岛的时候遇到了第一次敌对行为，”怀特后来写道，“有四个在海边玩耍的小男孩，当我们从他们头顶几英尺的高度掠过时，他们朝我们的飞机扔石头。”

史密斯拉高操作杆，开始向上爬升到几千英尺的高度来飞越山峰。“你看，塞勒，飞机被拉起来了，”副驾驶格里菲斯·威廉姆斯开玩笑，“看起来我们好像被竖在了这里。”

飞行员们仔细观察着天空和地面。“非常漂亮而有趣的乡村，阶梯状的稻田边界分明，一直分布到山顶，”怀特在他的日记中写道。“唯一出现的飞机是一架从我们头顶飞过的商业客机。虽然我们飞过了几个机场，但没有看到轰炸机。”

突击队员们飞过了大阪北部，大阪是日本的第二大城市，有近200万居民。飞行员们没有看到任何证据显示日本最大的商业中心被轰炸过，看到的是拥挤得让人惊叹的城市。没有任何界限标志着大阪和横滨的交界，而城市里工厂排放的浓烟导致空气中漂浮着厚厚雾霾，大大降了低能见度，使得怀特在他的日记里给这座城市贴上了“日本的匹兹堡”的标签。

史密斯沿着河流飞行，怀特用相机给拥挤的沿河工业区拍照。“火车、有轨电车和公共汽车仍在街上行驶，人们四处漫步，”他后来写道，“我们甚至遇到了一架飞向另一个方向的商业客机。”日本航空公司每天往返于福冈和东京的航班，那天下午载着21名乘客在下午4点到达了首都。轰炸机接近神户时海风吹来一些海上的薄雾。神户是日本第六大城市，约有100万人口。飞行员们找到了甲子园体育场，亚洲最大的棒球场，可以容纳5万球迷，甚至吹嘘安装了冲水马桶。这天下午，就在这片场地上，南海队大战太阳铁工队，巴比·鲁斯和卢·格里克在1934年到访期间曾在这里比赛，后来体育场的入口处还挂了一块牌匾以示纪念。“一切都看起来都与目标文件里的信息非常吻合，我们没有费多大力气就找到了我们的目标。”史密斯在他的报告中写道，“没有遭遇防空炮火，我们执行任务时没有遇到任何阻碍。”

日本认为美国永远不会袭击它的城市这个念头在神户充分暴露了出来，飞行员发现，这里重要的工厂和企业都没有进行任何伪装。天空也同样空空如也，没有任何战斗机，阻航气球，甚至也没出现任何防空炮火；任由“黄色炸药”低鸣着飞向它的目标，带着四枚燃烧弹攻击城市的仓库、运输码头和飞机制造厂。

“有钢铁铸造厂，斯米蒂，”赛斯勒说，“让我们从这里开始轰炸吧。”

“我看到它了，”史密斯说，“让他们下地狱吧！”

史密斯为轰炸做好准备，把飞机控制在2 000英尺的高度，时速为每小时240英里。

“炸弹舱门打开。”赛斯勒宣布。

“好的。”

赛斯勒盯着马克吐温投弹器的视野，立即在钢铁厂西部投下了第一枚炸弹，并把第二枚炸弹的目标锁定在了川崎造船厂。第三枚炸弹落在了电力机械工厂的西部，该区域密布着小型工厂、机器商店和住宅，赛斯勒把第四枚炸弹对准了川崎飞机制造厂和川崎造船厂的飞机。直到那时防空炮台才开火，从新凑川河口附近的位置。

“嘿，你打算什么时候开始投弹。”史密斯脱口而出，没有意识到驾驶舱仪表板上的红灯已经坏了。“形势危急，我都开始出汗了。”

“我已经完成投弹了。”赛斯勒叫道。

“我打赌他们会乐在其中的！”塞勒戏谑道。

“希望他们不会丧失理智。”史密斯补充道。

一项战后的分析表明，“黄色炸药”在很大程度上错过了原定目标。一枚炸弹摧毁了西出附近的18座房屋并损坏了其他的11座房屋，杀死了一个人，他被燃烧弹的一束小炸弹击中了。另一枚炸弹烧毁了南坂濑川附近的3座房屋并损坏了其他两座房屋，然而大多数燃烧弹的小炸弹束最终落入了流过川崎飞机制造厂的运河中，没有造成任何破坏。总而言之，史密斯的袭击造成1人死亡，5人受伤，同时破坏了21座房屋并损坏了另外的14座房屋。

在整个袭击的过程中怀特一直在拍照片，他在川崎造船厂发现了在建的航母飞鹰号。当他把所有32张胶片拍完后，他取下胶卷，把它放进胶卷罐里，并用胶布封上了罐子。

史密斯猛冲下海湾，掉头返回大海，忍不住感叹这项任务是多么简单。“没有人意识到我们是敌人，直到炸弹落了下去，”塞勒后来说，“小日本单纯地认为这是不可能的。”史密斯同意这一观点。“这就像橄榄球比赛中那种出其不意的进攻，”这位飞行员回忆道，“我们在他们毫无防备的情况下发动了进攻，然后成功逃脱了。”

中尉比利·法罗驾驶着第十六架飞机“地狱蝙蝠”，带来了美国第一次空袭日本的最后一波轰炸。法罗收到的命令是轰炸大阪或者名古屋，而他选择了后者。“我们以超低空飞行的状态飞到了日本大陆的上空，”导航员乔治·巴尔回忆道，“阳光灿烂，下面街上的人们都在向我们挥手致意。他们都被洗脑，认为日本将永远不会被轰炸，以至于他们无法想象空袭真的可能发生。”

当敌人的战斗机出现在天空中时，法罗提高了航速并拉回到控制杆，使飞机爬升到7 000英尺的高度，淹没在云雾中。飞行员利用航位推测法飞向名古屋，从城市上空云层的缝隙中降了下来。

“准备好在500英尺的高度投掷炸弹，”法罗命令投弹手雅各布·萨泽，“那里就是第一个目标。”

“地狱蝙蝠”号携带着4枚燃烧弹，目标是炼油厂和一家飞机制造厂。法罗朝向目标调整飞机的方向，而萨泽也在锁定目标。

“看到那个储油罐了吗？”

萨泽已经看到了。

随着3枚炸弹的落下，座舱仪表面板上的红灯闪烁起来。法罗调转机头。萨泽闻到了一股烟味儿，他想看看炼油厂是否燃烧起来了。“在我们左边，我看到了第一个炸弹落下的地方。储油罐被火蛇吞噬，但它当时还没有爆炸。”他回忆道。“然而，我所闻到的火药味儿是射击我们的炮弹带来的，而不是我投下的炸弹。我注意到一小团黑烟就在我们眼前，显然我们飞机机头上被打出的弹孔让烟钻了进来。”

法罗朝下一个目标前进，一座长而扁平的建筑，疑似一个飞机制造厂。

“让炸弹落下去吧。”他命令萨泽。

红灯最后一次闪起。

“地狱蝙蝠”的炸弹击中了东邦天然气公司的3号罐，引发了一场巨大的火灾。日本工人火速行动，防止泄露的气体在城市中引起爆炸。法罗的最后一枚炸弹击中了三菱重工业名古屋航空制造厂，一座生产著名的零式战斗机的工厂。轰炸造成的损失并不严重，但杀死了5人，并使另外11人受伤，其中两人伤势严重。

“我们命中目标，”萨泽和副驾驶员鲍比·海特写道，“我们在高射炮密集的攻击下从500英尺高度进行了轰炸，当然我们没有被炮弹击中。我们快速转了一圈，查看火势，然后转向正西偏南方向，朝着中国的海岸飞去。”

第十三章

周六的事情表明，虽然到目前为止遭受了一系列的惨败，敌人仍然有胆量对我们的国家发动空袭。

——（日本）《每日新闻报》，1942 年 4 月 19 日

在法罗的 B-25 轰炸机从大黄蜂号上起飞 3 分钟后，哈尔西没等轰炸机从地平线上消失，这位舰长就命令他的特遣队调头返回珍珠港。由企业号航母领头，带领舰队劈波斩浪以 25 节的速度向正东方向行驶。船员们立即将大黄蜂号飞机仓库里的舰载机投入使用，将鱼雷机、舰载轰炸机和侦察机的机翼装好后，再用航母的 3 台升降机把飞机送上飞行甲板。日本日东丸号的联络报告必然会让日本做出反应，不过特遣舰队仍然远在敌人战斗机的飞行距离之外，而且很快也将驶出多引擎轰炸机的飞行距离。唯一真正的威胁来自于敌方的舰船和潜艇。

船员们赶来帮助此前被卷进飞机螺旋桨的海员罗伯特 • 沃尔，他已经被送到航母宽敞的医务室。医生和看护兵们已经帮他止住了血，然后给他被砍伤的左臂照了 X 光片。预后情况很不乐观。

真的很槽糕。

助理医疗官——海军少校埃德温·奥斯特罗叫来随行牧师哈普。“必须要截肢，”他说，“看你是否能安慰他。”

哈普走到床前，看到沃尔苍白而又震惊。他不知道该说些什么，此时船上的扬声器打断了他的思路：“大黄蜂号已掉转航向，前往火奴鲁鲁。”

哈普以此为契机说道：“那是个好消息，不是吗？”

沃尔没接他的话，沉默了一会儿后说，“请不要让他们把我的手臂截掉，”他恳求道。

哈普拉过一把椅子坐到床边上。“我只能告诉你一件事，”哈普注意到他说话时，这位受伤的水手在认真打量着他的脸，“请听我说。”

沃尔转过头去。哈普知道他的语气证实了水手的恐惧。牧师继续他即兴的讲话，告诉沃尔，全船上下所有人都会愿意用自己的一条手臂来帮助任务胜利完成。“你献出了你的手臂来让其中的一架飞机起飞，你可能拯救了上面全体机组成员的生命，”哈普说。“如果那架飞机坠毁，它就永远不可能飞到东京的上空，那么整个行动的效果就会因少了这架飞机而被削弱。”

沃尔在听。

“那架飞机上的机组人员能活着回来的机会相当渺茫。拿你自己和他们比比。他们有相当大的危险会被击落或坠毁。这些他们都知道；但他们还是勇往直前。你为了这项任务的完成已经做出了自己的牺牲。但愿他们需要做出的牺牲不会更严重。”

哈普看着水手恢复了镇定，然后点了点头。片刻之后，医生出现在了床边。

“好吧，医生，”沃尔说，“那就让我们开始吧。”

军官们后来为受伤的水手筹集了 2 700 美元。当这笔钱被送到沃尔手上时，他禁不住失声痛哭。

特遣队在海上继续与风浪搏斗，迎着 30 英里每小时的大风和低垂的碎云前进。雷达发现南方出现敌方船只，哈尔西要确保舰队的安全万无一失。11 点 15 分，企业号航母转向顺风方向，起飞 4 架侦察轰炸机向南侦查。12 分钟后，另外 12 架轰炸机升空，负责搜索后方 200 英里的范围。8 架战斗机外加大黄蜂号上的另外八架战斗机在航母附近巡逻。

轰炸机很快就派上了用场。11 点 50 分，罗伯特・坎贝尔少尉发现了一艘深灰色的巡逻艇，他估计有 125 英尺长。他飞过去在 1 200 英尺的高度投下了 500 磅的炸弹，但是偏离了目标 100 英尺。坎贝尔飞了回来，在 800 英尺的高度又扔下两枚 100 磅的炸弹。但仍然没打中。这位坚持不懈的海军飞行员再次折返，用 .30 与 .50 口径的机枪扫射巡逻艇，打出了超 300 发穿甲弹、曳光弹和燃烧弹。“敌船拼命躲避，但没有反击，”他在报告中写道，“可以看到它的顶部有扫射造成的轻微损坏。”

12 点 26 分，拉尔夫・阿恩特上尉带领的 3 架飞机袭击了另一艘 75 英尺长的、带有无线电天线的马达巡逻船。在反复的轰炸和扫射中，飞行员投下了 3 个 500 磅的炸弹和 5 个 100 磅炸弹，其中只有一枚接近目标，打掉了巡逻船上唯一的机枪。12 点 45 分，约翰・巴特勒少尉袭击了第三艘巡逻船，这艘船还拖着一艘白色的小船。他投下了两枚 100 磅的炸弹，但两枚都是哑弹。他投放了一枚 500 磅的炸弹，这回似乎打中了目标船的左舷。在巴特勒进行轰炸的时候，巡逻船放开了小船，在海面上迅速绕圈，向巴特勒开火。他的飞机受了三处轻伤，包括一发后来在飞机上找到的 .25 口径的机关枪子弹。

雷达一度检测到了一架敌人的巡逻飞机，从特遣队北方 35 英里以外飞过，并没有发现正在撤退的舰队。海面上出现了更多的巡逻船，给了海军飞行员一试身手的好机会。下午 2 点 01 分，企业号上的瞭望台发现两艘巡逻船。两分钟后航母舰载机出击，发射约 6 000 枚燃烧弹、曳光弹和穿甲子弹。一艘巡逻船沉没，另一艘受损。纳什维尔号巡洋舰上前绝杀，在 6 000 码的范围内向木质的巡逻船一次又一次地开火，发射了 102 枚 6 英寸炮弹和 63 枚五英寸炮弹，将巡逻船打得只剩木片。“在巡逻船最后沉下去之前，”巡洋舰的枪炮手在报告中写道，“她的整个右舷被打得千疮百孔。”

船员们把绳子抛入水中，放下用装卸网做成的临时梯子，让五名泡在海里的日本船员爬上船来，他们都惊魂未定，一个人的脸颊上还受了枪伤。通过手势比划，纳什维尔号上的船员得知其他的 6 个日本船员已经死了。“一个受了伤，另一个已经筋疲力尽，”巡洋舰的行动报告记录，“但都比较容易就恢复了过来，虽然船上颠簸得厉害。”

虽然脸颊上受了枪伤，那位俘虏稍后讲述了遭受攻击的经过。天刚亮的时候，他发现了美国飞机，但他没能叫醒正在睡觉的船长。几个小时后，当他发现了特遣舰队时，再次去向船长报告。

“前方出现了两艘我们漂亮的航母，长官！”

发现航母的消息终于让日本船长来了精神，他爬下床，快步走到甲板上。他通过望远镜认真观察了美国的特遣队。“真漂亮，”他承认，“但不是我们的舰队。”

日本船长退回到了甲板下面。这次他举起一把手枪对准自己的头，扣下了扳机。

纳什维尔号的任务还没有结束。3 点 03 分，企业号上的一架轰炸机在攻击巡逻船时，被机关枪击中引擎掉进了海里，离航母船尾约有 9 000 码。巡洋舰救起两名落水飞行员，但飞机下沉消失在了波涛中。

特遣队恢复了 25 节的速度向东。哈尔西的部队在几个小时内就在日本的防御网上撕开了一个大洞，摧毁了日东丸号、长门丸号，严重损毁了 1 号岩手丸号和 26 号南欣丸号。美国海军同样损毁了商船栗田丸，及其护卫船只长久丸，2 号麻美丸、海神丸，3 号陈杨丸、荣吉丸、兴和丸和长门丸号。敌方伤亡人数总计：不少于 33 人死亡，23 人受伤。

纳什维尔号的战斗引来了赞誉。

“她经历了盛大的一天，”企业号上的罗宾·林德赛回忆道，“纳什维尔号什么都不用做，但就是不会被打中，而且不断地击沉敌人的舢板船。我们这些飞行员报告出敌船的位置，她就立刻赶到，在洋面上四处追击它们，她乐此不疲。”

整个特遣队的官兵和船员一样都围着收音机，焦急地等待着突袭的消息。整个行动组——16 艘船只和 1 万人——等的就是这一刻。杜立特成功了吗？

按照米切尔的指令，朱里卡留在大黄蜂号的信号指示器边，用耳机收听东京调幅广播电台。其他人用个人的收音机搜索广播频道，或挤在航母的对空引导室，里面人多得几乎不能移动。“那天早上船上所有的收音机都调到了日本频道，收听了包括东京、神户和横滨的各种广播节目。”牧师哈普回忆说，“我们的船内广播系统将收到的节目转发给船上的人员，所以从大黄蜂号的船头到船尾都是日本广播员奇怪的声音，用多种语言播报轴心国的当日新闻。”

一位广播员援引了路透社宣称美国会发动突袭的报道，然后向听众保证这样的突袭是没有可能的。朱里卡将这一片段翻译了出来。

“哎呀，好家伙，这回可真得叫他们大吃一惊！”医务室里的一位药剂师助手欢呼道，“唔哇！!”

朱里卡估算着大概在什么时间轰炸机应该出现在东京上空。这个时间来了又去。又过了十五分钟，然后是二十分钟。而东京的播音员们仍在不慌不忙地说个不停。“那些广播中没有任何迹象表明发生了什么不同寻常的事件，”他回忆道，“什么也没有。”

感到担心的并不只有朱里卡。

“我们开始担心，”哈普写道，“怀疑飞机要么在那恶劣的天气中迷失了方向，要么被中途拦截了。”

许多船员们已经开始把东京广播电台的一位女性英语播音员叫做“呃呃女士，”这是英国人对一位在德国做政治宣传节目的亚特兰大女播音员的称呼。突然间广播被播音员的一声刺耳的尖叫打断，之后便是一片死寂。

船员们期待地等着。

“几分钟以前，持续的广播让我们担心，”哈普后来写道，“但现在的沉默几乎是无法忍受的。”

下午 2 点 45 分，广播恢复后，大黄蜂号的军需官在航海日志中记录了的第一条关于袭击的官方新闻。“今天中午过后，敌人的轰炸机出现在了东京上空，这在当前的大东亚战争中尚属首次，”播音员用英语陈述，“学校和医院遭到了密集而显著的破坏，激起了民众极大的愤慨。”

这份公告之后，是另一份专门为国内观众设计的日语广播。“今天中午一大波敌人的轰炸机出现在东京上空，对非军事目标进行了狂轰滥炸，工厂也部分受损。截至目前，已知死亡人数在 3 000~4 000 之间。东京上空没有飞机被击落的报道。大阪也遭到轰炸。东京有几场大火仍在燃烧。”

整个大黄蜂号上欢呼雷动。

哈尔西在企业号上听着广播里突然充斥着的兴奋，然后广播又陷入了沉默。

“他们成功了。”舰长说道。

其他人也都这样认为。

“并不需要太多的想象力就能知道发生了什么。”企业号的枪炮官助理艾利亚斯·莫特上尉评论道。

《芝加哥每日新闻》的记者罗伯特·凯西在盐湖城号上，坐在广播前，从下午一直听到晚上。一份公告声称是中国、美国和俄罗斯的飞机发动了攻击，随后日本方面又否定了这一说法，日军领导人努力想要弄清楚到底是谁为此负责。纳粹的官方新闻机构晚些时候报道，横滨被轰炸，而英国联合社宣布是进入到日本海域的航母发起了此次突袭。

船员们在面向国际观众的广播公告和给日本民众听的当地广播波段之间来回调换频道。在一个日本国内频道，船员们听到一位女播音员连续尖声呼叫着号召献血。

“即使她播报的内容是再寻常不过的做饭新方法，你也会听出恐惧已经降临到了东京，”凯西在他的日记里写道，“是她的声音，而不是话题，带给你这样的想法。”

盐湖城号的舰长埃利斯·撒迦利亚上校，也和他的手下一起在听广播。1923年关东大地震时，他就在日本。

“那女人受到了惊吓，”他说，“被吓坏了。日本女性不会无缘无故就变成那样。也许这次轰炸造成的破坏还挺严重。”

播音员继续道，“献出你的血液，正如前线的战士们正在抛洒他们的鲜血一样。”她哭喊道，“献出你的血液。你的生命正遭受威胁。明天——今晚——你的孩子可能就会被炸成碎片。献出你的血液。拯救他们——拯救日本。”

“一个有趣的时刻，先生们。”撒迦利亚说。

船员们听着日本广播员将美国的突袭者描绘为袭击平民的野蛮人。

“军事目标全都安然无恙，但几所学校、医院和寺庙被毁。”一位男播音员用英语宣布。“30 名小学生在早上放学回家的路上遭到机关枪扫射。”

“你会发现这些日本广播中还没有人知道那些是谁的飞机。他们自己的猜测暴露了这点，”巡洋舰的一位高级飞行员说。“从表面的迹象来判断，这次轰炸取得了巨大的成功。”

广播员宣布击落了 9 架身份不明的飞机，这更是引来这位飞行员的一阵大笑。“这更说明了轰炸是成功的，”他补充道，“我们击落了 9 架飞机，但我们却不知道飞机是谁的。”

大黄蜂号上的随船牧师哈普几乎每个晚上都从 7 点 30 分工作到 11 点，把广播新闻中的报道打印并油印成一份临时日报《新闻摘要》提供给军官和全体船员。他为 4 月 19 日准备的报纸版头上印了米切尔命人印在航母烟囱上的那句标语：“铭记珍珠港！!”标语下面哈普放上了一个卡通版的山姆大叔向一个小岛吐出一连串的炸弹，岛上标印着“日本或日本曾经存在的地方。”

一名海员提供了另一幅卡通画，哈普虽然觉得画得有些“粗俗，”但还是选择刊发。素描图显示几架轰炸机正对准一个厕所，一个日本男人蹲在里面，裤子退在膝盖上。文字注释是“措手不及的感觉怎么样？”

航母的航空指挥官斯坦诺普 • 林中校写下一首四节的诗，其中第一节是这样的：

时值四月十八，
我们翘首以盼。
山本始料未及，
东京火焰滔天。
吉米虎口拔牙，
战机直捣目标。

这样的幽默不仅仅限于大黄蜂号。企业号上的一名水手模拟商务信函给日本首相东条英机写了一封信。“我很高兴地通知您，如果您还没有注意到，按照我们在 1941 年 12 月 7 日接收到的你方合同上的条款，第一批废金属已经运送到了你市。当然，你知道，鉴于目前的航运条件，我方有必要采用空运交货的方式。”这位有创意的水手写道，“我希望提醒您，在未来的几年我们会继续交货。”

那天晚上，随着航母越来越远地驶离敌国，任务现在已明确成功。疲倦的军官们挤进了大黄蜂号的军官室里，一个接一个地向朱里卡提问。在对日本的战争中，美国打出了第一拳。“那天晚上，大家都说个不停。我们试着吃点东西，但都尝不出味道，”哈普后来写道，“我们谈论了好几个小时。当我终于走进宿舍上了床，由于精神亢奋而无法入睡。吃了安眠药也没有用。我一直醒着躺到天亮，想着杜立特的飞行队。我几乎可以听到那首歌‘在德克萨斯州深处’回荡在外面的走廊里。”

第十四章

在战争中，早已有过成千上万次的突袭行动。而这次任务的唯一不同之处在于，我们在起飞的时候就知道，我们是回不来的。

——戴维·琼斯，5号轰炸机飞行员

除了约克上尉的8号机去了俄罗斯，其他14架轰炸机都在杜立特的1号机之后开始了前往中国的长途飞行。在完成轰炸任务后，他们原路飞回，消失在最初出现的那片海平面上，希望以此迷惑敌人，让日本无法猜出行动组的真正目的地。飞到海上后，飞行员们立刻调转向南，平行于日本海岸飞行，低空飞过九州岛的一端，而后转弯向西，再沿着北纬29度纬线，飞越中国海域。

虽然日东丸号发出了预警，但此次突袭至此已经成功。日军未能击落任何一架轰炸机。在16架轰炸机中，只有理查德·乔伊斯驾驶的10号机被日军高射炮火击中，然而顽强的机组人员设法躲过了敌机，他们遭遇的敌方战斗机数目超过了其他所有机组的总和。除了一个机组之外，所有轰炸机组均完成了原定轰炸任务目标。很多轰炸机在寻找轰炸目标时迷失了方向，使此次袭击的作战范围延伸到了杜立特最初的计划之外。但更为广阔的作战范围正好增加了日本军方拦截突袭者的难度。

但这也不能完全解释日军的防御为何如此薄弱。高射炮不断开火，发出震耳欲聋的声音，战斗机也排布在整片天空中，但是狂轰乱射的防空炮完全缺乏精准，而那些战斗机的驾驶员要么无法发现目标，要么就是缺乏战斗的勇气。杜立特和他的战友们曾多次从他们正下方低空飞过，而发现目标的日军飞行员通常都无心交战，也没有进行坚决的追击。“天空中到处可见爆炸的防空炮弹，但它们的准头实在是太差了，”其中一位美军飞行员向《纽约时报》阐述时这样说，“如果我们的飞机被击落，那也一定是因为我们自己撞上了炮弹，绝不可能是被他们打中的。”

其他人也都这样认为。

“其实我们所遭遇的最大阻击来自于一群在海滩上玩耍的日本小孩，”后来另一人嘲讽道，“我们飞过时，距离他们大概有 20 英尺的高度，他们朝我们扔了石头。”即便是飞行经验十分丰富的杜立特，在经过更加冷静的分析后也直言，对于像东京这样重要的目标城市，日军竟委以如此薄弱的防御力量确实让人震惊。“我很惊讶，敌方战斗机数量居然如此之少，”他后来说，“阻击我们的战斗机只有我们原先预计的十分之一。”

东条英机本应该采取更为严密的本土防御，但几个月以来闪电般的成功让他自鸣得意。这场突袭行动将他糟糕的决策和日方不断累积的自满情绪都暴露无疑。“整体来说就是日军的防御过于薄弱，”一份美国的报告指出。“预警系统似乎并没有起作用；战斗机的拦截行动过于谨慎，战战兢兢；防空火力反应过慢，没有达到应有的布局密度，尤其是对于东京那样重要的城市而言。”

在飞往中国的轰炸机上，一些突击队员情绪高涨，欢欣庆幸他们在此次惊险万分的任务中能够全身而退。“当飞机沿着日本南海岸飞行的时候，我们用了午餐，稍做休息。对于我来说，这一切都有些不太真实。而且我觉得，大家都没有真正意识到我们已经完成了自己第一次真正意义上的轰炸任务。”2 号机领航员卡尔·韦尔德纳回忆道。“因为这几乎就像一次训练任务。在日本的这一天非常美好，感觉自己就像一位观光的游客一样，想要下去随处看看地面上的风景。”在飞行员比利·法罗的 16 号机上，也出现了类似的情况。罗伯特·海特和雅各布·萨泽在那之后写到："我们唱着歌，相互调侃自己是多么英勇无畏的年轻人。因为事实上，这次轰炸任务根本就没什么大不了。"

但还有其他一些飞行员的精神依然处于高度紧张的状态。在7号轰炸机"跛脚鸭"绕着九州南海岸朝着目标中国前进的过程中，副驾驶迪恩·达文波特叫道："噢！真是头痛难忍。"

然而其他人，包括随行医生托马斯·怀特都感到如释重负。他回忆道："大约在那个时候，我坐了下来，身体出现了颤栗的症状。这是人体对激动和焦虑做出的反应。"

但是，真正激动人心的事远未结束。

11号机"切腹自尽"在飞往中国东海的过程中遭遇了一艘日军巡逻艇。机枪手威廉·伯奇用机关枪向巡逻艇开火扫射。"然而，正当伯奇疯狂扫射的时候，我们右侧的引擎开始发出噼噼啪啪刺耳的声音，引擎机舱的前面火星四射。"副驾驶雷迪在他的日记中写道。格林宁和雷迪同时按下了混合比控制器，才及时控制住了空燃比。"危机的情势很快就被控制住了，但对我们每个人来说都似乎过了很长时间，"他写道，"我十分确信，如果我们那时候坠落了，日军是绝不会对我们手下留情的。"

9号机"旋转的托钵僧"的机组人员飞离东京三小时后发现了日军的两艘巡洋舰和一艘战列舰。其中一艘巡洋舰冲他们开火了，他们先是用高射炮攻击，继而启用了舰上的主炮。"其中一发炮弹落下时离我们很近，以至于大量水花向我们的飞机飞溅而来，"机枪手埃尔德雷德·斯科特回忆道，"我用.50口径的机关枪进行反击，但这和拿着一把玩具枪没什么两样。"

由于携带的燃油罐和油箱已经空了，飞行员们可以抽烟来舒缓紧张的情绪。15号机的投弹手塞勒打开他那瓶威士忌（这是之前怀特医生以治疗蛇毒的名义为每位队员弄来的），喝了一大口。这是他在事业生涯中唯一的一次在当值期间饮酒，但今天他问心无愧。而且也不止他一个人，劳森、麦克卢尔和撒切尔也在"跛脚鸭"号的驾驶员座舱内喝酒庆祝任务的顺利完成。

随着时间一分一秒的流逝，紧张和过度的兴奋逐渐消退，他们开始担心燃料问题：他们的轰炸机到底还有没有足够的燃料抵达中国？"到此刻为止，我们都是为了山姆大叔，在为国家任务而飞，但是现在，我们得为自己考虑了。”飞行员埃德加·麦克尔罗伊写道。“我们并没有时间仔细考虑燃料供给，但是按理论上来算，情况不容乐观，我们确实没有足够的燃料飞到中国了！”

这样的现实让很多人一下子惶恐了起来。“兴奋喜悦之情瞬间消散无踪，那种在离开大黄蜂号时的纠结焦虑又卷土重来。”希尔格的副驾驶员杰克·西姆斯补充道。“能够抵达中国海岸的几率微乎其微，而且我们明白，要飞越数百英里的敌方占领领地和海域，我们是不可能生还的。”

然而飞行员们仍不放弃，迅速地计算着距离和燃料消耗量，然后再次核对，希望能克服这千难万阻。“通过把计算数据延伸到极限可能，我们得知燃料将在距离中国大陆大约 250 英里处用尽，”13 号机投弹手罗伯特·布儒瓦写道，“看起来我们真的是只有死路一条了，我们唯一能做的就是继续飞行，期盼着奇迹出现。”

即便是有着令人惊艳的飞行技术的杜立特，也依然不可避免地面对着和其他人同样的命运，他算好了时机，不断地把自己和飞机的承受力推向极限。他的领航员汉克·波特告知他，飞机预计将在距离中国 135 英里处耗尽燃料。“我看到下面的鲨鱼在水里晒着太阳。我可不认为在它们上方迫降是个好主意。”杜立特回忆说。“幸运的是，上帝与我们同在。”

“我们遇到了顺风，”波特突然立刻说道。

原先一直在逆风飞行的飞机突然迎来了顺风，并且以每小时 25 英里的时速推动着飞机飞向中国。这使得心情低落的全体机组人员都振奋起来。“这是自早晨以来，我们第一次知道自己有机会可以活过这个晚上。”杰克·希尔格在他的日记中透露到。“此次轰炸行动取得的成功使我们都感到喜不自胜，无比自豪。但我们现在高兴得像一群孩子那样，因为我们知道我们终于有了机会绝处逢生，活着去讲述这段英勇事迹。”

当飞机飞进中国上空时，已是傍晚，天气也在不断恶化。原本的海阔天空变得阴云密布。雾气笼罩，雨水急降，雨滴砸在驾驶舱挡风玻璃上。随着夜幕降临，能见度也急剧下降。剩油警示灯开始闪烁在所有的仪表操纵板上，之前的担忧又重新席卷而来。“能够到达陆地上的几率几乎为零，”西姆斯回忆道，“感觉就像已经走到了穷途末路。”

杜立特恐怕自己已经无能为力了。“务必将救生筏准备好，”他对投弹手弗雷德·布雷默下了命令，“不到最后一刻我们决不放弃。”

副驾驶员狄克·科尔查看了下面的水域。水的颜色从蓝色变成了褐色，说明水底下有泥浆和沉积物，那是河口入海的地方。现在，驾驶舱挡风玻璃上也浮现出了远处的一片土地。

“在那儿，”保罗·伦纳德大叫起来，“我感觉自己就像是哥伦布发现了新大陆。”

图表上显示那边有 5 000 英尺高的山，但杜立特并不完全相信地图。飞过中国海岸后，他拉起操作杆，使飞机向上爬升至 8 000 英尺的高度。然后他凭借仪表导航前进，他看到下面有微弱的光偶尔忽隐忽现地闪烁着。不过杜立特并没有意识到，刚刚的那阵顺风虽然拯救了他们，使他们逃离葬身鱼腹的厄运，但现在却使他们进退维谷，让他在群山之间很难找到可以降落飞机的场地。杜立特试图把无线电频率调升至 4 495 千周来寻找衢州机场，但毫无收获。那个机场位于一个狭小的山谷中，只有 12 英里长，2 英里宽，很难找到。“没有陆空指挥无线电台的导向目标追踪，我们根本找不到它，”杜立特写道，“我们只能沿着根据航位推算的航线往衢州方向飞行，然后在半空中弃机跳伞，只希望我们降落的地方是中方控制的领土。”

“我们只能选择跳伞了。”杜立特通知机组人员，并命令伦纳德、布雷默、波特和科尔依次按顺序跳伞，他自己则在最后。“明白了吗？”

“是的，中校。”伦纳德回答。

杜立特对领航员说：“如果你觉得我们离降落场地足够近了，那我们就可以离开飞机跳下去了。”

杜立特打开轰炸机的自动驾驶，波特把领航员的座椅和桌子折叠收起，打开了舱门。

跳伞的时刻到了。

“开始吧。”杜立特命令道。

晚上 9 点 10 的时候，伦纳德和布雷默在几秒钟内相继从飞机上跳落。紧接着两分钟后，波特也跳了。

杜立特帮助科尔松开了副驾驶座位上的降落伞，而后拍了拍他的肩膀，对他说道："一会儿再见，迪克。"

科尔悬停在舱门处，胆战心惊地紧盯着下方巨大的黑暗空虚。"我真的吓傻了，"他回忆道，"在一架即将耗尽燃料的飞机上，向下张望着底下黑漆漆的一片，即将把我卷入那片陌生的土地上。在我当初应募参战时，根本没想过自己有一天会在这样恶劣的天气和漆黑的深夜中紧急跳伞。"

科尔很快也从舱口外消失了，留下了杜立特一个人在飞机上。至此，杜立特已经飞行了 13 个小时，共计 2 250 英里。这个传奇般的飞行员实现了一个不可能的任务：他成功轰炸了日本的首都，这对日本来说是史无前例的。杜立特认为他的燃料可能还够再飞行半个小时，但他并不能确定。既然决定已经下了，那么时间到了就必须行动。

他关闭了燃气用阀，然后从前舱口跳了出去。

黑夜立刻吞没了他。

这是他第三次不得不从飞机上跳伞逃生。从黑暗中飘降而下的候，他很担心自己的脚踝，因为十五年前在智利时他就受过伤。他怕如果降落在太坚硬的土地上，脚踝会被再次折断。所以当着地时，他曲起膝盖，以减缓冲击。结果他却发现自己降落到了一片水稻田上，里面满是用作肥料的人的粪便。他从水稻田里爬了出来，然后解下了降落伞。

杜立特发现一间看起来像是农舍的房子里散发着一点灯光。他走了过去，敲了敲门，向里面重复着朱里卡教过他的中国话"我是美国人"。"我听到了里面有动静，然后是门闩被滑上的声音，"他在后来写道，"后来里面的灯就灭了，又恢复了死寂。"

寒冷，透湿，肮脏。杜立特四处游荡，找到了一间小仓房。他走进去发现里面放着一个细长的箱子，架在两个锯木架上。他往箱子里窥视了一下，里面放着一具中国人的尸体。再次动身离开后不久，他偶然走到了村里的水碓磨坊前面，这为他提供了一个挡雨的地方。整个晚上，他几乎都在做体操以保持体温。

杜立特的其他机组成员也经历了类似的遭遇。科尔由于拉开降落伞时用力过猛，开伞索打到了他的脸上，把一只眼睛打得肿了起来。“一开始我听到了飞机的轰鸣声，然后就只剩下了一片安静。”他回忆说，“我试着用我的手电筒来看得清楚一些，但那时候就感觉像是被雾包围了一样，光线都被反射回来了。什么都看不到了。我本来以为能够看到地面的，但真的做不到。”科尔飘降了下来，但他的降落伞挂在了一棵松树顶上。他把降落伞解下来改成一张吊床用来过夜。他很庆幸自己能够平安降落。“我跳伞的时候吓得心惊肉跳，”科尔写道，“真的非常害怕。”

伦纳德降落在一座小山丘的一侧，一个靠近坡顶的地方。他把自己裹在降落伞里，然后一直睡到了早上。波特也差不多，他降落在了一个山坡上，但是他扭伤了一只脚。他脱下了降落伞，在黑暗中发现了一条小路，于是开始下山。但很快意识到，在黑夜中这样下山根本行不通。这位领航员躺在一棵树下休息，戴上护目镜来遮挡眼前的雨水。布雷默也一样。“什么都看不了，”这位投弹手在他的报告中写道，“我从山上往下匍匐前进了大概20英尺，发现无处安身。又从降落伞那儿向上爬了20英尺，依然无路可走。最后回到降落的地方，砍下降落伞的几根吊索，把降落伞的一端缠到竹子树上，自己钻进里面，就这么睡下了。”

飞行员迪恩·霍尔马克的6号机以50英尺高度低空飞行在海浪上方，他们不敢再往上飞了，害怕会遭遇到更强烈的逆风。大约从距离中国海岸100英里处开始，天气就已经恶化了。即使是在被浓雾吞没，能见度降低为零的时候，他也依然迎难而上，奋力前进。作为这架“青蜂侠”的飞行员，他计划在杭州湾附近登陆，这样他们就可以沿着河流南下衢州。他已经很久没有去在意那个让人心烦意乱的低燃油警示灯了，只企盼着燃料至少还能够让他们前进一些路程。他询问了领航员蔡斯·尼尔森，他们还需要多久才能到达海岸。

“还需要三分钟。”尼尔森回答说。

透过黑暗，霍尔马克看到了海岸线，然后拉回了操作杆，尝试着在最后机组人员弃机跳伞前全力飞向内陆。比尔·迪特尔依然留在飞机的机头前端，他拒绝了霍尔马克让他出来的建议。“不行，”这位投弹手坚持着。“我最好还是呆在这里，这样的话，如果我发现有建筑物或者是树之类的突出来的东西，也许还可以及时提醒你们，你们就不会撞上去了。”

就在轰炸机逼近海岸的时刻，左引擎停止了工作。几秒钟后，右引擎发出了嘎嘎的声音，也罢工了。

此时，整架“青蜂侠”上变得一片安静。

“准备迫降。”霍尔马克喊道。

尼尔森甚至还来不及扣上他的安全带。飞机向下扎去的时候，他想着：“我们应该不需要用降落伞了。”

飞机的左翼首先撞击到海面，立刻断裂了。接着是机身触水，机腹上被扯开了个大口子，内部被毁坏了，就像一条被去除了内脏的鱼。这时，尼尔森听到了迪特尔的喊叫，看到海水冲进了机头。“突然之间就一片漆黑了，”这位领航员回忆说，“当我清醒反应过来之后，发现水已经没到了我的腰部，头上和手臂上也都受了伤，正在流血。感觉鼻子很疼，我想应该是骨折了。两位飞行员都不见了，待在机头前端的迪特尔也不知道哪儿去了。而且迪恩·霍尔马特连同他的座椅都不见了，他们一起穿透了前面的挡风玻璃被甩了出去。”

尼尔森迅速抓起应急安全锤，冲着领航员舱顶上的玻璃窗砸了出去。他和副驾驶员鲍勃·梅德尔一起爬到了机身顶上。连同座椅一起被甩出机舱的霍尔马克挣扎着摆脱了他的驾驶座，然后和他的队友会合。“机枪手正从飞机后方爬出来，他的整张脸都在流血，而且前额上破了很大一块。”尼尔森回忆起唐纳德·菲茨莫里斯时说道。“投弹手终于也从机翼下方出来了，他看上去简直糟透了。我觉得他的两个手臂已经根本不听使唤了。”

梅德尔用力拉开充气气阀对救生筏充气，但不幸的是，打气筒已经坏掉了。海浪不断拍击摇摇欲坠残破不堪的机身，他们都掉进了海水里。飞行员们仓促地凑到一处，把彼此联在一起。霍尔马克命令队员们一起游向海岸。雨水倾倒而下，翻卷起层层海浪，很快队员们就被冲散。飞行员们在黑暗中大喊着，希望能以此来感觉到对方的位置，但呼喊声很快就都被吞没在了海浪声中，大家都随着海浪散开了。“那时候我想到了我的家人，”尼尔森回忆道，“我开始担心我的导航是否精确。我们应该是离中国海岸只有几英里了吧？还是几百英里？我祈祷着自己是正确的，但那时候我对自己的怀疑占了上风。”

他不确定应该往哪个方向游。他用他的 .45 口径自动手枪准备开火，来召唤其他队员，却发现里面的弹药进了水。他只好解开了枪套，任它掉落。由于在大黄蜂号上时研究过潮汐时间表，他推测此时潮水应该可以顺利送他上岸。“我觉得一个劲地尝试着游过去是徒劳的，因为我根本不知道自己游向哪个方向了。我们看不到海岸，什么都看不到。所以如果靠自己游泳，可能会反而往反方向游到广阔的海洋中去了。”他说。“因此，我先在海面上漂了一会儿，最后突然撞上了一些渔网。那些渔网被挂在了一些直径大约 8 英寸的竹竿上。”

筋疲力尽的无力感开始威胁着他的生命，但是尼尔森明白，这些渔网的出现意味着他已经快到岸了。他想，是不是可以等那些渔民在捕鱼时发现他，然后救下他。但他又反应过来，那些渔网也有可能是日本人的。于是他继续向前游去，直到听到了海滩上溅起的碎浪声。他把脚放了下去，踩到了底部的岩石。但是在向海岸前行的时候，他发现自己的腿走不了了，所以只能向前爬行。猛烈的海浪不断向他袭来，把他拖回海里，他也决不放弃。“我一直往前爬着，当我意识到自己终于爬过了潮水界线后，身体瞬间就彻底崩溃了。”他写道，“我累坏了。从头到脚，从里到外，身心俱疲，心力交瘁。我只想睡一觉。”

“跛脚鸭”号轰炸机已经靠近中国海岸了，以离水面 50 英尺的高度掠过起伏的海浪。重重浓雾和滂沱大雨遮蔽了挡风玻璃，飞行员泰德·劳森不得不重新开启了他那一侧的窗户，以便观察外面的情况。

当轰炸机飞过靠近海岸线的岛屿群时，领航员查尔斯·麦克卢尔说：“我觉得我们应该再往南偏一些，这里肯定已经全部被日军占领了。而且现在能见度太低了，我没办法分辨清楚。”

飞机越向南飞，麦克卢尔越觉得沮丧。“我看这样下去，我们不会有任何发现了。”

劳森感到别无选择，他只能把飞机拉起来，然后启用仪表飞行，以便机组人员可以跳伞。他拉下操纵杆，“跛脚鸭”开始向上爬升，但劳森仍在做着思想斗争，考虑到底是否要弃机，因为从目前来看本次任务完成得天衣无缝，他不希望最后以这种方式收尾。这时，层层云海之间出现了一道裂缝，透过这个空隙，飞行员们一眼就看到了下面有一条漫长的白色沙滩。劳森估算“跛脚鸭”号轰炸机大约还有100加仑燃料。他想着要是能够让飞机着陆在这片沙滩上，他们就可以等到这阵风雨结束，在拂晓时再次起飞，去寻找飞机场。

于是劳森使飞机俯冲向下，两次从那片凹面沙滩上低空飞过。他并未发现沙滩上有什么杂物可能会对飞机造成损害，而且那里的沙土似乎已经被雨水冲刷打实，达到了足够的硬度来支撑“跛脚鸭”号那脆弱的头部机轮。“那绝对是我们在12个小时之内遇到的最好情况了。”他这样写道。

他放下飞机副翼和起降轮，向着沙滩前进。此时飞行员们迅速地把身上的降落伞换成了救生衣。由于沙滩的轮廓是新月形的，飞机必须首先从水面上掠过，再倾斜着拐弯到沙滩上。然而当飞机以每小时110英里的速度靠近海滩时，两个引擎开始嘎嘎作响，然后都熄火了。此时，他们离海滨还有四分之一英里远。劳森不得不按下了节流阀，拉回操作杆，极力想要抬起机头。

正当麦克卢尔伸手去拿机组成员的手枪时，起降轮撞到了浪尖上，他听到了金属撕裂的可怕声音。“我们要坠机了。”这位领航员感到难以置信。

“跛脚鸭”一头栽下，整个在海上翻了过来。巨大的冲击力使投弹手鲍勃·克莱弗大头向前，从机首飞了出去。劳森和副驾驶迪恩·达文波特连同他们的驾驶座被一起猛地从驾驶舱甩了出去。麦克卢尔的肩膀重重地撞在了装甲板上，然后他自己也落入了水中。

没过一会儿，劳森苏醒了，他已经沉到了水下大约15英尺的地方，仍被安全带固定在座位上。耳边已没有了引擎的轰鸣声，只有彻底的安静。他想到了他的妻子，艾伦，遗憾自己没能给她留下一笔钱。他也想到了他的母亲。“我死了，”他想着，“不，还没有，我只是受伤了。伤得很重。”

他解开了身上的安全带。猛烈的撞击让二氧化碳气囊破裂，触发了气动安全带。他游向水面，水底下的一片死寂瞬间很快被外面的黑暗和倾盆大雨所代替。劳森感觉到身体麻木，无所适从，但他还是下意识地解开了降落伞，在水里费力地向岸边跋涉，海浪将他托起。突然，他砰地一声撞上了某个坚硬的东西，低头一看，却发现那是“跛脚鸭”的机翼。猛烈的碰撞把飞机引擎撕扯了下来。劳森盯着纠缠成团的电线和电缆，飞机坠毁带给他内心的打击让他突然感到了阵阵恶心。一个浪头打来，将他推向了前方，他转过身看到飞机的尾舵从海浪中升起，那个画面让他想到了墓碑。

他试着慢慢向海滩爬去，但海浪一次又一次把他拖回了海里。终于，一个浪头将他推上了岸。劳森站了起来，却只能不停地绕圈走，因为他的腿已经失去知觉了。作为驾驶员，他自责于飞机的坠毁，大声地咒骂自己，却发现自己的声音变得奇怪而又模糊。他伸手去摸自己的嘴巴。“我的下嘴唇被豁开了，伤口一直撕裂到了下巴底下，所以那一块皮肤控制不住地不停上下颤动着。”他后来说。“上排牙齿弯到里面去了，我把两个拇指伸进嘴巴，放到那排牙齿后面，试着把它们往外推直。结果它们都直着伸向了外面，然后就都脱落了，掉在了我的手上。我又同样去掰下排牙齿，它们也全都断了，还带出了一些下牙床的碎片。”

劳森低头看着自己满手的牙齿和脱落下来的齿龈，然后把它们都扔了。他沿着沙滩艰难跋涉着。这时，达文波特出现在了他面前，他抓住劳森的头仔细检查了一会儿。

“上帝啊！”他惊声叫道，“你真是被撞惨了，整张脸都凹陷进去了。”

劳森向他的这位副驾驶询问他是否也受了重伤。

“我应该也伤的不轻，”达文波特说，“但我不太清楚。”

麦克卢尔也在水中醒了过来，他估计自己至少在水面下方 10 英尺的地方。“我必须游上去，”他这么想着，“可是水面到底在是那个方向啊？”

这位领航员感觉自己的脚已经触到沙土了，于是他向下踢蹬腿，然后一下子就从海水中冒了出来，海水没到胸部。他朝着海岸前进。“我伸开了一只手，像船桨一样拍打着海水，艰难地涉水前进。我惊讶地发现我的手居然伸不出水面。我看着我那只手和手臂，然后想试着把它伸向另一只手臂的上面，然而还是一点用都没有，”他回忆道，“慢慢地，我意识到我的两个胳膊都断了。”

麦克卢尔发现了在浅水中的克莱弗。那个投弹手头昏眼花的，看起来十分虚弱。“快来帮我，”他向麦克卢尔恳求道。

“我也无能为力，”麦克卢尔回道，“我想我的两个手臂都已经断了。”

“你不是开玩笑吧？”

麦克卢尔说他没在开玩笑。

“别这样，快点，你个王八蛋，”克莱弗连叫道，“快过来帮我啊！”

两个飞行员在海浪里冲着对方互相骂了起来。“他用了很多令人抓狂的话来骂我，我也作了回击。”麦克卢尔写道。“最后我们都厌恶地看着对方，各自费力地拖着身体从水里走了出来，倒在了在海滩上面。”

戴夫·撒切尔在“跛脚鸭”的机尾中慢慢恢复了知觉。在受到冲击时，他撞到了头，在头顶上划开了一个小口子。幸亏在飞机坠毁之前，他戴着飞行头盔，否则的话，伤口就远比现在严重了。大量水流正从炮塔台中涌了进来，撒切尔无法判断目前的方向，他以为那是后方的逃生出口。于是他拉起救生衣的线绳，试着想要爬出炮塔台。直到那时候，他才意识到整架轰炸机已经完全翻了过来。他推开了逃生出口，顺着机腹爬了上去，朝着已经破碎机头爬去。撒切尔听到了麦克卢尔在海滩上喊他。于是这位机枪手小心从机身上下来，走进水深及腰的海里，蹚着水走向海岸。

和其他队员们汇合后，附近的海堤上出现了两个人。机枪手立刻武装好了他的手枪，瞄准目标，问道：“要对他们开枪吗？”

“该死的，别，”麦克卢尔回道，“他们是中国渔民。”

“你怎么知道的？”

“噢，我在《国家地理》杂志上看到过。”他说道。

那两个渔民从堤岸上爬了下来，慢慢向这边靠近。他们戴着圆锥形的斗笠，身上穿着用稻草编织的雨衣。后来又出现了另外的六个人，跟着那两个人爬了下来。“我们是中国人。”其中一个当地人指着自己的胸口说道。

飞行人员们重复着朱里卡教给他们的汉语，然后那个渔民点了点头。另一个村民看样子数了数有多少位飞行人员，而后又指了指飞机，询问那里是否还有其他人。

之后渔民们帮着他们把几个已经倒下的飞行员们背到了附近的一间小屋里，这让麦克卢尔十分惊讶。“那个他们安排过来背我的人身材瘦小，几乎还没有 4 英尺高，体重估计也没超过 100 磅，浑身湿透得好像能绞出水来一样。如果不是在当时的情况下，我一定会以为这简直是在跟我开玩笑。”这位领航员在后来这样写道。“但他果断有力地过来把我支起来，并试着拉起我的手臂挎过他的双肩——而我大概有 205 磅重。后来因为看到了我脸上痛苦万分的表情，他就停了下来，然后我试着用肢体语言告诉他我手臂上的伤势。于是他把自己的背弯了下去撑住我。我爬上了他的背，趴在上面稳住了自己，把双手轻轻地挂在他肩上。他背着我走到了起码有 200 码远，到了一个小房子里。”

那个小屋里有两间房，墙是用泥砖砌成的，屋顶用茅草堆成。渔民们扶着劳森、达文波特和麦克卢尔到了床上。克莱弗失去了意识，昏倒在了地上。屋里唯一的一盏灯发出微弱的光，撒切尔借着灯光，开始护理他那些受伤的队友们。伤员形势不容乐观。达文波特的右腿断了，膝盖到脚踝之间的伤口非常严重，估计不到一天他就走不了路了。麦克卢尔受伤的双肩已经从上一直肿到了手肘，他几乎没法用他的手了。不出几天，他的右手臂就会整个变得紫黑。克莱弗的髋部和背部扭伤了，因此他站不起来，也走不了路，只好依靠双手和膝盖爬行。他一只眼睛的上方和另一只眼睛下方的伤口使他的双眼肿胀闭合，因为他从轰炸机的前端被头顶冲前地甩了出去，他头顶的头皮几乎被剥下来。“他的头顶受了很严重的伤，”撒切尔在他的报告中写道，“几乎一半的头发都没了。”

劳森伤得最重。他的左膝上方有一道又长又深的伤口，失血相当严重。伤口看起来实在很糟糕，他确信自己的膝盖骨已经碎裂了。除此之外，他的左膝和脚踝之间还有一道伤口，虽然不长，但伤得很深。撒切尔甚至都可以看到那里面裸露出来的骨头。脚踝以下的部分也肿的不行，估计没几天就会整个变成青紫色了。他的左手臂上也有一道很深的伤口，脸上也看起来像是被人用一把剃刀削过了一样。撒切尔数了一下，他一共掉了九颗牙齿。“要是这些严重的伤他只遭受了一处，那情况就不会那么糟糕，然而他这四处伤口都伤得很重，导致失血过多，身体就十分虚弱。”撒切尔写道。“我担心他可能会死，或者很可能在我们到达医院之前，他腿上的伤口就会开始长出坏疽了。”

撒切尔从他的抢套上取出了简易急救包，用里面的绷带帮劳森包扎他膝盖上最严重的伤口。之后他拿出了自己的手帕包上了劳森手臂上的伤口。但剩下的他就无能为力了，只好借助那些渔民们提供的脏兮兮的布条来包扎劳森身上其余的伤口，还有达文波特和克莱弗的伤口。撒切尔知道他们还需要更多护理。那晚夜里，在伤员都安顿好了以后，他提着一盏灯，回到了飞机坠毁的地方，希望能够找到之前储备在“跛脚鸭”尾部的急救药箱。然而当他到达沙滩上的时候，却发现由于涨潮，海水漫了上来，飞机整个被淹没了。那一晚想要再找到药箱是不可能了。撒切尔必须尽其所能照料好其他伤员，这对他来说注定将是一个漫漫长夜。

随着时间的流逝，飞机坠毁对他们所造成的冲击逐渐消逝。“我的肩膀变得越来越痛，躺都躺不下来，站也站不了。我不能长时间忍受着同一种姿势不动。”麦克卢尔说。“我让撒切尔帮我小心地抬高头部，这样保持一阵子以后，再放下来，让我的双手放在膝盖上放松一会儿。每一分每一秒我都痛不欲生，苦不堪言。”

领航员麦克卢尔觉得把自己的衣服脱了可能会好受一点，于是他令撒切尔剪掉自己的外套和衬衫，但撒切尔担心会糟蹋了这些衣服。麦克卢尔愤怒地呵斥那位年轻的机枪手，最后撒切尔只好妥协，把袖子剪开，又径直剪开了翻领，好让他把外套剥下来。很快麦克卢尔就休克了。“我感觉根本控制不住自己的身体，好像就要从床上跳起来了。毫不夸张地说，我那时候极度想发疯。”他这样写道。“就这样过了一会儿，我失去了意识。”

晚上麦克卢尔一度醒了过来，刚好听到达文波特正在恳求一个当地人。“送我去医院，要快，”他哀求道，“找几个苦力，抬我。”

劳森同样也在伤痛中挣扎。在那些渔民们的帮助下，他脱掉了那条已经被撕裂得面目全非的长裤，急着要检查自己的伤口。“我之前根本不知道，除了一点擦伤以外，我的左腿上还会有其他伤势。”他写道，“有一道伤口从我的大腿一直到膝盖，伤得很深，那个大口子就那样敞在那里，我都能从那儿看到里面的软骨、肌肉和骨头了。可能是因为震惊和寒冷，我的血液循环慢下来的缘故，伤口血流得不是很多，只是一点点地渗出来。我就那样盯着那里看着，恍恍惚惚，意识游离。我之前从来没有看到过这样的情况。”

突然，门一下子被弹开了，另一位渔民出现了。飞行员们看着那些中国人情绪激动地低语着。通过他们的肢体语言，渔民们清楚地告诉了撒切尔，日军巡逻队正在岛上搜查，寻找一架坠毁的飞机。他现在唯一的出路就是放弃那四位受伤的飞行员，然后自己逃走。撒切尔看了看他的队友们：劳森、达文波特、麦克卢尔，还有克莱弗，他们全都一动不动，伤势惨重。

“不。”撒切尔明确地表达了自己的态度，摇了摇头。

劳森在那个时候抬起头看到了一个中国男人，穿着一双笨重的鞋子，西式长裤和一件开领衬衫走进了小屋。他查看了每一位受伤的飞行员，仔细研究着他们的制服纽扣和徽章。劳森想，他会不会在心里算计着把他们出卖给日本人。

“我是查理。”这个陌生人最后终于开口了。

劳森和其他队友们吓了一跳，没想到居然能遇到会说英语的当地人，于是开始不断向他投去疑问。

“我是查理。”那人又重复了一遍。

达文波特也向他重复着朱里卡教给他们的话。

“你们是美国人，”查理点着头说。

混着一口洋泾浜和手势，查理告诉飞行员们最近的一家医院要几天才能到达，而重庆更是遥不可及。“那要很多天，”查理告诉他们，“要很久很久。”

那人一直尽力试着和他们沟通，直到夜色退去，黎明破晓。查理最后离开了，但他承诺会马上回来帮助他们。劳森命令撒切尔再回一次飞机，去取回急救医药箱和吗啡。

“是。”这位机枪手应道。

他回到了沙滩上，发现虽然引擎还在海里，但潮水已经把飞机的残骸冲到了海岸上。撒切尔在碎片堆里翻找着，但是只找到了几包分散的香烟，已经被水浸透了。没有急救医药箱的踪影。“机头已经变成了一堆废物，后面一直到炸弹舱都只剩下了空壳，”他之后在他的报告中写道，“在那种情况下，我们中的任何一个人能从那儿活着逃离出来，都需要借助上帝之手，更不用说我们所有人都生还了。这简直是奇迹。”

第十五章

我们必须总是努力做到最好，这样到死的时候才会觉得自己的一生过得充实而没有遗憾。

——比利·法罗写给母亲的信，日期不明

斯基·约克的轰炸机飞过日本海接近了俄罗斯，一路都很平静——期间他们只在日本海上发现了一架战斗机；除此之外就是两位飞行员和领航员三人一起分享了一根巧克力棒。

“你觉得我们着陆后应该对那些人怎么说？”约克问。“我们应该告诉他们我们是谁，以及我们都做了什么吗？”

“我们先别说，看他们是不是已经知道了。”埃曼斯建议。

下午5点刚过，透过驾驶舱的挡风玻璃，已经可以看到远处的海岸线，黑色的群山从海上升起，机组成员一整天来对燃油耗尽落入海中的担忧终于画上了句号。“主啊，”埃曼斯写道，“总算看到了陆地！”

靠着不够准确的地图，飞行员担心会降落到海参崴以南15英里、已被日本占领的朝鲜。领航员诺兰·赫恩登仔细观察了海岸线，确认轰炸机已经到达了俄罗斯。飞机低空飞过山岩嶙峋的海岸线，这里并没有架设防空炮，这让飞行员感到如释重负。

轰炸机经过一个机场，停机坪上停着多达 40 架海军飞机，飞行员意识到必须尽快着陆。“徘徊在一个处于战争中的国家的沿海领空，”埃曼斯写道，“很快这个国家就会有人对你采取行动。”

轰炸机在机场上空稍作停留，这是一个只有几栋建筑物的小机场。几个站在外面的人穿着黑色长风衣。在轰炸机的右侧，一架战斗机起飞升空。

“看在上帝的份上，”埃曼斯说，“我们快把轮子放下来，让它知道我们就要降落，它不必把我们打下去。”

那架战斗机一直尾随在轰炸机后面，直到着陆。全体机组成员都长长舒了一口气，他们已经在敌对区域和公海上连续飞行超过了 1 400 英里。“现在，终于，到了干燥、踏实的陆地上，”埃曼斯写道，“这种感觉棒极了。”

约克将轰炸机滑向一架盖着伪装网的飞机。“保持襟翼向下十五度，让我们看看这些小丑们是不是长着吊眼梢的日本人。”约克说。“如果他们是，我们就直接起飞！”

飞行员们仔细观察地面上那几个人的脸，终于证实了轰炸机是在俄罗斯而不是在日占领土上。约克和埃曼斯拉起襟翼，踩下制动踏板，关闭点火开关，听着飞机静了下来。十几个穿着黑色长大衣、扎着黑皮带的俄罗斯人聚集到了机翼两端。看到俄罗斯人都在咧着嘴笑，飞行员们就放心了。

“你们呆在飞机上，为我掩护——以防万一！”约克说着爬出了飞机。

“我们掩护你。”埃曼斯说着，掏出手枪，打开了飞机侧窗。“顺便问一下，你会说俄语吗？”

“见鬼，不会。”约克走向俄罗斯人。埃曼斯听到了笑声，看着他们的表情变得笑容可掬。约克回过头冲着他的副驾驶员一笑，大家得到了这一积极的信号也纷纷爬出了飞机。约克一直在重复他们需要燃油，但没有一个俄罗斯人能听懂。三名年龄更大、显然级别也更高的俄罗斯人从附近的一个办公室走了过来，其他人都让了开来。约克问为首的领导是否会说法语，但他只是耸了耸肩。埃曼斯接着问他是否会德语，也只得到了一个空洞的凝视。

“美国的天上？”那位俄罗斯人用蹩脚的英语问道。

突袭者们给出了肯定回答，每个人都笑了出来。

俄国人把飞行员们领到一栋破旧的老楼里，在一间没有暖气的办公室里，他们被邀请坐在椅子上，而那位领导对着电话大声地讲了起来。飞行员们在一边等着，决定在美国领事到来之前对轰炸日本的事情一字不提。半小时后俄罗斯人护送他们穿过机场进了另一栋同样破旧的建筑。太阳已经下山，气温明显下降。

俄罗斯人把他们领进了一间大办公室，房间的一端是张桌子，中间放着很大的会议桌。片刻之后，一个俄罗斯人拿着张大约 4×5 英尺的世界地图走了进来，他把地图钉在了墙上。那位领导指指地图。他们不想承认轰炸日本的事情，约克指着阿留申群岛，画出一条经过鄂霍次克海到达海参崴的路线。“一次友好的飞行，”他说。

让飞行员们松了一口气的是俄罗斯人似乎相信了，他们在之后的一个小时里一直试着和飞行员们闲聊，甚至还拿来了一台播放音乐的便携式留声机，连同一套象棋和一壶水。

门终于打开了，出现了一名穿戴毛皮帽子和夹克的年轻军官。突击队员们立即认出他是一名飞行员，看样子刚从飞机上下来。他用动作示意约克把他飞行的故事再讲一遍。

“这家伙可不是傻子。”约克说着起身站了起来。

约克把他从阿留申群岛飞来的故事又讲了一遍。这位俄罗斯军官听得很认真，然后摇了摇头，把他的手指放到东京上面。约克再次用手指在地图上画出他那条虚构的路线，这让那位俄罗斯人放声大笑。“不是轻蔑地笑，”埃曼斯后来写道，“更像是听到了一个很好笑的笑话。”

“我猜那个家伙并没有上当。”约克终于坐下来的时候对他的同伴们说。

大约晚上 9 点，一名上校带着翻译来了。这位俄罗斯军官与每位突击队员握手并欢迎他们来到俄罗斯。约克仍然说他们是从阿留申群岛飞来，上校祝贺他们成功完成了这样一次漫长而又艰难的飞行。

“上校，我们想要飞去重庆与其他飞机汇合。”约克说。“你这里有 100

号汽油吗？”

“有的，你的要求我们很快就会研究决定，”他通过翻译回答说，“但是现在你们一定又累又饿。”

翻译告诉他们已经准备好了一个房间给他们过夜。在每位突击队员将他的姓名和级别写在一张纸上后，翻译带他们去了楼上的一个大房间。浴室在走廊尽头，配备了一块肥皂和一条毛巾。“就像是‘三只熊汽车旅馆’，”埃曼斯回忆说，“我们有 5 个人。里面放了 5 张小床，小床之间放了 5 张桌子，床尾摆着五把椅子，就没别的了。”

晚上 9 点 45 分，翻译来通知飞行员们晚饭准备好了。他领着大家走到楼下的一个大房间，里面两个桌子上摆满了葡萄酒和白酒杯，以及大盘的腌鱼、鱼子酱、黑面包和各种肉类与奶酪。服务员给每位突击队员的杯子里倒上白酒。

“俄罗斯人总是用伏特加来开始和结束一顿饭。”上校通过翻译说。“我为我们两个伟大的国家——美国和苏联——敬上一杯，我们正为了伟大的共同事业而并肩战斗。”

飞行员们将伏特加一饮而尽，埃曼斯指出，喝到第三口时，就觉得“有人在我的扁桃体上拉上了一根烧热的铁蒺藜。”对飞行员来说，这顿饭虽是外国口味，但在经历了漫长的一整天后，吃起来格外的美味。

每当飞行员们提起燃料的事，俄国人就会岔开话题。晚餐快结束时，约克俯身靠近埃曼斯说道：“我认为我们应该把实情告诉这个家伙，我去叫翻译，我们到楼上去说。”

埃曼斯看着约克向翻译要求和上校单独谈谈。他们三人一起离开房间，15 分钟后返回。

“我代表我们的政府，祝贺你们为自己的国家做出的伟大贡献，”上校宣布，“你们现在是你们人民眼中的英雄。”上校举起一杯伏特加向突击队员们敬酒。“为你们今天出色的飞行和我们两个伟大国家的胜利干杯！”

晚宴后飞行员们回到他们的房间，酒足饭饱。“那天上床睡觉的时候，”约克后来告诉调查人员，“我们完全相信第二天早上就可以离开。”

有人刚睡下两分钟就开始打鼾。埃曼斯则躺在那里思绪万千，“我想到了家里和妻子，想知道我如何能让她知道我们平安无事，”埃曼斯回忆说。“我想知道其他 15 架飞机的进展。他们也都像我们一样没遇到什么阻击吗？他们都继续飞向中国了吗，当天晚上他们是不是在中国的某个地方一起庆祝？所有人但除了我们？我们那天真的轰炸了日本吗，我们现在真的在俄罗斯吗？或者这一切都只是一场梦？”

飞行员唐纳德·史密斯在离计划降落机场不到 10 英里的地方登陆了中国海岸，而且比他预计的时间还提前了 25 分钟。大雾和雨天让能见度降低为零，云幕只有不到 300 英尺高。随着夜幕的降临，情况变得更加糟糕。史密斯发现正前方的海面上有一座山的轮廓，他将飞机向右转，加大了油门，将飞机拉升起来掉头转向大海。史密斯估计他还有 200 加仑的燃料——可以再飞两个小时——但他发现他的引擎已经动力不足。左边的引擎开始发出嘎嘎声。他知道“黄色炸药”在空中坚持不了多久了。

“都打起精神来，”史密斯通过对讲机宣布，“我要在水上迫降了！”

机组人员赶忙把身上的降落伞换成救生衣，史密斯低空盘旋在一个离海岸大约四百码的小岛周围。他放下侧窗，看到水面比较平静，没有白浪。在飞机后部的工程师埃德·塞勒把他的冬外套穿在救生衣外面，背靠在炮塔油箱上，用双臂抱住脚踏板。投弹手霍华德·赛斯勒爬到领航员的桌子上，脚踩着通往驾驶舱的台阶，双手抓住头顶的横杆，把自己固定住。

史密斯打算不放下轮子，他减慢速度，命令放下襟翼，从 110 英里时速降低到 85 英里。飞机碰到浪尖的一刻，副驾驶员格里菲斯·威廉姆斯关闭了点火开关。

轰炸机机尾最先入水滑行，很快，飞机前端也挨到了水面，机组成员只感到了轻微的震动。飞机在海浪中像船一样向右前方滑行了一段才终于停了下来。树脂玻璃的机头整流罩在着陆时破碎，冰冷的海水灌了进来，没到了驾驶舱座椅的位置，所幸机翼仍浮在海面上，给机组成员留出了宝贵的逃生时间。

史密斯、威廉姆斯和赛斯勒从机顶舱口爬出。史密斯又回去取出了救生筏，然后踢掉领航员隔间外的玻璃，从里面捞出了大家的枪腰带和口粮。塞勒试图从机尾的逃生出口挤出来，但他不得不脱掉外面笨重的厚大衣，然后跳入浑浊的泥水中再从飞机下面游出来。医生托马斯·怀特不顾队友们的呼喊，仍留在不断下沉的轰炸机中紧张地抢救枪支和紧急医疗设备，然后把它们从侧窗递出来。

飞机迅速进水直到机翼也没入水中，机尾开始向上翘起，似乎已经准备好了向下最后的俯冲。充气完毕的救生筏在飞机左翼引擎机舱的内侧，飞行员把枪支，口粮，降落伞，和额外的衣物纷纷放了上去。一个浪头打来，救生筏撞上了飞机副翼上锋利的金属瓣，撕开了一个小洞开始漏气。飞机开始下沉了，飞行员们不得不爬上漏气的救生筏赶快离开。刚划出不远，轰炸机就沉入了黑暗的大海，它的着陆灯仍旧闪烁着，此时距飞机着陆仅有 8 分钟。

飞行员们顶着风浪靠向岸边，他们朝着一处悬崖的缺口划去，怀特认为那里可能有海滩。救生筏上只有两个人手里有船桨，其他人都趴在筏子的四周用手划水。赛斯勒意识到漏气的筏子承载不了所有人，就独自游向海岸，希望为筏子减轻负担。他很快就消失了在了众人眼前。“海面的状况根本游不了多久，”塞斯勒回忆说。“我们不断被海浪拍下去，再被身上的救生衣浮起来，吐出一口咸水再看看大家都在哪，然后再继续前进。”

救生筏漏出的气越来越多，渐渐瘪了下去。队员们在黑暗中摸索，却找不出哪里漏气。一个浪头掀翻了救生筏，所有被抢救出来的东西都掉进了海里，只剩下史密斯手里抓着的一袋军粮。大家重新爬回到筏子上。随后，救生筏一再地倾覆。“翻了三次，”怀特后来在他的日记里写道，“最后一次我索性不爬回筏子上了，我穿着救生衣游在水里拖着筏子。”精疲力竭的飞行员最后停止了与海浪的搏斗，干脆随波漂流。“潮汐差点把我们卷走，但最终我们上了岸。”怀特在他的日记中写道。“想要把救生筏拖上来，但实在太累了——又冷又黑而且筏子里浸满了水，所以我把它绑在了岩石上。

游泳上岸的赛斯勒此时早已到达海岸，这位筋疲力尽的领航员爬上一个约 20 英尺高的岩石堤岸后就晕倒了。其他人在海浪里搏斗了两个小时后，也都上岸了，只是眼前面对的是 80 英尺高的陡峭岩壁。“我们的衣服都湿透了，冰冷的雨水落在身上，一阵寒风吹过有如刀割一般。”怀特写道。“我们试着找了一块低洼的地方休息，挤在一起相互取暖，但很快就发现这样并不能挡风。”他们必须找到真正的住所，却不清楚是谁在控制着这个小岛。剩下的装备实在是少得可怜。“只有一个进水的手电筒发出微弱的光，”怀特写道，“我们全部的武器就只有塞斯勒带着的一把带鞘匕首和我的随身折叠刀！”

飞行员看到远处有昏暗的灯光，顺着灯光，他们来到了一个渔民的小屋前。屋子用泥砌成，上面是茅草屋顶。飞行员们用力敲门，喊着朱里卡教给过他们的中国话。屋里没有回应。“我们决定在羊圈里将就一晚，虽然脏但是遮风挡雨。”怀特写道。“对我们来说它简直就是豪华旅馆！”他们刚躺下，渔夫手里提着灯笼走了出来。他把飞行员领进屋，在地上用稻草生起了一堆火。怀特注意到房子里没有烟囱，冒起的烟都从茅草屋顶上透出去。渔夫叫醒他的妻子和母亲，为飞行员们生起炉子沏茶做饭。“我们冰冷的身体暖和过来了，”怀特写道，“我们喝上了热茶，还有米饭和虾干吃。然后我成为了整个机组嫉妒的对象，因为我会用筷子，而他们只能用手指。”

热茶和食物让筋疲力竭的飞行员恢复了活力；屋子里不知什么时候已经挤进来了一群村民试着要和他们交流。“这些人中的大多数都是第一次见到白人，他们的好奇心简直没边儿没沿儿。”怀特回忆道。“我们不太确定他们的政治派别，但他们的友好是毫无疑问的。”飞行员在地上画出国旗，但这也没让他们明白飞行员的国籍。怀特换了一个话题，伸出四根手指，然后指着其他飞行员，然后又伸出第五根手指，表示单独的一个人。村民们弄懂了他的意思，立刻出发去寻找赛斯勒。一个村民拿出一本年历，在每页的最上方有四个英语单词，下面对应着中文和日文。通过翻找书上的单词，怀特告诉村民飞行员是美国人。“我们告诉他们，我们刚刚轰炸了东京，听到这个消息，他们简直乐翻了天。”他后来写道。“因为我们的衣服还在一边晾着，他们直接把自己身上的衣服脱下来给我们穿。”

村民们解释说，飞行员降落在了檀头山，是这个区域内唯一不受日本控制的岛屿。附近有两个灯塔，其中一个仍在中国人的手上。怀特解释说，飞行员需要达到没被日军占领的地区，然后前往重庆。村民们说可以在第二天晚上安排一艘汽艇。小屋里的温暖加上漫长的一天很快让飞行员们昏昏欲睡。主人送走了其他村民，把家里唯一的床让给这些美国人睡。这个床不过是一个搭起的炕上面铺了一条被子。“没有弹簧、没有床垫、没有枕头。我们每两人对向躺下，尽管床很硬，但很快就睡着了。”怀特后来写道，“那天晚上我记得的最后一件事是格里芬带着睡意说等到战争结束后，他会回来，靠卖给中国人弹簧床垫发财！”

16 号轰炸机靠近中国海岸的时候天气十分恶劣，副驾驶员鲍比·海特甚至看到了水龙卷，这让他想到了在德克萨斯州老家见过的尘旋风。

领航员乔治·巴尔抓狂地四面搜寻，想要找准“地狱蝙蝠”的具体位置，而飞行员扫描空中的电波，希望能搜到归航信标，但说好会有的信号始终没有出现。“天气恶劣而且还有雾，”巴尔回忆道，“能见度为零。雨下得很大，根本看不到地面。”

轰炸机在衢州附近盘旋，巴尔建议向西飞十五分钟然后向南，这样就可以确保飞机降落在中国人统治的区域，但飞行员比利·法罗反对。这位来自南卡罗来纳州的飞行员不想让飞机坠毁，因此他选择继续向西飞行，希望能找到适宜降落的条件。但这样的航线也意味着他们会越来越接近日占区——南昌。

轰炸机直飞向西，而燃油也一路走低。就在燃油液面警报灯亮起的时候，机组看到了云层中的一块空隙和下面地面上的灯光。

“我们没油了，”法罗宣布，“必须弃机跳伞。”

“我们这是在日占区还是在自由区？”投弹手雅各布·萨泽问道。

“我不知道。”法罗回答。

但是巴尔知道。下面成片闪烁的灯火更加证实了领航员巴尔的判断——也是他最大的担忧。“这是南昌。”

调头转向为时已晚，“地狱蝙蝠”已经燃油耗尽。飞行员必须跳伞，只能自求多福。

炮手哈罗德·斯帕茨从机尾跳伞，而两名飞行员、领航员和投弹手从前面的安全舱口下去。

“杰克，你是第一个。”海特宣布。

投弹手萨泽，最初报名参加任务时就有些犹豫，现在又要第一个在日占区上空跳伞。“天啊，”萨泽心想，“我想看到别人先跳。”

萨泽服从命令在舱口坐了下来，外面的大风将他垂在舱外的双腿吹得弯向机身。萨泽将身体往外一送，默数到十，然后猛地一拉他的开伞索。降落伞打开了，他慢慢降到地面，落地时撞在了一个土堆上，致使几根肋骨骨折。他看看四周，发现原来自己落在了墓地的一个坟头上。虽然受了伤，萨泽庆幸自己没被摔死，因此还给了坟头一个拥抱。他用手枪在空中放了几枪，给其他人发出信号，但没有听到回应。萨泽拿出刀从降落伞上割下块布，围在头上用来挡雨。

“我要往西走，”这位投弹手心想，“如果我还能分得出哪边是西。”

萨泽趟过泥泞的稻田，发现了一个圣祠，外面围着一小圈砖墙，里面摆着烧香用的铁器。萨泽又冷又湿，疲惫不堪，他把铁器推到一边，自己爬了进去躲避风雨。刚闭上眼睛他就失去了知觉。

乔治・巴尔把他的衣服里塞满了香烟和糖果，戴上飞行帽跳了下去。“我刚出机舱口，帽子就被风吹走了，”他回忆道，“好笑的是我首先想到的是我失去了那顶帽子。”

这位领航员落进了水田的沟渠里，水没到了他的腰。降落中他只有背部受震，还有一只脚踝被刮到。巴尔看到了远处轰炸机坠后毁升起的火焰；从大黄蜂号上起飞的最后一架飞机坠落了。他脱下降落伞，爬出稻田，游荡在迷宫一般连片的田地之间。他走了很久，来到了一座小竹桥上，桥下是挖出的防御工事。没有其他路可走，他只有过桥，此时，他的后背被一名哨兵用枪顶住了。“我的心似乎都停止了跳动，”他回忆道，“他是日本人还是中国人？他是要直接开枪还是怎样？”

哨兵用步枪戳着巴尔的背，让他继续往前走到路堤边的一个防空壕，里面走出来几个士兵。他们搜过巴尔身上后，把他五花大绑捆了起来。这些士兵押着他一路走向南昌，大约走了有一到两英里。“我还一直希望他们只是在执勤的中国人，但是进了城以后，我被带进了一个房间，里面大约有 10~15 名一身军装的日本军官，围坐在一张摆满了各种葡萄酒、威士忌、香烟和美食的桌子边。”巴尔回忆道。“他们因为抓到了我而兴高采烈。我让他们中了大奖。”

鲍比·海特在枪带上挂了两把 .45 口径的手枪，一把装了弹夹，一把没装。这位副驾驶员带上降落伞后发现枪带扣不上了，于是他用左手抓着枪带跳了下去。几秒钟后，他拽下开伞索，却把他左手中的枪带震了出去。海特本能地伸出右手去抓，这一把他抓下了枪带上的一把手枪，他的手指甚至还触碰到了枪的扳机。但唯一的问题是——他抢救回来的是那把没装弹夹的枪。

海特同样也落进了稻田，腰部以下都陷进了水和泥浆里。这位德州人把自己拉了出来，脱下降落伞，爬上了堤坝。他听到了流水叮咚的声音。“我站在雨中，想到小时候听过的一首歌，这里离家有 10 000 英里，”他回忆道，“有一种孤独、诡异的感觉。”海特沿着堤坝漫无目的地走着，一直走到了一片墓地。四面漆黑，也不知道该往哪儿走，他躺到坟墓背风的一侧，希望能避避雨。

萨泽醒来时天刚放亮，他向西走去，路上遇到了几个村民，但并没有人关注他。他的心情好了起来：也许这并不是日占区。真是幸运！但这种感觉很快就被震惊取代，他惊讶于这里村庄的贫困程度。“我能看到在他们泥房子的里面，”萨泽回忆道，“鸡、猪和孩子们待在一起，屋里泥泞肮脏。那些人的脑袋大约只有美国四岁儿童的脑袋大小。他们脸上都是皱纹，看起来未老先衰。”

萨泽几次试图向他遇到的村民询问，但都没有结果。他沿着路继续走，直到发现路的前方有一个营地，士兵在外面的水沟里清洗制服。因为无法判断这是中国军还是日本军，他返身往回走，看到一个布满弹孔的房子。有两个穿着制服的年轻人，萨泽估计他们应该还不到 15 岁，正在一个院子里和小孩子们玩耍。他决定走上前去。

“中国？”这位投弹手问道。“日本？”

“中国。”其中一个年轻士兵回答。

“美国。”萨泽说。

萨泽发现另一个士兵不知去了哪里，吓得要赶快离开，但剩下的那个人示意他留下来。“中国，”他重复，“中国。”

萨泽递给他一根烟，希望能获得一些信息，但他很快发现这样做是徒劳的。就在这时，又来了十个士兵，都拿着步枪和刺刀。萨泽举起手枪扣住扳机。“中国？”他问道。“日本？”

“中国。”几个士兵向他保证。

士兵们做出握手的姿势，拍着萨泽的背，叫他放心地跟他们走。他们沿着路走向萨泽之前看到的那个营地。这让萨泽感到紧张。

“你最好把你的枪交给我们。”一个士兵说。

萨泽停下，转过身来，士兵们端起步枪围住了他。他的心里一下凉了半截。“他们的枪都指着我，”他回忆道，“我别无选择，只能让他们拿走了我的枪。”

士兵们把他带到营地，为他提供了红豆羊羹——豆泥拌糖。萨泽已经24小时没吃过东西了。

“你是怎么到这儿的？”一个士兵问道。

萨泽拒绝回答，只是重复他之前的问题。“你是中国人还是日本人？”

“中国人。”士兵们坚称。

这位投弹手发现墙上贴着高级军官的照片，就问翻译这些人是谁，希望能帮他弄清楚这是否是日本军队。翻译蹦出了一串名字，但萨泽没有任何概念。

“你目前在大日本帝国陆军的手上。”翻译向萨泽宣布。

萨泽觉得五雷轰顶。

“你不害怕吗？”翻译问道。

“我应该害怕什么？”

黎明的到来让鲍比·海特又重新振作了起来。这位副驾驶员度过了一个苦不堪言的夜晚，整个晚上他都在想办法避雨，偶尔用跑步来保持体温。现在他要去找一位友好的老乡。最先经过的几所房子里面都养了狗，他被狂吠的狗撵了出来。海特找到了一户没养狗的人家，被这家人邀请进屋。“我有一口袋的‘好彩香烟’和一堆糖果巧克力，还有一枚5美元的银币。”海特回忆道，“我打算拿出我所有的东西来获得他们的帮助。”

这一家人拿起他的糖果迫不及待地吃起了来，而女主妇则一根接一根地吸着他带来的香烟。海特重复着朱里卡教给他的话。男主人披上了披肩，戴上一顶很大的帽子，穿上木鞋，让海特跟他走。这位飞行员跟着男主人穿过稻田走了20分钟，直到找到了一个中国士兵。让海特宽慰的是，这个士兵会说英语。

海特把银币给了男主人，看着他动身回家。他告诉中国士兵他是美国人，来帮助蒋介石。

“嗯，”士兵告诉他，“我们去找点吃的吧。”

两人向着一排住户走去，这时冲上来了 15 名日本兵，拿着步枪刺刀把他包围了起来。日本兵搜查了海特，没收了他的 .45 口径手枪，然后用刺刀示意他上了一辆 1938 年的福特卡车，这时见到美国的福特车真让人难过。他们驱车半英里到了南昌。

上等兵熊野立男，属于日本驻中国的第十八军，在南昌的军事新闻局工作。4 月 18 日晚，正在睡觉的熊野被一位战友摇醒，让他向南昌宪兵总部报告。熊野毕业于上海的圣弗朗西斯泽维尔大学，会说英语。在宪兵总部，熊野看到一位情报官员和哈罗德 • 斯帕茨坐在一个只有 8 英尺乘 6 英尺的小房间里。熊野被要求坐下来给他们当翻译。这位情报官员问了斯帕茨的姓名和级别后开始追问他行动任务的具体内容，但是这位机枪手编造一个从太平洋的神秘小岛上起飞的虚假故事来大讲特讲。斯帕茨还单独与翻译聊天，跟他讲自己在堪萨斯州成长的经历，而熊野讲了他学习英语的经历。

熊野的工作才刚开始。在那天晚上和第二天早上，日本士兵抓获了“地狱蝙蝠”全部五名飞行员，现在每个人都被单独带进了审讯室。

在斯帕茨之后，领航员乔治 • 巴尔被带来进来，他拒绝合作。“我什么都不会说的。”

之后海特被带进去，但他也拒绝招供。

萨泽也是如此。

比利 • 法罗最后一个被带进去，他只说了他的名字和级别。“我立下过誓言，”他说，“不会透露任何军事机密。”

第十六章

当我们落到地面时，周围看起来就像是在亚利桑那州的某个地方。

——弗雷德·布雷默，1号轰炸机投弹手

杜立特在村里的水碓度过了漫长的一夜，不断做着体操来抵御寒冷，这次任务的成果还不确定，他手下的79个人也生死未卜，这些都煎熬着他的内心。飞往中国的十五架轰炸机都抵达了陆地或近岸的岛屿。在能见度很低的雨雾中，面对亮起的低燃油警报灯，所有机组和他们的指挥官杜立特一样，面临着一个两难的选择——迫降还是弃机。除了泰德·劳森和唐纳德·史密斯之外，还有飞行员特拉维斯·胡佛试图降落，他的轰炸机迫降到了一片平坦的泥沼地上，机身被刮烂，但机上的成员却奇迹般地一点儿也没伤到。机组成员随后点燃了飞机，在附近山顶的一条沟里看着它燃烧殆尽。

其他机组都和杜立特一样，在群山之中将飞机拉升后弃机跳伞。飞行员们穿好降落伞，往口袋里塞满军粮、糖果巧克力和香烟。有人给自己的水壶里灌上水，也有几位领航员画了简易的地图发给大家。“矮子”蒙克带上了一支40-40温彻斯特步枪，两支.45口径自动手枪，一支.22口径自动手枪，一支德国鲁格手枪，一把斧头和一把单刃长猎刀。最后，同样重要的是，他还拿上了他的留声机。然后飞行员们从舱门口一跃而出。“这是我这辈子见过的最黑的洞口。”戴维·琼斯回忆，他跳伞前在驾驶舱的操纵装置上撒了一泡尿。“那是我最不想做的事情。”

八架轰炸机落到了东部预定的机场附近，另外五架坠毁在了杭州湾附近。还有两架深入到了中国内陆。所有飞机——除了约克的那一架——全部坠毁。机枪手利兰·法克托尔在紧急跳伞中不幸身亡，第二天早上当地村民在轰炸机的残骸附近找到了他的尸体。还有几位飞行员在跳伞和落地的过程中受伤：飞行员哈罗德·沃森的右臂被降落伞的吊伞索卷住，导致骨折；领航员查尔斯·奥扎克撞上山崖，左小腿受伤；机枪手埃德温·贝恩落地时一颗牙被磕掉，另一颗牙崩裂。“矮子”蒙克落地后发现他的留声机只剩下了把手。

还有一些飞行员并没有直接落到地上，机枪手埃尔德雷德·斯科特落在了一棵树上。黑暗让他们中的大多数选择留在山里，躲在降落伞下，等待天明。威士忌和香烟帮助他们抵御恶劣的天气和心中的恐惧；而这种恐惧可能还救了投弹手沃尔多·比特纳一命。“我点了一支烟，然后注意听周围是否有其他队员发出的信号，”他后来在报告中写道，“一直没有听到任何动静，我把吸完的烟头弹了出去，结果看到烟头向下消失在了黑暗中。我立即决定留在原地不动直到天亮。我用降落伞把自己裹起来，尽管下着雨而且很冷，我还是睡得很好。”

第二天早上飞行员们醒来后，有的发现自己在山坡上，有的在山谷中，还有的在沙滩上。全体机组分散到了超过 400 英里的几个不同省份，这些区域布满了日军的部队，并且不出几个小时，日军就会四处搜捕美国飞行员，事实上，有几个飞行员已经被抓获。这些各处分散的机组面临着同样的挑战——如何到达衢州再前往重庆。黎明的到来让飞行员们看到了这个地区是多么的原始，杰克·希尔格在他的日记里记录了他当时的感想：“我降落到了 1 000 年以前的中国。”队员们在国内习以为常的地铁、巴士和汽车在这里被小路、地洞和轿子取代。虽然队员们在大黄蜂号上的时候就被告知这里的情况，但现实仍让他们大吃一惊。“我以为可以找到一条公路，然后走到加油站，用那里的电话求救。”领航员汉克·波特回忆。“我们所有人都没有出过美国，甚至在执行这项任务之前从未离开过家。我一直认为世界上的其他地方都像美国一样。”

事实远非如此。

4月19日黎明时分，杜立特顺着一条坑坑洼洼的小路走向村庄。雨已经停了，但天空还是灰蒙蒙的。不久，杜立特遇到了一个当地的农民，但他并不懂英语。杜立特即兴发挥，拿出他的记事本，在上面画了一列火车。农夫点点头，把这位孤立无援的飞行员带到了附近的一个军事驻地。让杜立特感到踏实的是，这里有一位会说一点英语的少校，但很快杜立特又感到了不安——这位中国军官要求他交出手枪。杜立特拒绝了。他解释说自己是一个美国人，昨天晚上空降在了附近的一块稻田里。少校怀疑地看着他，这位飞行员肮脏不堪，衣服上结着一层干了的粪便。杜立特担心他们可能会向他开枪，于是提出“我带你去看我的降落伞。”

少校同意了。

杜立特原路折回，同行的还有十几个全副武装的士兵。他走到了稻田，却发现他的降落伞已经不见了。气氛立刻变得紧张起来，上校怒视着他。杜立特忙说昨晚他前去敲门的那家农户可以证实他来过，但让杜立特感到震惊的是，那个农夫和他的妻子，甚至还有他们的两个孩子都否认曾经见过他。

“他们说昨晚根本没有听到过响动，”上校告诉他，“他们说他们没有听到有飞机，也没有看到过降落伞。他们说你在撒谎。”

这位中国军官已经受够了。他让士兵上前缴下杜立特的枪，但就在这时，另外两名去搜查农户房子的士兵拿着杜立特的降落伞走了出来。“那位少校微笑着向我伸出了手，表示友好，”杜立特回忆道，“我就这样正式被中国接纳了。”

黎明时分，副驾驶员迪克·科尔卷起他的降落伞，拿着指南针向西走。几个小时后，他发现了一条小路，沿着走下去就遇到了一个国民党士兵，士兵把他带到了一个小庭院，院子里飘扬着中国国旗。“他拿出一幅画给我看，上面画着一架双引擎飞机和五只飘下的降落伞，”科尔回忆道，“我指了指上面倒数第二个降落伞，那就是我。”中国士兵们护送科尔到了天目山的驻军基地，在那里他见到了那幅画的创作者——杜立特。

天一亮，汉克·波特就动身下山，他沿着山路走到了一个小村庄，受到了当地人的欢迎。村里的一位老人在一张纸上写了几个汉字，但波特看不懂。不过村民们帮他在一张地图上指出了他所在的位置。几分钟后，他抬头发现投弹手弗雷德·布雷默从同一条路上跑了下来。“当看到他时，我必须说，我的心情好极了，”波特回忆说，“因为至少有了我认识的人。”

但村民对波特的新奇感立刻消失了。同时出现的两名外国人让村民感到不安。一位村民从背后抱住了布雷默，从他肩上的枪套中抽走了他的手枪和刀。其他人也搜走了波特身上的武器。

“我们快离开这里。”布雷默大声说。两位飞行员匆匆走出村子，后面还跟着 5 个村民，手里拿着手枪、刀和步枪。

“嗯，”波特心想，。“我们遇到了麻烦。”

走出村庄半英里后，这些当地人又再次打劫了他们，抢走了飞行员身上的现金和手表。波特的导航手表和汉密尔顿手表都被抢走了，后者是他父母在 1940 年给他的圣诞节礼物。

两人垂头丧气地继续往西走，遇到了一个在当地的传教士那里接受教育的男孩。“我，中国男孩。”少年示意波特和布雷默跟着他走。

两位飞行员跟着少年进了一个宅子，当地的大人们很快都挤了进来，用茶水和鸡蛋招待他们。但两位飞行员都不愿意吃，因为想起了在大黄蜂号上听到过的许多关于卫生安全的警告。

“嗯，”布雷默最后决定，“喝点热茶应该没事。”

一名当地的游击队长赶来，飞行员告诉他一些当地人打劫了他们。很快，他们的手枪、刀、甚至波特的导航手表又都回来了，但是这位飞行员决定再试试他的运气。

“嗨，”他说，“我的另一只手表呢？”

波特意识到这些极度贫困的当地人可能会质疑为什么他需要两只手表，

但他仍坚持自己的要求，毕竟那是一份珍贵的礼物。

最后游击队员说：“我们走吧。”

在天亮时，保罗・伦纳德也出发了，他走在山谷中寻找他的队友。这位机工长走了大约有6英里后，遇到了4名武装分子。“其中一个示意我举起双手，其他三人都举起了手中的步枪，”他回忆道，“他们中有一个人向我瞄准。”

伦纳德掏出他的.45口径手枪，对面的人开枪了。飞行员也开了两枪，然后转身跑上山。他能看到下面聚集来了更多的人。伦纳德决定先藏好，等到天黑后再逃脱。大约一个半小时后，他看见一群人向山谷下走来。让伦纳德感到惊讶的是，波特和布雷默走在队伍的最前面。他重新给枪装好子弹后冲下了山，才发现游击队对他的队友很友好。

“我不知道你们是和朋友还是和敌人在一起，”他说，“但我绝不会继续独自呆在那里。我要和你们在一起。”

飞行员们继续跋涉，爬上一座山坡时，一个村民突然出现在了波特身边，拿出波特的汉密尔顿手表递给了他。当天下午，疲惫不堪的飞行员们抵达了驻军总部，见到了科尔和杜立特。

与此同时，当地人找到了杜立特的飞机，坠落地点约在衢州以北七十英里的地方。他和伦纳德当天下午前去查看了飞机残骸，希望能找到点有用的设备或物资。“对于一个飞行员来说，最糟糕的事情莫过于看到自己的飞机已经被摔得粉碎，”杜立特后来写道，“我们飞机的碎片在山顶散布了几英亩。”

杜立特把碎片都翻了一遍，但当地人早已把飞机里的东西捡了个干干净净，连衬衣碎片上的黄铜扣子都被拿走了。他在靠近机翼的残骸边坐下，俯视着现场。这架带着他和他的机组成员飞过日本上空的B-25轰炸机现在变成了一堆卷曲的金属、纠缠的电缆和破碎的玻璃。杜立特相信在燃油耗尽、天气恶劣的情况下，其他15架轰炸机应该也都遭受到了相似的命运。如果其机组里的人也能幸存下来，那都要算是这位指挥官的幸运。“这是我的第一次战斗任务。我从一开始就在策划并直接领导了这次行动。我确信这也将是我的最后一次。在我看来，行动失败了，”杜立特后来写道，“我一生中从未感到过如此低落。”

伦纳德看出了杜立特深深的绝望，在日记中称杜立特“郁郁不乐”。

“中校，你觉得你回国后会怎样？”机工长大胆问道。

杜立特回答说：“呃，我想他们会用军事法庭审判我，把我送进利文沃斯堡监狱。”

“不，长官，”伦纳德反驳，“让我告诉你将会发生什么，他们会提拔你做将军。”

杜立特苦笑了一下，他知道伦纳德是在努力让他高兴。

机工长接着说：“而且，他们会授予你国会荣誉勋章。”

杜立特没有回应。

“中校，我知道他们会给你另一架飞机，等有了飞机，我还要作为机工长和你一起飞。”

杜立特的眼睛湿润了。“这是机械师可以给驾驶员的最高赞美，”他写道，“这意味着他对驾驶员的飞行技术绝对放心，愿意和他在任何情况下飞去任何地方。”

这些人开始往回走，但黑暗笼罩了他们。那位中国少校就近找了一户农家，大家可以睡在地上。对于疲惫不堪的飞行员来说，这样的住处已经很完美了，不出几分钟，他们就都睡着了。杜立特中间醒来后听到了一种奇怪的喉音。他一伸手，摸到了猪毛；这家的猪睡在了他的边上。他把猪用力推开，接着又睡着了。

4 月 20 日的早晨，杜立特回到了驻地，他得知又有四名机组人员被找到了。他要求浙西行署主任贺扬灵在杭州湾到温州海域的沿岸部署瞭望岗哨。他还想让所有的舢板船都出海到沿岸搜索轰炸机。

杜立特听说已经有机组在沿海和鄱阳湖附近被抓获，落在鄱阳湖的是比利·法罗的机组。杜立特在离开美国之前带了 2 000 元中国纸币，他问是否可以用现金从日伪政府手中赎回飞行员，或能否组织武装解救法罗的机组成员，但考虑到南昌附近大量的日本军队，武装解救的提议被否定了。随后杜立特起草了一份电文，通过美国驻重庆大使馆转发给阿诺德将军。“成功轰炸东京，”他写道，“由于中国海岸天气恶劣，飞机可能已经全部坠毁。目前已有 5 个机组被安全找到。”

贺扬灵主任为杜立特和其他飞行员举办了宴会。特色菜是一道老鸭煲——在飞行员看来就是一大锅汤里漂着一只死鸭子。“不许品头论足，有什么就吃什么，不要引起任何麻烦，”杜立特警告他的手下，“现在你们在这里是客人。”

飞行员们需要尽快从天目山向南转移到衢州，再从那里搭乘飞机去重庆。他们爬上贺扬灵的船，躲在船舱里。这艘船出发后沿着几条河流蜿蜒迂回，带着他们穿过日军的控制范围。飞行员们偷偷向外张望，看到敌人巡逻船的探照灯穿透黑暗四处照射。

传教士约翰·伯奇从杭州的教堂逃了出来。在偷袭珍珠港后，日军开始围捕杭州所有的美国人，并把他们关进难民营。这位23岁的传教士出生在印度，父母都是传教士，他在乔治亚州的乡下长大，后在江西省的上饶开始传教。伯奇正计划开始一次沿着钱塘江的传道之行的时候，从广播里听到了东京遭到突袭的消息。几天后，他来到了严东关，在镇上落脚吃午饭，从餐馆里可以俯瞰江面。一位中国军官进了餐馆，看到有传教士，就过来找他对话，希望练习一下英语。这位军官说，有几个美国人在浙西行署主任的船里，就停在下面。伯奇说不可能，一定是弄错了，让军官指给他看。下面有条船的甲板上站着一个穿着黑色制服的警察。伯奇决定亲自下去看一下。

“你这艘船上有美国人吗？”传教士问船上的警卫。

“没有。”警卫用中文回答。

“里面有美国人吗？”这次伯奇冲着里面大喊。

杜立特和他的手下蜷伏在船舱里听着他们的对话。“哦，耶稣基督。”保罗·伦纳德脱口而出。

“那是一个非常好的名字，”伯奇回答，“但我不是他。”

舱门一下子弹开了，伯奇看到眼前出现了几张长满胡子的脸。“快进来！”他们齐声叫道。

伯奇爬进了船舱，与杜立特和他的手下面对面地待在一起。飞行员们见到伯奇很兴奋，因为他的语言技能和对这个地区的了解可以帮到他们。杜立特向这位年轻的传教士大致介绍了这次行动，并问他是否愿意和他们一起走，做他们的翻译。“当然愿意，我很高兴能和你们一起，”伯奇后来说，“这是我第一次跟名人有关联。”

伯奇跟着杜立特到了兰溪，一路上给他们讲述日军的暴行。临别时，这位传教士告诉杜立特他想帮助美国军队。杜立特向伯奇告别，并向他保证会向高层举荐，让他继续准备好帮助其他突击队员。杜立特和他的手下继续向衢州前进，剩下的行程还要经过火车、汽车和人力车才能完成。

杜立特在一段乡下的路程中感到实在太累，跟他们的向导抗议他已经走不动了。

“我去看看能否找头驴子来给你骑，”中国军官主动提出，“你就在这儿等着。”

半小时后，军官从附近的一个村庄牵了一头驴回来。“给你，”他对杜立特说，“可以骑它。”

杜立特感觉终于得救了，绕着驴子查看起来。当他转到它的背后时，毛驴撩起蹶子一下踢到了他的胸口上。这位资深的飞行员疼得在地上直打滚，紧紧地用手按着胸口，大口大口地吸气。

那位中国军官主动补充了另一个注意事项，“它还会咬人！”

4 月 19 日上午 8 点左右，蔡斯·尼尔森在海滩上醒来。前一天晚上，“青蜂侠”就坠毁在这附近的海里。他抬头一看，有两只秃鹰就蹲在他头顶的岩石上。“好家伙，”他想，“日本的最高指挥部已经在这里了。”

太阳非常高，晴朗的天空中只飘着几朵云，这和他们昨夜遇到的雨雾天气形成了鲜明的对比。要是在这种天气里寻找衢州，就不会遇到任何麻烦了。尼尔森心想，“为什么昨天不能是这种天气呢？”

这位领航员查看了他周围的环境。昨晚他晕倒在了一个小海湾的沙滩上。在远处，他看到了码头，停着几艘绑在一起的巡逻船，船尾飘扬着太阳旗。

“乖乖，这回的麻烦可大了，”他想，“现在你离美国有 6 500 英里远，你们的航母已经走了，飞机也沉在了海里，队友们也不知道都在哪里。你在敌人的领地上，而你既不会说日语也不会说汉语。”

还有更糟糕的消息。

沿着海滩，尼尔森看到了两具被冲上来的尸体，都穿着他们军队特有的橙色救生衣。他知道那一定是他的队友。他从地上爬起来朝那边走去，钻过海滩边上的灌木丛，当尼尔森扒开一丛灌木时，他看到了一双分趾帆布胶鞋，顺着向上看去，是缠着的绑腿。“接下来我看到的是一支来福枪正指着我的头，枪口看起来好像机关炮那么大。”他回忆道。

“站起来，否则我开枪了！”那人命令道。

尼尔森考虑他该怎么做，“我也许能制服他，但他需要做的只是扣动扳机。”尼尔森决定不冒这个险，站了起来。

“你，日本人还是美国人？”那人问道。

“你，中国人还是日本人？”尼尔森反问道。

“我，中国人。”

“我，美国人。”

站起来后，尼尔森看清楚了那两具尸体，他认出他们是投弹手比尔·迪特尔和机枪手唐·菲茨莫里斯。

中国人注意到了尼尔森的目光。

“他们死了，”他说，“尽快把他们埋了，然后跟我走。”

马达的轰鸣声打断了他们，寻声望去，一艘巡逻船正向这边的小海湾驶来。

“日本人来了，你从这边跑。要是被日本人抓住，我们俩都得死。”中国人说。

两人穿过了灌木丛中的一条小路，躲进竹林中，那里能看到日本人停放巡逻船的基地。尼尔森问这位游击队员从哪里学的英语，游击队员说，那是他在上海当出租车司机的时候学会的。

尼尔森来到了游击队的驻地，这里有20多个游击队员，全都衣衫褴褛。“能遇到地方武装是件好事，但他们与真正的武装部队相差甚远。”他回忆道。“这里的设施极度匮乏，而且到处都充斥着排泄物和烂鱼的恶臭。”

让尼尔森高兴的是迪恩·霍尔马克也在这儿。他从“青蜂侠”的驾驶舱挡风玻璃中穿出，一条腿严重受伤。他挣扎着想要行走。不久之后，副驾驶员鲍勃·米德尔也来了。

那天下午，他们返回海滩，在海岸附近的一个小山上埋葬了迪特尔和菲茨莫里斯。中国人准备了简单的木制棺材，飞行员为两位遇难的队友穿上了军装，把他们安放进棺材，撒上木屑。大海的阵阵涛声从远处传来。

“我们对着棺材，霍尔马克，米德尔和我分别向我们亲爱的战友念了一段祈祷文，这就是仪式的全部内容了。”后来尼尔森写信给迪特尔的母亲说，“就如同在当时，之后我也曾多次为此流泪，后悔我们没能用更多的时间为他们举办更好的葬礼，但是日本鬼子在四处搜捕我们，耽搁就意味着被捕。”

机组的五个飞行员牺牲了两个。

“快点，快点，快点，”翻译催促，“日本鬼子很快就来了。你们快点，赶快走。”

飞行员们盖上了坟墓，回到驻地。

尼尔森和其他几人急着要逃离这里，但每次飞行员去问武装部队的指挥官他们什么时候可以离开，他都会拖住他们，承诺道：“快了，快了。”

“我们认为不得不依靠这些中国人，但是我们在这儿住的时间越长，越觉得日本鬼子会追上我们。”尼尔森后来写道，“我们都认为如果被日军俘虏，我们很可能会被处决，但是我们内心深处并不相信会发生这种事。我从未放弃过希望，我想其他人应该也是。”

一天过去了。

又一天过去了。

4 月 21 日接近中午的时候——离飞机坠毁已经过去了三天——尼尔森知道他们已经等得太久了。大门外爆发出一阵骚乱的声音。

“日本人来了，”一个中国人气喘吁吁地向尼尔森和其他飞行员宣布，“日本人来了。”

飞行员向前门外看去，发现有几百名日本士兵带着步枪、刺刀和手榴弹。“我们快速讨论了如何逃跑，但认为逃跑的话可能会被立刻击毙，”他回忆道，“让中国人把我们隐藏起来是更好的选择。”

这些人跑回到他们的房间，但结果表明这是徒劳的。“中国人领着日本队长进来了，”尼尔森后来写道，“我并不全都责怪那些中国人。他们的人数和武器都远不及日军。”

那位日本队长——尼尔森注意到他有一张圆圆的脸，留着一个小胡子——通过翻译说道，“你们现在是日军的俘虏，你们不用担心。我们对你们很好。”

被俘的飞行员很快就会发现完全相反的事实。

黎明时分，大卫·撒切尔回到小屋，他浑身湿透，手里紧紧抓着一盒被水泡了的香烟和一根安全带，其他什么东西也没找到。“我到了飞机那里，”这位“跛脚鸭”的机枪手宣布，“但这就是我能找到的全部。”

现在受伤的飞行员们熬不住了。经过了漫长的一夜，没有吗啡镇痛，伤口疼得直跳；副驾驶员迪恩·达文波特已经无法行走。不久之后，查理带着一群中国随从回来了，他们在小屋外站在雨中，有些人抬着10英尺长的竹竿，其他人拖着绳子和方格网。那些人把手中的竹子加工成轿子，竹杠的两端扛在当地劳工的肩上，空间吊着用绳索编织出来的座位。撒切尔给渔夫10美元，要来四条毯子，就在天气开始放晴时，他们出发了。麦克卢尔打量着运输他的新工具。“这可不是舒服的轿车座位；它是原始的简易轿子，”他后来写道，“几个小时之内我们从人类最快的交通工具换成了最慢的交通工具。”

行程缓慢而又艰巨，中国挑夫赤着脚，承受着受伤飞行员的重量，特别是205磅重的麦克卢尔。“他们在泥里经常打滑，而每滑一次都会震到我撕裂的肩膀。”领航员后来写道。“我们都非常气愤。我们不停地大喊大叫。为什么我们没有汽车或飞机，为什么没有马车？为什么我们没有吃的，为什么没有一个医生？诸如此类，我太过恼火，根本没去想这些为什么背后的原因。”很快，杂草丛生的路变成了稻田地和翠绿的山坡。这些游击队员们艰难跋涉，步履维艰，几分钟变成了几个小时。“当我们到了更高的地方，那些人爬上长满青苔的岩石就好像在走台阶一样，”劳森回忆道，“他们的脚趾能像手指那样抓住岩石。我挂在他们中间就像一只被宰好了的猪。”

他们来到一片放牧的草场，停在一个大房子前。周围有一群由各色人等组成的游击队，装备着来自世界各地的各种枪支，每支枪上都装饰着色彩明亮的流苏。劳森想知道这些极度贫穷的武装人员如何抵制诱惑、不把受伤的美国人出卖给日本人。“其中一个面相十分凶恶的人站起了身，走向我来，而我就躺在那里，一路的疲惫让我顾不得去关心他会对我做什么。”他回忆道，“他迅速弯下腰把手伸向我的嘴，当他把手移开，我感到在我上下嘴唇还能合得上的地方多了一根点燃的香烟。我试着向他微笑，但是我更想痛哭。也许是因为解脱。也许是因为震惊。我不知道。不管怎样，我现在闭上了眼睛，我想不管现在是在哪儿，我在一群好人当中——这些人和我都是为了共同的目标在战斗。”

伤员们正在喝热水，一名游击队员跑过来报告说，日本人来了。游击队员带上飞行员们再次出发，这次是一路小跑，后面还跟着六个武装警卫护送。他们穿过一个村子后，登上了一艘平底船，麦克卢尔估计船大约有 12 英尺长，5 英尺宽。只有一个人摇着橹带着他们在运河里前进。“要想控制住不发出呻吟声实在太难了，即便温暖的太阳让人感觉很好。”劳森回忆道，“我们沿着运河慢慢地走了好几个小时，唯一的声音就是船桨打到船尾发出的声响和游击队员们偶尔的对话。运河有一段变得非常狭窄，我们可以伸出手去碰到两边的岸。有时两边的树枝会让一直沉默不语的船夫弯下身来。我只是躺在那里，感到疼痛，想知道这水路走完了之后会是什么，而到时候我要如何走路。”

那天下午晚些时候，他们上了岸，游击队员背着受伤的飞行员穿过稻田。麦克卢尔看到高处有人站岗侦查。他们来到一座山脊上，俯瞰着下面的海湾，一条中国舢板船正在靠向海滩。正当游击队员抬着伤员走向舢板船的时候，一艘日本巡逻舰冲了过来，他们连忙把伤员藏到一条沟里。飞行员们在沟里偷偷窥视着日本的炮舰。“我看着它迅速地靠到了舢板船的一边，难受和恐惧交织在我的心头。我可以听到日本人向舢板船上的人问话，”劳森回忆道，“躺在沟里等待是一种折磨，生理和心理上的折磨。我认为日本人之前肯定看到了我们。他们一定已经听说了突袭的消息以及我们飞到中国的航线，正疯狂地想要抓住我们。他们现在一定已经找到了我们的飞机。他们会有办法让舢板船上的人开口。”

片刻之后，出乎劳森的意料，炮舰开走了。游击队员们等到日本船消失了，就冲上海滩，趟过浅滩，上了等在那里的舢板船。劳森和其他人被先放入船舱，躺在锯末和舱底的污水中。游击队员随后也爬了进去。中国水手们放下船舱里的格子窗帘，在晚上6点左右出发了。疼痛加上春天已经热起来的天气——几乎没有什么风——让航程变得无法忍受。“船慢得像蜗牛一样，”劳森回忆道，“我们呻吟着，开始要水喝。任何水都可以。在那个黑暗的船洞里，正当我们感觉已经喘不上来气的时候，外面开始下雨了。游击队员似乎这时才明白我们是要水喝。他们把船上的碗都拿出来接雨水。接完后拿过来给我们，我们大口地喝着清凉的雨水，喝完后把碗递给他们要更多的水。”

撒切尔和前一天晚上一样，照顾着所有受伤的飞行员，让每个伤员尽可能地舒服一些。投弹手鲍勃头皮上的血块凝成痂盖住了他的眼睛，让他什么都看不到了，但撒切尔害怕会感染就没有清洗掉他眼前的血痂。飞机迫降时，克莱弗头朝前被甩出了机头，这让他的背部严重受伤，已经坐不起来了。“一个姿势躺得累了之后，他会让我帮他换另一个不同的姿势，”撒切尔后来写道。“例如，如果他在仰天躺着，会让我帮他翻身用侧面躺着。至少他还能睡着，得到休息对他来说很重要。”情况正相反的是麦克卢尔，他的右臂已经开始变成黑色。“肩上的伤让他不能躺下，他只能一直坐着，”撒切尔写道，“无法睡觉。”

劳森同样在伤痛中挣扎。他的左大腿和脚踝不断渗血出来，并且变得越来越麻木。“他试着睡觉，但根本不可能，”撒切尔说，“因为他一直处在强烈的疼痛中。”

终于极度的疲惫让他失去了知觉。

“别让他们截我的腿，”劳森咕哝着说。

达文波特把他摇醒，“你做噩梦了。”

劳森让达文波特保证，如果他晕过去了，不要让任何医生截掉他的腿。

大约在午夜时分，舢板船到了游击队的一个藏身之处，停在码头里休息。几个游击队员跳下船，指指他们的嘴，告诉飞行员他们去找吃的。撒切尔跟着他们来到一座房子，拿到一碗面条，上面还放着切成片的鸡蛋。“我已经快饿疯了，”他写道，“但是那东西我实在是吃不下去。”游击队给了他们每人一碗面还有勺子，这样伤员们就可以不用筷子了。为了帮他们下饭，还给他们提供了一壶米酒。麦克卢尔拒绝吃东西，但劳森吃下了几片鸡蛋。虽然他很想用酒来麻木疼痛，但这位受了重伤的飞行员却不能喝。他回忆道："喝起来就像是未经加工的酒精。米酒流过我破裂的嘴巴和牙龈就像灼烧的碱液一般。"

大约只有 20 分钟后，舢板船再次出发，驶入了后来被麦克卢尔称作"他这辈子遇到过的最黑暗"的夜晚。撒切尔再次开始他的护理职责，这位 23 岁的机枪手到目前为止已经有 36 个小时没睡觉了，他忙着为队友们包扎伤口、喂水喂饭，还要安慰他们。这位疲惫的下士再次拿出他的杯子和一些碟子来接雨水；需要他做的事情一件接着一件。"劳森不断地要水喝，因为他的牙被磕掉了，嘴里的血会让他的喉咙发干。我觉得那糟糕的夜晚似乎没有尽头。"他后来写道，"最令人沮丧的是我们意识到游击队说的行程只需要两个小时，实际上指的是两天。"

船整晚都在向西行进。克莱弗是四个人中唯一能睡得着的。其他人以各种状态徘徊在半睡半醒之间，从未远离的是他们身上的疼痛。天亮时，劳森掀开格子窗帘，看到舢板船已经到达了大陆，正朝着一条宽阔的河划去。他们的船一直不停前进，早上变成了下午，最后在傍晚时分，他们靠岸了。撒切尔找到了一个电报局，终于向重庆方面发出了电报，告知这个机组的遭遇。新的脚夫从船上抬下了伤员，这回用的是更为标准的担架，把他们送到了地方政府的所在地，此时天色已经黑了下来。"我被抬到一个平板上面，"麦克卢尔回忆道，"肩膀上的疼痛达到了顶点，而且缺少食物，这让我变得暴躁易怒、让人难以接近。"

游击队把伤员安置到了一个庭院，劳森看到墙上贴满了中国救援的海报。他听到屋里有人讲着带口音的英语。一个戴眼镜的中国人从里面走出来，向他伸出了手。"我们这里所有的东西你随便用，"他对劳森说，"我们已经知道了你们所做的一切。"

劳森告诉他，这些人需要一个医生，麻药和镇静剂——但这些要求却引来主人遗憾地叹息。"这个站里什么也没有，只有绷带、一点儿食物和水。"劳森回忆道。"甚至没有安眠药，连一片阿司匹林或任何一种抗菌剂都没有。当然，也没有医生。"

当地人拿来米饭和水喂给飞行员，还帮助他们洗了澡。所有的羞怯、不好意思早就消失了。“坐在其中的一间接待室里，”麦克卢尔回忆说，“一个中国女孩，我怀疑她是一位护士，帮助我把衣服脱掉，我站在木桶里，她给我全身上下洗了一遍。”

护士将克莱弗脸上的血块洗掉，让他在坠机后第一次睁开了眼睛。其他人清洗了麦克卢尔右脚踝上感染的伤口，这时他才发现伤口中有一条“食人虫”。护士把劳森左腿上用于止血的腰带和领带拆下来，为他认真清洗，扔掉了从渔民小屋开始他就一直盖着的脏被子。服务员给他们拿来了厚毯子，但睡眠对伤员来说仍是奢侈，虽然他们在没有任何镇痛药的情况下与疼痛抗争了两天，已经非常疲惫。“我几乎没得到太多的休息，”麦克卢尔回忆道，“我大部分时间都得坐着，双手放在膝盖上。而且身上似乎在不断产生新的疼痛。”劳森也经历了相同的折磨。“我试着想要睡觉，”这位飞行员后来写道，“但是我只是躺在那里，充满了疼痛，身上的每一处都需要治疗。”

大约在凌晨 3 点 30 分，陈慎言医生在经过了 12 个小时的步行跋涉后，终于赶到了。陈慎言毕业于上海私立东南医学院，他在前一天下午 3 点接到电话，让他立刻前往照顾五名受伤的美国飞行员。陈和他的父亲在 40 英里之外的临海经营着一家私人医院——恩泽医院——曾经是一个传教士诊所，十年前，他们家族从美国圣公会教堂那里将它买下。在 4 月 18 日下午，陈听到了空袭警报，但并没多想，直到他在 4 月 20 日下午接到电话。医生很快准备好了一个手术设备箱，叫上一位同事，在接到电话 30 分钟后就开始了长达半天的行程。

陈查看了飞行员的伤势。他发现麦克卢尔严重的伤痛使他呼吸困难，因而只能坐着而无法躺下。领航员的两个胳膊严重肿胀、麻木，几乎无法移动。达文波特右腿和左手受伤，失血严重。克莱弗也一样。劳森的伤势显然最重。他的左膝盖完全粉碎，脸上和下颌上布满了撕裂伤。“下颌骨复合性骨折，掉了 8 颗牙，”陈指出，“都在右边一侧。”坠机太过猛烈，劳森不仅失去了他所有的犬齿和门牙，还有他的上下臼齿。“他的左腿和脚上也有多个伤口，而且已经失去意识很长时间了。”

陈需要把这些伤员转移到他的医院。他尽力处理好伤口后，给他在临海的四位传教士朋友打了电话。他需要帮助。很多帮助。

4月21日上午8点他们出发了，开始了40英里的行程，劳森被抬在担架上，其他人坐着轿子。“地方政府办了一个盛大的送别仪式，”撒切尔写道，“乐队什么的都有。”一队中国士兵沿路列队立正，向每位通过的飞行员敬礼。“这让我喉咙哽咽，”劳森回忆道，“我们中那些还能动弹的队员回敬了军礼。我想应该不会有比我们这队更吓人的游行队伍了。”

结果表明这次的行程也同样艰巨，脚夫们在陡峭、崎岖的山地上前进。“在一条山脊上，我们停下来喝茶，他们拿出各种吃的，我们竟然吃到了曲奇饼干！”麦克卢尔后来写道，“这种熟悉的食物带给我们的亲切感不仅提高了我们的士气更是止住了我们的饥饿。”他们从早上走到了下午，受伤的飞行员苦不堪言。“有几次我觉得我再也受不了这上下的颠簸了，”劳森回忆道，“每当我觉得我要哭喊出来让他们把我放下的时候，我就把嘴咬在苦酸橙上，把注意力集中在橙汁在嘴里灼烧的感觉，以及苦橙籽的数目。尽量想着其他的东西，这样我才不会去想我的腿、胳膊和手。我才不会晕过去。”

夜晚很快降临。脚夫们还在继续跋涉，穿过大片的稻田。傍晚过后，他们到了陈的医院。

“你们在这里是安全的，”乔治·帕克，一位英国传教士告诉几位飞行员。

劳森问起医药用品。

“你们会得到全力治疗，”帕克说，“我们有杀菌液、氯仿和绷带。没有别的了。”

对受伤的飞行员来说，这已经是得救了。“现在这里是医院——总算有了真正的医院和真正的医疗！”麦克卢尔写道，“这里有真正带弹簧的铁床。但最好的还是这里的卫生。可以放心地喝凉水，真是太好了。”

撒切尔已经筋疲力尽了。几天来，他一直在照顾受伤的队友，帮助他们逃到安全的地方。但他却拒绝了任何夸赞，而是指出他的队友们忍受了巨大的伤痛。“40英里的行程我们走了12个小时，”他在报告中写道，“我都不知道劳森是如何忍受下来的。”

第十七章

在那一天结束的时候，我有很多事情要感谢上帝。

——肯恩·雷迪，1942 年 4 月 18 日的日记条目

4 月 19 日 9 点 30 分左右，俄国人叫醒了约克和他的队员，通知他们早餐将在半个小时之内开始。很快，飞行员和上校及其手下一起坐在了前一天晚上他们在楼下吃饭的那个房间里，飞行员马上问起获取燃油飞去中国的事。

“吃肉喝酒的时候绝不能讨论公事，”上校说，“所有的决定你们到时候就知道了。你们必须先尽情地吃喝。”

鱼子酱、奶酪、腌鱼和黑面包连同其他的美味佳肴摆满了桌子。第一道菜是奶油汤、烤鹅和炸土豆。接下来飞行员们又尽情享用了烤乳猪，这道菜上的是一整只乳猪，每个人可以从上面切下自己吃的那部分。热巧克力饮料在五个小时的早餐中一直没间断过。“这一次，我们为苏联红军干杯；他们为美国陆军干杯。我们为苏联海军干杯；他们为美国海军干杯。我们为苏联空军干了杯；他们也为美国陆军航空队干杯。”埃曼斯回忆说，“我们还为解放世界人民的胜利干了大约三次杯。”

“嘿，”约克最后对上校说，“想不想看看我们的飞机？”

那位俄罗斯人立刻就接受了邀请。虽然喝了伏特加，约克提出了要带着上校飞一圈，被上校明智地拒绝了。俄国人实地查看了轰炸机，看到了用扫帚把伪装成的机尾枪时，被逗得笑了起来。

“你确定不想飞上一圈吗？”约克发动了双引擎轰炸机，再次问上校。上校吓得连忙爬出轰炸机，往外跑的时候还差点撞倒了埃曼斯。

下午 3 点 45 分，飞行员们又回到了自己的房间。想要拿到燃油的事情依然毫无进展。喝醉了的飞行员们上床睡觉，但刚过了 45 分钟，他们就被翻译叫醒。

“你们必须赶快起床，”他要求道，“你们马上就要离开了。飞机已经在等着你们！”

“我的上帝，我还从来没在这种状态下执行过飞行任务，但是，就这样吧，”埃曼斯想着，“如果他们已经为我们的飞机加好了油，那就让我们赶快离开这里吧。”

埃曼斯至少还能起得来床。“最后我不得不拉着约克让他坐起来，”他回忆道，“我们都醉得不成样子，很容易被摆布。”

俄国人把飞行员们带到一辆老旧的大巴车上，开车带他们到了一架 DC-3 飞机的下面，当地人称之为“罗斯基 • 道格拉斯”。

“我们要去哪里？”一位飞行员问，“我们的行李怎么办？”

“到时候你们就知道了。”

道格拉斯飞机冲上了下午的天空，飞行员们很快就在飞机上睡着了，中间只有埃曼斯偶尔几次走到机舱后面去查看,但每次回来他的脸色都更加苍白。这位飞行员推断飞机一直在向北飞，但在整个两个半小时的飞行中他也没分辨出具体的位置。

黄昏时分，飞机在机场上空盘旋准备降落时，上校宣布，“哈巴罗夫斯克到了。”

哈巴罗夫斯克作为西伯利亚东部的大型工业城市，坐落在黑龙江（阿穆尔河）沿岸，中国满洲地区以北。突击队员们走下飞机，上了几辆等在那里的轿车，他们被带到了附近的一座建筑里。俄国人把他们领到一间办公室，桌子后面站着一位俄罗斯军官。

“请允许我向你们介绍斯特恩将军，远东红军主将，他有几个问题想要问你们。”翻译说道。

斯特恩的身材令埃曼斯惊叹，而他的衬衫衣领上至少有四颗星。“我认为斯特恩将军是我见过的身材最接近猿猴的人。”埃曼斯回忆说，“他的肩膀有 3 英尺宽，臀部狭窄，手长及膝，几乎没有脖子。我记得我当时对他光亮的秃头觉得特别稀奇。上面没长一根头发。”

将军询问了飞行员突袭的情况，目标、在日本的路线和是否被敌机尾随，最后一条他重复问了多次。飞行员坦率地回答了他的问题，但并没有透露大黄蜂号的角色。半个小时的面谈过后，这位将军用了一大堆话来结束他们的谈话，翻译员说道，“将军要我告诉你们，根据一项我们两国政府达成的决定，遵照莫斯科方面的指示，你们将会在苏联被扣留，直到对你们的情况有进一步的决定为止。你们即刻开始将被扣留在哈巴罗夫斯克城外为你们准备好的住所内。你们将得到适当的保护，并会尽量让你们住得舒服。”

俄国人重新把突击队员们带回车上，汽车载着他们驶过狭窄而未经铺砌的街道。汽车的单头灯照亮了街上衣衫破烂的男男女女。工厂外面都围着高大的围墙，通常还有士兵在瞭望塔上站岗。

大约一个小时后，汽车停在了一个一英亩大小、被围栏防护起来的住所，后来飞行员们得知俄罗斯人把这称为达恰（乡间邸宅），通常是供苏联红军休养用的。这种简单的住宅里面有足够的卧室提供给飞行员和警卫，还有厨房、餐厅和卫生间。

“好吧，我们到了。”约克说。

这些沮丧的飞行员那天早上醒来的时候还期待着获得燃油后飞去中国。现在，他们的未来变得无法确定。这样的拘留会持续一周还是一年？或者更糟，一直到战争结束吗？没人知道，虽然飞行员们怀疑那位将军所说的这是一个联合的安排，由美国和苏联政府共同决定。“我们什么都不能做，只有坐下来，”埃曼斯写道，“我们的行李也没带，也没东西要收拾。”

一位俄国军官出现在了门口，自我介绍说他叫米哈尔•康斯坦丁诺维奇•思科马琳。这个名字很快就被突击队员们简化为了麦克。“我会说一点英语，”他说。“我将和你们待在一起。”

麦克邀请突击队员们一起享用了晚餐——黑面包、鲑鱼鱼子酱和奶酪，配上汤、肉和土豆，当然，还有伏特加。大约在半夜的时候，广播里传来消息，麦克为这些迫切等待消息的飞行员做了翻译。广播中的报道称，在最近的东京突袭中，日本击落了 11 架轰炸机。飞行员们无从知道这是真实的报道还是敌人的宣传，但这样的可能性击倒了这些突击队员。“我的上帝，整个突袭总共只有 16 架飞机，如果有 11 架在日本上空被击落，那我们就是 5 个幸存的飞机之一！”埃曼斯后来写道。“我可以告诉你们，那天晚上我们上床睡觉的时候都感到非常悲伤，这也是我们在苏联作为被拘留者的第一个晚上。”

第二天，他们开始四处查看这座乡间别墅，这里有一个未经修剪的院子沿着黑龙江向下，黑暗的江水是唯一的界限，对面就是日本控制的满洲。新闻报道中又下调了在东京被击落的轰炸机数量，从 11 降到了 7，这让突击队员们肯定这些新闻很可能只是宣传报道。几天后，飞行员们的随身行李也被拿来了，不过突击队员们发现俄罗斯人已经搜查了他们的行李，并拿走了所有的糖果和美国香烟。“任何类似飞机设备的东西都被他们留下了，”约克后来告诉美国调查人员，“包括我们的手枪。”

除了被带到一个原始的澡堂里洗澡，每天就是认识伏特加的不同种类以及效力，突击队员们很快变得焦躁不安起来。“几乎每一天都是完全一样的。”埃曼斯写道。“我们大约 9 点半起床，10 点吃早午餐，7 点吃晚餐，每天午夜聚在一起喝茶看新闻。伏特加开始被飞行员们期待，用来消愁解闷，但时间的空档仍然难以填补。我们每天睡得很多，消磨时间，还时而尝试着学习俄语。”

在突击队员们来到哈巴罗夫斯克十天后的一个晚上，一辆车停在了他们乡间别墅的外面。早些时候已经下班回去的两名俄罗斯军官又回来了，把麦克从餐桌边叫了出去。不一会儿，麦克回来了，他坐下吃完了他的晚饭后向突击队员们宣布，他们得离开这儿了。

“离开！”突击队员们问道，“什么时候？”

“你们今晚必须准备好。”

“我们要去哪里？”突击队员们问。

“到时候你们就都知道了。”麦克答道。

唐·史密斯和“黄色炸药”的其他机组人员被清晨赶来的访客们唤醒了。其中有一个穿戴比其他人都好的男人，当地人似乎对他表现出了特别的尊重，虽然他的鼻子大部分都是残缺的，怀特医生怀疑那是麻风病造成的。那个人查看了一下飞行员们就离开了。这家的主人通过手势告诉飞行员们，那个人坐船离开了。这让飞行员们担心那个人会把他们出卖给日本人。飞行员们狼吞虎咽地吃下了早饭——大米饭、干虾和蒜蓉青菜，穿上他们还没完全干燥的衣服，就动身出发了。他们遇到的第一个人是一个渔夫，后面跟着投弹手霍华德·赛斯勒。“他完好无损，虽然被冻坏了，整晚都待在避风的岩缝中，离飞机迫降的地方大约2英里。”怀特在他的日记中写道。“一位当地人解释说当地的水域中出现了一艘日本炮舰，我们应该等到天黑再走。所以我们只能回去隐蔽起来。”

他们回到渔民的小屋，发现那位领导回来了，并带来了消息——日本人就在附近。飞行员别无选择，在小茅屋里待了一整天，睡觉休息并晾干他们的衣服。黄昏时分来了五个人，护送飞行员们上了一艘小舢板船。飞行员爬进船舱，中国人让他们躺在船底，用垫子把他们盖起来，然后驶向大海。没有风，外面还飘着冰冷的细雨，他们的行程非常缓慢。“有几次其他船只从我们边上通过，我们保持安静，直到其他船的声音在远处消失。一次我们听到了船的马达声，看到远处有探照灯。”怀特写道，“我们一动不动地挤在舢板船的舱底，躺在那里很不舒服，渔民又给我们盖上一层用树皮做成的粗雨衣，以防我们被看见。之后我们可以坐起来，四处看看，但在黑暗和细雨中也看不到什么。”

船在半夜到达了南田岛——这正是劳森他们“跛脚鸭”坠毁的地方，他们把船绑在一个石墩上。怀特和两名中国人拿着一对灯笼走上了码头，其他飞行员仍留在船上。怀特他们三人穿过蜿蜒在稻田地中的小路，翻过陡峭的山坡，穿过岩石的缝隙，走了一个多小时的路程。没有风，空气中弥漫着浓重的雾气；

黑暗中唯一的光亮就来自两只灯笼里的蜡烛。“唯一的动静就是无数只青蛙的呱呱声和我们的脚步声。”怀特后来写道，“周围完全陌生的环境让我感觉自己正漫步在另一个星球上。”

一小时后，他们到了一个农舍，怀特在那里遇见了游击队队长，也就是劳森口中的查理。他告诉怀特，另一队 B–25 机组在这座小岛附近迫降，他已经帮助他们逃走了。查理拿出了几个机组人员留下的纪念品，包括一张写着达文波特名字的卡片。怀特立即就知道了那是劳森的机组。查理告诉他那个机组的大部分成员都受了伤，并用肢体比划着告诉怀特他们受伤的部位有牙齿、手臂、腿和眼睛。怀特想知道自己这组多快能赶上劳森他们，但查理告诉他必须先在这里等待。怀特让查理的一个手下给船上捎去便条，告诉其他人也到农舍来。之后的几个小时里，怀特坐着喝茶聊天。当查理知道这些人没能从飞机上抢救出任何枪支的时候，他非常失望。让他同样痛苦的是他从怀特那儿听说了新加坡的沦陷。

“真该死， 他妈的。”他说。

其他人也赶了过来，飞行员们走到附近的另一个农舍，当地人在地上铺好了垫子给他们当作床铺。天亮的时候查理拿着几只鸡出现了。因为日军的一支戍防部队来到了岛上，白天的时候这些人不得不躲藏起来。怀特把硬币和他小孩的照片分给了当地人。虽然这里根本没有任何卫生可言，但这并没有阻止飞行员们尽情享用了查理拿来的几只鸡。计划是在当天晚上出发，查理派出了 5 个人来保护飞行员。下午晚些时候得到消息，日本人来了，因此机组人员被分成小组出发，徒步穿过植被繁茂的山丘。

各组在一条水道的边上重新汇合，飞行员们纷纷向查理告别之后爬进了一个平底船。村民们赶来相送，一些当地人跑来把煮鸡蛋塞给他们。怀特对运河两岸的景物十分着迷，他在日记里描述了这种原始的场景。“我们看到的一切都具有极为悠久的历史，”他写道，“一些屋脊铺着带有雕刻的瓦片；其他的房屋都是茅草屋顶；带有雕刻的石头闸门；错综的水道和梯田。一切好像都已经在那里存在了数千年，除了我们和我们同伴们带的枪。”

黄昏时分，船走到了运河的尽头。飞行员上岸后行走了大约一英里，到达了地方军营，他们在那里吃到了鸡蛋、米饭和虾，喝了茶和白酒，然后在黑暗中又继续走了两英里，来到一个废弃的房子里。他们等到月亮落下后，爬上了另一艘小船，经过短途航行后，步行走到了一座古老的道观。一位当地的道长迎接了他们。“老道士长得面貌清秀，披散着长长的头发和胡子，穿着一件黑色的长袍，”怀特写道。“我们的领队和道长为我们祈福，然后三次用签筒摇签占卜凶吉，一次是为他们自己，一次是为我们，还有一次是为了蒋介石！”

他们的晚餐是鸡蛋和茶水，晚饭过后他们睡在地铺上，但没有毯子盖，他们冻得瑟瑟发抖。第二天，飞行员们仍然隐藏在殿里。怀特拿出巧克力和饼干与道长分享；而作为回礼道长拿出了中国的糖糕。下午 3 点左右，一位侦察兵带来消息，65 名日本士兵正赶往道观。

飞行员们拿上随身不多的物品，和中国人匆匆离开，他们沿着小路到了附近的一个农舍。在经过一番商量后，户主把他们领进屋，打开藏在床后的秘道让他们进去。秘道连着地洞。飞行员坐在靠里的一面墙下的平台上，台上铺了垫子。壁龛中的一只蜡烛提供了唯一的光线。他们听到外面的一阵混乱之后，又进来了六个中国人，坐到了飞行员和门口之间，都竖着枪，准备战斗。“我们是入地无门，”怀特在他的日记中写道，“等待着日本鬼子找到我们的这段时间是我人生中感觉最糟糕的时刻之一。”

那些中国人也等待着，并且抽起了烟，整个洞里烟气缭绕，令飞行员们感到窒息。飞行员听到了日本士兵来到了外面，分散开来，在房子里四处搜寻他们。“几次我们听到头顶的脚步声和试探的敲击声，然后我们听到了他们进入到了藏着洞穴入口的那个房间，”怀特写道，“在那里很快就出现了挣扎和尖叫呼喊的声音。一位护送我们的人转向我们，用手做出鞭打另一个人后背的动作。日本鬼子正在拷打房子的主人，逼他说出我们藏在哪儿。”

爱德华·塞勒仔细观察了最靠近他的一个游击队员，那个人拿着一把陈旧生锈的来福枪和用布做的弹药带，里面满是各种形状和大小的子弹，塞勒猜测这些弹药是他四处搜寻来的。“我不知道他是否真的能帮上我们，”塞勒回忆道，“但他在努力尝试。”他们继续等待着，香烟呛得让人无法忍受。“山洞里的空气原本也不新鲜，现在变得令人窒息，”怀特写道，“我们唯一能做的就是忍住不咳嗽，以免暴露我们的藏身之处。”他们突然听到激烈的对抗。“外面有撞击的声音，许多人说话的声音，大打出手和尖叫的声音。”一份报告指出，“日本人来了，他们殴打了那位老道士，还殴打了村民，但没有人告密。”

两个小时后日本人终于走了。“大家提着的心终于都放了下来，纷纷爬出地洞。”怀特在他的日记中写道，“我头一次因为见到外面的天光而如此高兴。”道长见到大家后，用手势讲述了他遭受的折磨。“日军显然进入了他的道观，捣毁了他的圣像，甚至还打了他，但他向我们演示他是如何哭喊，扯着他的头发，攥紧双手发誓说他从来没有看到过我们。”怀特写道，“这些人都极端贫穷，他们中的任何一个都可以通过出卖我们来为自己换取巨大的好处，但是显然他们从未有过这样的想法。他们对我们的责任感和他们对日本鬼子的仇恨就足以保证他们不会那么做。”

飞行员从下午一直走到夜里，跋涉在稻田间蜿蜒的小路上。他们在水边的一个房子里停下吃饭，晚饭是鸡肉、米饭、虾和鸡蛋。之后他们爬上一艘舢板船驶向内地。晴朗的夜晚加上习习的凉风让飞行员们放松了下来，他们观察中国人怎样划船。日本人已经占领了他们要去的地方，这迫使他们在凌晨 4 点钟调转方向进入了一个静寂的村庄。他们在一家干货店上面的住家里吃了早饭，还用肥皂做了清洗，然后继续一整天的步行。“乡下景色迷人，”怀特在日记中写道，“但我们的脚走得酸痛，还起了水泡，鞋底在之前拿到火上烤干的时候就已经裂开了。”

终于他们登上了两艘用作渡船的小舢板船，向上游行进了几英里，登陆后又走了 5 英里。地方政府为他们举行了隆重的欢迎仪式，怀特他们得知劳森那一组两天前刚刚经过这里。飞行员们随后参观了当地的驻军总部，在那里他们得到了洗澡用的香皂和干净的便装衬衣和短裤。“很高兴终于可以脱掉身上脏臭的内衣了！”怀特在日记中写道。“非常好的晚餐和款待。小女孩们来为我们献花、跳舞，歌颂飞行的奇迹。”中国人还问了飞行员们是否需要女人来服务。“我们回答说我们感谢这样的好意，”怀特写道，“只是我们太累了！”

飞行员第二天早上醒来时已经恢复了精神，几天以来这还是第一次。“一晚上都睡得极好，然后去吃早餐。”怀特在日记中写道。“自从离开航母后第一次清洁了牙齿。”飞行员们还可以发送电报。怀特给他的妻子伊迪丝发了一条非常简短的电文，“平安无事。”但她却从未收到。那天上午，地方政府为飞行员们举办了一个招待会，前来庆祝的有镇上的官员、学生和士兵。在军号的演奏中，飞行员们接受人群对他们的欢呼和唱歌。地方官和其他几个人发表了讲话，随后每位飞行员也简短地说了一番话。官员们为飞行员颁发了锦旗。一位摄影师徒步走了35英里，用他的12×12照相机前来记录这一事件，相机既没有快门也没有光圈。怀特也投桃报李，把他的头盔给了地方官的儿子。

那天上午飞行员们就出发去寻找劳森和他的机组，他们穿过镇子，怀特在日记里描述“像凯旋归来的队伍——被士兵们、鞭炮、五彩纸屑、欢呼和歌曲包围。”走出镇子，飞行员们坐上了柳条轿子，在十名士兵的护送下开始了向临海医院的长途跋涉。“我们走上了一条长长的山谷。宽石板路时而会变成泥泞的小路。山坡上到处都是稻田地。水泵和水斗；分散的农业定居点；挂在树上晾晒的干草——这里的一切都明显已经年久失修。”

这一行人经过了一个小村庄，这里的老师和学生出来迎接，他们高举着横幅、欢呼并唱着有关飞机的歌曲。飞行员们穿过村子的主干道，两旁都是商店，主要都是销售食品的。午饭飞行员吃了鸡蛋、猪肉和香肠，然后继续上山，后面还跟了一群小孩子。“不管我们到哪儿，人们都争相来看我们。”怀特在日记中写道。“一个小孩子爬到了我的椅子底下，被他的母亲拽了出来扇了耳光。他大哭起来，我给了他1美分，他立刻就不哭了。”

那天晚上他们在一处军队哨所歇脚，第二天早上继续赶路，并在10点左右到达临海，这一天是4月24日。怀特去了医院，看到了“跛脚鸭”的机组人员。劳森的病情已经恶化。中国的陈医生已经拔除了飞行员松脱的牙齿，并取出了他左膝盖骨的碎片，这让他的伤口进一步扩大了。劳森的意识游离，只能通过睁眼和闭眼来做出反应。他不能吃东西，只能给他静脉注射葡萄糖。怀特给重庆发电报，要求空投物资，特别是医药箱，完整的输血设备，吗啡，外科敷料和磺胺嘧啶、磺胺噻唑或磺胺。

怀特的第一份报告指出，劳森的左膝盖骨复合性骨折，外加膝关节外一条很深的伤口，有 6 英寸长，几乎切断了肌腱。他身上还有其他伤口，分布在他的左胫骨、下巴和嘴唇， 此外，脸颊上有一个非常深的伤口，这样深的伤口头皮上还有两个。怀特数了一下，劳森失去了三个上门牙和犬齿。“所有的伤口都被一种恶性微生物严重感染，显然这种微生物是一种存在于动物排泄物中的共生厌氧菌。”他后来写道，“整个腿都是肿的，里面的体液来回波动时都能发出响声，每一处创口都有脓水排出。他的脚踝里面有一面上长了干性坏疽。膝关节动起来当然非常痛苦，泰德由于虚弱和感染，大部分时间都神志不清。”

劳森伤得最严重的就是左腿。怀特决心尽力挽救它，他找遍了医院里的药物，最后找到一些日本品牌的磺胺。虽然怀疑日本药的效力，怀特立即开始给劳森使用，并抽干了伤口中的积液。“他左脚踝感染坏疽的地方已经失去了痛感，我可以使用剪刀清理那部分患处……我的努力见了成效，从伤口里面涌出了满满一杯臭气熏天的脓物。”怀特忍不住惊叹劳森和其他“跛脚鸭”上受伤的队员是如何在没有任何医疗帮助的情况下度过四天的， 这一点他后来在报告中做了重点的强调。他写道，“在那令人难忘的 4 月 18 日发生了许多奇迹，而泰德和迪恩还活着正是那天发生的众多奇迹中的一个！”

4 月 20 日下午，日军将“地狱蝙蝠”的机组成员押上一架运输机，5 点左右抵达南京。卫兵把突击队员们分别带上了几辆 1938 款的福特汽车的后座，两边坐着卫兵。海特可以从他的眼罩下面看到外面混乱的城市， 街上有狗和驴子，还有孩子。卫兵把飞行员丢进单独牢房，牢房用木栅栏隔成，仅有 4 英尺宽 8 英尺长。牢房里的厕所就是一个罐子；唯一的家具就是铺在硬木地板上的一条潮湿的毯子。看守的卫兵在外面的过道里来回走着。

当天晚上，日本人把萨泽从牢房里拖出来带到了审讯室，里面坐着几个军官，其中一个会说英语但带着满口的俚语。这位精疲力竭的飞行员已经被蒙上眼睛超过 12 个小时，上一顿饭到现在的时间还要更长，但他仍然拒绝合作。军官们取笑这位眼睛被蒙住的投弹手，并威胁道，如果他不说话就要处决他，他们还不时上来打他的脸，并发出大笑。但这也只是热身活动，卫兵们把他拖到另一个房间，一把摘下了他的眼罩。萨泽抬头看到一个大腹便便、又矮又胖的日本人，嘴里还叼着雪茄。

“我是全中国最仁慈的审讯官，”这个日本人通过翻译说道，“能被我审问你很幸运。”

每个人都坐了下来。

“杜立特是你的指挥官，是真的吗？”审讯员问。

“我是不会招的。”萨泽回答。

“你在我们的手上，我们要你开口，”审讯员告诫他，“只要配合，我们就会优待你的。”

审讯持续。

“H-O-R-N-E-T 应该怎么读？”

“大黄蜂。”萨泽回答。

“你们就是从那艘航母上起飞去轰炸日本的。”审讯员说道。

“我是不会招的。”萨泽重复。

“16 架 B-25 轰炸机从大黄蜂号上起飞，然后轰炸了日本，”审讯员继续道，“是真的吗？”

“我是不会招的。”

审讯员继续问了很多问题，飞行员都拒绝回答，最后审讯员猛地把拳头砸在了桌子上。“你说话的时候，要看着我的眼睛！”

萨泽就照做了，但这更加激怒了审讯员。最后他从身边拔出佩刀。萨泽的眼睛盯着面前明亮的钢刃。

“明天早上，当太阳升起来的时候，我要砍掉你的头，”审讯员狂叫道，“你觉得怎么样？”

萨泽不知道该如何回答，但他知道需要说点儿什么——于是就想到了，“好吧，被全中国最仁慈的审讯官砍掉脑袋将是我巨大的荣幸。”

审讯室里爆发出了笑声。

日本人同样把鲍比 • 海特从牢房里拖进了一间审讯室，里面坐着一位少校和翻译。还有站在一边的四个卫兵。

“请你坐下来，”翻译说，“想抽烟吗？”

海特看到了桌上放着一包“白色猫头鹰”雪茄和香烟。他伸手去拿香烟，但翻译把雪茄和香烟都收了回去。

“之后你就可以得到它们。”他说。

“什么之后？”

“把我们想知道的都告诉我们之后。”

“我是战俘，”这位德州人回答说，“我只需要告诉你们我的名字、等级和编号，而这些我已经告诉过你们了。”

“你得告诉我们更多！”翻译对着他大喊大叫，“如果你不说，我们就在这儿拿枪打死你！”

日本人继续追问有关大黄蜂号和杜立特的情况，海特决定设法搪塞过去，声称他是从阿留申群岛飞过来的。

“你不可能飞那么远。”日本人反驳道。

“我们能，而且也做到了。”

乔治·巴尔也同样拒绝回答军官们的提问，并随之遭受了残酷的折磨。守卫把他带到楼下，在经过的一个房间时，他看见了里面的萨泽正被日本人围在中间，他们正在用类似铅笔的竹片在他的手指缝之间刮磨。

巴尔被几名日本兵带到了他的审讯室。这位领航员被戴上手铐，蒙上眼睛，根本看不到拳头，只能感觉到脸上和身上的疼痛。一个军官走了进来，让这些人停下来。他把巴尔的眼罩摘掉，但没有打开他的手铐，军官通过一个非军方的翻译向他提问。

巴尔拒绝招供。日本人把他放倒在地板上，用抹布堵住他的嘴，然后向他的脸上浇水。他感到了水顺着鼻孔流了进去，但他没办法把水咳嗽出来。他感觉自己快要窒息。

日本人停了下来，那位军官问巴尔他是否想要招供。巴尔拒绝招供，折磨再次开始。“水进到了我的肺里，”巴尔后来在作证时说道，“让你没法喘气。”

那位军官看着巴尔挣扎。折磨持续了 20 分钟，巴尔感到再也无法忍受了。

他同意招供。巴尔招出了所有飞机都是从航母上起飞的。守卫让他回到了牢房。

突击队员们在满是寄生虫的牢房里度过了漫长的一夜。萨泽的手表也被守卫偷走。“我的手脚都被绑着，”他回忆道，“我和衣躺在那里，浑身爬满了虱子。”

第二天早上，守卫把这些美国人拖到外面去拍照，然后给他们被戴上手铐，蒙上眼睛并用绳子绑了起来，送上一架飞机。萨泽偷偷向窗外窥探，但飞机开了几个小时，下面都只有空旷的水域。最终他看到的一个地标——富士山——告诉了他飞机要去哪里。那一刻，他知道了他们的目的地是东京。

迪恩·霍尔马克，鲍勃·米德尔和蔡斯·尼尔森被日本人用轿子抬着走过了一条几英里长的山路，在下午 5 点半左右到达了驻地。“一路上谁也没有跟我们说话，但是士兵们一直看着我们，还不住地笑着点头。我无法全心思考。”尼尔森后来写道。“我试图想出个办法来，但似乎没有一个是可行的。我下定决心，如果万不得已，我会在他们杀掉我之前，尽力杀死几个日本鬼子。”

到了驻地，日本人拿出煮鸡蛋和蔬菜三明治给他们吃，然后带着他们走下一个码头，上了一艘柴油船。飞行员们在宁波换了一次船，除此之外，整个四天的行程里他们一直都被铐在狭小的船舱中，里面只有一张草席。到了晚上，日本人甚至会把飞行员的腿也铐住。每顿饭的食物包括鸡蛋、蔬菜汤和点心。4 月 24 日下午 2 点半，他们的船到了上海，尼尔森看到了岸边上海电力公司和上海码头斑驳的招牌。

船刚靠岸，飞行员就被蒙上眼睛，腰间被系上绳子后，每个人都被交给一个卫兵牵着。卫兵将每位飞行员带进不同的汽车，开车大约走了 20 分钟把他们带到了一个机场，将他们锁进单独的囚室。尼尔森在囚室中还没坐稳就又被卫兵拉出来，带进审讯室。这个狭小的审讯室很热，只有一个窗口，窗子的下半部分是磨砂玻璃，他看不到外面。桌子前面坐了六位军官，还有一个士兵和一个非军方的翻译。日本人给了尼尔森一杯茶，他带着手铐笨拙地拿起杯子把茶喝掉了。

一位军官开始了问话。他问尼尔森从哪里来，到中国做什么？

这位导航员只给出了自己的姓名、等级和编号。

审讯员用手抽打尼尔森的脸和头部——据他自己估计多达三十多次——他的耳朵嗡嗡直响。其他人上来踢他，把他的小腿踢出了血。双手被拷在椅子后面，脚踝被绑在椅子腿上，尼尔森无法保护自己。

“我们有的是办法让你开口说话，”翻译告诉他，“你明白，你们国家没人知道你还活着。如果我们一不小心把你给折磨死了，你们的人会认为你在行动中失踪了。你现在想要招供了吗？”

尼尔森再次拒绝了。“他的那句我们的人永远不会知道我最后发生了什么击溃了我，但是我当时太累了，我的感受并没有表露出来，”他回忆道，“他紧紧地盯着我看，我的反应似乎让他感到了失望。”

军官打了个响指，在喉咙里含混地发出一个命令，门就被突然打开了。尼尔森看到四个强壮的士兵齐步走了进来。“他们脸上没有丝毫表情，”他后来写道，“他们抓住我，把我拉起来，我试图反抗了一下，就已经被他们毫不费力地扔到地板上了。其中一个士兵抓住我被铐在一起的胳膊。另外两个人抓住了我的腿。第四个人把一条毛巾卷成一个杯子的形状放在我的嘴和鼻子上。”

士兵随后向他脸上倒水。令尼尔森感到恐惧的是，温水灌进了他的嘴里和鼻孔里。“人必须要呼吸，”他回忆道，“我每呼吸一次都会把水吸进我的肺里。”

尼尔森奋力反抗。他转过头去吸到了一口空气，但士兵又把他的头扳回来。同样，他的胳膊和腿也都动弹不得。他开始失去意识。“我的感觉就像是溺水，”他回忆道，“在生与死之间挣扎。”

很快他就失去了知觉，日本兵猛地把他立了起来。尼尔森咳出水来，而翻译在一旁敦促他招供。

尼尔森再次拒绝了。

又一声响指再一次开启了恐惧。“随着水不断流进我的嘴和鼻子里，我开始失去意识——这一次时间更短，”他后来写道，“我太虚弱了，已经无力挣扎。就像一朵黑云慢慢笼罩了过来，我被猛地一下拉起来，下巴上被重重打了一拳，然后再次被推到椅子上。”

“说话。”翻译尖声叫道。

筋疲力尽而且几乎被淹死，但尼尔森还是摇了摇头。他不由得注意到了卫兵脸上浮现出的一丝笑意，其中一个人拿来了一根直径约 3 英寸的大竹杠。尼尔森认为这些人是要用这个来打他，但日本兵把竹杠放到他膝盖后面的腿窝上，然后把他铐住的手臂向后一扭，尼尔森跪倒在了地上。疼痛立刻穿透了他的双腿。军官们都咧嘴笑了出来，看着正处在痛苦中挣扎的尼尔森。尼尔森感到了恐慌。“这个我忍受不了太久。”他想。

外面的走廊里回荡着叫喊声，尼尔森怀疑霍尔马克和米德尔也遭受了相同的折磨。“汗水从脸上刷刷地流下来，流到了眼睛里，”他写道，“我觉得头晕、虚弱。我可以看到阳光透过窗口的上方照射进来，我想如果我能出去，我应该可以有机会逃跑。”

一个军官脱下了他的鞋子。他用鞋后跟击打尼尔森的膝盖。“每打一下，我都觉得自己的膝盖骨在往外松脱，但是现在疼痛已经不那么剧烈了，因为我的双腿已经麻木了，”尼尔森后来回忆道，“这感觉就像是牙医正在为你拔牙，而这颗牙已经被注射了奴佛卡因（一种麻药）。”

这种折磨持续了十分钟后，卫兵把尼尔森猛地拉了起来。卫兵一松手，他就倒在了地上,他的腿站不住了,他试着爬起来,日本军官们爆发出一阵哄笑。

卫兵们过来拉起了尼尔森，把他拖回到他的椅子上。虽然筋疲力尽而且被折磨的不成样子，但是尼尔森现在只感到愤怒。军官们盯着他看，他怒目回视。翻译问他是否想要说话。

“我已经给了你们所有的信息。”他回答说。

日本人随后在他的食指和中指之间夹上了一根铅笔大小的枝条，然后把他的两根手指挤压在一起，而另一个卫兵将枝条在尼尔森被夹紧的两指之间来回拉动。“我能感觉到铅笔的边缘在慢慢地磨掉我手指内侧的薄膜和皮，”他后来写道，“我能感觉到我的手指开始流血。这是一种恼人的疼痛，和先前的竹杠酷刑完全不同。这种疼痛更加让人无法忍受。”

尼尔森拒绝投降。

“好吧，”翻译告诉他，“这只是刚开始给你动刑，你可能会有兴趣知道，我们还有更多像这样美妙的刑具。如果有必要，我们会一直把你折磨到死，直到我们得到我们想要知道的东西为止。”

“我们走着瞧。”尼尔森心想。

一些军官离开了审讯室，但片刻之后一位军官返了回来，他吹嘘说尼尔森的朋友们已经招了。日军现在已经知道了突袭的全部细节，尼尔森又何必硬挺着继续遭受折磨呢？

“把你们知道的告诉我，我看看你们说的是否正确。”尼尔森说。

“哦，不行，”那位军官咯咯地笑着说，“你来告诉我们。”

尼尔森再次拒绝了。

卫兵扭着尼尔森的胳膊把他按着跪在地上。其他人上来扇他耳光，踢他的小腿。

“感觉怎么样？”翻译不时问他，“你现在想说了吗？”

这样的殴打一直持续到卫兵们打累了为止。“如果你坚持什么都不告诉我们的话，那我们的工作现在就可以结束了，”翻译告诉他，“你将被行刑队立即处决。”

卫兵把尼尔森的眼睛蒙上，把他领到了外面。尼尔森能感到脸上的阳光和脚下的砂砾。卫兵紧紧地抓着他的胳膊，押着他往前走。尼尔森早就知道，如果他被捕，日本人可能会把他处决，但他从来没有相信过这真的会发生——直到现在。“我脑袋里面一片混乱，无法思考，”他回忆道，“这真的是让人非常难以理解的事情，你知道自己即将赴死，但你并未做过什么错事。我当时并没有感到害怕，只是身体变得麻木，胃里觉得空空的。”

尼尔森听到身后有一队人在列队，他想那一定是行刑队。他的喉咙发干，心脏似乎也停止了跳动。卫兵带着他沿着小路走了约 1 000 英尺，他听到了一声命令，带着喉音。士兵们停了下来，他听到了步枪枪托碰到砾石的声音。卫兵把尼尔森又向前推了几英尺，然后把他转了过来。“现在我的脸上和脖子上的汗止不住地往下淌，”他回忆道，“我极度地想要擦一下我的脸，但是我的手被铐住了。”

又一声命令之后，他听到了像是步枪被举起瞄准的声音。现在没有人抓着他的胳膊了。他认为也许他可以赶快逃跑，但他知道戴着眼罩和手铐，那将是徒劳的。“我的一生在我的脑海中闪过，”他后来写道，“我想起自己还是一个小男孩住在犹他州的时候，会经常跟父亲去打猎和钓鱼。我想到了我的妻子，托拉。我突然意识到我的亲人们可能永远不会知道我到底发生了什么，想到这里，我感到痛苦万分。如果一个人在死的时候能确定他所爱的人知道他发生了什么，那感觉上就会好一点。我开始感到虚弱。我觉得我的心脏真的要停下来了，它还在怦怦地跳动，但两次心跳之间似乎隔了很长时间。”

“好吧，好吧，好吧，”翻译说，“我们是信奉朝日武士道的武士，是不会在日落的时候处决人犯的。现在太阳落下了，所以对你的处决将在明天早上进行。除非在那之前你开口说话，否则到时候我们就会枪毙你。”

尼尔森终于感觉他的心跳缓和了下来，但他的愤怒却增加了。他心想，“如果你们现在不杀我，那么明天早上你们也不会杀我。”

卫兵把他拖回牢房。他听到走廊里霍尔马克的声音，日本人在对霍尔马克进行了一个下午类似的折磨后，把他也关了起来。晚上6点左右，几个卫兵进了尼尔森的牢房，用手铐把他吊在了墙顶的一个木桩上。他的脚趾刚刚能碰到地面。这让他的身体没有了任何支撑；只要动一动，他受伤的手腕就会疼得更厉害。“当时我感到了恐慌。我觉得我撑不了多久，”他后来写道，“刚过了几分钟，手腕上剧烈的疼痛甚至让我的胃都在抽筋。然后，疼痛穿过了我的胸口和肩膀。”

他大声呼救，但没有人来。时间一分一分过去。一个小时变成了两个小时，然后又变成了三个小时。他最后晕了过去。“中间有过几段时间是有意识的，”他回忆道，“但整个晚上在我的记忆中就像是一个可怕的噩梦。”

第二天早上，卫兵把尼尔森放了下来，尼尔森苏醒了。“当我把胳膊放下来的时候，我以为它们会从身上脱落，”他说，“我的手臂没有了知觉，肩膀也麻木了，我身上一直到腰部以上都没有了感觉。”

卫兵蒙上了他的眼睛，把他从牢房里带了出来。当日本人摘下他的眼罩，他看见了霍尔马克和米德尔。他们看起来都非常憔悴，但都对彼此竖起了大拇指。卫兵再次蒙上几位飞行员的眼睛，开车把他们送到机场，带上一架运输机，用手铐把每位飞行员铐在座位上。飞机呼啸冲过跑道。“我透过眼罩能看到一点外面，我们好像在朝着太阳的方向飞去，”尼尔森回忆道，“我猜我们的目的地是东京。”

第十八章

虽然还谈不上胜利，但战斗的号角已经吹响，至少，我们已经开始战斗。

——《匹兹堡新闻》，1942 年 4 月 20 日

轰炸东京惹怒了日军的高层领导们。而比遭受空袭更羞耻的是，在空袭之前刚刚进行过防空演习。日本军队难道不该早有防备吗？这场袭击不仅嘲弄了日本早前的演练，同时还暴露了日本高层对形势预判的漏洞。三和少将在日记中记录下了这种挫败感：“当敌军位置仍在东京东 700 英里处时，我们估算敌方大概会在明天清晨进行空袭。所以当从电话中获悉东京和横滨被轰炸的消息时，我们简直不敢相信自己的耳朵。我们为此痛恨自己，但事情已经无法挽回。唯一值得庆幸的是空袭并没有造成多大的损失，至少皇宫没有遭到破坏。”

尽管空袭的破坏不大，但这仍不能安慰山本，听到袭击的消息后，他就病倒了。这位久经沙场的上将曾在日俄战争中失去了两根手指，如今却撤退到大和战列舰上的指挥舱，不愿露面。他的大管家黑礁从没见过上将如此的沮丧。山本感到羞愧，他觉得自己不仅辜负了日本天皇和东京市民，甚至连他自己的

情人河合千代子也没能保护好。千代子在轰炸期间正因为胸膜炎而卧病在床，她在日记中写道：“我呼吸困难，挣扎着爬起来。医生们已经丢下我出去躲避，我只能听天由命。着实悲哀。”

由于山本的无能为力，海军中将宇垣缠接替了他的任务，处理善后事宜。最初的报告显示突袭者们使用的是双引擎轰炸机——宇垣错误地推测美军使用的是 B-26 轰炸机——轰炸了包括东京在内的横滨、横须贺、名古屋、歌山和神户等九个城市。宇垣获悉其中一架轰炸机击中了正在进行航母改造的“大鲸号”潜艇母舰的船头，另一架轰炸机袭击了新泻县的新津油井。粗略估计，此次袭击大约造成 12 人死亡，100 多人受伤，烧毁了近 50 座房屋，另有 50 座建筑完全或不同程度损毁。宇垣怎么也想不通这些轰炸机是如何脱身的。它们是返回了航母还是继续向西飞往中国或苏联境内?

在下午 1 点之前，日军的轰炸机和战斗机已经做出了反应，他们整整飞行了七百英里，却无法寻觅到美军的任何踪迹。直到下午 5 点，日本军方仍然没有半点头绪，这使得宇垣怒火中烧，却又毫无对策。“我们一次又一次地跟丢了他们。这不仅仅是令人遗憾，我们曾立志永远不会让日本的本土遭受敌人袭击，尤其是东京，但这次突袭粉碎了我们的坚定决心。”宇垣在日记中写道，“如果敌人能够从那么遥远的地方来袭击我们，并且还是我们预想中的单程袭击。那么我们就必须重新调整我们的应对策略，并研究他们的机型。无论如何，现在主动权在他们手里，因为我们并不知道他们什么时候会再次发动进攻，是向北飞去北海道还是飞向南部的威克岛和中途岛，我们一无所知。”

这时，出现了新一轮袭击的错误报告使得日军领导人紧张不安。4 月 19 日凌晨 2 点 02 分，佐原市， 鹿儿岛市和东金市都汇报听见了巨大的爆炸声与防空警报声。两架水上飞机于 2 点 45 分起飞，前往东京东海岸搜索，却一无所获。半小时后，日本提高了警报等级，部分战斗机在空中预警，其余战斗机在附近 15 分钟距离内待命。12 点 15 分，中央军区指挥部来电声称在大阪与荣町郊区发现敌机。20 多架战斗机与侦察机呼啸着冲向天空，最后却发现这是由日军轰炸机引起的错误警报。同时，18 架陆基轰炸机也在搜寻 700 英里外的水域。

报告中预测美军可能向北飞去，这让北海道进入了紧急戒备状态。日东丸号和长门号始终没有消息，而宇垣获悉美军至少摧毁了另外3艘侦察船。初步估计在空袭24小时后，日方伤亡人数达到363人。“相对于美军投下的炸弹数目，造成这么大伤亡人数的原因可能是我们的防空炮火飞溅出的弹片也造成了伤亡。”起初，至少一架轰炸机在中国境内坠毁的消息也让日方摸不着头脑。“我们无法预测昨天于日本东海岸发现的美国特遣舰队与这次空袭行动之间的联系。轰炸机是从那些航母上起飞的吗？轰炸机是单独行动吗？还是策划与海上舰队同时进攻？”三和在他的日记中写道。

宇垣很快就找到了突破口。日军俘虏了五位美国飞行员，但最初却无法从他们口中得到准确的信息，反而得到了许多迷惑性的消息，“地狱蝙蝠”的机组人员编造了许多离奇而复杂的故事。哈罗德·斯帕兹编造了中途岛以西的一个岛屿，告诉日军审讯人员美军飞行员们从此地起飞。同时，鲍比·海特声称他们是从阿留申群岛起飞的。宇垣研究过海图后发现他们说的都是谎话。他的日记中写道：“他们说的没有一句是真话。这次审讯毫无帮助，因为审讯人员大多是低级军官，对外语和地理缺乏了解。我们必须做进一步的调查，为将来的作战做更充足的准备。”

尽管如此，日军还是从这明显的谎言中得知了许多细节，推测至少13架承载五人的B-25轰炸机都飞到了中国。根据这个线索宇垣拼凑出了这次突袭计划。“我猜测敌军这次突袭计划，是用改装后的航母搭载远程飞机，在其他航母、巡洋舰和驱逐舰的护卫下接近日本本岛。轰炸机袭击日本后飞往中国，并将以中国为基地发动更多的空袭。毫无疑问，经过这次的成功，他们会从中国出发再次袭击日本。因此，我们必须采取行动瞻前顾后，关注东海岸的军情，同时密切监视西海岸的敌军威胁。

到了这天傍晚，美军并未袭击北海道，日军暂时搁置了对抗美军海上舰队的第三套方案——本岛保卫计划。显然在袭击的48小时后宇垣仍然处于盛怒之中，“那些该死的美军舰队早就已经向东撤退了，美军一定正在鄙视我们表现出来的困惑无知。我们的家乡被偷袭了，凶手却毫发无伤地逃之夭夭。这真是太悲哀了！”刚刚恢复健康的山本听闻后怒不可遏：“当你自信满满以为一切尽在掌握的时候，被敌人抓住漏洞是一件非常羞耻的事。虽然我方损失不大，但大日本帝国的上空被进犯了，却没有击落一架敌军战机，这已经足够羞辱了。这形象地说明一个道理：再怎么糟糕的进攻也比完美的防御强。”

日军将被俘虏的“地狱蝙蝠”机组成员押解到南京，在施用了水刑和其他各种折磨后，飞行员们开口了。4 月 21 日，宇垣得知大黄蜂号载着 16 架轰炸机，与 2 艘巡洋舰、4 艘驱逐舰以及一艘油船所组成的护卫舰队，在月初从旧金山港出发，并在海上与另一艘航母所带领的巡洋舰、驱逐舰相会合。被日军发现后，美军提早起飞了轰炸机，轰炸机一直向西穿过房总半岛后抵达东京。宇垣不但知道了所有的美军飞行员都是志愿参加轰炸任务的，还弄清了飞机在甲板起飞时的大致风速。宇垣对美军空袭计划的精巧设计感到无比好奇甚至是赞赏，这似乎让他受伤的自尊心得到了一丝安慰。“这 16 架飞机是如何被放上航母的我们还不知道。不过我们一定会全力破解这个谜团！”

最终日方的统计数据表明，在这场空袭中美军至少彻底摧毁了 112 座建筑物——包含 180 个单位；毁坏了 53 座建筑——包含 106 个单位。日本朝日电器公司的大奥工厂附近，50 座建筑物因空袭而起火，另外在国家麻料公司、通讯部变电站附近的 13 座建筑也受到影响。在邻近的神奈川县，美军飞行员们袭击了日本钢铁公司和机电公司的车间、工厂及仓库。同时他们轰炸了横须贺的海军基地、实验室以及在琦玉县的柴油制造公司。在名古屋的轰炸行动烧毁了东航油气公司大量的油罐储备，同时摧毁了三菱重工的飞机制造厂。六个军区医院，粮食储备基地和兵工厂因轰炸而起火。无辜的平民也不能幸免。从东京到神户，许多房子被烧毁。据战后统计，大约有 87 位居民在袭击中丧生，151 位居民受重伤。其中一位在名古屋拾贝的妇女被子弹射穿左脸颊与大腿。超过 311 人受轻伤。大部分的伤亡是由个别袭击造成的，其中飞行员胡佛、格雷、琼斯和乔伊斯的袭击造成了 75% 的伤亡。由杜立特、霍尔马克、格雷和乔伊斯空袭造成的儿童遇难成为几周之内的日本国内报纸的头条。遇难儿童的父母接受采访，被邀请谈论他们想要如何处置被俘飞行员的看法。一位父亲写信给知名周刊控诉了他的孩子在学校因空袭而遇难的经过。他严厉地谴责了美军卑鄙的行径，并公开宣称他将从军来给孩子报仇，甚至会为了报仇光荣地战死。

当宇垣和其他海军忙着研究空袭细节时候，政府和军队也在努力解决空袭带来的舆论压力，因为他们之前一直宣称袭击是不可能发生的。日本高官们为了减小他们的过失，玩弄了许多手段，包括对外掩盖了因他们的防御部队不能及时拦截或击毁任何一架美军轰炸机而造成的巨大损失。在与美国针锋相对的宣传大战中，大部分日本军官更愿意将他们自己描绘成受害者。下午官方发布的公告与大黄蜂号截获的无线电广播大相径庭。东区军队指挥部在2点的首次公开声明证实了这一点："4月18日12点30分左右，敌军飞机从多角度轰炸了东京与横滨地区。大日本帝国的空军陆军成功驱逐了敌军战机。到目前为止，九架敌军战机已被击落，而敌军给我方造成的损失并不大。据悉，日本皇宫并未受到波及。"

接下来3点从中心指挥部发出的公告指出，两架美军轰炸机袭击了名古屋，但只造成小范围伤亡，其他轰炸机向神户空投了燃烧弹，同样也没有造成多少实质性的破坏。公告中宣传道："战斗的时刻到来了！怀着必胜的决心和勇气保卫大日本帝国的领空吧！"一小时后，日本政府和中央陆军总部披露了更多细节，但同样地轻描淡写地带过了损失的严重程度。"敌军在名古屋六处地方投掷了燃烧弹，但火已经被扑灭了。同时在神户三处地方投掷的燃烧弹，也已被扑灭。"

公告大力赞扬了日本空军的防御能力。事实上他们不仅过迟地发出空袭警报，也没能击落任何一架美方轰炸机。下午4点30分，东区军队指挥部在公告中声称："我方空军侦察部队十分及时地定位了敌军方位，使得防空警报及时地响起。好在有尽责的陆空联合部队和头脑冷静行动快速的民众，所以日方将敌方轰炸机对我方造成的损害降到了最低。"这些虚假的公告让日方海军高官不知所措。三和在日记中写道："军方声称我们击落了九架敌方战机，这根本是胡说八道。我们并没有击落任何一架飞机。我很纳闷为什么日本军方要发布这些虚假的公告。"

与此同时，政府力图安抚群众。由美军截获的日本外交部长东乡茂德发往柏林的报文可以证明日方试图向全世界掩盖空袭的真正后果。这封报文如下："我方通过报纸广播及时向大众报道了近期敌军战机空袭日本事件，以防敌军在日本传播消息。”日方在报道中夸大了伤亡人数。他们对袭击的错误解读，通过无线电用八种不同的语言发往全世界。电报中宣传：“胆怯的袭击者们故意避开了重要的军事机构和工业中心，而盲目地在几个郊区投掷燃烧弹，尤其是学校，医院等地区。但是这些无耻的突袭者们几乎都被我们的战斗机和机关炮击落。在场的东京居民高呼万岁。”

空袭后的几天，日本报纸头条的主题为热烈祝贺日军摧毁九架美军轰炸机。这些报道让日本国民认为日本的防空网坚不可摧。4 月 22 日《日本时报》上出现了最具戏剧性的报道，吹嘘美军航母带来了上百架飞机，却只有十架飞机能飞进日本领空。“这几架飞机的确穿过了日本警戒线，但是都不能靠近任何重要的军事基地，因为我们的防御措施太完美了。因此敌机迫不得已毫无目标地在东京郊区徘徊，在学校和医院投掷燃烧弹，扫射手无寸铁的居民，在被日军驱逐之前至少造成一名中学生死亡。”

这些疯狂的媒体不但谴责美军屠杀平民，还将袭击造成的影响描绘得无关紧要，并没有影响正常生活。裕仁天皇并没有被打扰，反而于下午 2 点听取了汤泽通男部长关于其他事项的报告。其他媒体报道称影院和剧院并没有取消演出，只有歌舞伎座和帝国影院推迟了下午的演出。新闻甚至吹嘘星期一的证券市场会因这次日本的完美防卫而大涨。政府官员频频在媒体上发言，表示这次袭击对日本来说是一次“宝贵的经验”。“空袭一点都不可怕，”德国闪电战时正身处英国的日本驻华大使，重光葵如是说道，“跟德国在伦敦的空袭比，这次的空袭根本就不能称之为空袭。”

新闻发言人崛智友评论道，“事实上，美军轰炸机很轻易地就被我们铜墙铁壁般的防御工事给赶跑了。”防御指挥部的总指挥官小林中将宣布：“单单就空袭而言，无论多么猛烈的袭击都不能摧毁一个民族。”

日本的新闻媒体绘声绘色地描绘两位日军飞行员自称击落敌方轰炸机的故事，来支持日军声称击落许多敌机的谎言，掩盖甚至并没有伤及敌军一丝一毫的事实。而事实是，这两位飞行员都不能断言自己看到飞机真的坠毁了。

曾追击罗斯•格林宁的日军飞行员梅川中尉报道说：“当时我追击着敌机，用机枪疯狂地扫射它。敌机中弹向南坠落，只见敌机上喷出了火焰。”另一位日军飞行员补充道："我们看见它的右引擎开始起火，然后亲眼看到它坠入了大海。"

同时报刊杂志也为日本政府的谎言推波助澜，大力鼓吹日军军力，贬低美军。《每日新闻》写道，"敌军的袭击一无所获。"

宫古当地报纸评论，"敌军最终选择撤退的举动证明日军的防卫是无懈可击的。""美军软弱的攻击就像一出闹剧。"麻薯新闻报道。

其他报刊着重提醒群众在将来被袭击时应该怎样按政府的要求去做。"在任何情况下，最重要的是全体国民保持冷静，团结一心。群众表现出惊慌和恐惧将会是最可悲的，因为这正中敌人下怀。"

也不是所有的报道都是这么的夸大其词。一些媒体仔细分析了美军这次意外袭击的真正目的。《日本时报》写道："这场袭击对美国公众的心理起了巨大的鼓舞作用。焦头烂额的华盛顿高层要想压下美国国民如潮般的谴责，就必须干出一点激动人心，甚至孤注一掷的事来。而这件事便是轰炸东京。"

虽然日方虚张声势谎报空袭后果，但他们并不能控制所有的消息。一些真实的信息被披露。报道揭示了日本工业银行和地产银行将代替财产保险公司赔偿被空袭的受害者，人身保险公司会无条件地赔偿在空袭中遇难的人。其他报告指出政府官员将根据战时受害者保护法来向受害群众提供免费帮助。"出于人民生活稳定的需要，政府规定将向受到战争例如空袭影响的受害者家属们提供在一定时间内临时性或长期的帮助。包括提供住宿，保障衣食住行以及一切生活必需品。"

美国和其他同盟国仔细筛查所有报刊杂志，想要找到能够证明此次行动取得了成功的蛛丝马迹。被软禁在大使馆中的美国大使约瑟夫·格鲁，已经对日军的宣传政策见怪不怪了。"让人惊奇的是政府糊弄人的技法如此差，却总能骗过日本国民。在夺取巴丹半岛后，日本在所有的日文报纸上刊登了日本官兵在拱门前挥舞头盔欢呼的照片。拱门上印着——'美国海军花瓶'。（"美国海军基地"中的字母 B 被故意换成了 V，变成了"花瓶"。）我们的海军至少还是会拼写的。同样的照片第二天出现在一家日本政府旗下的英文报纸上，这一次，V 被划去，又换成了 B。"

这些经验丰富的外交官们在报刊中寻找有关轰炸机残骸的报道。他们清楚如果日方真的击落了九架轰炸机，那么日本政府必将公开美军轰炸机的残骸，作为一种战利品来证明日方空军的巨大胜利。但直到空袭后的第八天，4 月 26 日，《日本时报》才最终刊登证明照，上面附着醒目的大标题“坠毁敌机的惨状”。为了圆谎，日本政府竟从中国找到轰炸机的残骸——中国军方随后报道了那些残骸来自法罗的飞机——将其运到日本，放在靖国神社中展览。为证明残骸的真实性，媒体重点突出了油箱上“北美航空公司”和降落伞上加利福尼亚斯威特里克公司的标志。

格鲁并不是唯一寻找飞机残骸的外交官。英国使馆的密码专员弗兰克·莫赛回忆道：“我们等着飞机残骸的照片出现在报刊上。我们等了又等，终于一个星期后，报纸上出现为了掩盖没有照片而找的借口——敌方飞机被击中坠入了大海。我们最终得出结论：所有被击落的飞机都是日军的轰炸机。”他补充道，“空袭后使馆内的日本服务员对外交官们不再像以前那么友好。在空袭后的两个星期以来，小日本总是神经兮兮的。我出去购物和上医院都被禁止了，未经允许我们不得外出，所以也没有办法统计伤亡人数。”

其他西方人也同样察觉到了这种心理上的变化。比如阿根廷使馆的商务参赞莱姆拉·拉瓦列：“杜立特空袭是最伟大的心理战之一。他杀了日军一个措手不及。使日军永远不败的信心被击溃。”1943 年 4 月，他在抵达美国时，这样告诉记者：“杜立特的空袭始终影响着日本，也深深地影响了日本民众的日常生活。曾经，日本人认为自己的领空是绝对安全的，现在他们每时每刻都抬头望天，担心着空袭。日本报纸附图报道了美军飞机，扬言说美军在德克萨斯州演习怎样轰炸东京。消防部队随时待命，消防演习随时进行。曾经的无所畏惧变成了担惊受怕。”

法国杂志记者罗伯特·吉兰总结这次袭击给日本军队和民众上了重要的一课，使得他们为未来抵抗袭击倍加努力。“这场袭击对日本来说好处比危害多，空军防御力量增强了；东京在经济腹地和重要地区的屋顶都配备了荷枪实弹的侦查员。公园里挖出了很多防空洞。大城市布置了众多防空气球，战斗机中队的新基地也已经建造。防空警报越来越频繁，有时是一天，两天，甚至每个月，正常的生产活动被搁置。成千上万人，无论男女老少，都参与到防空演习中。”

在瑞士的“格瑞普霍姆”号船上，被遣返的美国人接受战略情报局询问时也提到相同的观点：“杜立特空袭对日本的心态产生了巨大影响。一位名古屋居民曾目击飞机从他家上空飞过，随后听到炸弹爆炸声，发现四处起火，其中一处是存放木头的院子，大火整整烧了一天。这次空袭震惊了日本，因为日本人民曾经坚定不移地相信日本是绝不可能被袭击的。但是这次空袭给日本人心理上与物质上重重的一击。我们发现没有人可以预估空袭造成的损失。同时我们也发现这次空袭很大程度上影响了日本民众的态度。”

日本高层领导私下里也这样认为。山本五十六在4月29日的一封信中抱怨道，“虽然这次空袭不能被称为真正的空袭。但这足以警示东京民众，使他们改头换面，直视战争。”东乡茂德，日本的外务大臣更为直白，“对东京的轰炸在日本产生了一系列的冲击，因为这次空袭暴露出了日本军方防御力量的漏洞，打破了帝国首都不可侵犯的神话。”曾带队轰炸过美国珍珠港的渊田美津雄也同意这些观点：“从物质破坏来看，这次袭击没有真正地造成太大损失。但对于日本海军领导人来说却截然相反，空袭的影响直接反应在了海战上。从这一点来看，‘毫无影响’和‘成就甚微’都不能完全描述这次袭击。相反地，‘影响重大’才能真正地描述此次袭击。”

空袭在日本军方和民众的心中掀起了波涛，甚至在新几内亚的顶尖日军飞行员坂井三郎认为，“这次袭击让所有在新几内亚莱城的日本飞行员感到气馁。我们意识到敌人已经强大到可以在我们的国家兴风作浪，甚至进行惩罚性的袭击，让我们对敌人未来的袭击深深地担心。”他的表妹金田是袭击的目击者。“东京和其他城市的居民在经历空袭后，在心理上产生了巨大变化。现在一切都变了，他们将炸弹投在我们的家乡。我们的家乡俨然已经逐渐成为了战场。我和其他姐妹将更努力地做自己分内的工作来支持你和其他非日本本土作战的飞行员们。”

空袭最大的影响体现在中途岛战役上。尽管山本五十六已经厉兵秣马，但海军和陆军产生了内部矛盾。就在杜立特空袭小队出现在东京上空的六天前，海军上校富冈定俊向陆军总参谋长田中新一长官提出了计划——将中途岛当作跳板，攻陷夏威夷。田中警告说日本的过度扩张超过了日本的防空能力，这是非常危险的举动，很可能会危及到日本的全盘战争布局。陆军拒绝配合海军。福冈却摩拳擦掌，继续准备，并于4月16日让海军上将永野修身把作战计划交给了裕仁天皇。

还没等到做出最终的决定，所有的争论因为美军炸弹的火光而终止。“整个东京像经历了一次地震。”山本五十六的高级参谋黑岛亀人回忆道，“杜立特空袭对中途岛战役产生了至关重要的影响。”另一位高级军官渡边安次补充道，“杜立特空袭让日本陆军改变了目标，他们不但同意进攻中途岛的计划，还同意加强兵力去占领整个群岛。”渊田美津雄同意道，“尽管对中途岛计划有许多强烈反对的声音，我们也不能否认来自东方的巨大威胁。虽然没有澳大利亚的威胁大，但是也非常紧迫。现在中途岛战役是板上钉钉的事了。联合战队已经开始行动，感谢杜立特上校和他的飞行部队们无意中的帮助。”

在华盛顿，阿诺德长官在焦急地等待杜立特的消息。毫无疑问，至少有一些炸弹成功地轰炸了东京。美国报纸争相报道从日本新闻广播里截取的消息，作为头条新闻在美国疯狂地传播。但是阿诺德也分不清日军的虚假宣传和真实情况。轰炸机们真的袭击了学校和医院吗？日军真的击落了九架飞机吗？阿诺德一无所知。

由于缺少真实数据，美国军官们始终保持沉默，因为压力而几近崩溃。“每个人都想知道华盛顿方面为什么对轰炸日本保持沉默？”《波士顿环球报》问到，“美军空袭日本这一激动人心的好消息，美国完全是从敌方昨天的广播中才得知。”《华盛顿邮报》称，“美国的陆军和海军都默契地保持沉默。没有任何公告，也没有承诺会给出任何公告；事实上，华盛顿方面也完全没有确切的消息。”

美方的沉默态度同样让日本摸不着头脑，他们本以为美国会为成功的空袭大肆庆祝。“我很纳闷，像美国那么爱热闹的国家竟然没有为空袭而庆祝。”三和义勇在他4月22日的日记中写道：“是不是因为所有的轰炸机都迫降了，所以让美方难以得知空袭的结果？还是因为大部分的飞机没法安全降落到原定地点，导致损伤过多，不能对外宣传？或者他们还有其他后续的计划？日子一天天过去，美军仍然保持沉默，日方的好奇渐渐地变成绝望，促使东京电台去寻找消息。“美国报纸都在夸夸其谈，但是美国陆军和海军方面一点消息也没有，”这是被《旧金山联合报》引用的一段日本报道，“我们很期待听到美国对他们行动伤亡情况的报道，现在看来，损失一定是巨大的。”

国会议员们对美军的沉默十分满意，他们大多数人都在吹嘘这次空袭是美军连续袭击的序幕，其实美军并不具备这样的条件。“这给美军的士气打了针强心剂。”宾夕法尼亚的众议员约翰·斯奈德称。阿拉巴马州的参议院约瑟夫·希尔将此描述为，“没有什么能比得上我们刚刚的空袭行动。”“这是我们赢得战争唯一办法，”爱达荷州的参议院沃斯·克拉克说道，“就从在他们头顶上扔炸弹开始。”

总统罗斯福简直欣喜若狂，空袭的两天前他出发到他的家乡海德公园村进行非正式走访。当美军空袭力量即将逼近日本领土时，海军上将金才最终将完整的空袭计划告知罗斯福总统。当时的罗斯福总统虽然知道空袭的大致情况，却不完全清楚空袭计划的细节。“直到空袭的24小时前，完整的空袭计划只有7个人知道——金、洛、邓肯、阿诺德、杜立特、尼米兹和哈尔西。”金之后写到。“罗斯福总统，甚至海军部长诺克斯直到飞机从大黄蜂号航母上起飞时才知道空袭要开始了。”

得知这个消息后，罗斯福总统坐立不安。4月17日10点15分左右他打给远方表亲兼密友黛西·萨克利，告诉她：“好戏即将上演。”

罗斯福总统开车接到了黛西，同行的有发言稿撰写人山姆·罗森曼，助手马文·米泰勒，秘书格蕾丝·塔利。黛西坐到前座，汽车在纽约的乡间穿行。罗斯福总统对黛西吐露道，他最近“心里颇不宁静，需要出去散散心，换个心情。”汽车在林间狭路中行驶了一个多小时，路边堆放着新伐下来的木材。这一切让罗斯福总统精神为之一振。“这一切都是这么地生机勃勃，”总统夫人在她名为《我的一天》的专栏中写道，“溪涧中的百合花，七彩缤纷的郁金香和锦簇的丁香花。”

当晚，总统夫妇和财政部部长亨利·摩根索夫妇共进晚餐，一起庆祝后者的结婚周年纪念日。当空袭的消息传到华盛顿时，总统罗斯福刚刚与罗森曼和塔利开始讨论抑制通货膨胀的七条政策，以及之后的炉边讲话，这些是他们周六的工作。“罗斯福总统喜出望外，”罗森曼写道，“他知道这对美国乃至整个同盟国来说都是一个振奋人心的好消息。就算美国轰炸机只是在日本领空短暂地呼啸而过也足够打击日本军队了。”

罗斯福总统一整天都在接打电话。阿诺德还在为空袭的结果而焦躁不安，罗斯福总统只关心空袭对美国民众士气的影响。他知道，对日本任何形式的打击都将是一次胜利。同时他意识到，他现在必须马上回答轰炸机是从哪儿出发这一敏感的问题，因此他找了罗森曼一起商量。

“亲爱的总统先生，你还记得詹姆斯·希尔顿的小说《消失的地平线》吗？这部小说描述了一个绝妙的永恒之地——香格里拉。”罗森曼问到：“它坐落在西藏荒无人烟的荒僻之处。为何不告诉他们飞机就是从那里起飞的？如果您用那样一个虚构的地方，就等于很委婉地告诉敌军您并不打算告诉他们飞机真正的起飞之处。”罗斯福立刻就喜欢上了这个主意。他提前打电话给史蒂夫简要地说明了情况。第二天一早，国务卿助理比尔·哈希特刚走进罗斯福的卧室，罗斯福打算跟他试验一下这种说法。

“有什么新闻？”罗斯福总统问道。

哈希特向总统转达了最新消息，各大报纸都在报纸头条上疯狂地猜测美军对日本的神秘空袭计划。

罗斯福说道：“如你所知，我们在喜马拉雅山上有一个空军基地。”

哈希特，这位前华盛顿邮报联合出版社的报刊记者，忖度了一会。“在我看来，这基地离东京还真是有惊人的距离。”他在日记中写道。

罗斯福总统继续忽悠下去：“这个基地，在香格里拉。”

糊里糊涂的哈希特盯着罗斯福看了一会。他后来在日记中承认，“我对詹姆斯·希尔顿的《消失的地平线》不太熟，所以当时一时语塞，直到我意识到他是在开玩笑。”

11 点左右，罗斯福总统乘坐专列前往华盛顿。从希尔顿小说中得到的灵感仍徘徊在他的脑海中。他实在太钟意这个点子，以至于在第二天早餐时他告诉他的表亲黛西，他准备对报刊杂志继续使用这个故事。4 月 21 日下午 4 点 10 分在行政办公室召开的新闻发布会上，当记者提出有关空袭问题时，罗斯福不假思索地回答了轰炸机是从哪里起飞的问题。“我想现在是时候告诉你们了，”总统宣布：“飞机来自于我们在香格里拉的最新秘密基地。”

媒体记者们爆发出一阵大笑，但是如黛西在日记中写的，其中只有半数人懂得罗斯福总统的笑话。媒体们接着追问罗斯福空袭的具体细节，但是结果只是证明白宫方面对空袭真的所知甚少。

“您会去调查日本报道的东京袭击的真实性吗？”一位记者问道。

“我压根不会那样做。”罗斯福笑着说，“我大部分的消息还是从日本的报道中来的。”

像罗斯福一样，新闻媒体们很快接受了关于喜马拉雅山上美军的秘密空军基地这一说法，并在 4 月 24 日的新闻发布会上公布了。

“今天有香格里拉的消息吗？”一位记者问道。

在 5 月 26 日的新闻发布会上罗斯福仍乐此不疲地这样宣布。“一位南方报纸的编辑，”他告诉记者，“在一封读者来信中被问到香格里拉在哪里？他说自己已经仔仔细细地查看过路易斯安那州（简称 LA）的每个街区，但始终不能找到香格里 –LA 这个地方。”

这时全场爆发了更大的笑声。

“那香格里拉的大使什么时候拿出证据呢？”一位记者的问题让大家窃笑不已。

“我知道那是美国的领土。”另一位反驳道。

“你有香格里拉的邮票吗？”

“当然，”罗斯福回答说，“那里的喇嘛送了我一本特殊的邮册。”

罗斯福后来甚至将位于马里兰州卡托克延山的新的总统疗养所命名为香格里拉，这个名字后来在 1953 年被德怀特 • 艾森豪威尔总统以他孙子的名字改为了“戴维营”。1944 年，海军在罗斯福总统的指示下，邀请杜立特夫人将一艘 27 100 吨的航母命名为香格里拉。甚至杜立特本人也欣赏罗斯福的幽默，在他的飞行记录中将那次著名的任务简单地记录为“从香格里拉到香格里拉”。

罗斯福总统这一有趣的玩笑在空袭后的几天内成功地掩饰了领导层并不清楚空袭信息的现实。在其他场合罗斯福机智地回避了问题，坚持声称自己已经将所有的情报都告诉了新闻媒体。

“总统先生，日本一直在抱怨我们的陆军和海军太过安静，一点消息也没有。”4月24日，一位记者问道，他认为美国官方在这次任务中表现得过于沉默。“您有什么打算吗？”

“对此我也有所耳闻。”罗斯福含糊其辞地搪塞道，随后便终止了访问。

罗斯福忍不住沾沾自喜，他迫不及待地告诉温斯顿·丘吉尔。“正如你从新闻中了解的，我们对日本发起了空袭行动。并且我希望我们的行动能牵制他们，使得他们无法在印度洋上派驻太多的大型船只。”罗斯福写道，“说实话，今天是我在这两年的战争中最开心的一天。”

军方急切地想告知总统全部消息。在罗斯福提出香格里拉的同一天，他从阿诺德处收到消息，他们的16架飞机已从航母上起飞并且成功地袭击了东京和大阪地区，但是在中国境内遭遇了恶劣天气。“我方迫降和被日军击落的飞机数量还不能完全确定，”长官写道，“我们收到消息，19位机组成员在杭州以南安全着陆，毫发无损。”阿诺德认为任务并不是完全成功的。“从破坏程度上，日本的经济损失上看这无疑是一场成功的行动，不仅激发了盟军的斗志而且打击了日本的气焰。”他写道，“但是，从空军战略体系上来讲这并不成功，因为有超过一成的飞行员失踪，而且就目前的状况看几乎所有的飞机都失去了联络。”

第二天，阿诺德的态度完全改变了。指挥部终于收到了来自杜立特的电报。这封电报是由杜立特发给中国大使馆而后经翻译转给阿诺德的。阿诺德将军将这封电报完整地发给了罗斯福总统。他从重庆方面的报告中得知已经有11架轰炸机有了下落，这意味着日军最多也只能击落5架飞机。除了已知的消息，让阿诺德感到惊讶的是杜立特提前执行了空袭任务。“所有的事实证明杜立特完成了最伟大的飞行。他明知道提早12个小时起飞会让他在最容易受到攻击的白天到达日本上空，但仍然义无反顾、欣然前往。他也知道这样一来他将会在夜间到达中国，如果天气恶劣的话，成功降落的可能将会非常渺茫。因此，他从起飞的时候就知道此行要克服千难万险，在执行轰炸的时候如此，在中国降落的时候也是如此。”

4 月 22 日，美国大使威廉 • 斯坦德利电报华盛顿方面，称美军飞行员降落在了海参崴，但是苏联方面不愿意公布。“苏维埃军方领导更愿意将这一情况保密，尤其是不愿意让媒体知道美军的飞机降落在苏联境内。”马歇尔第二天通知罗斯福总统，“显然飞行员们不但没有受伤还被照顾得很好。”陆军上将艾森豪威尔以马歇尔的名义，起草了一份电报给大使馆要求解救飞行员们。“如果我们与苏联达成一致，尽快将飞行员与飞机从东西伯利亚转移走，这将会是最佳选择。”他写道：“这将会大大降低日本发现我军飞行员在苏联境内并要求解释的可能性。如果我们能做到，那么我们便可以进一步提出将我军飞行员们安置在美国大使馆内。如果斯大林执意没收飞机，那么你就让飞机归苏联所用吧。”

在一些观察家看来，这次的空袭有可能会招致日本的报复行动。这其中包括今年夏天将会当上罗斯福首席参谋官的海军上将威廉 • 莱希。“这次的袭击成功地将日方空军力量牵制在日本本土。但同时我在担心日本会在我国大西洋沿岸城市投掷炸弹进行报复。”出乎陆军部部长所料，日本民众在开始经过政府鼓吹后反而对战争更加狂热。亨利 • 史汀生认为，“我对这项计划仍持怀疑态度，但显然罗斯福总统认为这是一个至关重要的任务。”袭击发生的当天，史汀生在他的日记中吐露，“但我必须承认这次袭击确实让国内外的美国人民群情激昂，同时给了日本民众心理一个沉重打击。”当空袭的报道过去后，史汀生先前的担忧再一次涌上了心头。,4 月 21 日，他召集马歇尔将军和阿诺德将军进行重要谈话，对他们表露他对于日本因走投无路而轰炸美国西海岸的担忧。陆军部部长在新闻发布会上表露了同样的担心，他呼吁群众做好应对的准备。“美国政府对东京实施了猛烈的轰炸，羞辱了日本军方。日本军方早前还在吹嘘自己的不可战胜。凡是像我一样知道一些东方人心理的人，都会明白，日本现在丢了面子。而找回面子的唯一办法就是进行报复，也许是对美国更大城市进行轰炸行动。所以国内的民众做好准备行动是势在必行的。”这些论断让美国各大城市自觉地进行防空演习。“警惕日本的报复行动，”纽约的警察局长宣称，“如果我们可以发动袭击，他们也同样可以。”布鲁克林在空袭后的几天实行了大范围的灯火管制，该管制涉及968 000户居民，范围达到17平方千米。民众精神极度紧张，以至于诺曼大道拉塞尔大街口的两位行人互殴。原因是其中一位行人不愿意熄灭他手中的香烟。同样的紧张感感染了旧金山，在这场旷日持久的战争中，军方一旦发现海岸边有“不明目标”，那么金门大桥和海湾大桥上的交通将会至少停滞三小时。

但除去民众的紧张感和军方模糊的说辞，美国国民对美军的空袭行动拍手叫好，同时赞颂国内外服役美军士兵的英勇。“我们开了香槟欢庆空袭的胜利，”路易斯·布里尔顿在新德里收到了袭击成功的消息，并在日记中写道：“吉米干得漂亮！”

全国的新闻媒体举国欢庆。“东京被轰炸了！横滨被轰炸了！神户被轰炸了！”华盛顿邮报庆祝道。“在太平洋战争接连失败时，这次好消息让美国人民士气大振，欢呼雀跃。”

“如果我们成功了一次，那么我们就可以一次一次地进行行动。”匹兹堡新闻社报道道。“以前我们流血牺牲，现在轮到他们了。”纽约时报称之为:“在日本帝国心脏上的一击。”“2 600年来日本神圣的领土从未遭受过任何侵略。但现在入侵者们盘旋在他们的领空，”报纸写道，“这样惊人的转变定会在东方引起轰动。”

许多新闻称这场袭击是美军对日本12月偷袭珍珠港的报复。美联社甚至描述它为“珍珠港和巴丹半岛的治愈药，”洛杉矶时报称“这是我们对日本分期偿付的报复。”

在众多庆祝和鼓吹更多袭击的声音中，其他的编辑发声提醒美国人民不要盲目乐观，我们仍在经历艰苦而持久的抗战。“尽管消息非常激动人心，但我们不能赋予它过多的意义。”芝加哥每日论坛报报道。“日本的力量十分强大。”波士顿环球报也同意这一观点：“虽然这次空袭效果惊人，但是我们也不能骄傲自满，我们还需提升我军的军事力量，在日军力量真正消亡之前我们仍需坚持抗战。”“先驱们已经为我们开辟了道路，未来的战斗任重而道远。”

第十九章

美国，请注意——你们派来的每一位飞行员都将被送进地狱。放心，绝对让你们有来无回。

——东京广播，1943 年 4 月 21 日

各机组陆续抵达了衢州。4 月 19 日，戴维·琼斯的机组最先到达，接下来的是比尔·鲍尔和罗斯·格林宁的机组，然后杰克·希尔格的机组也到了。有的时候来的是整个机组的全体成员；有的时候来的只有一个飞行员。等到 4 月 26 日，杜立特出现在衢州的时候，这里已经聚集了 56 名飞行员。在中国的荒山野岭中独自度过多日之后，朋友们再次的团聚让这些飞行员们发自内心地激动。希尔格在他的日记里写道，“就像是回到了家，我们都快乐得像小孩子一样，身在国外，没有什么能比得上一张熟悉的面孔。”

大多数突击队员前往衢州的行程都可以称得上是一次异国冒险，他们通常是在中国游击队、村民们、甚至是一些外国传教士的帮助下，徒步翻越了数座大山。“无论我们走到哪里，都受到了巨大的关注，似乎每个人都知道我们所做的一切，”领航员卡尔·韦尔德纳回忆道，“我们既是怪人也是名人。”

很多时候，这些美国人受到了村庄和城镇当地政府和军队领导人的亲自欢迎；有的地方甚至还为他们举行了庆祝游行。琼斯和他的副驾驶员霍斯·怀尔德就受到了这样的欢迎，当他们在玉山火车站下车时，看到一位穿着西式服装的绅士站在成百上千的欢迎队伍前面，他笑容满面，用英文说道："我是玉山市市长王丹尼，我们专程前来迎接美国的英雄！"

突击队员们对义乌和广丰的古城墙惊叹不已，后者的大街小巷地面铺设的鹅卵石在一千多年的历史中，被过往的脚步磨得光滑圆润。"这是我在书上读到过的那种中国城市，但从未真正相信过它会真的存在。"希尔格在他的日记里写道。其他人，比如领航员尤金·麦克格尔则被他所目睹的贫困和疾病震惊了："即使是在最小的孩子身上也可以看到各种人类已知疾病的症状，"他在日记中写道，"商铺就像是肮脏和疾病的洞穴。"不过机枪手亚当·威廉姆斯开枪射杀了一只野鸡来烤着吃，许多其他队员也吃下了各种当地美食，从大米饭和青菜到炸蛇肉和煮鸽蛋这样的美味佳肴。领航员克莱顿·坎贝尔甚至还尝到了狗肉的滋味："中国就像拔鸡毛一样把狗身上的毛拔掉，然后把狗带着皮一起烹饪。"

在衢州，中国人把飞行员们安置在离机场大约十英里的一处营房，带有岩洞防空洞。当地官员们拿来了伦敦、柏林和东京的报纸上有关突袭行动获得成功的报道，他们对美国飞行员的特殊宠爱让他们拿出了一直珍藏着的奢侈品：炼乳和牛肉罐头，甚至还有最后几盒两年的罐装黄油。突击队员在行动后的报告和个人日记中普遍赞扬了中国人的热情和帮助，许多突击者们将一些小玩意儿，如香烟和硬币，送给中国人以示感谢。其中一位飞行员把他的白色绸质降落伞送给了一对订婚的传教士夫妇，这样新娘就可以用伞面来制作婚纱了。"这些人是我所见过的最真诚、最可爱的人，他们就是最棒的人。"琼斯在他的日记中热烈地赞美，"而且他们已经经历了 5 年抗战。"

庆祝活动因为利兰·法克托尔的死讯而暂缓。中国人已经剥掉了这位机枪手身上的衣服——显然是想保存好他的衣物——将他的尸体绑在一根长杆上，样子就像是一只宰好的动物，然后中国人把尸体从荒无人烟的大山里扛了出来。有传闻说还有两具尸体在海岸边被发现，另有三具尸体在一架飞机的残骸中被找到。报告显示日本人至少已经俘获了几名飞行员，而另一些飞行员受了重伤，其中就包括劳森。许多飞行员都亲眼见证了队友的伤情，当看到一瘸一拐来到衢州的查尔斯·奥扎克后，约瑟夫·曼斯基在日记中写道："我从没见过这么严重的腿伤。"一些飞行员把伤亡归咎于美国海军过早地迫使他们起飞，他们把"大黄蜂"号蔑称为"家蝇"号。

飞行员们每天靠打扑克来度日。戴维·琼斯嘴上的小胡子已经长得很长并为他获得了财神琼斯的昵称，他一个晚上就输了7美元。其他时候飞行员互相讲述他们在中国的冒险经历，并试图超过对方。"当我们再次相遇后，"波特·汉克回忆道，"每个人都经受了折磨，都有一个可怕的故事想要诉说。但没有人想听，因为我们每个人自己都有一个这样的故事。"其中的一个故事甚至进了一份官方报告：一个飞行员中士在野外待了两天之后，被一对中国夫妇发现。这家人把飞行员邀请到家里，给他饭吃，然后让他到床上休息。让这位疲惫不堪的飞行员感到惊讶的是，这对夫妇也跟着他爬上了床。"他太累了，已经不在意那对夫妇是否在亲热，"报告中说道，"如果他们不介意他的存在，那么他当然也不会在乎，只要他们不把他吵醒。"

作为对袭击行动的报复，日本轰炸机每天都会轰炸衢州，飞行员们不得不长时间挤在庇护所内。中国没有可以进行反击的部队，美国飞行员们只能坐视敌人一次又一次地返回，感到十分沮丧。"我们所在的住处就在轰炸范围内，"肯·雷迪在他的日记里写道，"衢州成了日本人练习用的靶子。"比尔·鲍尔也这样认为，"这是在犯罪，"他在日记中抱怨，"根本没有任何的反击。我们所需要的只是一架飞机，可惜我们的飞机在着陆时一架也没保住。"每天飞行员们出来后都会看到日本袭击留下的可怕结果，尤其是对平民的空中扫射。"死难者的尸体像木材一样成堆地摆放在路边，等待着被带走埋葬，"格林宁后来写道，"这样的景象令人十分压抑。我们从没有遇到过这样的事情。"

在格林宁的带领下，第一批20位突击队员——每人发了一件新的白色丝绸衬衫——在4月25日傍晚上了一列火车，开始了前往重庆为期四天的旅程。飞行员们挤在木制包厢中，并很快就在坚硬狭窄的铺位上睡着了。"这里的铁轨不是发出咔哒哒的响声，而是在摇晃，"鲍尔在他的日记里抱怨，"但这比起上周所经历的那些交通工具要好太多了。”为躲避日本袭击，中国的火车基本上是在晚上赶路。天一亮，突击队员们就在鹰潭下了车，到一个天主教教堂里跟一位荷兰牧师和一位来自芝加哥的神父比尔·格林一起享用美味的早餐；这也正是之前帮助过哈罗德·沃森和埃德加·麦克尔罗伊的那个传教士团体。“火腿和鸡蛋，”鲍尔写道，“但最棒的是有玉米煎饼和红糖糖浆。”

早饭后，飞行员们上了一辆摇摇晃晃的巴士，在泥土路上用 11 个小时走了 150 英里，停在宁里古城，在一家不错的酒店过夜。“外面的院子无疑是我在中国看到的最美丽的景象，”当几天后杰克·希尔格也来到这里后，他在日记中写道，“庭院里有一个小湖，湖上有亭子和桥，一棵巨大的樟树树冠足有 200 英尺宽，把整个庭院都覆盖在树阴下。满月透过树冠照下来，产生一种奇异的效果，让我们大家都倍感寂寞。”虽然用的还是煤油灯，突击队员们享受着这家酒店提供的奢侈服务。“我来中国后第一次刮了胡子，”雷迪在日记中写道，“如果你不叫他们停下来，他们会把你的耳朵、鼻子、额头和眼眉之间都刮上一遍。”

第二天一早，突击队员们再次开始了令人疲倦的长途汽车旅行，穿过数英里的荒地，上面甚至还有牧放的牛羊。中间巴士停下来，飞行员与地方专员一起用餐，会见地方长官，之后继续赶往开安。4 月 27 日晚，他们住在在一个新式旅馆里，这个旅馆由克莱尔·陈纳德领导的美国航空志愿队经营。第二天一早，旅行继续，这回换了一辆新的巴士，他们摆渡穿过几条河流之后在半夜到达了衡阳的一个酒店。重庆方面计划派一架运输机来接突击队员，这样第二天早上队员们有了放松的时间。鲍尔晒日光浴，而雷迪享受着战利品，他在日记中描述：“我骑着一匹日本人的马，没有马鞍，因为马鞍没有被缴获。”

4 月 29 日下午，一架 C-47 低空盘旋在酒店的上空，长途旅行终于要结束了。“当它飞过来时，我们看见了飞机上面是我们国家的徽章时，所有人都抑制不住欣喜，喊了起来，”雷迪写道，“这是我们在中国见到的最美的景象。”克莱顿·比瑟尔上校，史迪威将军的空军行动事务主任，在机舱口迎接了突击队员们。这架飞机一直没有关闭引擎，飞行员们登机结束后就重返天空，不到 3 小时后，飞机到达了中国战时的首都。重庆坐落在长江和嘉陵江之间的三角洲上，是一座潮湿而又饱经摧残的城市，炎热和潮湿的气候让这里的墙壁都像是涂上了一层绿色的粘液。蚊子遮天蔽日，老鼠和蟑螂成群结队，狭窄的街道和小巷里到处散发着腐烂的食物、尿液和粪便的臭气。“走到哪里都会闻到臭气，简直无处可逃，”一位美国护士后来写道，“薄雾徘徊在城市上空；水汽无疑让气味变得更加刺鼻。”

这座临时首都长期以来一直受到贫困和战争的双重折磨。《时代》与《生活》杂志的出版商亨利·卢斯在1941年来访后写道，“一方面是炸弹爆炸留下的大面积的残垣断壁与碎石，另一方面是棚户、临时建筑和普通穷人的住宅，这两者根本无法分得清楚。”日本对重庆进行常规突袭——这是世界上第一个遭受系统性轰炸的首都——自从国民党政府搬到重庆后这样的轰炸就开始了，自1939年到1941年期间，日本对重庆进行了不少于268次的轰炸。最野蛮的一次攻击发生在1939年5月4日的下午，造成了4 400人死亡，3 100人受伤。传教士兼作家罗伯特·埃克瓦尔目睹了那次袭击。“重庆城突然剧变，飞起的残骸和黑色的烟尘在空中翻滚，”他写道，“到了夜幕降临的时候，整个地平线都被大火烧红了，几乎要把重庆地面上的人和住所全部烧光。”

这座饱受战争蹂躏的城市——在1942年3月被《生活》杂志称作地球上遭受轰炸最多的地方——处处展示着战争留下的满目苍夷，一位记者将这座遭受重创的首都比作庞贝城遗址。炸弹和火灾将城市的许多建筑夷为平地或熏得漆黑——其中一些建筑已经重建了六次——受潮后的灰烬让空气中弥漫着一股浓重的刺鼻味道。每天尖锐刺耳的空袭警报声都会在这座城市上空响起，迫使全城50万居民挤进1 200个深挖在砂岩中的防空洞，其中最大的防空隧道长达1.5英里，可容纳2万人。“重庆市区一片混乱。狭窄的街道满是步履迟缓的人，像一群饥饿的乌鸦一样发出凄哀的叫声。”弗兰克·多恩，史迪威将军的高级助手之一评论道。“街上的人露出疲惫的笑容，他们在苦难中苦苦支撑，多年的挣扎使他们看上去疲惫不堪，这座犹如蚁丘一般的城市就是他们最后的避难所。绝望深深地烙印在他们的眼神、表情和垂下的双肩上。”

11天前，对东京的袭击给重庆带来了短暂的庆祝时刻。居民们挤在收音机前收听日本广播，而中国的报纸一出，就连油墨未干的号外都立刻卖光。电影院的荧幕上用幻灯片投出了这条新闻，引起了观众们的喝彩。庆祝的鞭炮声响彻天空，居民们还会截住街上的美国人表示祝贺。政府官员甚至宣布要将轰炸东京的日子定为一个节日。“日本军国主义的梦魇只能用炸弹才能粉碎，”当时重庆的军政部长何应钦宣布，“对日本的袭击，这仅仅是一个开始。”正如美国人迫切地需要为珍珠港报仇一样，中国人也同样渴望能让日本为多年的轰炸付出代价。“这一天我们已经等了将近五年了，”一位居民告诉美联社记者，“我们很高兴终于让日本人也尝到了炸弹的滋味。”

那天下午，杜立特的手下走下了 C-47 运输机，被护送到了美国军事代表团，这是一小支警戒部队，驻扎在一个被削平的山顶。当晚，飞行员们与准将约翰·马格鲁德一起用餐，这位即将离任的首席美国军事代表团的领导告诉飞行员们明天早上会有好消息。4 月 30 日上午 9 点左右，比瑟尔，马格鲁德和他的手下和二十名突击队员们聚在一起。比瑟尔对飞行员们成功完成任务表示了祝贺，并传达了总统和马歇尔将军以及阿诺德将军对他们的赞赏。然后他宣布每位飞行员获得了“杰出飞行十字勋章”，查尔斯·林德伯格是第一个被授予这种勋章的人，用以纪念他独自飞越了大西洋。

“我们都很震惊，”肯·雷迪在他的日记中写道，“有那么一会儿，我的感觉就好像有人已经为我带上了一枚。”比尔·鲍尔在日记中写道，“我有些呼吸紧迫，”格林宁回忆道，“这是我一生中最激动的事情。”

重庆的官员邀请突击队员晚上到一座河边的房子里去庆祝。机械师乔治·拉金把他的降落伞割成一条条围巾送给举办聚会的东道主们。战时的通货膨胀使得一瓶酒的价格高达 80 美元，这迫使当地官员用一大缸当地冰淇淋公司生产的杜松子酒来招待客人，但这并没有影响领航员尤金·麦克格尔开怀畅饮。他在日记里写道：“大约从下午 4 点开始，先喝的是白酒 (各种中国烈酒)，最后晚会结束时喝的是重庆杜松子酒——可以说是一种高度爆炸性的混合物。”

第二天，蒋介石邀请突击队员们共进午餐，雷迪在日记里描述：“他的家里非常好看，有着中式设计的间接照明，家里摆设着柔软的现代风格的椅子和没有靠背的厚坐垫，供每个人单独使用的银质烟灰缸，鲱鱼骨硬木地板和光线柔和的壁炉。”房间里雅致的家具和这些满身擦伤、衣着不整的突击队员形成了鲜明对比。“我敢打赌我们是有史以来，与国家统治者用餐时衣着最杂乱的一群人。”鲍尔在他的日记中写道。“衣裤相连的工作服，皮夹克，还有几个人扎着领带，但每一样衣物都沾着不同程度的斑点和泥巴。”

蒋介石夫人对飞行员们的到来表示欢迎，她成为了大家关注的焦点。宋美龄出生于上海的一个富裕家庭，10岁开始就读于乔治亚州梅肯的寄宿学校——威斯里安女子学院，世界上第一个获准的女子学院。随后她到波士顿附近的韦尔斯利学院继续学业，主修英国文学，并学到了一口美国南方口音，被媒体称作“斯嘉丽的奥哈拉口音。”1917年毕业后回到中国时，她的英文讲得比母语还好。现年四十四岁的宋美龄，美丽、苗条，经常身着紧身旗袍。1927年，宋美龄嫁给了蒋介石，缔结了一个强大的政治联盟。史迪威将军认为她远比她的丈夫更令人印象深刻，并在日记中将她描述为“一个聪明、有头脑的女人”。“直接、有说服力、精力充沛、热衷于权力，喜欢公共宣传和奉承，但历史常识相当薄弱，”他写道，“她可以随心所欲地使用她的魅力，并且深谙此道。”

突击队员们迷上了她。“夫人是我有幸遇到过的最令人印象深刻的人物，”雷迪写道，“她说一口流利的英语，更棒的是她还掌握美国俚语；她聪明，机智而美丽。”

飞行员们尽情享用了菜肴丰富的午餐，以美味的洋葱汤开席，接着是土豆、冷切火腿和牛肉。在那之后上来的是鸡肉、豌豆和面条。餐后甜点飞行员们吃到了美味的柠檬派和冰激凌，这是他们在中国唯一一次品尝到冷饮甜品。飞行员们用美国咖啡把甜品送下肚。“那是，”雷迪写道，“我们在中国吃过的最好的一餐。”

委员长在午餐期间到达。通过翻译，他先为飞行员们祝酒，然后为罗斯福和胜利祝酒。与他的妻子相比，蒋介石的表现平淡无奇。“他进入房间，显然既疲倦又匆忙，做了非常简短的演说，”格林宁回忆道，“然后，他走过来，把我作为突袭队的代表和我握了握手，接着就离开了。”

午饭后，突击队员们与蒋夫人移步到客厅。雷迪请她在自己日记首页的地图上和带有机组成员署名的一张钞票上签名，但比瑟尔上校出面阻止了大家索要签名的行为。比瑟尔拿出一枚美国飞行员带的翼形徽章赠送给蒋夫人，她坦言还想要个飞行帽，这让几名突击队员纷纷交出了自己的飞行帽。但飞行员们很快意识到，最好是等到杜立特一回到美国就立即给蒋夫人发送一顶新的飞行帽，那样可能更合适。“为了知道适合她的号码，她开始试戴帽子。先是格林宁的，然后是我的，”雷迪在他的日记中写道。“我的帽子她带起来刚刚好。”格林宁送给她一套美国陆军航空队第十七轰炸机大队的军章。“我尴尬了一小阵儿，”他后来写道，“笨手笨脚地围着她转，试图找地方帮她带上军章。”

那天下午飞行员们回到了美国军事代表团所在地的营房，在晚上 9 点 30 分时又再次被召集到客厅里。在蒋介石夫人和随行的当地官员们到达之前的片刻，他们收到了应该如何表现的指令。雷迪注意到，蒋夫人戴着当天早些时候飞行员们送给她的翼形飞行徽章，“在她心脏一侧显眼的位置。”照相机“砰砰”地闪个不停，摄像机的胶片“咕噜噜”直转，她授予了突袭队员们杰出服务勋章。然后她摆姿势与飞行员们合影，就站在雷迪前面。

“这会让我美国的女朋友嫉妒的。”雷迪向他旁边的飞行员嘟囔。

“是金发女郎还是黑美人儿？”蒋夫人问道。

她还给每位飞行员送上亲笔信，感谢他们突袭的壮举。“全中国人民感谢你们，”她写道，“愿你们继续维护自由和正义，凭借你们的努力，当我们取得胜利时，将会逐步建成一个更加快乐、无私的国际社会。”

她亲切的言辞让突击队员们感到非常激动。“这是对我们的称颂。是一个值得纪念的日子。”鲍尔在他的日记中写道，“我们都从未期待过任何的赞扬，我们也知道在这场战争中还有许多无名英雄做出了更大的牺牲。”

在重庆期间，飞行员们得以从前几周的冒险中放松下来。鲍尔想要探索这座混乱的城市，却迷路了，他在日记里说，“几乎和在中国的山区里迷路一样糟糕。”他买到了一瓶伏特加和三瓶橘子汁，花了他 85 美元。约瑟夫•曼斯基因为此前染上了疟疾，他大部分时间都躺在床上休息，而雷迪去看了医生，给他的膝盖拍 X 光片，还给头上的伤口缝了针。

5 月 3 日，第一批 20 名飞行员又坐上了同一架 C–47 运输机前往印度，运输机来重庆接他们的时候带来了杜立特，杰克•希尔格和其他 19 名突击队员。

第二组飞行员和前面的一组走的是相同的路线，都先后乘坐了火车、巴士和飞机，来到这座战时的首都。杜立特将戴维·琼斯和“砖头”霍尔斯特姆留在衢州，让他们继续等待还未出现的飞行员。他还派人去请曾帮助过他们的传教士约翰·伯奇，让他督办利兰·法克托尔的葬礼。

伯奇在衢州附近为法克托尔举办了追悼会——同一天的下午杜立特到达了重庆——13名突袭队员参加了追悼会。伯奇想用杜立特为他留下的2 000元钱（中国货币）给伯奇买下一块墓地，但中国人告诉他这样的买卖是违反国际法的，他们愿意免费为伯奇提供一块墓地，期限是一百年。伯奇给重庆发去电报，“如果没有异议，他将会接受这个提议。”遂昌的地方官捐赠了棺材，但日本人的空袭使得墓地和墓碑的准备时间多用了两个星期。5月19日下午5点，在军事总部附近的汪村——军事基地的200名官兵到场——法克托尔带着中国空军授予他的荣誉被安葬。

杜立特抵达重庆后得知他之前担心是没有根据的。阿诺德在4月22日已经发来了贺电。“对你们这次真正了不起的杰出飞行，我要以整个陆军航空部队和我个人的名义向你及你们团体的全体成员表示祝贺。”将军写道，“我已完全获悉那些不可预见的突发情况几乎让你的这次任务变得不可能。而你克服了所有这些突发情况，这使得你的成就更加辉煌。”

马歇尔将军的消息也在等着他。“你以极高的勇气和坚定的决心指挥你的团队完成了这次危险的任务，你对国家和盟军做出了巨大的贡献，总统向你表示感谢和祝贺。”马歇尔的电报里这样说，“你的准将提名今天早上已送去参议院。于我而言，你的领导力一直是一种巨大的鼓舞，让我对未来充满了信心。”

杜立特在4月28日已经得知阿诺德将他提拔为准将。这是他职业生涯中的第二次越过一个等级的破格提拔，这次的升职他知道，只会更加强化别人的看法——认为他是阿诺德跟前的红人。杜立特还没有任何星章可戴，因此刚刚被提拔为将军的克莱顿·比瑟尔将自己的一套星章给了他。“他拿出昂贵的苏格兰威士忌为我庆祝，与我开怀痛饮，我喝了一大口下去，他可不赞成这样大口地喝这种酒，”杜立特回忆道，“他估计我那一大口酒能值上80美元。”

杜立特的手下为他的升职而激动，希尔格在他的日记中写道："我们都欢天喜地，就好像我们自己也都被提拔成了将军一样。"

其余的突击队员们也都获得了"杰出飞行十字勋章"，和上一组一样，他们也受到了蒋介石的接待。杜立特后来把他在东京上空戴的那顶飞行帽洗干净后，缝上金色条带送给了蒋夫人。"我的副指挥，杰克·希尔格，还拿到了中国的最高奖章，"他回忆道，"当我走进去的时候，蒋介石和他的夫人互相看了看，意识到颁奖仪式出了点儿差错——没有为我准备奖章。蒋介石向他手下一名被授予最高奖章的将军看去，并走了过去，将一枚美丽的奖章从那位将军的脖子上摘了下来，挂在了我的脖子上。据说中国人都是不露感情的，但那位将军在被委员长拿走奖章的时候确实表现出了情绪！"

杜立特的副驾驶员，迪克·科尔，用他在重庆的这段时间给他在俄亥俄州的父母写信。"我想你们可能正在担心，想知道我的行踪和是否安全。我的杳无音讯是部队的命令，并且有一天你们就会知道这是为什么。"他写道，"写信却不能说自己在忙什么，这很难做到，但我想我可以说的是，我第一次参加了实战，感觉还不算坏。'幸运女神'目前仍然骑在我的肩上，我希望未来她也一直待在我这儿。"最后，科尔评价了这次突袭对他和他的观点的影响。"刚刚过去的四周已经证明了我一直以来的看法——没有什么地方会和美国一样好——没有这样的地方。"

每位来到重庆的突击队员都要坐下来完成一份有关突袭行动及其后果的详细报告，指导他们完成报告的人是梅里安·库珀上校，空军军官中的一位富有传奇色彩的人物。这位现年四十八岁的前轰炸机驾驶员，在第一次世界大战期间的敌后空战中受了伤，严重烧伤的库珀在一家德国医院中待到了战争结束。在1919年到1921年期间，波兰与苏联的战争中，养好伤后的库珀自愿参加了抗击俄罗斯的作战任务。1920年7月，他再次被击落，并且被俘。库珀在监狱中待了十个月后，成功越狱，在这一过程中他将一名俄罗斯士兵割喉。库珀对探索和冒险的渴望正是好莱坞电影所需要的——《纽约客》称他为"电影届的T·E·劳伦斯"——他在1933年拍摄了经典电影《金刚》。和杜立特一样，库珀仍然留在军队后备役，一旦战争爆发就可以请求到外国履行职责。

作为这次突袭任务的汇报官，库珀最终和包括杜立特在内的59名突击队员坐在了一起。“我还清楚地记得你的样子——敞着领口，没刮胡子，穿着脏衣服，但仍然充满了热情，”库珀在1971年写给杜立特的一封私人信件中说道，“你给我的那张地图我现在还留着，上面还有你的笔迹，你标记了你失踪的手下可能降落的位置。”希尔格在日记里描述了写汇报的经历，“看来，我所做的一切就是整天不停地写，”他在5月5日抱怨道，“写报告的时间比我们执行这项任务的飞行时间还要长。”

杜立特在5月5日启程回美国，拿着从库珀那里借来的一百美元，足以支付路上的任何费用。这笔钱后来杜立特还给了库珀的妻子，她在弗吉尼亚州的亚历山德。“要不是他的善良和富裕，那我回家的路上就会为钱所困，”杜立特写给库珀的妻子，“事实上，当我到家的时候已经花光了身上的钱。”在杜立特离开之前，库珀曾向他承诺，“我告诉你，我会对你手下的所有人全力相助。”他后来写给他，“我做到了。”

带着杜立特的那张失踪人员地图——以及委员长的情报部门和秘密警察所提供的信息——库珀提出了一项救援被抓捕飞行员的行动计划，需要一万美元的金币作为贿赂使用。“我曾在20年代的探险活动中使用过金币，在波斯、阿拉伯、暹罗、阿比西尼亚等，这些纸币已经变成废纸的地方，金币的作用简直具有魔力。”他写道。“我觉得在中国和日军中，金币也会发挥同样的作用。”

库珀向比瑟尔概述了他的计划，并获得了同意。“我告诉他，我会把被俘虏的飞行员们活着带回来，否则我就不会回来。我的意思是不成功便成仁。我不想被日军抓住后折磨，然后再被处死，”库珀后来写给杜立特，“如果眼看就会被日军逮捕，那我就自杀；但是我认为并不会发生这种事情。我非常有信心能够把杜立特的手下活着救出来。”

第二天早上，当库珀去领取金币的时候，比瑟尔告诉他这项行动被否决了。库珀在随后的几十年中一直百思不得其解，始终没有弄明白为什么会被否决。“我提议的营救任务被取消让我感到非常地崩溃。我认为我显然有能力可以将这次行动胜利完成。毕竟，我曾从莫斯科附近的一座俄国监狱里成功逃脱——在监狱里待了十个月后——在旷野中徒步走过了200英里。在危险的苏联国家中，靠着从农民那里偷窃和乞讨食物过活，睡在消融的积雪中，游过了超过100 条冰冷刺骨的溪流和江河。”几年后他写给杜立特，“我从未将我越狱的故事写出来，因为它看起来太神奇、太不可思议。我认为要救出你的人不会比那次越狱更困难——但他们没让我去。”

泰德·劳森的病情继续恶化。4 月 25 日晚上，怀特医生不得不为他输血，医生让格瑞福·威廉姆斯献血，因为他和劳森都是 A 型血。“我没有做交叉配血试验的条件，所以不得不冒一下险，不确定是否会出现血型亚族或排异反应的情况，”怀特后来在他未出版的回忆录中写道，“和我们所预期的一样，出现了针头和注射器堵塞的情况，但还是设法一次给他推进了 150 cc 血液，然后在给注射器进行清洁和煮沸消毒后，第二次为他推入了 200 cc 血液。这之后泰德看起来好了一些。”

第二天早上，传教士弗兰克·英格兰在医院为飞行员们举行了祈祷仪式，然后怀特跟着英格兰去了他的家里，去拿他改造过的罗杰·安德森夹板来帮助治疗劳森的腿。“安装夹板是一个痛苦的过程，”怀特写道，“固定住膝关节并抬高他的伤腿，会让他舒适一些。我希望这会有助于他腿中积液的排出。”

地方官为飞行员们拿来了一大篮子的橙子，其他市级官员和军官带来了各种礼物，有葡萄干、柚子、白酒和罐装黄油。一群孩子从 40 英里外的小镇上赶来，送来了 450 个鸡蛋。

4 月 27 日，史密斯、威廉姆斯、赛斯勒、塞勒和撒切尔等人坐着轿子离开了衢州，留下怀特医生和受伤的飞行员。“我们都写了信让他们带出去，”怀特写道，“他们走后，我们觉得非常孤单。”

劳森继续在伤痛中苦苦挣扎，这促使怀特第二天对他用氯仿麻醉后，扩大了他腿上的伤口以改善液体的排出。劳森的状态已经无法承受这样的手术。“泰德一度停止了呼吸，”怀特写道，“在我们最终让他再次呼吸之前，我经历了几段非常焦虑的时刻。”

这次手术似乎起到了一点效果。怀特在日记中指出，第二天，他的伤口看起来好多了。随后他进城以 120 元钱的价格买到了一个热水瓶，40 元钱的价格买到了二十片磺胺。劳森的好转只是短暂的。到了5月1日，他的腿看起来又感染得厉害，怀特将他所有的磺胺药片研磨成粉末敷在了他的伤口上。

一位来自金华的鼠疫预防与公共卫生医院的当地医生带来了吗啡、磺胺和输血设备。怀特立刻开始工作。克莱弗和麦克卢尔都还非常虚弱，因此他只能从他们两人身上各抽了一部分血，凑足了500 cc的血液输给劳森。“劳森不见好转，”怀特在5月3日的日记中写道，“恐怕他的那条腿是保不住了。”

第二天在周日礼拜结束后，怀特给重庆发去电报，询问是否能派一架水上飞机在河上降落，但没有得到回应。“到了周一，劳森的情况变得如此糟糕，已经很明显，他的腿保不住了，”怀特后来写道，“所以我们决定截肢。”

5月4日，怀特医生来到劳森的床边。这位飞行员察觉到了怀特突然的不安，便问他是否打算要截掉他的腿。

“是的，”医生说，“我是这样想的。”

怀特是位坚忍的禁欲主义者；而这种情况也是不容任何商量的。“医生没有问我对此的感受，”劳森后来回忆道，“于是，过了一小会儿，我对他说我希望开始。我现在唯一想的就是摆脱那该死的东西。”

“我就想知道这个。”怀特回答。

帕克夫妇走进来试图安慰劳森，和劳森讲他的妻子和即将出世的小孩，而陈医生解释说，他们计划使用脊髓注射麻醉，在怀特医生的要求下，他们已经从上海私运来了1安瓿的奴佛卡因麻药。

劳森试图开个玩笑，他说手术之后他走路就得穿一只内增高的鞋，但怀特医生没有接他的话。他知道医生打算截掉的不仅仅是他的脚和脚踝。他追问怀特打算从那里开始截。

“膝盖以上，”他说，“我会尽量给你多留下一部分的。”

劳森问为什么不能往下面一点截。

“如果我那样做了，就有可能会截得不够彻底。到时候就不得不再截一次，”怀特说，“而你的身体将无法再次承受这样的手术。”

大家把劳森翻到一侧躺着，怀特将奴佛卡因注入他的脊椎。护理人员将他抬上担架，抬到了附近一个建筑二楼的手术室里。

史密斯太太将所有的用具进行了灭菌消毒，怀特注意到这些手术用具中许多都是19世纪90年代生产的老古董。她和陈医生与怀特一起为劳森擦洗。整个手术期间，劳森都会是清醒的，但腰部以下会没有感觉。

这支手术团队用窗帘包住了劳森左腿感染的伤口，在大腿根部绑好止血带。“我们需要在大腿的中间部分整齐地横切下去，这样才能在感染区域的上方留下完全健康的组织，”怀特后来在他的回忆录中写道。“我留下了相当大面积的皮瓣，向下切开每一层肌肉。遇到大的血管就把它夹紧然后扎上，虽然因为腿上绑了止血带的缘故这些血管都没怎么流血。大神经都被分割切断。”

医生在工作的时候，劳森依然醒着。“我看不到有血，也没有任何感觉。但我知道他在切割，”他后来写道。“我能看到他的手臂在动，看到他把我的腿抬起来，这样他就可以切到腿的后面。”

感觉开始回到劳森右脚的脚趾。他告诉怀特，他能感觉到他的脚踝。麻醉正在失效，而且麻药已经用完了。两名中国护士过来抓住了劳森的手腕。

劳森看着怀特准备锯断他的腿骨。“怀特很快就从一边拿来了一把银色的锯，”他写道。“锯条锯在骨头上发出了奇怪的、遥远而沉闷的声音。除去对很快恢复知觉的担心，实际的截肢过程对我来说就像是看别人在锯一截圆木一样。随着医生的手肘弯曲，伸直，再弯曲然后再伸直，锯齿穿过腿骨厚薄不同的部分，我可以听到不同的声音。然后随着一声几乎是悦耳的叮当声，怀特医生放下了手里的锯，我的身体陷入了一种深深的寂静。中国护士放开了我的手腕。右边的那位护士走到桌子的左侧，她抓着脚踝部分把截下的腿拎了起来。另一名护士抓着断肢的另一端。我看着两名护士拿着我的腿出了门。”

怀特将劳森骨头的边缘磨成斜角，然后开始用生丝缝合线一层一层地缝合伤口。更多的知觉回到了劳森的右腿上，让这位驾驶员感到紧张。

“就剩下最后几针了，”怀特向他保证。

劳森看着医生的手臂随着每一针的缝合而抬起、落下。

“还有最后一针，”怀特说完后随即完成了缝合。

然后再次为劳森输了血。因为此前A型血的几位队员已经被抽了太多的血，所以这一次他抽了自己的血。幸运的是，他的血是O型，俗称万能血型，可以安全地输给任何人。“第二天，泰德好转了。这是他在事故发生以来第一次感觉到舒服，也是几周以来第一次完全清醒。”

5 月 6 日劳森正在休养期间，美军在科雷吉多尔岛上投降的消息传来了，五个月来为守住菲律宾的努力以失败告终。

第二天，怀特发现劳森正发着低烧，这可不是一个好现象。医生又为他输了一品脱自己的血，但劳森的情况还是继续恶化。到了下一天，他腿上的断肢切口感染了，他停止了进食，并且变得神志不清。怀特已无计可施，能做的只有给他的伤口换药——伤口不断地排出脓液——并给他静脉注射和吗啡。

劳森陷入了半昏迷的状态，被同一个梦魇折磨着。“梦境是扭曲的，”他说，“我以为自己是在中国海岸外的一只小船上。我划着船，享受着这样的时光，但总是有人让我换到另一艘船上。新的船没有桨。我试着想要回到原来的那艘船上，却再也无法找到。我找到了许多小船，但它们没有桨。”

其他飞行员看到一位中国医院的服务员拿着一本圣经走进了劳森的房间，都担心了起来。“他病得很重，”那位服务员告诉他们，“也许他在这里的日子不多了。”

这一消息让劳森机组的队员们感到吃惊。“我们都心情沉重地安静了下来，”麦克卢尔回忆说，“希望他能挺过来。”

陈医生得到了一批磺胺噻唑的线索，怀特让他想办法去弄来。5 月 10 日星期天，价值 410 美元的药品到达了，怀特的祈祷得到了回应。他立即给劳森用药，然后给他的腿拆线。切口已经愈合，但仍有感染的迹象。“劳森的体温第一次恢复了正常！”第二天怀特在他的日记里写道。“似乎已在好转中。”

怀特扶着劳森下了两次床，让这位飞行员在椅子上休息。劳森不断好转，手术一周后他已经可以喝牛奶了，中国人把牛奶煮熟后倒进一个瓶子里，然后放到一口水井里冷却。之后他已经可以喝一些滤过的汤和烂糊的食物。一个当地的木匠为他做了一副拐杖。

怀特忙着为别人补牙和做眼科检查。“又来了三个牙科病人和三个眼科病人！”他在日记里惊呼。“眼镜检查和视网膜检影都要用烛光来做！”他甚至还有时间给自己用木头削了一把匕首，为他的收藏购买了邮票，而当地人送给每位突击队员一条刻着题字的手杖，“送给我们的朋友和盟友——美国空军，以此留念。”“无论大家说中国人是如何地不讲卫生，还是别的什么，但是没有人会抱怨中国人的友好，”怀特在他的日记中写道，“他们是伟大的民族。”

在劳森康复期间，其他飞行员也都为自己找来了事情做。他们从戴维·琼斯那里得知大部分的突击队员都活了下来，而其他的新闻来自医院的广播，这里能收到旧金山的一个电台。麦克卢尔为他最爱的圣路易斯红雀队的胜利而欢呼，在夏季大联盟职业棒球大赛中红雀队也将击败纽约洋基队，而美国海军在珊瑚海战斗中获胜的消息让所有人为之庆祝。“战场上美国又扳回了一分，我们就像印第安人那样欢呼号叫，”麦克卢尔后来写道，“任何时候只要我们听到日本鬼子遭了殃，那一天就值得庆贺。”

日本的轰炸机每天都会来上空盘旋，顺便在途中袭击城镇，不断提醒着飞行员们敌人目前的优势。怀特知道时间不多了，开始准备动身去重庆。当地人为突击队员们举办了告别宴会，上了九道主菜和五道额外附加的菜，以炒西瓜籽开始，然后依次上了水牛肉、猪肉、甚至还有鱼翅。“鱼翅看起来就像白色的胶皮，”麦克卢尔回忆道，“吃起来的味道也像胶皮。”

日军连续猛攻，飞行员们没有时间了。“情况不太好。军队和银行已经撤离了城镇！”怀特在 5 月 17 日的日记里写道，“明天必须得走，风雨无阻。”

18 日早上，外面下着雨，天气寒冷。轰炸东京刚好过去了一个月。怀特给劳森的伤口包扎好，其他人帮劳森穿上裤子，把左裤腿向上用别针固定住。飞行员们坐上轿子，在身上盖上油布来挡雨。

“我想给你看样东西。”陈医生对劳森说。

脚夫们抬着劳森来到医院周围，在一口木制棺材边把他放下了。“这是一口新的棺材，由为我做拐杖的那位中国木匠打制，”劳森说，“这是曾经为我准备好了的棺材。”

飞行员们在雨中出发，随行的还有史密斯一家、陈医生、脚夫和护送的武装人员。“我们走过河上的浮桥，向山谷进发。”怀特写道，“我们沿着河流前进，多次在河的两岸穿行，有的时候是从桥上走到对岸，但通常是用摆渡船——那是一些由苦力撑杆或用绳子拖曳的小船。乡间景色秀丽，充满了绿色，而天气渐渐放晴，我们也恢复了干爽。”

下午 2 点，大家停下来吃午饭，然后继续赶路。“这一路上的许多山上都有美丽而古老的宝塔，”怀特回忆道，“一块块水稻田里满是稻子的幼苗，看起来就像绿油油的草坪。偶尔我们会遇到一小片小松树林。这是非常有趣和美丽的乡村。”

飞行员当晚到了史密斯夫妇家中落脚。怀特给劳森的腿换药，并给重庆发了份电报。“和四名受伤的军官前往丽水，预计到达时间：5 月 22 日。请求飞机接应。”

第二天早上飞行员再次出发，史密斯夫妇执意在家中留了下来，尽管飞行员们劝他们一同撤离。怀特写道：“这些人的精神和勇气总是让我惊讶。”

“我们重庆见。”史密斯太太说。

日军的推进迫使飞行员匆忙赶路；在接下来的几天里，坐着人力车和轿子，穿过蜿蜒的河流和群山。“就我而言，”劳森说，“我已经感觉到了日军的气息。”

每到一处，我们都受到了巨大的欢迎，其中一个村子里还有童子军手拿横幅，上面写着“欢迎美国空军英雄”。

怀特所乘坐的那辆人力车总是落到大家后面，他的人力车夫已经气喘吁吁。怀特的队友们朝他呼喊：“把你的车夫调到高速增压一档！”

“那没有用，”怀特回答说，“他已经抛锚了。我只能跳伞了！”

到达人口更加密集的地区后，交通得到了改善，人力车和轿子被换成了一辆 1941 年的福特汽车，上面还有日军扫射留下的弹孔。“其中一颗子弹显然是穿过了挡风玻璃后打穿了司机的座位，”怀特写道。“弹孔已经被整齐地修补过了，却让我们陷入了思考！”

大部分队员都坐进了轿车，怀特将劳森放到一辆烧炭的卡车后面，相信让伤员舒展地躺在三条毯子上面会更好一些。车辆只在夜间行进，以避免被日本飞机袭击。“在路上每次遇到坑洼，车子都颠簸得要命，我的身体会被颠得飞起来，然后随着车子的颠簸再落下来，”劳森后来写道，“我用双手护住我的残腿，使它尽量不被磕碰到。但这也没起多大的作用。伤口被撞到后开始流血，并跳动着作痛。”

而与之相反的是轿车上的旅程平稳舒适。“这真的是种享受，”怀特回忆道，“向后靠在皮质坐垫上，车子飕飕地快速前进，是我们前面五天行进速度的 10 到 20 倍！”

飞行员们可以听到远处的爆炸声。劳森问和他一起坐在卡车后面的陈医生，那声音是什么。

“日本人离得太近了，”他回答说，“所以在我们通过后，中国人会把后面的路炸掉。”

5 月 21 日晚，他们抵达丽水机场，这里也是他们执行轰炸任务的当晚曾试图找到的中国机场之一。为了不被日军占领，中国已经被迫炸毁了这座机场。现在不会有飞机来这里接他们了。飞行员们上床睡觉后，凌晨 3 点就被叫醒，得到的消息是，日本军队正带着机械化装备前往中国刚刚炸毁的路段。

怀特给劳森包扎好伤口，凌晨 4 点，突击队员们乘坐一辆小型巴士，巴士的司机非常喜欢按喇叭，总是不断鸣笛，这让飞行员很快就给他起了个绰号“强尼嘟嘟”。“刹车的重要性在他心中只能排第三位。排在第一位的是喇叭，第二位的是方向盘”。劳森回忆道，“他是我见过最非凡的司机。什么都无法影响到他，包括我们的叫喊声。”

5 月 22 日晚上，他们停在了一处当地的教区。劳森太过疲惫，没去参加宴会就上床睡觉。他躺在那里拼命地想要弄明白为什么他睡觉的地方总是弥漫着那种他熟悉的浓烈的气味。

“那一定是中国人喷了某种他们自己生产的消毒剂。”他告诉自己。

怀特给了劳森一剂吗啡来减轻他的痛苦，而在此时，劳森才让自己承认那股恶臭的来源。“那股味道来自我的腿，而不是什么消毒剂，”他后来写道，“我一直在试图欺骗我自己。”

5 月 24 日大约凌晨 2 点，他们到达了南城县，却得知那里的机场也已经被摧毁了。“两天来，我们一直在谈论的就是如何把飞机弄到这里，”劳森说，“而现在我们必须去开安。”让他们稍感安慰的是南城总部至少为他们提供了碘酒，这种珍贵的药品在他们飞机坠毁后的五周里还从没有见到过。“我们所有人都被臭虫和虱子咬得又痛又肿，”劳森回忆道，“我的背上还有褥疮。怀特医生用碘酒把我们所有人从头到脚涂了个遍。”

他们第二天上午睡到很晚才起来，终于有了一天的休息。怀特写了几封信，而克莱弗受伤的脸已经基本痊愈，这位投弹手试着想要刮胡子。“这是他第一次使用直剃刀（又称割喉剃刀），但他用得还不错，”怀特说，“至少他没把自己的喉咙割开。”

第二天早上大约六点，飞行员们坐上另外一辆福特旅行车再次出发，十二个小时后，抵达了一家飞虎队经营的旅社。飞虎队已经离开了开安，留下一个无线电技师和几名中国员工。这里的消息和此前一样。“没有飞机。机场已经没有了。”劳森回忆道，“我们都已经对失望麻木了。”

他们别无选择，只能继续前往衡阳，乘上了一列开往桂林的夜间火车，之后再次入住了一家飞虎队的旅社。劳森还得继续受苦。“必须控制住，不能一直给他吗啡，”怀特回忆道，“有的时候医生必须残忍才能做到真正的仁慈。所以我不得不让他因疼痛而受苦，不能为了给他止痛而把他变成一个瘾君子。”

日子一天一天地过去，飞行员们等待着飞机来把他们接走。劳森经历了无比残酷的 6 个星期。他在猛烈的海上坠机中幸存了下来，忍受了坏疽对肢体的侵蚀，并在最简陋的条件下，经历了左腿截肢。他个人所承受的痛苦是不可估量的，但是现在，在坠机的第 46 天后，救援终于出现在了眼前。6 月 3 日，一架带有美国陆军航空队标志的 DC-3 飞机出现在了天空中。突击队员们爆发出了欢呼。机场就在几英里之外，旅社的吉普车已经停在了下面。半小时后，飞行员们听到了飞机引擎的声音，抬头看到了他们的队友埃德加·麦克尔罗伊和戴维·琼斯，后者还带着一个医药箱。“我知道我一听到戴维的声音准会失声哭出来的，”劳森写道，“我要是不哭才怪呢。”

第二十章

日本人时常将我暴打，拳打脚踢更是家常便饭，每天都在挨饿。

——乔治·巴尔，1946 年 5 月 12 日

“青蜂侠”的机组成员可就没那么幸运了。4 月 25 日晚上 7 点，载着蔡斯•尼尔森、迪恩•霍尔马克和鲍勃•米德尔的飞机在东京降落。卫兵把他们带进了几辆汽车，大约一个小时后，他们到达了日本的宪兵总部，这里以残酷的手段而著名，一份 1942 年的情报报告对此有最好的描述：“在日本的武装力量中，宪兵队是最邪恶的组成部分，”报告称，“他们对人，包括妇女和孩子，根本没有尊重。赌博、吸毒、绑架、蓄意谋杀、卖淫嫖娼、各种贪污和可怕的酷刑就是他们日复一日的工作。只要能帮他们达到目的，他们甚至会故意杀死自己国家的公民来制造事端。”

刚走进屋，卫兵摘掉了尼尔森的眼罩，他眼前是一间空荡荡的房间，只有一张桌子和三把椅子。一名没有武器日本的平民和他做伴。尼尔森还戴着手铐，一个警卫站在门口。这位日本人告诉他，他叫奥哈拉（大原），毕业于哥伦比亚大学。

“但奥哈拉是个爱尔兰名字。”尼尔森说。

“我知道，”他回答说，“但这就是我的名字。”

尼尔森猜测这位矮个子的大原也就二十八九岁，他表现出的自信已经到了自大的地步。他开始喋喋不休地说起棒球，谈论日本人有多崇拜贝比·鲁斯。然后他把话题一转。“我猜你知道上周东京被炸了？”

“被炸了？”尼尔森假装惊讶，“谁干的？”

大原再次和尼尔森聊起了体育，但这一次尼尔森打断了他。“你对罗斯福总统怎么看？”

“我想用烂番茄打他的脸。”大原叫道。

“你现在可以这样说，因为你已经回到了东京。”尼尔森微微一笑。

大原让尼尔森放心，他肯定不会被虐待。“你可以打棒球和高尔夫，享受日本的热水澡。”

很快尼尔森将发现这样的保证和现实到底相差了多远。

门开了，一个短头发的日本军官走了进来。大原离开了，取而代之的是一个矮个子的秃头翻译，尼尔森估计他有六十多岁。他告诉尼尔森和其他飞行员，他毕业于斯坦福大学，在萨克拉门托生活了35年，他在美国的工作是为西海岸的日本农民当律师。尼尔森将会和这位翻译有很长时间的接触，他说的每句话都有一个固定的开始。“好吧，好吧，”他常常说，“那我们就看看到底是什么。”尼尔森和其他飞行员很快就给了他一个绰号“好吧－好吧”。

“我赚到了一笔钱，”翻译说，“就回到日本养老，但他们要我发挥余热，我就来到了这里。”

提问再次开始了。尼尔森从哪里来？他是否轰炸了东京？他驻扎的基地在中国还是菲律宾？

审讯一直持续到清晨4点，尼尔森被三个警卫、两个记者和那个翻译轮番提问，而在此期间尼尔森不断被扇耳光和受到脚踢，他的腿和手都被绑在椅子上面。这样的虐待使他小腿上的伤口重新崩开，鲜血顺着腿流下。

卫兵最后将这位精疲力竭的飞行员拖回到牢房里，牢房只有4英尺宽，8英尺深，厕所在角落里。尼尔森倒在铺了几条毯子的草席上睡到了早上7点，卫兵给他端来了早餐：稀米饭和一杯味噌汤。

早饭后审讯马上又开始了，但尼尔森除了他的姓名、等级和编号外什么也不说。“我们并没有再次遭受刚刚被捕后的那种酷刑。”这位领航员后来写道，“在东京受到的是一种形式更微妙的酷刑——无尽的日日夜夜里，被单独囚禁在臭气熏天、肮脏污秽的牢房里，每天只有刚好能让我们活下去的食物。”

其他几位飞行员也遭受了相同的折磨。“最初前两周，他们似乎每天审问我们 24 小时，”鲍比·海特回忆道，“他们将我们从牢房里带进、带出，我们真的不知道这是黑夜还是白天。他们最主要想知道的问题似乎是，我们到底从何而来？”

审讯官们的意图是想要消磨飞行员的意志——正如其中一位审讯员对领航员乔治·巴尔夸耀的那样，“日本的审讯方法是非常科学的。”

这样的科学方法让尼尔森这位红头发的纽约人领教到了出其不意的一拳；这一记重拳令他的右耳丧失了大部分的听力。

日本人还会用一条黑色胶管抽打尼尔森的后背，尼尔森有一天终于忍不住询问他们这种不同寻常的武器选择。

“软管打完后不会留下疤痕。”审讯人员告诉他。

“好吧，”这位投弹手心想，“如果你们真的要杀了我们，那我们身上留不留下疤痕又有什么区别呢？”

日本人对这次行动的了解竟如此之多，这常常让飞行员们感到震惊。巴尔好奇，“这只是机缘巧合还是他们的间谍活动要比我们预想的要厉害得多？”

雅各布·萨泽回忆了这样一段让他震惊的审问。

“你是一名投弹手，”审讯员逼问他，“对诺顿投弹瞄准器非常了解。我们要你画出诺顿投弹瞄准器的样子。把上面的旋钮都画出来，向我们展示它是如何构造的。”

“你知道，”萨泽回答，“我这个人最不会画画。我什么都不会画，连一个房子都画不出来。”

“你肯定能画出一架飞机来。”

萨泽故意画了一个非常糟糕的图形。“一架飞机，”他说，“这是我能画出的最好水平了。”

审讯人员并不罢休。“你应该能够画出与投弹瞄准器近似的图片。”

然后令萨泽意外的是，一位审讯员拿起了铅笔，画出了轰炸瞄准器。“简直完美无缺，”这位投弹手回忆道，“我看出来他画出的图片与实物相比，是完全一致的。”

“这是诺顿轰炸瞄准器吗？”审讯员问。

萨泽知道否认也没有用；显然日本人已经获得了它。“就是这样的。”他向日本人承认。

长时间的审讯和施虐加上无止境的单独囚禁消耗着飞行员的精神和身体。他们被迫戴上脚镣，即便在牢房中也是如此，只有几英寸长的铁链让飞行员们步履蹒跚。“卫生设施非常糟糕，”尼尔森说。“牢房里没有水。厕所就是墙角下的一个洞。我试着申请洗手和洗脸刷牙，那位‘好吧－好吧’翻译说，他会去问问的，然后就没了下文。”

几个好奇的卫兵试图用蹩脚的英语和他们聊天，这是唯一能够让飞行员们暂缓痛苦的事情。卫兵们主要会问起一些美国演员，如加里•库柏，多萝西•拉穆尔和吉恩•亚瑟。即便是这样少有的几次交流也是飞行员们所欢迎的。“世界上没有什么比这更难做的事情，”尼尔森后来写道，“我只能枯坐在牢房里——不能锻炼，不能阅读，没有广播，什么也没有。”

其他人也这样认为。“我们刚刚从物质丰富的美国生活中脱离出来，”海特回忆说，“没有了好的食物和好的生活，突然被关进了一个单人囚室里，被不断地骚扰、扇耳光和踢打。每天仅提供少量的食物，我们怀疑自己是否就快要精神崩溃了。”

那位“好吧－好吧”令人生厌，“你现在不能抽烟喝酒了，”他对尼尔森说，“所以你将戒掉你身上的美国坏习惯。”

尼尔森给予反击：谁说那些是坏习惯？

“好吧－好吧”翻译只是咧嘴一笑。

日本人已经至少找到了一架坠毁的轰炸机，从飞机残骸中搜出来的地图和纸张被审讯人员摆在了被捕飞行员的面前。尼尔森看见信纸上印着大黄蜂号的盾型徽章和名称。他的心一沉。

“大黄蜂是什么？”审讯员问。

尼尔森试图解释说大黄蜂是一种会蜇人的蜜蜂，但日本军官并不相信。相反，审讯员拿出一张名单，上面有每架飞机的成员姓名，他指着名单最上面杜立特的名字。“你认识他吗？”

“认识。”

“嗯，我们几天前抓到了他，”他说，“我们把他杀了。”

“哦。”

审讯员的手指沿着列表向下移动，到了6号机组成员时，他的手指在尼尔森的名字旁停了下来。“我知道你认识这个家伙。”他说。

“是的。”尼尔森承认。

“你的朋友，乔治·巴尔，那个红头发的家伙，”审讯员继续道，“他都跟我们说了。”

“哦，他说了？”尼尔森嘴上说，但他并不相信。“那你为什么不和我说说看他说了什么，我会告诉你他说的是否正确？”

“哦，不，你来告诉我们。”

尼尔森感到这是徒劳的。他已经抗拒了好几个星期，但他认为没有必要再坚持下去了；继续坚持只有带来更多的殴打、虐待和痛苦，尤其是现在，日本人已经找到了一些此次任务最重要的记录。“我们承认了轰炸东京，说出了我们轰炸的区域，并招认了我们是从一艘航母上起飞的，”尼尔森说，“除此之外，还说了一小部分我们自己的生活经历，在哪里上的学，在哪里进行的军事训练，总共就说了这些。”

日本人准备好了口供笔录，据说是依据他们的供述而写成的，并向飞行员们宣读，但并未提供真正的英文版本。尼尔森回忆说，他的口供记录读给他听时，里面只说他轰炸了钢厂，没有提到针对平民或学校和教堂的攻击。其他飞行员也都听到了相似的内容。日本人要求他们在上面签字，每一个人的口供落款时间都是5月22日。尼尔森拒绝签字，但在日本人的威胁之下，他也不得不签了字。

事实证明，飞行员招供的内容与日本人拿出的口供截然不同。宪兵队将这些所谓的口供进行摘录后转呈给了杉山元将军。这份报告是如此不着边际和自相矛盾，几乎难以令人置信。一方面，他们把突击队员描绘成无能的懦夫，对日本强大的战斗机如此害怕，以至于毫无目标地投下炸弹后就逃走了。毫无疑问，这是为了掩盖日本防御上的巨大失败，竟然能让16架轰炸机深入日本国土，并在轰炸了首都后，安然逃脱。另一方面，又将飞行员描绘成了嗜血的掠夺者，想要杀死妇女和儿童，这些所谓的供述后来被日本用在了对飞行员的刑事诉讼和世界舆论的法庭中。

这些所谓的口供记录中有这样一段，审讯员问海特："你在轰炸名古屋时，有何感想？"

"我认为随意投掷炸弹，炸毁民房和让平民受伤都是很自然的事情。我以为这也是游击战的袭击目标之一。"口供中称这位德州人是这样来描述美国战术的，并使用了与日本政府此前在描述这次突袭时所说的话，"在轰炸过程中，我内心充满了恐惧，认为应该尽快随便找个地方扔下炸弹，赶快逃离。我认为当时那种情况下，要我准确地投弹实在太难了。"

"你从名古屋逃离的过程中使用机枪了吗？"审讯员继续问。

"我在今天之前还从未提及这一点，但说句实话，当我们飞离城市五六分钟后，看到了一个像是小学校的地方，许多孩子正在玩耍，"据说海特是这样说的，"驾驶员迅速降低了飞机的高度，并下令机枪手做好准备。当飞机俯冲下去时，飞行员命令我们开火，于是我们立即开火。"

比利·法罗的口供与海特的这份口供相互呼应。

"尽管你说你针对的是军事设施，但事实上你却令无辜的平民受伤？"审讯员问。

"我很遗憾，"依据这份口供，法罗的回答是这样的，"我们只是临时雇员，没受过完整的训练，所以我们也无法确定能否击中目标。此外，当时日本军队正在向我们发射高射炮弹，我唯一能顾得上的就是把炸弹尽快扔下去逃跑。这就是为什么会有住宅被毁，平民丧生。"

"在离开名古屋飞向大海的途中，你们对小学生们进行了射击，不是吗？"

“真的，关于那个我很抱歉，”这位南卡罗莱纳州人重复道：“有一个地方看起来像是一所学校，有很多人在那里。作为临别时的最后一击，我心想‘该死的小鬼子’，将飞机大力俯冲下去，并开始了扫射。下面绝对没有防御火力。”

日本人同样将哈罗德·斯帕茨刻画成了一位一心复仇的机枪手。“我瞄准学校操场上的孩子开始扫射，”口供中称，“我当时的个人感受就是要好好治治这些‘小日本’。”

事实上，这次突袭中确实有一些平民包括儿童丧生，这被日本拿来当成了政治武器。正如罗斯福利用这次突袭的胜利来提振士气一样，日本人用这次攻击激起了公众的愤怒，并让慌乱的民众团结起来。这些虚假的自白书正是点燃愤怒的完美道具——也将在接下来的审判中把被捕的飞行员放到了行刑队的前面。

这些虚假的自白多是在暗示这些飞行员是有罪的，但日本人也将一部分笔墨用在了抹黑美国高级领导人，特别是杜立特——这位美国的新英雄身上。雅各布·萨泽的口供便是如此。“我们认为尽快扔下炸弹是被允许的，要尽可能地造成伤亡和混乱。”这位投弹手说。“杜立特中校和其他高级官员，当然，还有驾驶员，并没有告诉我们任何特别的注意事项。当然，原定的目标是油罐；不过油罐附近的民用住宅也属于搜寻的范围。”

日军给鲍勃·米德尔编造的口供更加过分，不仅指责杜立特，而且指出这种野蛮的新式战争就是美国的作战方式。否则美国如何才能动摇日本人的决心呢？

“除了袭击工厂之外，你炸毁了许多平民的住宅，杀死了很多平民，对此你怎么看？”

“我们并不十分介意造成平民的伤亡，因为杜立特中校的命令中并没有特别提醒我们要避免轰炸平民。”

“让无辜的妇女和儿童受伤，你甚至都不会愧疚吗？”

“作为我个人来说，我感到很遗憾，但是我认为这在现代战争是不可避免的。我们不得不忽略这种情况，因为使日本人民陷入混乱状态也是我们想要达到的目标之一。”

美国驻苏联大使威廉·史坦利要做的一件事情就是去解决斯基·约克和他的机组所造成的外交困局。杜立特的一个机组降落到了海参崴——这一消息苏联政府三天后才披露给美国。听到消息，史坦利惊呆了。这位大使收到的第一份报告称，俄罗斯人计划将突击队员扣押在哈巴罗夫斯克附近，这一决定并未与美国当局协商过——正如机组成员所怀疑的那样。

史坦利两周之前才刚刚抵达苏联接任大使一职，这位四星上将曾在1933年到1937年间担任过海军作战部长。4月23日，收到消息的两天后，史坦利第一次来到了克林姆林宫，与苏联领导人约瑟夫·斯大林进行了会面，这次会面关系着突击队员的命运。

“当然了，大使先生，他们不应该降落在苏联的领土上，”斯大林说，“我们按照国际法，不得不把他们扣押。”

让史坦利感到放心的是，斯大林对此事表示“没有受到打扰”和“很遗憾”不得不扣押机组。苏联领导人说飞行员在俄罗斯是安全的，会被很好地照顾，还补充说驾驶员声称是燃料耗尽才被迫转变航向的。史坦利告诉斯大林，其他轰炸机都已经按照命令飞到了中国，这架飞机一定是无法飞到中国才会转向。

美国仍然希望可以将飞行员偷偷运出——计划将飞行员作为武官助理分配给大使馆——因为迄今为止，只有俄罗斯和美国政府知道这架改变了航线的轰炸机。但是在第二天的新闻发布会上，这个希望就破灭了。新闻发布会在古比雪夫举行，这里是苏联的战时首都，坐落在莫斯科以东约五百英里的伏尔加河沿岸。

“如果美国飞机在轰炸日本后被迫降落在苏联的领土上会怎样？”一位美国记者问道。

这个问题难住了所罗门·罗泽夫斯基，苏联情报局的负责人，他知道日本记者也在场。“讨论永远也不可能发生的事情是没有意义的。”他结结巴巴地做出了回答。

苏联人担心这个瞒天过海的计策已经露馅儿了。害怕日本会采取报复措施，苏联选择对外发布这一消息，并在之后责怪美国走漏了消息。史坦利非常尴尬。“唉，朋友们，”他告诉记者们，“我真的没有任何新闻给你们。消息一经传出，苏联政府就只能采取他们唯一能够采取的行动了。”

4 月 25 日晚上，史坦利与苏联外交部长维亚切斯拉夫·莫洛托夫坐在了一起，莫托洛夫抱怨轰炸机转变航向落到了俄罗斯让日苏关系更加复杂了。史坦利告诉他，马歇尔将军对苏联为机组所做的一切表示感谢，并向他保证这次的着陆“完全不是故意的。”“在对我传达的这个消息表示感谢后，莫洛托夫让我向美国政府请求采取适当的措施，在未来防止再次出现这样的降落。”美国大使在他的会议报告中写道。“我申明，我肯定我的政府已经发布了这样的指令。”

史坦利向莫洛托夫照会，请求允许一位美国代表去看望被扣留的飞行员。4 月 27 日，苏联外长给出了回应，“他告诉我，鉴于机组人员正在被转移到苏联中部地区，目前这样的探视还不行；等到机组成员到达安置他们的新住处后，就会告诉我探望机组成员的时间和地点。”

能够前去探访机组的可能性让陆军部的军官们非常兴奋，陆军部的分析人士正忙着筛选日本的宣传广播，想要了解这次突袭的重要细节。国务卿赫尔立刻给史坦利发去一份电报，上面是陆军部希望解答的八个问题。问题包括他们的飞行路线；遇到敌人反击的具体情况，从战斗机到防空气球和防空火炮。陆军部还进一步要求报告攻击目标的细节和取得的结果，以及日本用来伪装其工厂和工业区的措施。“当然，关于机组人员在苏联的待遇和生活条件也要告知，”这封电报最后说，“可能为他们向美国国内的亲戚朋友捎信。”

对这个机组感兴趣的不光只有美国官员。在参与突袭的 80 名飞行员中，日军仅仅抓获了 8 人，而约克机组的出现则可能意味着这一数字的增加。日本驻俄大使，佐藤真武，是一位职业外交家，也是日本的前外交部部长。根据美国情报部门截获的情报，佐藤向他的苏联同行发出警告，“如果苏联只是将降落在沿海省份的美国飞机扣留，而这架飞机刚刚袭击了日本，那么苏联事实上就等于为美国人提供了一个军事基地，这违反苏日中立条约，并将危害到苏日关系，”佐藤认为，“如果这样的事件多次重复发生，那么由此产生的任何后果，日本都不会负责。”几天后，东京进一步指示佐藤，让他向苏联明确表示，“仅仅扣留飞机和机组人员”是不行的。

苏联可不吃威胁恐吓这一套，他们称扣留机组符合国际法，因此并没有违反苏日中立条约。虽然苏联将“努力避免”任何误解，但苏方官员强调日本在这件事情上需要后退。“无论采取任何措施，都将由苏联政府来决定，”4月30日苏联反驳日本，“对我们所采取措施的任何批评都必须本着友好国家的原则。任何违反这一原则的行动都将被谴责。不应该抱怨，任何意见都应该被和和气气地提出。”

东京命令佐藤再次推进事情的进展。“如果美国看到苏联默许了这种恶作剧，那么美国将会让这种事情大规模地发生。因此，在开始之前就加以阻止是至关重要的。”东京指示佐藤这样说。“美国无法轰炸日本，除非美国借用了别国的领土。”那么问题就是约克的轰炸机。“因为其他逃脱的飞机都飞去了中国中部，那么很明显这单独的一架飞机是故意选择了这个方向，”东京警告说，“再出现一例这种情况，那我方就有必要采取措施，而这些措施将对我们的相互关系产生巨大影响。”

尽管日本一再威胁，但其产生的压力是有限的。苏联在西方正陷入与德国的战争中，不愿意在东部再开辟第二条战线，而日本也同样不愿在离本土如此之近的地方开战。如果日本和苏联之间的战争爆发，毫无疑问，美国的轰炸机将会每天轰炸东京、大阪和名古屋，将迫使日本召回军队来保卫日本国土。佐藤清楚这一现实，因此5月7日，他警告他的上级让步：这架轰炸机的机组人员难道抵得上另一场战争吗？“我建议我们放弃所有对苏联不满的小情绪，努力软化紧张的关系。”佐藤写道，“基本上，我的主要想法就是对苏联采取友好的态度，使他们变得对我们不那么警惕，并最终让他们靠拢过来。”

正是在这些富有争议的谈判背景下，俄罗斯在4月底将约克的机组转移到了新的地方。在晚上10点，哈巴罗夫斯克别墅的警卫把飞行员带上几辆汽车，半个小时后，汽车停在了城外的一节车厢旁。突击队员们进了车厢，里面一边是过道，一边是隔间。车厢中的蜡烛发出昏暗的光线——车窗上的隔光窗帘将外面全部挡住——原始的车厢隔间里只有木质长凳，上面没有坐垫，地板上也没有地毯。头顶的行李架上放着卷起的稻草垫子，空气中弥漫着灰尘。埃曼斯回忆说，“我们很快就弄明白，这是要我们白天坐在那些硬板凳上，晚上睡觉就得躺在稻草床垫上。”

外面的工作人员往车厢里装了很多条黑面包，三英尺长的大腊肠，好几罐鱼子酱和几箱伏特加——飞行员意识到这将是一次长途旅行。火车头很快到达，并接上了他们的车厢，把这节车厢拉到附近的车站，接到了一列火车上。大约午夜时分，火车向西出发了，这将是一次横跨西伯利亚长达21天的旅程。他们的火车时而穿过森林或沿着河流，车窗外的风景是美丽的。有些时候列车长会将火车停到侧线，来给其他火车让道，那些火车大多数都满载着士兵，开往前线去迎击德军。和突击队员有隔间的车厢不同，俄国部队都挤在没有铺位的货车车厢里，里面唯一的设施就是地上铺的稻草。有时甚至战马和人都挤在一起。

这里的贫困令飞行员惊讶；似乎每个人都穿着破布。火车停到站里的时候，乞丐就会围到车窗前，乞求讨要一些面包渣。“孩子们是最令人印象深刻的。”埃曼斯写道。“孩子们身上的衣服绝对是破烂不堪，没有鞋子，满身污垢——完全是黑色的——有些孩子就在火车站区域流浪、乞讨食物。”鄂木斯克的一个场景尤其令飞行员感到不安。“其中一个孩子身上什么都没穿，只有一块脏布中间挖出一个洞套在身上，”埃曼斯写道，“没有底边也没有袖子。他的下半身就赤裸在外面。他的肚子向外凸起，就和我们看到的80%的儿童一样，这不仅仅是缺乏营养，而是缺乏任何食物的表现。”

17天后，火车将要到达古比雪夫，俄罗斯的战时首都和所有外国使馆所在地。“我认为你们的人会来见你们。”麦克，他们的翻译守卫宣布。

这个消息让飞行员们激动起来，他们已经在俄罗斯待了一个月，尚未看到任何美国大使馆或领事馆的人。在火车到达古比雪夫的前一晚，飞行员们就忙着准备起来。“我们擦亮了身上的铜扣子。列了一个清单，上面是我们即将用完的东西，我们需要牙膏、牙刷、肥皂、剃须膏和乳液。我们还要一些香烟，”埃曼斯后来写道，“当然，我们会让他们把消息捎给我们的家人，我们都好。”

早上5点半，火车进站。麦克锁上了飞行员的车厢离开了，他带着飞行员们再三的请求——联系大使馆，并确保美国官员知道他们在这里。飞行员们焦急地等待着。一个小时过去了，然后是两个小时，早上变成了下午。飞行员们变得闷闷不乐。黄昏时分，麦克和其他卫兵回来了，身上满是肥皂和伏特加的味道，他们这一天去洗澡和喝酒了，而不是去找外交官。“没有美国大使馆的消息，”埃曼斯回忆道，“一个字也没有。”

那天晚上火车驶出车站，再次咔咔地响着向西行进。几天后，5月19日，火车到达奥克伍纳，离奔萨大约十英里的一个小村庄。六名苏联军官前来迎接了飞行员，用汽车载着他们在没有街道或人行道的路上开了20分钟。“路的两边仍是满脸悲伤困苦的人，他们沿着路慢慢走着，”埃曼斯回忆道，“同样，破布就是他们的衣服。”

汽车开到了一处院子前，院子被高大的木栅栏和一个大门包围起来。院子里面有三个建筑，包括一个宾馆，约克被单独安排在一间卧室，而其他人两两一对共用一间卧室。房间里有衣架，铁床和木棉丝床垫。虽然床单和毯子都比较粗糙，他们认为这个住处还是舒适的。

“好吧，我们到了！”埃曼斯向他的室友，诺兰·赫恩登宣布。

“是啊，”赫恩登回答，“哪里？”

第二十一章

作为您勇敢的队员的父母，我们对您永远心存感激。

——埃德蒙·米勒先生和夫人的电报，1942 年 5 月 20 日

在两周的旅程之后，辗转经过印度、北非，甚至南美洲，杜立特于 5 月 18 日抵达了美国。一辆指挥车在华盛顿的机场等候着他， 载着他直接疾驰到陆军部，他在那里会见了阿诺德将军。杜立特向将军汇报了任务的执行情况，指出他对被俘虏的机组人员和损失的轰炸机的担心。阿诺德向他保证轰炸机的损失并不是问题。然后他们会见了马歇尔将军，杜立特发现马歇尔的心情好得令人惊讶。

在这之后，阿诺德指示这位新晋的准将去制服商店买一些新衣服，然后返回他位于华盛顿西北部皇后大街 2 500 号的寓所，在阿诺德召唤他之前不要抛头露面。此时，乔·杜立特正在洛杉矶照顾她生病的母亲。阿诺德在她的丈夫抵达之前悄悄给她打了电话，邀请她到华盛顿做客。乔·杜立特乘坐商业航班飞了一整夜，在 5 月 19 日早上到达匹兹堡；在那里一位陆军军官带领她乘坐军用运输机飞到了华盛顿。

那天上午晚些时候，阿诺德给杜立特打电话，告诉杜立特片刻之后他会顺路去公寓并接上他。就在两周之前，阿诺德将军向总统递交了一份最终备忘录，记录了此次任务的最终统计结果——对日本的一次当头痛击。“报告称15架飞机在中国东部坠毁，1架被扣留在西伯利亚，日本声称缴获了1架飞机并将其展出，加起来总共有17架飞机——比我们派遣的飞机多1架。”

轿车停在了杜立特的公寓外面。让杜立特惊讶的是，阿诺德和马歇尔两位将军都坐在后排座位上。杜立特向他们敬礼并爬进了副驾驶座。汽车驶离公寓。杜立特等待有人告诉他的此行的目的地，但阿诺德和马歇尔都一言不发。杜立特终于再也无法克制自己的好奇心了，开口发问。

“吉姆，”阿诺德回答，“我们要去白宫。”

“好吧，我不是一个非常聪明的家伙，我也不想让任何人感到尴尬，”杜立特说，“我们去那儿做什么？”

“总统将给你颁发荣誉勋章。”马歇尔插嘴说。

突袭的成功早就让马歇尔异常兴奋，他后来写道，这次行动的成功“远远超出我们最乐观的预期。”他一个星期前就交给阿诺德一份秘密备忘录，详细列出了杜立特应享受的荣誉以及他精心炮制的首次媒体见面会。他命令阿诺德准备新闻发言稿，甚至为杜立特拟定讲话稿。“在很长一段时间内，有必要为嘉奖令保密。”马歇尔建议。“然而，一旦大家知道杜立特已经进城，获得荣誉勋章的奖励这一事实就应马上公诸于众。让我来安排这些事情，这样他就能暂时销声匿迹，直到他受到总统接见并被授予勋章。”

杜立特为获得这项殊荣感到震惊——并立即提出了异议。“将军，荣誉勋章应该留给那些冒着生命危险去拯救他人的人，”杜立特争辩道，“每个执行这项任务的人都经受了同样的风险。我不认为我有权享有这枚勋章。”

杜立特看到阿诺德的脸颊因为愤怒变红了，而马歇尔也立即皱起了眉毛。他知道他刚刚冒犯了他们两位。

“但我碰巧认为你有这个权利。”马歇尔回击道。

汽车内陷入了沉默。“这是唯一一次海普对我发火，也是唯一一次马歇尔将军严厉地对我说话。”杜立特写道。“陆军的最高统帅已经做出了他的决定。根本没有我争辩的时间和余地。”

军官们抵达了白宫，杜立特惊喜地发现乔也在那里。他最后一次看到她是在旧金山，那已经是47天之前的事儿了。夫妇俩还没来得及互相了解这段时间彼此的经历，副官已经前来为他们引路。他们在下午1点来到了总统办公室，后面跟着一大群叽叽喳喳的记者和摄影师。

罗斯福总统——给他的军事领导人施压发动了这次突袭，此刻正安坐在他的办公桌后面。他问候了杜立特并和他握手，告诉他突袭完成了他希望达成的一切。

总统把荣誉勋章别在杜立特制服衬衫左侧口袋的正上方时，马歇尔大声朗读嘉奖令。“美国陆军准将詹姆斯·杜立特，卓著的领导能力远超使命的要求，在生命受到极大威胁的情况下表现了出个人的英勇和无畏，”马歇尔读道，“尽管飞机显然会在敌占区迫降或在海上坠毁，杜立特将军仍亲自率领由志愿人员组成的陆军轰炸机中队，对日本本土进行了突袭并造成了巨大的破坏。”

阿诺德和马歇尔将军交口称赞杜立特，而乔奖励给她的丈夫一个吻。

新闻摄影师为此次历史事件拍摄照片和录像。陆军部发放了三页的新闻稿和两页署名为杜立特的声明，给全国民众关于此次任务的第一手真实信息，从超低空飞越东京到轰炸目标的类型。声明甚至提到了杰克·希尔格的机组看到的棒球比赛。

然后第二天晚上杜立特登上了广播电台的谈话节目，他谦和地将任务的成功归功于自愿参加任务的79名年轻的飞行员、领航员、投弹手和机枪手。“没有人能比他们更全心全意地投身一项任务，”杜立特告诉听众，“他们不是在寻求荣誉。他们仅仅是自愿参加一项危险的任务，也充分意识到‘危险的任务’意味着他们人身安全会受到威胁。他们追随着美国斗士最优秀的传统。”

记者们反响热烈，在授勋仪式后的新闻发布会上对杜立特接连发问。

“我们飞得很低，以至于可以看到人们脸上的表情。”杜立特说。

“那么他们脸上有怎样的表情？”有人问道。

“那是，大概是强烈的惊诧，”杜立特回答时，正如一位记者注意到的，他眼中闪过一丝不确定。

他接着告诉记者们，在东京上空他受到9架日本战斗机的袭击。“我成功躲避了所有攻击，”他说完之后转向面对记者，“最好‘完全避开它们’。”

“你还会再去轰炸日本吗？”记者问。

“这全看天意和陆军部的意志。”

杜立特忍不住又开了个小玩笑——尽管没有被正式纪录下来——当被问到他当时是否可以轰炸东京皇宫时。“为什么不能，”他说，“我本该炸飞天皇王座下面画着菊花的夜壶。”

记者们想知道美国遭受了怎样的损失。

“没有飞机被留在日本，”杜立特说，“有些飞机受损了，但没有飞机被击落。没有飞机受到严重损坏以至于无法飞到目的地。”

他同样驳斥了“敌人缴获一架特遣队轰炸机的残骸并在东京展出”的说法。“日本没有缴获或展出我们的飞机，”他说，“他们可能把自己的飞机涂装成我们飞机的模样，或者从别的地方弄来了一架美国飞机，但那不是我们执行此次任务的飞机。”

记者接着向不知所措的乔·杜立特询问她的看法。“我太激动了，无法回答。”她说。

当然，公布的所有细节中所没有提到的，是大黄蜂号和轰炸机是从航母上起飞的这一事实。更重要的——后来给陆军部和政府带来的麻烦的——是杜立特对轰炸机命运的巧妙回避。媒体以及美国公众都得出了故意为之的错误印象——所有的轰炸机以及飞行员都安全完成了使命，即使那时杜立特和他的上司们都清楚，事实上16轰炸机中的15架都已坠毁，还有两组机组人员被俘虏。“杜立特强调，”第二天《芝加哥每日论坛报》在一篇文章中指出，“所有的飞机和飞行员都安全归来，并怒斥了日本缴获一架或多架美军飞机并进行展示的声明。”

世界在期盼中等待着获知是谁策划并执行了这次对日本首都的惊人攻击。一个月零一天之后，答案出现了，事实证明杜立特是位公共关系的大师，正如马歇尔所预期的那样。美国航空的宠儿吉米·杜立特，新提拔的准将和美国英雄主义最高奖章的获得者，是早就众所周知的英雄。这位受过麻省理工学院教育的竞速特技飞行员，几十年来都让美国人为他的空中特技着迷，正是美国战争行为的完美代言人。

总统给杜立特带上五角勋章的照片登上了全国的报纸的头版，配以杜立特在他的声明和访谈中分享的、充满了悲惨细节的突袭故事。接着出现在报纸和杂志上的是关于这位著名飞行员的长篇传记，提醒读者们他过去的英雄壮举。典型的是《华盛顿邮报》上的 1 797 字的文章，标题为“他的人生故事读起来像是惊险小说，但他总能把握最佳时机。”

文章和社论交口盛赞美国的新英雄。有几家报纸还对杜立特带有讽刺意味的姓开起了玩笑。

“吉米·杜立特的功绩完全辜负了他的名字，”《巴尔的摩太阳报》声称。（注：杜立特（Doolittle）在英语中的发音与“成就甚微”一词相近。）

“他应该叫杜马其。”《纽约每日新闻》建议。（注：杜马其（Doomuch）在英语里的发音与“丰功伟业”的发音相近。）

“吉米功成名就。”《时代》杂志宣告。

其他报纸认为，只有像杜立特那样有才干的人才值得托付，去组织和领导这样危险的任务。“这是对技能和勇气的考验，”《纽约时报》写道，“只有杰出的飞行员杜立特——他坚决、勇敢而又足智多谋——才能完成这样的任务。”

《芝加哥每日论坛报》的报道呼应了这一观点。“对日本人来说，轰炸东京似乎由魔法和邪灵共同完成，但美国人民知道，对于吉米·杜立特，这是只是他的工作。”报纸辩称，“这份工作包括：规划、组织、导航，飞行，寻找目标和投放炸弹——这一切就是吉米·杜立特的生活。”

杜立特的家人也喜气洋洋。

“我真为老爸感到骄傲！”正在代顿市接受培训的詹姆斯·杜立特中尉告诉记者。

杜立特最小的儿子约翰，正要开始他的在西点军校的学习生活，他的回应更为简洁：“好啊！”

甚至罗斯福也从这次任务的成功上获得了政治加分。“我认为你应该再进一步，给杜立特一项特权，把他的名字改为杜比格（Doobig）。”匹兹堡的戴克马太太给总统拍电报。“我希望我的两个儿子在陆军能享有类似的机会。”

“给我们创造更多的杜立特，”波特兰城的詹姆斯·乔丹补充道，“我们将抓住在太平洋上的机会。”

个人的祝贺雪片般飞向吉米和乔·杜立特，来自朋友、同事，甚至是全国各地的陌生人。

“我们只知道，如果存在任何能完成这件事情的人——那一定是你，”佛罗里达的马蒂·摩尔写道。“愿上帝保佑你。”

“对整个国家来说这都是光荣的消息，”纽约的赫伯·马克松在电报中写道。“在任何团体中他都鹤立鸡群。”

“所以小吉米你完成了奇迹般的壮举！！”洛杉矶的莫德·豪厄尔写道。“它神奇得令人难以置信。”

住在南达科他州的汉克·波特的妈妈写道。“在你收到的数不清的祝贺信里，没有任何一封信能比我们的更真诚；尤其如此是因为我们的儿子亨利是您丈夫飞往日本的轰炸机上的导航员，”她写道。“大家都平安归来实在让我欣喜；我感到非常自豪——却又卑微——这些孩子们不只有勇气志愿参加任务，他们更有能力去完成任务——那些荣誉和赞美都是你丈夫应得的。”

被杜立特珍藏的一封信来自海军上将哈尔西，写于4月24日特遣队返航接近珍珠港的时候。“我痛恨把你们在那么远的距离赶下航母的行为，但由于被日本人发现，我们已别无选择。”哈尔西写道，“我和我的船员们说，应该在你的每个肩膀上钉两颗军星，并把荣誉勋章挂在你的脖子上。”哈尔西补充道，在他看来，历史上没有任何其壮举比杜立特领导的突袭更具英雄气概。“你把尖刀直接插到了敌人的心脏上。你已经创造了历史，”他总结说，“继续收拾那些黄皮肤的混蛋吧。”

甚至杜立特在竞速飞行领域的老对手们也不禁道贺，其中包括著名选手罗斯科·特纳。偷袭珍珠港事件后，特纳曾建议杜立特，组织退役选手招募一些年轻的飞行员去轰炸东京。杜立特断然拒绝了他的提议，认为退役选手太老了，无法驾驶战斗机。“祝贺你，狗东西！”特纳在电报中说，“你的行为应该已经昭告世人，我们这些老家伙仍然可以作为战斗机飞行员服役。”

紧接着特纳甚至给乔写了一封信。“炸弹落在东京那天，我告诉我所有的朋友，这一定是吉米·杜立特的杰作，”他写道，“他是有史以来最伟大的飞行员。”

在杜立特返回美国之后的几天之内，他都在给所有79名突击队员的家庭成员写信，这样的劳动使他开始评估这次任务的结果，每一位举手报名，自愿执行任务的青年身上发生了什么。这次袭击中，20岁的机枪手利兰·法克托尔，23岁的机械师唐纳德·菲茨莫里斯和29岁的投弹手比尔·迪尔特被夺走了生命，虽然到目前为止只有法尔托克的死得到了确认。日本人还俘虏了迪恩·霍尔马克机组和比利·法罗机组的另外8名飞行员，而俄罗斯人扣押了斯基·约克和他的机组成员。几名突击队员受伤了，其中一些伤情严重。

很多信件写起来容易，一封通函就足够了，可以套用5月20日杜立特写给住在代顿市的副驾驶员迪克·科尔的妈妈的信函：

“我很高兴地告诉你，迪克既健康又快乐，虽然有点想家。几周以前，我和他在中国的重庆分别了。他最近完成了一项非常危险、非常重要、也最为有趣的飞行——空袭日本。他的举止彰显了非凡的勇气和荣誉。他因为自己勇敢的行动而被授予杰出飞行十字勋章，也受到了中国政府的表彰。

“远东地区的交通和通信设施都非常糟糕，所以在你能直接和迪克取得联系之前可能要等上一段时间。但是我向你保证，他一切都很顺利，尽管未来的计划还不能确定，他很可能会在不久的将来回到祖国。

“我为能和迪克共事感到自豪，他是我的飞机上的副驾驶，希望我可以有机会再次与他共事。”

杜立特把类似的信件发给导航员汉克·波特的家人，投弹手弗雷德·布雷默的家人，他忠诚的乘务长保罗·伦纳德的家人，以及其他11个安全逃脱机组的成员的妻子和父母。他在信中提到了查尔斯·奥扎克的腿伤和哈罗德·沃森受伤的手臂。在写给他副指挥官的妻子的信中，杜立特说他正在请求上级将杰克·希尔格调回美国。“在另一个邮件中，我将发送一卷画，它是中国政府送给美国驻中国机构的几幅画中的一幅。”他补充道，“杰克特别喜欢这幅画，我们原本计划把它送到史密森尼博物馆，我肯定博物馆不会错过这幅画的。”

剩下的信件杜立特写了超过两天的时间，要比写前面那些信远为痛苦，其中最使杜立特感到痛苦的要数写给法克托尔住在爱荷华州的叔叔的那封信。机枪手是在中国跳伞时牺牲的。他的降落伞难道无法打开，还是他未能及时拉开伞索？永远不会有人知道。唯一清楚的事实是，他失去了生命。“怀着最深的歉意，我不得不告诉你，你的侄子，下士利兰·法克托尔，在突袭日本的行动中牺牲了。在中国重庆，他带着军人的荣誉被安葬在了一片专门划出的墓地。”杜立特写道。“他是一位有为青年，整个特遣队都为他的死而惋惜不已。我为曾经与他共事而感到骄傲。”

关于两个被俘机组的信息疑点重重——也是不正确的。报告指出，法罗机组的两名飞行员失踪，而事实上日本人俘虏了全部5名机组成员。“我们得到的最新消息是，由你儿子驾驶的飞机在日占区附近着陆，2名机组成员失踪，其余3人被日本人俘虏，”杜立特在给法罗母亲的信中写道，“我们无法验证这份报告的真伪，也不能确定哪些飞行员失踪，而哪些被捕了。我们现在正试图通过美国红十字会获得更确切的消息。一旦我们获得任何新的消息，我一定会在第一时间把它传递给你。我由衷地感到抱歉，不得不给你传达这样一个不幸的报告。”

错误的信息同样导致杜立特用更加乐观的笔触给住在达拉的霍尔马克的父亲和“青蜂侠”其他机组成员的亲戚写信，包括迪尔特和菲茨莫里斯的家人，这两名飞行员在海中溺亡，已经被埋葬在中国海岸小山丘的沙地里了。“我非常抱歉给你带来了坏消息。然而，它也许不是那么糟糕，”杜立特在信中写道。“你的儿子，根据我们能够获得的最可靠的消息，在中国的日占区迫降并被俘了。我们已经用尽了所有的方法并仍在努力从日本人手里解救他，但是到目前为止，我们还没有成功。请你相信，我们会为他做出一切可能的努力。”

杜立特劝慰斯基·约克机组成员的家人，美国外交官现在正致力于确保飞行员们获释，尽管他不清楚特德·罗森和其他“跛脚鸭”机组成员受伤的程度，毫无疑问他希望能为他们分忧。在写给戴夫·撒切尔父母的信中，他更是坦陈坠机的危险性，称赞20岁机枪手拯救劳森和其他人的义举。“因为他勇于承担责任，不分日夜地亲自照顾伤员，所有机组成员都得救了，没有被俘虏或牺牲。”杜立特写道，指出撒切尔已经被授予杰出飞行十字勋章。“为了表彰他杰出的英勇行为，今天我还向上级推荐为他授予让人梦寐以求的铜十字英勇勋章。”

杜立特的亲笔信鼓舞了特遣队员的家人，进一步提升了大多数人已经对这位将军持有的好评，哈罗德·沃森父亲在来信中流露了类似的情绪。“我怀疑陆军的规章制度是否会要求一位将军在完成任务后，给每个参与成员的父母写一封亲笔信，”他写道，“然而，因为杜立特将军不仅仅是位能力出众的长官，更是一位父亲，一位绅士，他就这样做了。”

许多特遣队员的母亲、父亲和妻子都发回了热情洋溢的电报和信件，祝贺杜立特突袭成功。“作为参与轰炸东京的特遣队员的妻子，我无法用言语表达我是多么的兴奋和自豪。”西尔玛·布尔乔亚写道，她是投弹手罗伯特·布尔乔亚的妻子。“祝贺你和你的志愿者们取得了完全的胜利。”

其他人写信向杜立特求助。弗雷德·布雷默的妻子问杜立特是否能让她的丈夫尽快回国，他已经被部署到了印度。梅尔文·加德纳的未婚妻也提出了类似的要求。“我希望他一回国就能和他结婚，我希望得到些眉目，以便知道是否需要提前准备婚礼。”

遗憾的是加德纳永远也不可能走上红毯了。5 月 30 日，他给未婚妻写了最后一封信，三天之后，在空袭缅甸时他死于一次飞机失事。

飞行员理查德·乔伊斯的父亲质疑是否应该公布突击队员的名字，尤其是那些仍在缅甸作战的队员，一旦被俘，这样的做法只会给他们带来更大的危险。道格拉斯·瑞德尼的父亲想知道，杜立特是否能帮助他找到他儿子在 1940 年买的雪佛兰汽车，他把它停在了俄勒冈州的彭德尔顿。

飞行员罗伯特·格雷的父母，和许多特遣队员的家人一样，像他们的儿子一样对杜立特满怀钦佩。“罗伯特因能为你效劳而极为骄傲，你是他作为一名士兵、一名飞行员和一个男人的楷模。”这对夫妻写道，“我们也为我们的儿子能与你共事并且觉得你值得他信赖而感到极为骄傲。愿上帝保佑你，让你和我们的儿子以及他所有勇敢的同伴为伟大、自由的美国的光荣和荣耀而奋斗。”

托马斯·怀特的母亲在一封电报中表达了类似的想法。“你的领导鼓舞了所有的队员，”她在电报里写道，“鲍勃是我们所有人的荣耀。他会追随你去任何地方。”

事实证明杜立特收到的被俘飞行员父母的来信更加难以应付。这些家人都渴望新消息，许多人从春到夏不停给杜立特写信。蔡司·尼尔森的母亲甚至写信给罗斯福总统，询问她的儿子在日本人手里可能会受到怎样的对待。“我心里悲痛，不知道他经受着怎样的折磨，我实在不堪重负，”她写道，“如果能收到任何关于我孩子的消息，我将非常感激。”

鲍比·海特的母亲写道，她丈夫死于 1941 年 7 月，而现在她的儿子被捕，这一切远远超出了她的承受能力。“我只能向上帝祈祷，”她写道，“他仍然活着。”比尔·迪特尔的妈妈，不顾她自己的担忧，仍为任务的成功喝彩，她的风度使杜立特感到惊讶。“你祝贺突袭成功的仁慈深深地打动了我。”将军回答道。“我们应当祝贺你，你是一位勇敢的男孩的母亲，你的孩子在国家危难的时候英勇地挺身而出。”

比利·法罗的母亲写道，她全身心投入对上帝的信仰。“如果上帝想让我的儿子献出他的生命，我会非常自豪地说，他已经准备好了，他很高兴为保卫自己的祖国这样崇高的事业献出生命，”她写道。“他认为能够与你共事或者被选拔参加此次任务都是一种极高的特权。”她分享了儿子最后的来信，他在信中鼓励她不管在华盛顿的生活中遭遇了怎样的苦恼，都要保持坚强，署名处简单写着：“振奋起来！”“他那时就知道他将要执行的是一项危险的任务，可能再也不回来了。”她写道。“这样的勇气鼓舞着我，让我现在能够继续生活下去。我是位非常不称职的母亲，过去一直没能表现出同样的精神，没能振奋起来或保持美好的期望。”

陆军高层在重庆承诺过授予突击队员飞行十字勋章，现在准备颁发。杜立特在 6 月 15 日发出了一封密函，写给“和我一起去过香格里拉的所有官兵”。他命令他们来华盛顿并到军备大厦 4 414 房间向谢尔曼·奥尔蒂克少校报到。“你不能接受新闻媒体的任何采访或照相，和你的家人联系时只能简单通知他们你回到美国了。一定要谨言慎行，直到奥尔蒂克少校指示你可以说什么或做什么。”他写道。“换句话说，除了得到授权的美国陆军情报人员以外，对所有人都要非常谨慎。”

回国的突击队员保证了陆军在公共关系上的又一次胜利，就像一个月前宣布杜立特获得荣誉勋章的公告。空军官员最初曾希望他们能在白宫受到总统的接见——接着在纽约城进行午间游行，从巴特里公园到华尔道夫酒店——但是最后不得不接受6月27日在华盛顿波灵空军基地举行的被削减欢迎仪式。20多名突击队员回到了美国，但只有20名军官和3名士兵可以出席仪式，包括杰克·希尔格、罗斯·格林宁、大卫·琼斯和随军医生托马斯·怀特。海普·阿诺德替代了原计划中总统的角色，带着他标志性的笑容。

“这些军官和士兵在1942年4月18日参加了对日本本土造成巨大破坏的突袭行动，因其非凡的成就受到嘉奖。”莱斯利·霍尔科姆上校大声宣读嘉奖令。“他们自愿参加这次任务，完全清楚生还的机会非常渺茫，以超人的技巧和极大的勇气完成了任务。他们的成就为他们自己以及军队增光。”

阿诺德走向领奖的队列，把保存在三个绿色木箱中的奖章别到了每个突击队员衬衣胸前左边口袋里的上方，杜立特也喜气洋洋。六位飞行员的妻子观看了这场55分钟的授奖仪式，但导航员比尔·庞德的妻子迟到了，她在途中迷路了，接着因为空袭交通测试停在了路上。眼泪顺着她的脸颊流了下来。

“别哭了，亲爱的。”庞德催促他的妻子。

“当我听到他们使用了B-25轰炸机时，我觉得我的丈夫就在那里。”她的情绪一旦平复，就告诉记者，“接着当我听到杜立特受到提拔时，我更确信了这一点。”

当然，媒体不会漏掉这样的信息，恳求突击队员们描述这次具有历史意义的飞行。“和去野餐差不多，”投弹手迪丹佛·楚拉夫开起了玩笑，“他们向我们挥手致意，直到我们投下了炸弹。”

尽管军方策划这场仪式是希望让年轻的英雄们绽放光彩——让飞行员们讲述自己的突袭故事——官员们再次坚持严格限制什么细节能向公众发布。军方执着于保留香格里拉的秘密——以及所有飞机都已经坠毁的事实。“不能将任何表明这次突袭起点的信息公诸于众，也不能将突袭之后的最终目的地，以及突袭使用的飞机的最终处置方式公诸于众。”一份简明的备忘录里警告说。“信息诸如飞行的距离和时间、燃料的消耗量以及其他所有相关事项都不应该被公开，因为它们提供了解读上述禁令的关键。”保密的原因部分源于在现实中，美国并不排除在未来继续发动对日本的轰炸；事实上，阿诺德已经催促他的智囊团制定这样的方案。“你们运用自己的想象力，看看在这件事上能拿出什么主意。”

杜立特此时在做幕后工作，努力使一些突击队员获得额外的奖励。他建议给希尔格、格林宁、琼斯和胡弗——那些负责监督任务某一方面（如射击和情报）工作的高级军官——每个人都授予铜十字英勇勋章或杰出服务勋章。军方最终拒绝了杜立特的请求，但给托马斯·怀特和“跛脚鸭”的迪恩·达文波特和大卫·撒切尔授予了银星勋章；后者的故事格外令从重庆汇报情况的军官梅里安·库珀拍手赞叹，他发给杜立特的报告就证明了这一点。“超越了人类体能的极限，超越了友谊的召唤，超越了职责的要求，他——一名下士——把四名受伤的长官带到安全的地方，”库珀写道，“勋章还是荣誉？请授予他吧，这是他应得的。”

杜立特同样建议让所有参加任务的军官和士兵获得提拔，除了一个机组的成员——斯基·约克的机组成员。在他多次警告不要飞到俄罗斯之后，约克还是这样做了，明显被激怒了的杜立特想要找到答案。他同样没有建议授予约克铜十字英勇勋章或杰出服务勋章。“没有建议军方提拔飞到西伯利亚的机组成员，”将军在一份备忘录中写道，“而将来也不会这样做，直到可以确定他们为什么明显地直接违反了命令。”

6月16日下午，载着泰德·劳森和“跛脚鸭”上的导航员查尔斯·麦克卢尔的飞机也降落在华盛顿。沃尔特·里德陆军医院派出了一辆救护车来收治这两名受伤的飞行员。

他们被安置在五号病房，和突击队员哈罗德·沃森共处一室，沃森刚刚做了手术修复他的断臂。那天晚上，飞行员们在杜立特到来之前一直在交换故事。“当他进来时我试着站起来，”劳森回忆道，“但他把手放在我的肩膀上，不让我站起来。”

杜立特为没能在波灵空军基地迎接他们而道歉，但那是因为没有人告诉他飞行员们的到来。“你的家庭情况如何？”他问道。

劳森的头脑一片空白。他说他希望在找出如何继续之前先睡个好觉。

“你知道你的母亲的情况吗？“杜立特继续道。“她中风了。她的情况相当糟糕。我很抱歉。”

劳森陷入了沉默。

“你想要怎么面对你的妻子呢？”

劳森还没有准备好让他的妻子看到他现在的模样。目前还没有。他请求杜立特告诉她，他还在国外。

“我已经给你的妻子写了信，告诉她你受伤了并且正在回国的路上，但我并不知道你受伤的程度，”杜立特建议，“你最好能做些什么。”

将军决定出手相助，给劳森在洛杉矶的妻子打电话，她搬到那里是为了离她的家人近一些。尽管没有详细描述劳森的伤情，杜立特告诉她，自己会给她写一封航空信。

“好吧，你认为我现在是副什么样子，”埃伦·劳森在电话里告诉杜立特，“我怀有八个月的身孕！”

杜立特在信中写道，他与劳森进行了一次长谈。“现在他的身体很健康但是相当沮丧。他这样沮丧，是因为他的左腿受到严重的创伤并且感染了，不得不截掉。他还摔掉了许多牙齿，脸上也多了一道伤痕。”杜立特写道，“现在他在沃尔特·里德医院得到了最好的治疗，但我觉得他康复缓慢，害怕他的不幸会对你和他的母亲造成影响。泰德可能会在这里住院治疗一段时间，而我个人认为你的陪伴能让他更快康复。”

艾伦·劳森立即坐下来，亲笔回复了一封航空信，宣告她对丈夫的爱。“我很高兴能知道真相。我的想象力已经失去了控制。”她写道，“亲爱的，结果可能更糟糕。我曾做了许多你再也没有回来的噩梦，在其他的噩梦里，你完全丧失了记忆并且不相信我是你的妻子。这些都太可怕了。世界上没有任何原因能阻碍我们过上完全正常的生活并去做我们想做的事情。当我见到你时，我会尽力控制我眼泪。但是，如果我流下任何眼泪，请不要误解，它们是因为幸福和快乐而流下的眼泪。”

收到这封信让劳森喜出望外。几天以后，当劳森太太乘坐杜立特安排的班机出现在他的病房门口时，他更是大喜过望。“我跳起想冲到门口，忘记了一切，甚至忘记了拐杖。”劳森后来写道，“当我向她迈出第一步的时候，我在她面前摔了个嘴啃泥。”

劳森将不得不忍受左腿的第二次截肢，接着是口腔外科手术，重塑他的嘴并移除断齿的残根，其中一个已经上移穿过他的牙龈进入到上颌中。

“他嘴里还有一些海滩的泥沙！”劳森在手术时听到一个医生发表评论。

麦克卢尔同样需要接受两台手术来修复受他伤的肩膀，然而事实证明住院给他带来了好处。他爱上了职业治疗师珍·布坎南，并在第二年的 1 月与她结婚了。

空军参谋长米勒德·哈蒙少将，财政部长亨利·摩根索在 7 月 6 日造访了医院并向三名突击队员以及霍华德·赛斯勒、詹姆斯·帕克颁发了杰出飞行十字勋章。媒体的报道既没有提到飞行员受了怎样的伤，也没有指出飞行员是“在完成对日本的突袭之后不久的飞机失事中受伤。”

因为受伤的突击队员曾经绕道重庆，朱世明少将，中国大使馆的武官，在 7 月 25 日到访医院并为他们颁发了中国的军事嘉奖令。杜立特一如既往出席了颁奖仪式。“你们粉碎了日军不可战胜的神话，”中国将军告诉他们，“为同盟的其他军人树立了值得效仿的榜样。”

杜立特写完了任务的分析总结，终于完成了他长达三十一页的报告。杜立特给萨克拉门托的一名工人捎去了一箱雪茄烟，他打包的降落伞救了杜立特一命。他要求突击队员给出建议，为哪些帮助过他们的中国人颁奖。推荐信很快就淹没了他的收件箱。哈罗德·沃森推荐神父文德林·东尔克，他帮助了“旋转的托钵僧”上的飞行员，而戴夫·撒切尔推荐游击队长贾福昌（音），大多数机组成员都叫他查理。托马斯·怀特提名陈医生和他的父亲。这两位医生仁慈地向“跛脚鸭”上的飞行员们敞开了他们医院的大门，而伤情严重的飞行员们耗尽了医院许多珍贵的药物。“他们没有为提供的服务或物资要过我们一分钱，他们觉得这是他们在抗日战争中应该做的。”怀特写道，“我觉得劳森，也许还有达文波特，都因为陈医生的鼓励和专业的治疗才保住一条命，而我们大家都非常感激他在临海市给我们的帮助和支持。”

军方计划利用这次突袭的成功谋取利益，命令那些回到美国的飞行员们自愿在国内兜售战争债券，并给渴望了解前线战事的工厂工人做斗志昂扬的演说。绝大多数突击队员都迫不及待地抓住了这次机会——比前一个自愿任务要安全得多。飞行员比尔·鲍尔和俄亥俄州 B·F· Goodrich 公司的工人聊起了天，而导航员汤姆·格里芬和威斯康辛州 Dumore 公司的员工打成了一片。飞行员格里菲斯·威廉姆斯和肯·雷迪在伯明翰一场超过四百人参加的午宴上演讲，而军方吹嘘多达两千五百人观看了工程师雅各布·艾曼斯在新英格兰工厂的巡回演讲。“尽管罗斯因为尴尬而流下了眼泪，”皮尔斯郡售卖战争债券的官员记述了格林宁对塔科马的访问，“他帮助我们卖出了成千上万美元的债券和邮票。”

杜立特自己也一头扎进了这次活动，他为军方拍摄征兵海报，上面写着“飞到东京去：一切费用报销。”他给新泽西州帕特森市莱特航空公司的工人们发去了贺电，他们正是 B-25 的引擎制造者。“小日本的飞机无力阻止我们的突袭，”他在贺电中写道，“如果你们继续你们了不起的工作，他们就永远无法阻止我们。”他给华盛顿附近的卡尼镇上的西电公司发去了另外一封贺电，西电公司帮忙建立的无线电通讯系统给了突击队员莫大的帮助。“通过这些无线电设备我们在舰船之间发送命令，把我们的轰炸机送到预定的位置上，”杜立特在电报中说。“通过这些无线电设备，当我们的炸弹落到至关重要的日本海军和军事设施上时，我们都为彼此鼓劲。也许，最重要的是，通过这些无线电设备，我们听到了日本人歇斯底里的广播，因为太过激动而无法粉饰太平，咆哮出我们造成的破坏。”

杜立特到访了北美航空公司的加州工厂——用于空袭的所有 16 架 B-25 的制造商——在 6 月 1 日中午的演讲中对工人们表示祝贺。“不要告诉任何人，香格里拉就在这个工厂里。我们的 B-25 轰炸机就来自这里。”他告诉英格尔伍德工厂的 12 000 名与会者。“我们的轰炸机——你们生产的轰炸机——创造了辉煌。”公司总裁詹姆斯·金德尔伯格被这场演说深深打动，给杜立特的妻子发了一封亲笔信。“他不仅做了一次精彩的演讲，他还四处与工厂里的工人们聊天，大家对他的好感无以复加，”他写道，“我在这家工厂里接待过许多名流，但这是第一次有人真的不是仅仅在作秀。”

杜立特对名望并不陌生，但突袭让他的名声提高到了一个新的水平。现在他不仅在航空领域是一个英雄，而且对心怀感激的国民来说，他更是一个英雄。他领导的任务如此富有戏剧性，环球影业和华纳兄弟都乞求得到讲述它的权利。在公众的眼中，杜立特就是勇敢的化身——英雄，正如《芝加哥每日论坛报》指出，他“有一张平凡的、诚实的美国脸”。嘉奖，赞誉，甚至礼物很快泛滥起来。圣路易斯市的扶轮社把杜立特选为荣誉终身会员，而位于圣地亚哥市的苏格兰共济会美国支部的教会议会也这样做了。代顿市的地区委员写道，当地 15~18 岁的青少年想要成立一个以“杜立特”命名的空中侦察中队。崇拜者的邮件成捆儿到达，人们索要签名，照片，甚至将军用过的旧信封，任何他触摸过的东西。一位俄克拉荷马州的女士送给他一面用钩针勾了 3 620 针织成的国旗。完全陌生的人给杜立特写歌——虽然很少有歌词被谱曲并发布——并写诗，其中包括新泽西州的帕奇·勃朗宁的诗：

> 世上有一位男子汉，
> 他无比骄傲，
> 因为他只为一件事而奋斗，
> 那就是“胜利”。
> 他的权力和力量，
> 不仅仅是个传说，
> 因为他就是伟大的——
> 吉米·杜立特。

布鲁克林的托尼·米尔献上了这首诗：

杜立特做了很多，让小日本知道
美国飞行员可以轰炸东京
他的名片说："有一天我会回来
那时候我会让你们吃尽苦头。"

久未联络的杜立特过去的朋友也出现了，包括埃弗雷特·黑斯廷斯，一位他青年时代在阿拉斯加州的同学。黑斯廷斯在信中坦言，过去他的母亲提到诺姆市好斗的小暴徒都用昵称杜莱斯（Dooless），但是最近她对杜立特刮目相看。"我的儿子有时也会打架。当他对其他孩子们提到他的爸爸曾经和你一起上学时，孩子们大笑起来并说他是个骗子，" 黑斯廷斯写道，"你和你的伙计们是所有未来飞行员的偶像。"

杜立特的名气越来越大，以至于他给克利夫兰运动俱乐部一张亲笔签名的战争海报，竟获取了惊人的 400 万美元的报酬。密苏里州奥扎克市一个新成立的小镇上的 220 名居民甚至决定用将军的名字为小镇命名。"我们的地方可能不大，" 镇长阿尔弗雷德·库克自豪地说道，"但是，我们有好名字和热情。" 直到战后杜立特才抽出时间访问这个小镇，当他到访时，市领导为雕刻着他肖像的铜匾揭幕。杜立特一如既往地把他的成功归因于他人。"我非常感激你们赋予我的荣誉，" 他说，"然而我一直相信，你们对我的赞美也应该给予那些高瞻远瞩，使航空事业取得今天发展的人——以及那些勇敢的人，能与他们共事是我的荣幸和特权。"

第二十二章

除非亲眼所见，不然你很难想象日军的残暴。

——摘自神父路易斯·贝雷斯威尔的信件，1943 年 1 月 29 日

日本领导人因为突袭东京而忧心忡忡。突袭表明，中国的沿海省份对日本本土来说是一个危险的防御盲点。美国航空母舰不仅可以从海上发动对日本奇袭并让飞机在中国着陆，甚至能让轰炸机直接从中国机场起飞攻击日本。军事领导人需要通过彻底摧毁浙江和江西两省的机场来消除这种威胁。日本帝国陆军司令总部下令立即开展针对这些空军基地的行动，并在 4 月下旬下达了作战计划："主要任务是击败浙江地区的敌人，并摧毁敌人可能用于对日本本土发动袭击的空军基地。"

日本军队已经占领了长江下游的沿岸地区。日本帝国陆军司令总部命令第十三军的主力，第十一军的部分以及北支那方面军来执行此次作战计划。这支部队最终集结了 53 个大队，以及多达 16 个炮兵大队。该计划要求占领较大的、位于衢州、丽水和玉山的机场——杜立特曾希望使用的所有机场——以及破坏该地区许多其他较小的机场。日军的命令毋庸置疑带来了恐怖。"攻占的

区域将会被占领一个月左右的时间，”命令要求，“机场、军事设施和重要的通讯线路将被完全摧毁。”

美国在这片区域既无一兵一卒，也不认为中国军队能够击退日军的入侵。关于日军入侵造成的破坏的详情很快得到披露——就像华盛顿和重庆的官员，甚至杜立特，早就预料到的那样——来自美国传教士们的记录，其中一些传教士曾帮助过突击队员。传教士们知道日本人潜在的愤怒，他们生活在与日占区南部交界的地区脆弱的和平之下。关于南京暴行的详情——河流都被鲜血染红——已经广为流传。“当日军进入一个小镇，你首先看到的是一队骑兵，”赫伯特•范登堡，一位美国牧师，回忆道，“马带着黑色的皮护腿。士兵穿皮靴，带着钢盔，手里拿着轻机枪。”

范登堡在临川镇传教团的宿舍里从广播中听到了东京遭到突袭的新闻。临川镇约有五万居民，同时拥有中国南方最大的天主教堂，能容纳约一千人。突袭发生几天之后，范登堡收到了附近的传教团体从波阳县和宜黄县发来的信件，告诉他，当地牧师们帮助了部分飞行员——沃森和克诺布洛赫的机组成员。“他们步行来到了我们这里，”范登堡说，“他们又累又饿。他们的衣服是破烂的，在跳伞之后爬下山的时候被刮破了。我们给他们提供了炸鸡。我们为他们包扎了伤口并清洗了衣服。修女们为他们烤了蛋糕。我们把自己的床让给了他们。”

突击队员的到来让范登堡和其他牧师担心不已；日本军队就驻扎在北边五十英里之外的南昌市。根据 5 月末流传出来的消息，这些部队的正在进行军事活动。史蒂夫•东克神父建议范登堡在 6 月 1 日出发去 20 英里之外的黄埔镇——带上 45 名 10 岁以上的中国孤儿。东克尔和克拉伦斯•墨菲神父仍然留在原地，照顾约 50 名因为太幼小而无法承受旅途艰辛的中国女孩。

但 6 月 5 日凌晨一点半，日本士兵手持机枪到达了这里。当日军猛击传教团住所的大门时，一场大雨正瓢泼而下。守门人透过窗口外向外望去，顿时吓呆了，声称他找不到钥匙，同时向里面的美国人报警。东克尔和墨菲立即从床上跳了起来，踉跄着跑到外面，藏在传教团住所后面花园中的防空战壕里面。日本兵迫使当地牧师约瑟夫•奎神父陪同他们搜查了所有房间，要求他打开所有的门以便于搜索。士兵抢夺了贵重物品，然后捣毁了教堂。

“美国人在哪里？”日本人逼问道。

东克尔和墨菲在防空战壕里一直躲到大约早晨4点。然后在日出前不久拿了一架梯子，架在约14英尺高的墙上，开始往外爬。一个哨兵在他们翻跃围墙的时候发现了他们并开了火。两位牧师终于逃了出来，为与范登堡在黄埔镇汇合，在洪水泛滥的稻田中跋涉。他们在当天的深夜到达，筋疲力尽，满脚水泡。周日，也就是6月7日，当三位牧师和孤儿们在当地的传教团集合时，机枪又在黄埔镇的郊外响了起来。日本人追上了他们。

“来吧！”范登堡喊道。“开始逃命吧。”

孤儿们和牧师们又开始了逃亡。“这是一次疯狂的奔逃，趟过涨水的小溪爬到山里。”范登堡回忆道，“晚上我们睡在一座中国寺庙里的稻草上。没有食物。”牧师们决定前往宜黄县的一个村子，盘算着日本人不可能追到那么远的地方。“宜黄县地处山区；远离交通要道；并非军事要塞；不便行军，等等。”文德林·东克尔神父——史蒂夫的堂兄——回忆道。他曾经照顾过哈罗德·沃森的机组成员。“我实在无法相信他们会以任何一种方式到达那里。”

文德林·东克尔收到消息，牧师和孤儿们已在到来的途中。他给马套上马鞍，骑马出迎，并在6月8日下午与他们汇合。多日的逃亡已使他们疲惫不堪。尽管东克尔认为日本人不可能来到这里，但他还是开始打包物资，并派人雇了一艘船。如果有必要，牧师们可以去瓯土镇，大约17英里之外，那里有教团的一座小教堂和一所学校。精疲力竭的牧师们在下午1点开始休息。一个小时之后，北门外响起机枪射击的声音，很快子弹呼啸着飞过住宅。史蒂夫和东克尔冲下楼梯。“日本鬼子来了，”他喊道，“日本鬼子来了！”

神父和孤儿们冲出了传教团的住所。在跟着其他人一起跑出来之前，文德林·东克尔只来得及抓起一个装着现金的公文包。“大约两分钟之内大家都从后门跑了出去，但我是最后一个跑出去的。”后来他在一封信给他父母的信中写道。“好家伙，大家火速撤离了这个地方！”

神父和孤儿们加入了当地群众逃难的队伍中，穿过桥梁逃到镇外。“我们认为自己够快了，但和镇里的其他人相比我们就算慢的了。”东克尔写道。“我们前面有数百人，后面也有数千人。” 在一封写给主教约翰·奥谢的信中他再次描述当时的场景。“相信我，”他写道，“人们在出城和过河的过程中创造了记录。”

日本人追赶着逃亡者，并向他们开枪。“子弹从我们头上呼啸而过，”范登堡回忆道，“我们逃跑时，抬头看到半山腰上杜立特的一架轰炸机的残骸正在闪闪发光。这是个可怕的景象，我们知道我们要为那架飞机干的好事付出代价。”

牧师们整个下午都在跋涉，当天晚上在当地的一个信奉天主教的人家休息。“当我们停下来清点盘缠，”东克尔写道，“我们六名牧师只有身上的衣服和一些钱，除此之外一无所有了。”牧师们不仅没有日常用品，东克尔还意识到他在出逃时忘了吃掉圣餐。“我思考的时间越久，”他写道，“就越确定这一个相当简单的问题,同样也可能不是很危险——回到宜黄从住所取些东西，吃掉教堂里的圣餐，这样做而不被日本鬼子抓住。”

东克尔召集了传教团的三名工人，在那天晚上出发，徒步五英里回到小镇。“耶和华与我们同在，”他在一封信中写道，“我们发现了一座无人把守的桥梁。”四人蹑手蹑脚地过了桥，直奔传教团的住所。“当我们从后门进入住所，我没看到任何建筑里有任何光亮，也听不到任何声音。”他在信中写道。“我认为如果日本兵在任何一栋建筑中休息的话，他们一定会设置警卫，同样这里也会有光亮。但我还是非常谨慎地靠近了牧师的房间，并聆听是否有任何声响。阒无人声。”

东克尔溜进了教堂里，打开神龛并吃掉了圣餐。接着他去了马厩，惊讶地发现日本人留下了传教团的两匹马，尽管很快一匹马就跑掉了。东克尔和工人们收集了几篮子的衣服、面粉和弥撒用酒，在山上生存需要这些东西。每名工人需要搬运高达八十磅的物资。没有使用马鞍，东克尔在马身上铺了五张毯子，让他的返程“身体舒适而内心疲劳”。“我骑马时必须相当小心，”他写道，“马身上披着的毯子让我感觉马的宽度（而非高度）就像一只大象。”

东克尔和工人们在黎明时分终于回到了其他人身边。早餐后队伍再次出发，在当天晚上到达瓯土。东克尔的钱让牧师们可以去购买大米和蔬菜。日军进犯的报道不断，促使牧师们向根窝集前进，一个只有 12 户居民的村庄，传教士在那里拥有一栋建筑，是教堂兼牧师的住所。“它坐落在一个小山谷里的半山腰上，去那里唯一方法是走一条穿山的小径。”东克尔写道，“我们使用门、木板诸如此类的东西当床，这是在约一周的时间里我们第一次感到相对安全。”

东克尔的遭遇并非个案。整个地区的外国神父和村民们都在山上躲避狂怒的日本人，包括在加州长大的查尔斯·奎因主教，余杭地区的名誉主教。奎因在杜立特前往重庆的途中遇到过他。“我们找到一包美国香烟并给每个男孩发了一颗烟。”他回忆道，“我相信他们对香烟感激超过了早餐。”在八名牧师和慈善会的五名修女的陪伴下，奎因带领大约200名孤儿躲进距余杭约50英里的山里。一位意大利牧师，亨伯特·维尔蒂尼恳求留在原地，与38名遗孤在一起——他们中大多数都是孩子和老人。奎因让步了，设想因为日本与意大利结盟，维尔蒂尼还会是安全的。

与小孩子和上了年纪的修女一起旅行是艰难的。“匆忙之中我们从住所转移了孩子，食物和衣服。”比尔·斯坦神父回忆道，“首先是乘船，然后是一段段爬台阶，让年幼的孩子能承受住这样的旅行，一点点挪得更远，试图让我们远离城镇，躲进广袤的山林中。”这一行人先是住在一个废弃的寺庙里，但当地人担心遭到日本人的报复，鼓动他们搬到更远的地方去，告诉他们在森林里有一个已经废弃的土匪的藏身之处。奎因甚至要购买枪支并在山脚下设置警卫，但斯坦反对这样的举动。

“比尔，我们能做什么呢？”主教回答说。“万一日本鬼子找到我们，我们要保护这些孩子和修女。我们必须给他们一个逃命的机会。保护他们是我们的职责。”

这群人着手修建营地，搭建棚屋并挖掘厕所，但缺乏铁钉让这项工作变得更加困难。“在当地农民手把手的帮助下，”斯坦回忆说，“使用原始的工具，我们砍伐树木，在坚硬的地面挖洞，用藤蔓固定树干，把茅草覆盖在我们搭建起来的七个棚屋的框架上，用竹子搭成床框——所有这一切都是在湿热的夏天完成的。”史密斯在撤离之前买了很多盐，传教士们用盐和当地农民换取蔬菜，偶尔还能换到鸡或鸭子。“我们所有人的体重都大大下降了，”斯坦回忆道，“但上帝帮助我们活了下来。”

文德林•东克尔在山里等了大约十天才得到消息，日本人已经撤离了宜黄。焦虑的牧师召唤克拉伦斯•墨菲神父和他一起返回宜黄，调查侵略者造成的破坏并保护教团的财产。“我们一进镇里，看到的是毁灭的景象，闻到的是灾难的气味！”他后来写道。“野狗成群，它们的主人要么出逃要么被杀，没有人给它们喂食。因此，尽管许多尸体已经被回到镇上的人草草掩埋，野狗通常会把他们挖出来以获得一点食物。大蛆产生的苍蝇像暴风雪中的雪片一样密集。”东克尔继续道，“它们在你身边聚集，你必须闭上嘴巴，以免它们飞进你的嘴里。”

日本人在几天之后又进行了扫荡，迫使东克尔再次撤离。这一次日本人烧毁了大部分的城镇。“他们向男人、女人、孩子、牛和猪开枪，或者说向任何移动的东西开枪。他们强奸年龄在 10~ 65 岁之间的任何妇女，城镇被付之一炬之前已被彻底洗劫一空。当他们想要吃的东西，他们将射杀任何他们看到的猪，然后割掉当时他们想要的那几磅肉，然后把整头家畜留在原地腐烂。镇子里没有几头牛，但他们对发现的牛做了同样的事情。”东克尔写道。“被射杀的人没有得到埋葬，而是跟猪和牛一样，躺在原地等着腐烂。日本军队中的这部分军人绝对是野蛮人。罗马军团的士兵也不可能比他们更野蛮。”

东克尔发现教团遭到了洗劫，不过幸运的是并没有像其他宜黄的房屋那样被烧毁。“东西被翻了出来，颠倒过来，打碎了，烧黑了。”他在一份给奥谢主教的报告中写道。“所有值钱的东西都被拿走了。”日本人甚至砸碎了东克尔的打字机并偷走了他的剃须刀。尽管如此，他还是设法抢救了两瓶啤酒，它们被藏在地下室而士兵们不知怎么没有发现，牧师尽情享用了这两瓶啤酒。“万一日本鬼子去了你们那里，那真是极为不幸，但你最好避开他们，不要正面冲突。他们每进入一个城镇就会发生一场小规模的南京屠杀。”他向奥谢发出警报。“绝对没有人能够阻止他们强奸年轻——以及不是那么的年轻的——女性，他们将女性轮奸后用刀杀死。”

宜黄遭受的破坏是典型的，但跟杜立特和他的手下着陆省份的一些村庄和城镇相比，甚至是轻微的。奎因在山里躲了近三个月后回到了余杭。“映入我们眼帘的是可怕的景象。”主教说，“城镇的一部分已被烧毁。日本人已经把能抓到的镇民全都杀死了。”文森特·史密斯神父的说法与奎因类似。“死亡以恐怖的形式出现，”他说，“一切都是我们亲眼所见。”当地村民向牧师描述了部分令人发指的事实。“日本士兵站在难民涌入的桥上，”奎因写道，“只要有上了年纪的中国人经过，日本士兵就会把他们推下桥，推到水中。那些不会游泳的人，当然直接就淹死了；而那些会游泳的，不幸成了日本步枪手的活靶子。”

奎因返回教团发现，包含33个房间的三层建筑只剩下烧焦的木头和灰烬。日本士兵抢走或砸毁了教团的教堂和三个学校里所有的窗户、门和家具，甚至拆除了祭坛。最大的悲剧发生在维尔蒂尼神父身上，他和约35名无法行动的孤儿和老人留在了原地。“在花园的一个池塘里，我们发现了维尔蒂尼神父的尸体。”史密斯回忆道。“附近是孤儿和老人们的尸体。几乎没人得到被一枪打死的慈悲。”很多人被日本人用刺刀杀死，两个人作为“人体蜡烛”被烧死。向教团寻求避难的多达40人的残缺的尸体散落在花园各处。“总数，”教会的一份报告写道，“无法确定，因为无人生还。”

南城古城在被日本人攻占之后发展成了最坏情况。日军在6月11日上午黎明时分攻入了南城，开始的恐怖统治如此可怕，以至于传教士后来称它为“南城强奸”。士兵们围捕了八百名妇女把她们驱赶到城东门外的一个仓库里，每天不断地侵犯她们。“一整个月日本兵都留在南城，大多数时间都穿着内裤在铺着碎石的街道游荡，大部分时间都喝醉，总是在寻找女人。”牧师弗雷德里克·麦圭尔写道。“没有逃出南城的女人和孩子将永远铭记日本人——妇女和女孩们因为一次次被日本帝国的士兵强奸而染上了性病，孩子们则哀悼因为东亚‘新秩序’而被冷血残杀的父亲。”

结束占领时，日本军队系统地摧毁了这座拥有5万居民的城市，带来了从通讯到医学领域的技术专家。一支小分队夺走了南城所有的收音机，而其他分队夺走了医院的药物和手术器械。工程师不仅破坏了发电厂，还拆掉了铁路线，把铁轨从温州港运了出去。最后日本人派出一个专门放火的分队，在7月

7 日从这座城市的南部开始行动了。“按照计划，破门板和隔板被堆放在每间房子的中心并浇上煤油，”《大公报》写道，“然后用一只长长的火炬从外面点火。当两座房子之间有堵高砖墙时，就再用火炬重新点火。一群士兵被分配完成这项任务，以确保每个街道、每条小巷和较大的建筑物都被点燃。这场有意而为之的火灾燃烧了三天，南城变为一片焦土。”

日本在这个夏季的毁灭行军里几乎没做停歇，使克莱尔·陈纳德后来称其为“刺穿华东心脏的两百英里的血腥长矛。”敌军洗劫了城镇和村庄里宝贵的大米、盐和糖，甚至窃取蜂蜜，然后破坏蜂巢。士兵们吃掉，赶走，或者只是屠杀了成千上万的牛、猪和其他家畜；有些士兵还破坏了重要的灌溉系统并点燃作物。在其他时候，军队烧毁木轮水车、犁和脱粒机，盗取所有的铁制工具。日军一路上摧毁桥梁、道路和机场，把约二万平方英里的基础设施变成了冒烟的废墟。“日本的破坏工作彻底到令人惊讶！”一位无名牧师写道。“无法用语言形容！”后来东克尔也对这一观点产生了共鸣：“就像一大群蝗虫，他们经过后留下的只有毁灭和混乱。”

日本人的活动除了惩罚性的破坏，还有残忍的折磨和谋杀，其中包括对 1 000 名 12~16 岁的男孩的绑架，他们被迫做了日本人的勤务兵，后来又被运到南城县作为特务接受训练。在鹰潭，日军炸碎墓碑，挖开坟墓，从死人的手指上夺走玉戒指；在临川，日本士兵把村民一户户扔进井里，让泡胀的尸体污染整个村子的饮用水。一位女性从井里爬了出来，后来描述了她家的 9 口人被淹死的惨状。日本士兵在宜黄也做了同样的事情，残杀了一位教师家里的几代人。“他们杀死了我的三个儿子；他们杀了我的妻子，安馨；他们放火烧了我的学校，他们烧毁了我的书本；他们把我的孙子淹死在井里。”他回忆道，“夜里我从井里爬了出来，趁他们喝醉了，用自己的双手杀了他们——为了我家每一个被他们屠杀的成员。”

在奎宜镇，日本士兵强奸了镇长的侄女 12 次，把她扒光后绑在一根柱子上，并用香烟烫她的身体。士兵在南城拔光了一个白化病孩子的头发；在沙门，士兵割掉了村民的鼻子和耳朵。“日军的暴行罄竹难书，苦难降落到无助的人们身上，男人，女人和孩子，甚至还有婴儿。”史密斯回忆道。“文明人无法想象他们遭受的苦难。居民 1.5 万 ~2 万人的城镇被夷为平地，居民被杀光，而民宅和商业建筑被大火烧光。”神父乔治·耶格尔讲述了类似的暴行，“整个乡村处处散发着死亡的臭气，”他后来告诉记者。“从死里逃生的村民那里，我们听到的故事极为残忍和野蛮，无法复述。只有一种罪行没被提到——吃人。但除此以外的罪行，任你想象，你不会弄错日军野蛮的本性。”

日本人也没放过宗教组织或神职人员。日军殴打并在一个月之内饿死了法国牧师麦克尔•普扎特。“你想去天堂，不是吗？”士兵在用剑砍掉约瑟夫•桂神父的脑袋之前问他。日本人抢劫或破坏了天主教 29 个传教团或教区中的三分之二，许多建筑被烧毁或完全破坏。在一座被焚毁的教堂的墙上，日本人用粉笔写下了“基督被打败了”。范登堡描述了回到临川后发现教会遭受的破坏。“这是个可怕的景象，”他说，“我们牧师的住所、学校和孤儿院都被烧毁了。石头教堂还矗立着，但其内部也遭到了破坏。日本鬼子砍碎了祭坛，拆除了布道坛，拆毁了圣器收藏室。基督雕像的脚和手都被砍了下来，圣母玛利亚和圣徒们也被砍了下来，眼睛被挖掉了。”

日本人对那些被发现帮助了杜立特的突击队员的中国人进行了最残酷的折磨。在南城，士兵强迫一群给飞行员提供过食物的人吞吃粪便，然后让他们 10 个排成一列，进行“子弹比赛”，测试一颗子弹会在击穿多少人之后停下来。在宜黄，日本人找到了马恩林，他曾把受伤的飞行员哈罗德·沃森接到他的家中救治。士兵们用一条毯子把他包起来，再把他绑到椅子上，并在他身上浇上煤油。然后日本人强迫他的妻子点火。军队同样烧毁了一位德国医生的医院，他曾帮忙处置沃森的手臂。“杜立特们没有意识到，”牧师查尔斯·梅乌斯后来写道，“他们出于感激送给好客的救助者的小礼物——降落伞，手套，5 分硬币，10 分硬币，香烟的包装——将会，在几周之后，变成飞行员们来过的铁证，给他们的朋友带来折磨和死亡！”

一位加拿大联合教会的传教士，牧师比尔·米切尔在该地区旅行，代表美国联合援华会的教会委员会组织援助。米切尔从地方政府收集到的统计数据勾勒出了破坏的概貌。日本人对重庆发动了 1 131 次空袭——杜立特预计的目的地——杀死了 10 246 人并使另外 27 456 人沦为赤贫。同样，日军摧毁了 62

146 座民宅，偷了 7 620 头牛，烧毁了该地区 30% 的农作物。“本地区 28 座城镇，”委员会的报告指出，“只有三座逃过一劫。”玉山市有 70 000 人口——其中许多人参加了由市长组织的向突击队员戴维·琼斯和霍斯·王尔德致敬的游行——见证了 2 000 人被屠杀，80% 的房屋被毁坏。“玉山曾经是一个满是优良建筑的大型城镇。现在你走过一条条街道，看到的只有废墟，”斯坦在一封信中写道，“有些地方，你走上几英里都找不到没被烧毁的房子。可怜的人们。”

但日本人把最坏的手段留在了最后，召唤了 731 特种部队。作为秘密机构，731 部队由少将石井四郎领导，一位专门研究细菌学和血清学的五十岁陆军外科医生。性情浮夸外向的石井曾经开发了一个战地滤水装置，为了证明它的有效性，他向装置里小便然后畅饮输出的水。他是日本早期提议进行细菌战的人之一。约十年前在满洲一个破旧的酱油厂开始的运作现在已经成长为他的细菌帝国，一个在哈尔滨平房区附近占地 3 平方英里的园区。高耸的围墙和电网遮蔽了窥探的视线，约 3 000 名科学家、医生和技术人员在这个据说拥有发电站、铁路通道和机场的秘密收容所里劳作。为了掩饰这片建筑的真正用途，日本人对外宣称这里是关东军的防疫给水部。

731 部队的研究人员专注于研究如下疾病，炭疽、瘟疫、鼻疽病、痢疾、伤寒和霍乱等，判断出哪一种疾病更适合用于细菌战。如果投入全部生产设备，石井所谓的死亡工厂可以在一个月内生产超过 650 磅的鼠疫病菌，1 500 磅的炭疽病菌，2 000 磅的伤寒病菌和超过 2 200 磅的霍乱病菌。为了测试这些可怕的细菌，石井的科学家们在人类身上试验，从土匪和共产主义支持者到间谍和偶尔送来的俄罗斯士兵。日本人经常把被绑架的受试者关在哈尔滨领事馆地下的一个特殊的拘留室里，在晚上用货车把他们转移到总部。在平安区，石井的哥哥武熊管理着一栋两层的秘密监狱，每年有 600 名男性和女性在这里中转。作为一个可怕的纪念品，日本甚至把一个俄国受试者泡在了一个 6 英尺高的罐子里。“没有一个人，”一位 731 部队的高层领导人回忆说，“能活着离开这座死亡工厂。”

实验包罗万象，从加压仓到冻伤，到把马的血液注入人体，但大多数实验集中在细菌战上。研究人员给囚犯喂食注入伤寒病菌的香瓜，撒上炭疽病菌的巧克力和加了鼠疫病菌的饼干。在其他时候，日本人把囚犯绑在柱子上并引爆附近的细菌弹。在一个更令人毛骨悚然的实验中，病理学家在没有使用麻醉剂的情况下解剖活生生的囚犯,医生担心麻醉剂可能会对器官和血管产生影响。一位前医务助理后来讲述了对一位感染了鼠疫的中国囚犯的解剖。“那家伙知道一切都结束了,因此带他走进房间并把他绑在手术台上的时候他没有挣扎，”他说，“但当我拿起手术刀时，他开始惨叫。我把他从胸部到腹部切开，他惨叫得更厉害了,他的整张脸都能因为痛苦而扭曲了。他发出了不可思议的声音，他的惨叫声是如此恐怖。但接着他终于停了下来。”

研究人员努力设计出细菌攻击的最佳运输装置。炸弹产生的高压和高温会杀死许多细菌，使一般的军火难以应用在细菌战里。战前在欧洲旅行期间，石井已经对鼠疫着迷了，鼠疫通过跳蚤传播，一种自然而高效的运载系统。因为鼠疫在亚洲时有发生，石井意识到可以利用鼠疫来掩饰发动的生物攻击。731部队的研究人员开始在约 4 500 个温室或恒温箱里繁殖跳蚤，让这些寄生虫在啮齿动物身上大吃大喝，每 3 到 4 个月就能繁殖出 1.45 亿只跳蚤。1940 年的夏天，石井在浙江省的宁波港附近进行了实践， 从低空飞行的飞机上投下了大约 1 500 万只携带鼠疫病菌的跳蚤。最终有 99 人受到感染，除一人生还之外其他人都死了。激动的石井发布了此次行动的纪录片。

杜立特的突袭为石井提供了再次袭击浙江及周边省份的机会。5 月从东京回到中国后，石井召集了他的高级军官，告知他们总参谋部已经下令让 731 部队为在中国进行一次大型远征做准备。计划是在日军撤离玉山，金华和福清的同时向这些地区发动细菌攻击。在所谓的地面细菌妨害中，日军将污染水井、河流和田地，希望能让当地村民以及中国军队患病。毫无疑问，一旦日军撤离，中国军队会立刻回防并占领边界地区。经过几次会议，石井和他的部门负责人讨论了使用哪种细菌最好，最终选为鼠疫、炭疽、霍乱、伤寒和副伤寒，所有这些病菌将会通过喷雾、跳蚤和直接污染水源进行传播。石井为此次行动定制了近三百磅的副伤寒和炭疽病菌。

1942 年 6 月底和 7 月初，大约名 120 军官和平民雇员离开平房区乘坐火车和飞机向南京进发。开始任务预定于7月底执行，但日军在该地区的行动进展缓慢，任务被推迟到了8月。技术人员在装有蛋白冻的瓶子里装满细菌，装入箱子并在箱子上贴上“供应水”的标签，然后把它们空运到南京。一旦到达南京，工人就会把细菌转移到金属水瓶里——就像那些用来装饮用水的瓶子——并把它们空运到目标区域。然后军队把水瓶扔到井里、沼泽里和民宅里。日本还准备了3 000个被伤寒和副伤寒病菌污染了的小面包。看守把面包发放给饥饿的中国战俘，随后战俘被释放回家，传播疾病。士兵同样留下了另外400多块被伤寒病菌污染的饼干。他们把饼干留在栅栏附近、树下和露营区域附近，使它看起来好像是撤退的部队遗落的，因为日本人知道饥肠辘辘的当地人会去吞吃那些饼干。

这片区域遭受的破坏使统计何人因何原因患病十分困难，尤其是日本人对该地区抢掠一空并烧毁了医院和诊所，断绝了大多数人寻求治疗的途径。数以千计的死猪、死牛和死人腐烂的尸体不仅塞满了水井而且随处可见，更是增大了发生疫病的风险。此外，这片贫穷的地区，人们通常都在门外挖的坑里大小便，已经使得疫病在日本人入侵之前就开始爆发和蔓延。传教士和记者收集的非官方的证据显示，许多中国人在日本人开始行动之前就已经患上了疟疾、痢疾和霍乱。中国记者杨康被《大公报》派往该地区采访，在7月末访问了平坡村。“那些在敌人撤离之后返回村子的村民都生病了，无人幸免，”她写道，“这种情况不仅发生在平坡村而是到处都在发生。”

杨康讲述了她敲门时，一位苍白的、显然患病的女人来给她开门。“人人都生病了，”那个女人告诉杨康，“所有人都是病人。”“她的话完全正确，”杨康写道。”她自己病了，她的女儿得了疟疾，她稍大一些的孙子得了痢疾，而稍小一些的孙子脸色苍白而浮肿。”在崇仁县，杨康在街上问一个孩子哪里难受。“肚子疼，”男孩回答，“肚子里好像烧着了。”“他的眼睛和鼻子肿胀得厉害，看起来好像一起消失了，”她写道，“他大概11岁，一路上看到许多和他年龄相仿的孩子也都生病了。”澳大利亚记者威尔弗雷德·博切特陪同杨康一起旅行，发现疾病的暴发让整个城市都成了禁区。“我们避免在城里过夜，因为霍乱已经爆发并在迅速蔓延，”博切特写道。“地方官向我们保证城里每家住户都在遭受某种疾病的折磨。”

1942 年 12 月，东京电台报道该地区暴发了大规模的霍乱，而中国在第二年春天的报道称，瘟疫流行迫使政府对浙江的小镇进行了隔离。“值得注意的是，”一位美国情报人员在报告中写道，“中日战争之前，鼠疫从未在长江以南出现过。”中国当局知道得更清楚。“我们的人民所遭受的损失，”一位官员后来写道，“是无法估量的。”731 部队的受害者还包括部分日本士兵。1944 年，一位被俘的准下士告诉美国审讯人员，在浙江的行动中有超过一万名士兵受到了感染。“疾病主要是霍乱、痢疾和跳蚤，”这份报告称，“受害者通常被紧急送往后方的医院，特别是杭州陆军医院，但是感染霍乱的士兵，往往接受治疗时已经太迟了，绝大多数都死去了。”这位战俘看到过一份报告，罗列出 1 700 名死者，大部分死于霍乱。实际的死亡人数可能要高得多，他说，“这是常见的做法，削减令人不快的数据。”

在浙江省和江西省为期三个月的恐怖活动激怒了许多中国军人，他们知道当地农民和村民被强奸、谋杀和投毒是因为美国人发动的突袭，一次旨在提振千里之外的美国人士气的行动。对于重庆或华盛顿的美国官员们来说，日本人的报复完全在意料之中，但他们故意对蒋介石隐瞒了突袭行动的细节，因为他们知道日本人肯定会实施报复，日本人宣称在这次复仇中夺走了约 250 000 人的生命。

蒋介石在给华盛顿的电报中传达了他感受到的恐怖。“在美国炸弹出其不意地落在东京之后，日本军队袭击了中国的沿海地区，那正是大多数美国飞行员降落的地方。这些日军屠杀了该地区所有的男人、妇女和儿童，”他写道，“让我再重复一遍——这些日军屠杀了该地区所有的男人、妇女和儿童。”

在一位副官访问该地区后，史迪威将军在 10 月拿到了第一份关于日军造成的破坏的报告。他谴责了蒋介石和被他视为懦夫的中国军队。“结果甚至比我们想象的更糟，”他在日记中写道，“在衢县采取的是狗屁行动，完全被委员长糟蹋了，接着撤退的命令被贯彻执行了。‘夺回’只是在日本鬼子撤离后再次占领，还要经过足够的时间来确定日本人真的撤离了。”陈纳德指出，日本人如此彻底地破坏了衢州、玉山和丽水的机场，以至于建设新的机场都比修复它们更容易。“突击队员经过的村庄整个遭到了屠杀，连一个孩子都不剩，然后被烧成平地。一个大规模的城市被夷为平地，只是因为其公民在填平附近机场日军炸弹的弹坑时流露出的情绪。”他写道，“中国人为杜立特空袭付出了可怕的代价，但他们从未抱怨。”

在 1943 年的春天，那些目睹了日军暴行的传教士回国之后透露了相关消息，屠杀也引起了一些美国媒体的注意。几家主流报纸甚至发表了社论，其中包括《纽约时报》。“日本人已经选择了如何向世界展示自己，”文章写道，“我们应当相信他们给自己的估价，以及他们的表演。我们不能忘记，我们将看到他们受到惩罚。”《洛杉矶时报》的社论更为有力，呼吁复仇并认为对日本帝国的破坏只能在一定程度上抵偿这样的暴行。“这些杀戮显而易见是出于怯懦和野蛮。”该报认为。“这些日本军阀显示了他们的铁石心肠，并提供了重要证据表明日本民族是非人类的。称其为野兽是对低等动物不公；若称其为魔鬼甚至是对地狱的诽谤。”

第二十三章

我经历了 92 天炼狱般的折磨，任何言语都不足以描述我在精神和肉体上所承受的折磨。

——迪克森，曾被羁押在房桥监狱的俘虏，1945 年 8 月 31 日

跨越西伯利亚为期三周的火车苦旅总算结束，斯基·约克和他的机组成员在奔萨附近的乡间别墅住了下来。在这里，突击队员们有了像样的住处和食物，还可以尽情地享用俄罗斯香烟和伏特加。“最重要的是，我们就在首都附近。”埃曼斯写道。“他们可能会让我们在这儿待上几天，然后就把我们偷偷送到莫斯科，交给美国大使馆，或者送回到古比雪夫。再说，就目前的安排来看，绝没有要把我们永久扣留的意思。但是为什么要保密，为什么不允许我们联系我们的人？”

在这里，突击队员们每天上午 9 点半开始吃早餐，下午 1 点半左右吃午饭，晚上 6 点有下午茶和甜点，到了晚上 9 点吃晚饭。在这之后直到午夜，队员们会听收音机里的广播。除了三餐，队员们聚在一起下棋或者和保安与女管家们聊天，试着跟他们学一点俄语。每隔一天，他们便会到一个有着两个喷头和一个铜盆的原木小屋里洗澡。“后来我们才知道，” 埃曼斯回忆说，“我们要

求洗澡的频率让他们吃惊。”

为了让飞行员们有事可做，俄国人拿来了一个投影机和一些电影，包括当地电影《苏沃洛夫》和一部四个小时的长剧《彼得一世》，也有美国电影《一百个男人和一个女孩》，一部 1937 年由荻安娜・杜宾主演的音乐喜剧。俄罗斯人还提供了一个小型留声机和唱片，这样飞行员就可以和女管家们跳舞了，她们教会了飞行员一些民间舞蹈的步伐。“我们的心里一直在嘀咕：什么时候？”埃曼斯回忆说，“什么时候能让我们见到美国大使馆的人？什么时候才会让我们离开？”

1942 年 5 月 24 日，他们期待已久的答案揭晓了，美国军队专员约瑟夫・米凯拉上校和使馆二等秘书爱德华・佩奇出现了。他们到访的前一天晚上俄罗斯人才把消息通知给机组成员，飞行员们再一次把靴子擦亮，制服弄干净。“现在我们的很多疑问将得到解答。他们在大使馆里收到过我们的消息吗？他们知道我们在古比雪夫被关在火车上等了一个白天吗？他们会有其他东京突袭队的消息吗？”埃曼斯后来写道。“还有一件非常重要的事情——我现在已经是一位父亲了吗？”

大约中午 12 点半左右，三辆汽车开了过来，其中一辆上有两位美国人外交官员，另外两辆上都坐着俄罗斯军官。短暂地参观了别墅之后，米凯拉建议飞行员们到约克的房间里私下会见。

“你们来这儿多久了？”美国专员开始了询问。

突击队员们把他们过去六周所经历的苦难和他讲了一遍，包括让人煎熬的火车旅行，还有他们在古比雪夫的车站停留了一整天，希望能见到使馆人员。约克问美国官员是否知道突袭者们曾在那里等待。

“我们知道你们被从东部转移了出去，但是直到你们离开古比雪夫后，我们才被告知你们曾来过。”

飞行员们回答了陆军部要求的那些正式问题，然后他们问美国计划如何把他们从俄罗斯弄出去。米凯拉绕开了这个问题，向飞行员们保证在奔萨的生活质量要比在莫斯科高多了，有更多的食物和自由。

“要出去并不容易。”佩奇突然插话进来，毫无疑问他感到了飞行员们的失望。“苏联人担心目前会在东部开战。他们担心如果释放了你们会得罪日本鬼子。”

这个消息让飞行员们神情低落。为了让他们振作一些，佩奇表示大使馆正在制定计划，预计会在两到三周之内将他们接出来。而与此同时，他承诺会每周保持联系。

飞行员们问起家里的消息，这让外交官反问埃曼斯是否收到了大使馆为他转发的消息。埃曼斯确定他没有收到消息。

“恭喜你！你有儿子了！”

佩奇把电报从俄语翻译了过来：“你有了一个小巧的、红头发的儿子。每个人都很好，包括祖母和外祖母。希望你也在这儿。爱你的，贾斯汀。”

“我真希望我手上有雪茄烟可以分给你们。”埃曼斯兴奋地说道。

约克问起东京突袭的结果和其他人的命运，但是米凯拉无法提供具体细节，只能确认日本的新闻报道严重地夸大其词——正如飞行员们所怀疑的那样。

外交官为他们带来了几箱生活用品，包括香烟、衬衫、袜子、肥皂和一些使馆内搜集来的杂志，如《科利尔》《星期六晚报》和《生活》。突击队员们把写给家人的信件交给使馆外交官去邮递，并问使馆是否可以多送一些牙刷和牙膏来。

“与此同时，”外交官要求，“注意搜集任何你们能得到的情报。”

史坦利大使在提交给国务卿赫尔的报告中称赞俄罗斯对被扣留的飞行员们照顾有加。“提供了体育设施、书籍、台球和其他娱乐设施；事实上，苏联当局对机组成员照顾得相当周到，”5 月 25 日史坦利写道，“这里的伙食比在古比雪夫的外交使团能吃到的还要好，他们被准予了和使团首领同等的自由活动。他们看起来处于非常好的身体和精神状态中，关于待遇问题，他们没有任何抱怨，除了一点，就是他们被敦促不停地吃喝。”

5 月很快过去，然后是 6 月和 7 月，被扣留的飞行员仍然滞留在别墅里。“我们完全被关在了那栋房子里，”约克后来向美国当局抱怨，“我们从未被允许走到外面去。”生活供应品开始变差。香烟很快就消失了——突击队员们不得不用俄罗斯烟草和《真理报》来自己制作卷烟——肉类接着也从餐桌上消失了。然后突然又有肉吃了，但是蔬菜不见了——所有蔬菜，当然，除了卷心菜以外。随着与德国交战前线的消息越来越糟，甚至伏特加也变得稀薄起来。“食物和香烟的短缺已成为常态。有的时候会好几天没有肉或蔬菜，甚至两者都没有。”埃曼斯后来写道。“有些天我们只能吃米饭和卷心菜。”

一家俄罗斯报纸在 8 月初报道了 23 名突击队员在华盛顿被授予奖章的消息。这条新闻让这个机组感到震惊。“只有 23 个幸存者？还是其他人还在海外？”埃曼斯后来写道。“计划是我们所有人在执行完突袭任务后立即返回美国。23 是一个奇怪的数字。也许这篇报道是错误的。我们没有问任何问题，因为不可能会有答案。”

他们感到愈加焦躁不安。三个星期就会把他们弄出去的计划没有了下文，使馆每周的联络也从未兑现，突击队员们开始考虑其他的选择。

“你觉得我们能逃出去吗？”一天两人坐在别墅的台阶上时，约克问埃曼斯。

“我不知道，”他回答，“如果我们会讲这儿的语言肯定是有助于我们逃跑的。”

“我认为这些人完全没有放我们走的意思，因此我们的人也不可能把我们接走。”约克继续说。

“我想你是对的。”

一天，一架德国侦察飞机出现在天空中，紧接着天空中响起奔萨的防空火炮，一块弹片击穿了别墅的铁皮屋顶。随着战争的逼近，俄罗斯防空火炮开始愈加频繁地响起。《真理报》在 8 月份报道了萨拉托夫被炸毁的消息，那是离奔萨不远的一个城市。就在这个时段，一个官方发来的包裹到达了，里面有长袖的秋衣秋裤，这表明飞行员不会很快回国。

8 月 15 日，麦克消失了差不多一整天，在晚上突击队员们吃完晚餐后才回来。

“我们得离开，”他宣布，“吃完饭后必须把所有东西都打包。”

“我们要去哪里？”约克问道。

“到时候你会知道的！”

6月16日，“青蜂侠”和“地狱蝙蝠”的八名被捕飞行员被日本人提出牢房。蔡斯·尼尔森被打伤的小腿早已感染，在肮脏的牢房中待了52天后，他浑身上下已经被无数的臭虫和虱子咬伤。这一次，这位领航员的眼睛没有被蒙上，明亮的阳光刺得他睁不开眼睛。当他的眼睛适应了光线后，他看到了飞行员同伴们。虽然不能说话，但他们彼此快速地咧嘴一笑，互相竖起了大拇指。日本人押着绑好了的美国人坐了一夜的火车向南到达名古屋。“煤灰和烟尘让我们看起来就像是刚被从猪圈里拖出来的一样。”萨泽回忆说。名古屋的卫兵把他们押上了一艘开往中国上海的小船。6月19日到达上海后，飞行员再次被蒙上眼睛，他们被押送到了臭名昭著的房桥监狱，也就是人们常说的“上海可怕的黄泉鬼洞”。

房桥监狱位于上海市中心的四川路，这座奶油色的建筑是日本宪兵总部特务组的总部。1937年，日本接管了这座七层楼的公寓大楼后，把地下室和一层改建为原始的牢房。“用木材和混凝土制成的墙，”一位俘虏回忆道，“会慢慢渗出湿冷的水珠。”每间囚室里挤着多达40个囚犯，里面唯一的用具就是放在角落里的一只桶，用作公共厕所。头顶的一盏灯日夜亮着。卫兵禁止犯人之间的任何谈话，迫使犯人整天跪在地上或盘腿坐着。只有在晚上，俘虏才被允许躺下，但即便躺下也是痛苦的。“当我们都睡下时，人们的身体互相挤在一起，像沙丁鱼罐头一样，躺在坚硬而潮湿的木头混凝土地板上，隔着单薄的衣衫，大部分人身上有成片流脓的疮口。”美国人阿尔弗雷德·帕蒂森回忆，“睡觉的空间实在狭小，当一个人动起来的时候，所有人都不得不跟着一齐动。”

夏天，囚室里酷热蒸烤，到了冬天，这里滴水成冰。伙食只有水一样的稀饭和几盎司的面包，饥饿导致这里的囚徒牙齿脱落，一些囚犯甚至失明。一名中国囚犯被禁食25天后活活饿死。这里的另一个常量就是肮脏。无法洗澡、理发或是剃须。犯人们用指甲在混凝土墙上摩擦来消减指甲的长度。日本人拒绝为女性提供卫生巾，致使女囚的腿上和衣裙上留下斑斑血污，这给日本卫兵们提供了无尽的乐趣。跳蚤、虱子和蜈蚣爬满了整个牢房，老鼠经常趁俘虏们睡觉的时候跑出来咬扯他们的头发。从痢疾到肺结核与麻风病在这里横行。这里的公共厕所迫使其他犯人见证了一些身染多种性病而未经治疗的囚犯那可怖的样貌。“当我被送进房桥监狱的时候，我完全不清楚，”一个俘虏回忆，“我进的是全世界最可怕的监狱之一。”美国的一份情报报告则更加明了：“这是真正的人间地狱。”

“那里的卫兵，”一个俘虏后来作证道，“似乎是依据缺乏经验和残忍程度而被选出来的。”日本卫兵甚至将一个囚犯的假牙打进了上颚里，卫兵们用步枪枪托重击俘虏，用俘虏的大拇指把整个人吊挂起来，向后弯折的手指，直到关节崩裂。卫兵还会用香烟烫囚犯的手心和脚底——有的囚犯甚至被烫了多达五百下——甚至把烟头塞入囚犯的鼻孔。“这还不算那么糟，”一位美国人后来告诉记者，“因为鼻内的粘膜不透气，会让香烟熄灭，这样就不会疼上很长时间。”

一些卫兵把金属或塑料钉子插进犯人的指甲中，对犯人进行模拟枪决，施用水刑，并在水中加入胡椒粉，盐，甚至煤油。一些折磨方式是变态的。由一个卫兵抓住俘虏的生殖器，挤压他的睾丸，而其他卫兵用雪茄将俘虏阴茎和睾丸上的皮烫掉。另一个囚犯则被用碘水灌了尿道。“酷刑室就在头顶上，”一位英国平民，威廉•班吉回忆道，“我们日夜都能听到受刑者的哭喊声。”“尖叫，”另一个补充道，“太可怕了，我不得不用手指堵住耳朵，尽量不去听。”

“你是基督徒吗？”一位施刑者问美国犯人，在得到肯定回答后他说，“那让我们看看你的上帝现在是否帮得了你。”

日本卫兵用香烟在这位囚犯的胸部烫出了一个十字架。

亨利•普林格尔，上海电话公司的一位英国员工，1942 年在房桥监狱中经历了 114 天的折磨。他经受了这座监狱中一种臭名昭著的酷刑。“我被绑在两条凳子上，”普林格尔后来告诉战争罪行调查人员，“他们用了三副手铐将我的脚固定在长凳上，用细绳绑住我的身体和手臂。我的衬衫被扯开，他们用水喷到我的肚子，脸和胸部，然后一个名叫铃木的人将电击棒接到我的身体上，他先将一个电极棒放在我的肚脐上，然后将另一个电极交替着放到我的乳头、嘴唇、喉咙、耳朵、鼻子和头部。这种痛苦是难以忍受的。我的哭喊和扭曲的样子似乎让折磨我的人乐不可支，他们放声大笑起来。”

美国记者约翰·鲍威尔，《中国周刊评论》的编辑，在战争爆发后在那儿待了五个月。他的体重从145磅暴降到70磅，而他光着的脚冻伤后又生了坏疽，迫使医生在后来不得不将他的双脚截到脚跟。“我不会说它是可怕的，”鲍威尔在被释放的时候说，“毕竟我们活着出来了。”但不是每个人都那么幸运，英国官员威廉·赫顿被囚禁在附近的一个审讯分站，位于吉斯菲尔路94号。日本对他进行殴打，将他剥得一丝不挂，将他用绳子紧紧捆住，捆他的绳子甚至嵌进了他的皮肉。不出两个星期赫顿就疯了。“他的样子很可怜，目光呆滞地瞪着眼睛，浑身肮脏恶臭，”他的狱友约翰·华生回忆说，“赫顿一直口滴唾液，试着模仿各种动物。”

两天后他就去世了。

对于被捕的八名东京突袭队员来说， 现在房桥监狱就是他们的家。日本人将这几位新来的人关进6号牢房，里面已经挤满了十五个不同种族和国籍的囚犯。几天后卫兵会将其他人移走——这样做无疑是为了孤立突击队员，同时也限制别人知道他们的存在。但在那之前，精疲力竭的飞行员甚至连坐的地方也没有，这块肮脏不堪的地面仅有12英尺宽15英尺长。其他囚犯们糟糕的健康状况让飞行员们震惊。“地上躺着一个小日本和一个中国人，他们因为痢疾已经濒临死亡，”尼尔森后来写道，“没有办法睡觉。我们只能互相依靠着试图休息一下。”

在隔壁牢房中的盟军战俘迫切地想要多了解一下这些新来者。这些新来者中有一个人似乎身高超过了6英尺，他们显然是飞行员，因为他们身上穿的卡其色裤子和防风夹克。所有的新来者都是一脸胡子；一些囚犯后来还能记起乔治·巴尔亮红色的头发。

弗雷德里克·奥珀，《上海晚报》的副主编，从3月开始就被关进了这座监狱，他注意听着这些新来者试图与隔壁囚室的人交谈。

“上海是什么样的？”他听到其中一个人问，“我一直想看看，但不是以现在这种方式。”

第二天早上，卫兵将新来的这些囚犯带到外面的水龙头前面。附近牢房里的囚犯都争相观看。在突击队员们走过奥珀的牢房时，其中一个用手模仿一架轰炸机向下俯冲的样子，嘴里说道“东京”。

“我们高兴地向他们咧嘴一笑，向他们竖起了大拇指，”奥珀后来写道，“他们也冲我们咧嘴一笑，这几乎是我们唯一的沟通手段。”

因为这些突击队员们都已经招供，就被免去了其他战俘所受的刑罚折磨，但这座监狱中的其他痛苦和不适一样也没少。“这座建筑里爬满了老鼠、蜈蚣、虱子、臭虫、跳蚤和其他类型的各种爬虫。”尼尔森回忆道。他指出，很快大家就发现老鼠是最要命的。“我们晚上要留一个人来守护，防止老鼠咬我们。老鼠会爬进我们的牢房，它们的个头儿很大而且非常大胆。我们并没有杀死它们，因为我们怕它们受伤后会爬走然后死掉，那样的话这里的恶臭会更严重。我们曾看着一只身形硕大的母老鼠带着许多小老鼠爬来爬去。”

卫兵喜欢在晚上叫醒突击队员们，然后迫使他们站起来。其他时候，飞行员们见证了卫兵对其他囚犯的殴打。一个卫兵甚至用一把带鞘的剑来打鲍比•海特。“这是我第一次处在这样一个邪恶的环境中，”萨泽回忆道，“美国也有坏人，但是美国的坏人与我们在这里所见到的甚至无法相比。”每晚当突击队员们听到美国音乐飘荡在这座熙熙攘攘的城市上空时，他们的痛苦都会加剧。同样的流行曲调飞行员们本应该在旧金山的马克之顶来听的。当海特听到“烟雾迷住双眼”这支曲子的时候，眼泪涌了出来。他回忆道，“很难接受，想想我们在这里，我们听到了那样的音乐，然后意识到我们的处境和已经发生的事情。”

几天变成了几周，然后是几个月过去了，飞行员们沉没在污秽中。海特提醒法罗，他曾邀请过自己加入他的机组。“比尔，我不知道，”一天海特告诉法罗，“也许我当初不应该跟你走。”飞行员们能在一起至少还是让人欣慰的。“如果不是有机会说话，那我们早就完全疯了。”尼尔森后来写道，虽然飞行员必须小心不被听到。“我们聊了很多。我们谈论了足球和棒球，还有我们人生中做过的事情。我们谈论食物，天哪！我们是如何畅谈食物的。我们计划了如果能从这里出去后，我们会点什么吃的——肉厚多汁的牛排和大量的馅饼和冰淇淋。”对未来的不确定引发了更深层次的讨论。“我们聊了很多宗教的话题。”尼尔森回忆道。“人在那种情况下很容易就会想到上帝。”

腹泻加上每天吃着漂着虫子的饭汤和已经变了味的面包让飞行员愈加的虚弱，他们很多人出现了脚气病，是由营养不良引起的硫胺素缺乏症。海特发现用手在自己的腿上按一下就会在肌肉上留下一个酒窝状的陷坑；另一位飞行员已经17天没有排便了。在8月中旬，迪恩•霍尔马克患上了严重的痢疾。“他的肠道功能已经完全紊乱，胃里存不住任何东西，”尼尔森说，“我们必须不停地帮助他。他已经处于一种神志不清、不能自理的状态。”

他们的体重和身体脂肪都大大下降，连续几个小时坐在硬木地板上变得异常痛苦，并导致了臀部生出大片的疖子。霍尔马克遭受着疼痛和高烧的折磨，为了缓和他的痛苦，飞行员们轮流用腿枕着他的头。“他想让我给他唱歌，”海特回忆道，“他想回顾这些年来听过的所有曲调和事情。”

面对未知的命运，突击队员们在6号牢房的墙壁上刻下了一条消息，这条消息被一名英国囚犯记住了，并在他1945年8月获释后转述给了调查人员：

“通知在华盛顿的陆军航空队领导，美国B–25特遣支队：D•霍尔马克，W•法罗，R•米德尔，R•海特，G•巴尔，C•尼尔森，J•萨泽，H•斯帕茨，我们的飞机坠毁了！”

飞行员们在房桥监狱里忍受了70天后，8月28日，日本人终于把他们带了出去。霍尔马克当时已经虚弱到无法走路，比利•法罗和鲍比•海特用担架把他抬了出去，将这位德州人放到一辆卡车的后面。日军将戴着手铐的突击队员转移到了上海郊区的江湾军事监狱。

大约下午2点半，卫兵带着飞行员们走进法庭，这间法庭大约60英尺长30英尺宽。作为第十三陆军军事法庭首席法官的陆军中佐中城豊间，坐在高台上的一张桌子后面。两边坐着副法官，和光友成中尉和冈田龙平少尉。检察官八田逸郎少佐和一位法庭记录员坐在法庭的两侧，武装警卫站在法庭后面和法庭两侧的门口。

霍尔马克仍躺在担架上，他的情况很糟糕，尼尔森怀疑他甚至不知道身边正在发生什么事。“苍蝇在他的周围嗡嗡作响，落到他的脸上，”这位领航员回忆道，“但他连赶走苍蝇的力气也没有。”

乔治·巴尔也同样疲惫，他倒了下去，日本人给这位红头发的领航员拿来了一把椅子。其他六名飞行员站着，但在牢房里蹲了70天后，他们都有些站不稳。

飞行员们没有任何辩护律师也没有被允许传唤任何证人。甚至没有被告知他们受到的指控是什么，或给他们提供任何辩解的机会。“事实上，”尼尔森后来告诉战争罪行调查人员，“我们甚至不知道这是一个军事法庭。”

法官命令每位飞行员陈述各自的教育和军事训练经历。飞行员们含糊地说了一遍。另一名囚犯凯撒·路易斯·雷梅迪奥斯为他们担任翻译，他的父亲是葡萄牙人而母亲是日本人。

庭审程序刚刚进行了半个小时不到，八田就做出了简短的总结陈述。“很明显， 从军事法律上来看他们是有罪的，”检察官说，“因此我要求判处他们死刑。”

三位法官全都同意了。

“判了什么？”尼尔森问翻译判决是什么。

“法官已经下令不能告诉你判决是什么。”

卫兵将7名身体状况稍好的飞行员关进了江湾军事监狱的2号到8号囚室里，而霍尔马克则被独自送回了房桥监狱的6号牢房。现在6号牢房里关的基本是中国人还有几个俄罗斯囚犯。霍尔马克的健康状况继续恶化。痢疾让5英尺11英寸高的霍尔马克变成了一幅骨架。他的眼窝深陷，颧骨突出，一脸肮脏的胡须。他整天躺在地板上，要靠着其他囚犯把他抬到厕所上。据他的狱友亚历山大·辛卓沃回忆，“他的粪便就像水一样流出。”当战争犯罪调查员要他描述霍尔马克的体重时，辛卓沃说：“他只剩下一把骨头的重量。”

在江湾监狱，另外7名突击队员被关在单人牢房里，每间囚室5英尺宽，9英尺长，木质地板，水泥墙壁，唯一的一个窗口离地面有8英尺高。厕所就是角落里的一个洞。还有一张草席和几条毯子供囚犯睡觉使用——上面爬满了虱子和跳蚤——一日三餐是白米饭和汤。每位囚犯一周允许洗一次澡，每30到45天理一次发，不过飞行员们仍旧穿着已经破烂不堪的飞行员制服。警卫允许突击队员们每天放风半个小时，但他们已经虚弱得没有能量可以用来运动。“我们没有读物，没有人说话，也没有能写字的东西。”海特和萨泽回忆说，“酷刑并不仅限于体罚。被单独囚禁在一个肮脏的小牢房里要比最残忍的身体折磨更可怕。”

这边突袭者们在监狱中受苦，而另一边的日本军方领导人为了判决问题而大伤脑筋。在东京突袭十天后，东条英机就坐下来与他的高级军事将领商讨如何处置这些飞行员。气氛高度的紧张。海军参谋长，永野修身上将曾目击了东京突袭的过程，他宣称：“这不应该发生。这件事根本就不应该发生。”尽管政府竭力淡化这次突袭，但是许多民众依然愤怒，他们将怒火化为一封封措辞严厉的信件投递给日本海军，这无异于火上浇油。三和义勇在日记中质疑这些人的爱国主义精神：“他们还配当日本人吗？”在4月30日的选举中，一位匿名的选民甚至在他的选票上把杜立特写在了东条英机的前面，并在选票上写下“北美飞机，万岁！”

陆军参谋长，杉山元将军为日军未能击落一架轰炸机而感到羞辱，他对此怒气冲天，甚至威胁要让军事法庭审判每一位防空指挥官。对杉山元来说，如何处置被捕飞行员的答案很简单：将他们全部处决。他将这一需求直接呈交给裕仁天皇，但遭到了斥责。杉山元同样也将这一方案提交给东条英机，东条英机认同这次突袭是应当受到谴责的。“这次突袭不是针对军队，而是针对非战斗人员，小学生，等等。”他后来说道。“我们知道这样的行为是违反国际法的，这是杀人的罪行。”尽管东条英机有这样的看法，也清楚这次突袭所激起的强烈的公众情绪，但他仍不愿将突击队员处死。“这是日本第一次被炸，”东条英机在战后证实，“产生了巨大的心理冲击。公众情绪激烈。”

其他人也和东条一样不情愿，包括杉山元的下属田边森岳中将，虽然这位副总参谋长后来迫于压力改变了主意。木村兵太郎中将，陆军次官，他与东条同样担心处死飞行员只会危及日本居民在美国的利益。在中国战区的日本最高指挥官们——第十三军的泽田茂中将和中国远征军的畑俊六将军——也表示反对，他们坚持应该给予被捕飞行员战俘待遇。并不是每个人都相信平民死亡是故意造成的。泽田把一名小学生被射杀的事件挑拣出来。“我相信那是个误会，”他后来说，“可能是飞行员将那名学生当成了士兵或别的什么东西。”

东条英机4月28日周二的会议未能做出决定便休会了。杉山元继续推销他的计划，要将关在中国的突袭者们送上特别军事法庭审判。八田将军不但反对这一计划，甚至还告诉他的助手们，他将尽可能地对突击队员宽大处理。他让他的办公室主任给副总参谋长的一信中阐明了他的担忧。杉山元没有直接回信，而是派出了一位使者，有末大佐。这位大佐明确指出杉山元不仅要求审判飞行员，而且希望判他们死刑。田中回忆道：“有末被派来通知八田，他将会奉命行事，对这个案子，他这一方的任何理论和逻辑都不会被东京所接受。”大佐参谋正敏宫野与田中的看法一致，“在任何时候我们都没有任何权力或立场来改变那些决定、提出我们自己的建议。东京全面掌控整个局势。”

日本此前未能批准1929年的《日内瓦公约》，而这份公约本可以保障飞行员作为战俘的基本权利。同时日本也没有执行杉山元所要求审判的法律机制。为了惩罚杜立特的突击队并阻止任何未来的袭击，那个夏天，日本法律专家们起草了《关于惩治敌人空军的军事法律》，或者更通俗地被叫做“敌人空军法案”。7月28日，在一条发给八田办公室主任的消息中，杉山元的手下要求推迟对飞行员的审判——以及随后的死刑执行——为确保在这条法律生效后进行。这条事后回溯的法律在8月13日生效，规定在针对日本或其领地进行的空袭当中，任何杀死平民或摧毁私人财产的敌方飞行员都可以被枪毙。在法官对飞行员做出死刑判决后，杉山元就立刻去找东条英机，要求对飞行员立即执行死刑。

东条英机不愿将八个飞行员都处决，他决定越过杉山元。10月3日，这位战争部长去觐见了天皇，裕仁的高级顾问木户幸一在他的日记里记录了谈话的内容。“11点30分，东条首相进屋让我向天皇汇报有关参与了4月18日突袭的美国囚犯的处置问题。从1点05分到1点15分，我按照东条首相的要求向天皇做了汇报。”东条带来的意见，正如他后来在战争罪行审判上的证词所说，是妥协：“充分意识到天皇陛下对这个问题的关注，我，作为陆军大臣，在对天皇做了一个非正式的报告后，”他写道，“采取措施将5名囚犯的死刑判决减了刑。”

日本人在接下来的一周制定出了一个详细的计划，具体内容被记录在了日期为10月10日杉山元发给伯太的信件中。霍尔马克、法罗和斯帕茨会被枪毙，而海特、尼尔森、巴尔、米德尔和萨泽的死刑判决将被免除。“这五个人的死刑被减除，改判为无期徒刑。他们被判定为战犯，因此不应该得到战俘待遇。”命令指示：“在任何情况下，他们都不会作为交换战俘被遣返回国。”

执行死刑的任务落在了辰太外次郎身上，江湾监狱的监狱长和首席卫兵。辰太成长在本州岛西海岸石川县的一个贫困家庭中，他仅受过的小学教育也是在那里完成的。1923年，他作为一名法庭记者加入了军队，之后通过努力在1938年坐上了监狱长的位置。在战争期间，这位四个孩子的父亲——两儿两女——参与多达50次的犯人处决。现在他要为其中的一场行刑做好物资准备。10月14日，辰太命令第十三军团部木匠店里的工人打造三个十字架和三副棺材。

而此时的霍尔马克已经熬过了痢疾最严重的阶段，不过他仍然需要别人的帮助才能站起来使用厕所；他浮肿得非常厉害，事实上，他脚上的后三个脚趾已经肿得挤在一处无法分清了。他再三告诉其他俘虏，只要他能离开房桥监狱，被送去正规的战俘营，他的健康就会改善。就在那一天，工人们开始制作十字架，而警卫出现在了霍尔马克的牢房门口，要将他转移到江湾。狱友们扶着他走出牢房；他感到自己的祈祷终于得到回应。那天晚上，在雷梅迪奥斯的帮助下，监狱长让霍尔马克，法罗和斯帕茨在几张空白纸上签字，作为飞行员随身物品的收据。然后Tatsuta又额外给了他们几张纸，让他们给家里的亲人写诀别信。不过这些信件永远都不会被寄出。虽然手写的原件消失了，战后调查人员发现了这些飞行员诀别信的翻译副本。

霍尔马克写信给他在达拉斯的父母和姐姐。那一天他离开了房桥监狱，相信他可怕的磨难将会得到缓解。而现在，他得知自己几个小时之内就会被枪毙。他对事态发展的突然感到震惊。“我真不知道该说些什么，”这位28岁的年轻人写道，“他们刚刚告诉我，我将被处决。我几乎不能相信。我完全不知道该说什么好。”霍尔马克请他的父母将自己的命运告知他的朋友。即使是在他生命最后的几个小时，他仍在担心他的父母，尤其是他的母亲。他曾经在电报中吐露，“我所有的一切及我所希望的一切都归功与你。”“妈妈请你试着对此保持坚强并祷告。爸爸、妹妹和你都要这样做，”他现在写道，“我不知道这封信该如何结束，把我所有的爱都带给你们。”

斯帕茨给他在堪萨斯州的父亲写信。他的信是最短的一封：只有六个句子，刚刚超过 100 个单词。这位 21 岁的机枪手告诉他的父亲，他有权处置他所有的个人财产，但他的财产也只有衣服。“我想要你知道，我像一名战士那样为国战死，”斯帕茨写道，“我爱你，愿上帝保佑你。”

法罗的书信是最乐观的。他的父亲曾向他警告过，他生活在一个“生硬、冷酷的世界里。” 这位南卡罗来纳人一直在向生活的种种挑战抗争，这也使得他对自己的家人格外地保护。“咱们俩都因为我们那亲爱的酒鬼父亲而不能有一个像样的家，”他曾经写信给他的妹妹，“我会为了你去决斗或者赴汤蹈火。”法罗无私的本能在他鼓励母亲和家人的信中再次体现。“在这里祝福你们，玛姬和所有家人，愿你们开启最幸福的未来——请为我继续开心地活下去——不要为此难过。记住，上帝会安排好一切，来世我们会再相见。”这位 24 岁的青年写道，“总的来说，生活善待了我们，我们有很多事情值得感谢。你们所有人都是了不起的基督徒，认识你们、爱你们是我生命的重要意义。所以为了我，为了美国，请勇敢，请好好活着，让自己的生活充实、丰富，向上帝祷告，用心生活。”

法罗长达三页的信中最后几段都是写给母亲的。“妈妈，我知道这会给你很大的打击，因为我是你生命中最重要的——我很抱歉一直未能用更多的爱和奉献来待你，没能给你我的全部，请你原谅我好吗？通常我们意识到这些的时候都已经太晚了。”他写道。“我现在意识到，你是全世界最好的母亲，你所做的一切都是为了让我快乐，你永远都是一位真正的天使。所以我恳求妈妈不要沮丧消沉，正如你在给我的上一封信中所写的那样、也正如我一直做到的——保持勇敢和坚强，就算是为了我。我爱你，妈妈，全心全意发自内心深处。”他在信的结尾放了一条实用的消息，告诉母亲他的保险单在包里。“我对上帝的信仰是完整的，”他最后说，“因此我并不害怕。”

法罗还写了一封信给他亲爱的姑姑，玛格丽特·斯坦姆，他一直叫她玛姬。“好吧，眼下我们就要分开了。但是你已经给了我信仰，让我怀着一颗坚定的心继续前进——我的信仰如河底的磐石。我们会再见面的，我确信。最终一切都会好的。”在另一封信中，法罗让他的好朋友伊万·弗格森珍视他们年少时共度的好时光。“你还记得斯波坎和冰川公园吗，我们说过的一个充满美丽的好地方——它对我们来说多么有意义。俄勒冈州洞窟，火山湖，巨杉和金门海峡——他们是多么的美妙。还有我们共同经历的飞行的刺激——这是我职业生涯中最美妙的一部分。所以请继续留住这些美好的回忆，弗格森，记得向飞行中队的弟兄们提起我。”他在信的最后请他的朋友最后再帮他一个忙，去帮助安慰他的母亲。“她需要你的安慰。”

法罗的最后一封信是写给他已经交了两年的女朋友，红头发、绿眼睛的伊丽莎白·西姆斯，他曾在一份写给妹妹的便条中提到他的女朋友是如此地“充满活力”。“你是唯一可以决定我生活状态的女孩。我已经意识到和你结婚后我们两个人会有怎样的生活，我知道我们将会找到完整的幸福。遗憾的是我们出生在这个年代。但至少我们曾拥有过那幸福的一部分。”他写道，“我回想我们的每一次相处，那些在你家壁炉前的美好的夜晚；在卡洛琳度过的那个终身难忘的周末；你多次弹奏的俄式三弦琴；我们在哥伦比亚和奥古斯塔所做的那些飞行，无疑你在那里爱上了飞行；还有我们一起吃饭；一起在林中散步，呼吸着新鲜的空气和植物的气息；这些于我都是最大的快乐。”法罗最后的愿望无疑是痛苦但也是无私的，他希望她继续她的生活。“找到与你相称的好男人，因为你值得拥有，”法罗写道，“再见，愿上帝与你同在。”

法罗将一些私人物品委托给雷梅迪奥斯，这些物品是他从“地狱蝙蝠”上跳下来时就一直带着的，包括他的社会保障和美国红十字会卡，和 11 张已经签字的美国银行旅行支票，每张面额 10 美元。最后，他将一个女孩的照片也交给了他。

10 月 15 日上午 10 点左右，辰太在几个警卫的跟随下来到 1 号公墓园，为下午的死刑执行做准备。在一座中国寺庙的废墟前面，真山茂次把地上的草割掉，米谷友一将三个由新鲜木材制作的十字架在地上埋好。辰太命令工人搭起一张台子来摆放香炉和鲜花。

当天下午，卫兵带走了霍尔马克、法罗和斯帕茨，命令他们将个人物品留下。日本人将这三名疲惫而又憔悴的飞行员从监狱带到了等候的几辆卡车上面，带他们到了几英里外的墓地，这里俯视着一个高尔夫球场的球道，就在赛道的对面。大门外停着四辆汽车。

行刑记录记载了四名官方见证人：首席检察官伊藤昭信大佐，书记员藤田长生，法医升谷丸穗中尉，还有翻译三浦安敏。此外，伊藤还邀请了超过6人的观众，包括上海军警的几个军官和几名法医与医护兵。对突击队员做出判决的助理法官和光友成也到场观看。还有几个警卫在墓地作为安保巡逻。

法医宣告三名突击队员可以被行刑，包括霍尔马克，他仍很虚弱，需要在别人的帮助下才能上厕所。检察官八田逸郎少校，通过翻译告知飞行员们，他会在那里执行他们的死刑，请他们像英勇的士兵那样赴死。说完后他鞠了一躬。

“我不知道你们之前的生活和我有什么关系，但你们来这儿后一直在我这里。”辰太告诉他们，“今天你们就要被处决了，我为你们感到难过。我的同情与你们同在。人迟早都会死。你们的一生虽短暂，但你们的名字将永世长存。”

“请告诉人们，我们死得无所畏惧。”辰太回忆法罗临终前的请求。

监狱长通知飞行员们，很快警卫将把他们绑到三个十字架上行刑。“基督是死在十字架上的，就你们而言，你们也必须死在十字架上，”辰太补充道，“但是当你们被执行死刑后——当你们死在十字架上时，你们会被誉为神。”

辰太最后用手划着十字，让突击队员们祈祷。他问他们最后还有什么话要说。

没有人回应。

警卫将突击队员们押送到十字架前，并迫使他们转身跪在地上。日本人将每位飞行员的前臂和上臂用新的白布条系在十字架上，防止开枪时十字架和他们分开。辰太和警卫把斯帕茨绑在左边的十字架上，其他警卫把霍尔马克绑在中间的十字架上，法罗被绑在右边的十字架上。然后，日本人给每位飞行员的头上罩了一块白布，每块布上都画了一个黑色圆点，标记出他们眉心的位置。

田岛五洋中尉指挥一个由1名士官和9名士兵组成的行刑队。6名士兵被指定为枪手，2 个一组负责 1 名突击队员——一个作为主要射手，另一个作为副射手。剩下 3 名士兵担任保安。

“立正！”田岛发出命令。“面向目标。”

步兵们在二十米之外转向飞行员。

“预备。”

田岛看着行刑队员单膝跪地瞄准了目标。他将手臂抬起，然后向下落去的同时喊出了最后一道命令。

“开火！”

几乎同时，三声枪响。

霍尔马克、法罗和斯帕茨应声倒下。

“射击的人都是专业枪手，”辰太作证时说，“每个人只开了一枪。”

田岛命令行刑队停火，向后转。他命令他们列队前进，然后停下来收走用过的弹壳。

法医检查了每位突击队员，以确保他们已经死亡。后来法医告诉辰太，他摸到了轻微的脉搏，但很快就消失了。法医确认了死亡后，将伤口用绷带扎上，然后警卫将尸体放进主席台前并排放置的棺材里。日本人向他们敬了礼。

辰太下令将飞行员的尸体送往日本居民协会火葬场。他打算自己留下霍尔马克的飞行皮夹克，命令雷梅迪奥斯将衣服上的名字除去，并在上海找了一个裁缝将皮衣改得合身。

霍尔马克、法罗和斯帕茨被执行死刑四天后，东京广播电台宣布已经对突袭队员实施了“逮捕、审判和严厉的惩罚”，但未提及具体的人数，他们声称飞行员故意攻击了非军事目标和平民。日本人只列出了四名被捕飞行员的名字——霍尔马克、法罗、斯帕茨和萨泽——虽然报道称所有飞行员都对轰炸医院和射击儿童供认不讳。“我看到学校的孩子们在玩耍，看起来像是一所文法学校，”广播中引用了法罗所谓的证词。“当飞机从他们上空飞过时，我觉得我应该让小日本的孩子们尝尝子弹的滋味。于是我俯冲下去，用机关枪扫射了他们。我对他们感到抱歉，但是见鬼！他们难道不是敌人的孩子吗？”

有突击队员被捕的消息震惊了美国的媒体和整个国家。尽管杜立特此前已经通知过被捕飞行员的家属，他在五月份发出的信件中要求这些家属对此保密。至少已有几名突击队员被捕的谣言在新闻记者中传开，不过整个国家仍然认为所有的飞行员都已经安全逃脱了。日本希望揭穿美国的秘密，想要利用这些突击队员的命运来挑拨美国政府和人民之间的关系。“美国公众有权知道官方消息的真假，”东京广播播报，“有两个事实摆在美国公众面前。一个是美国陆军部在 10 月 20 日断然否认了他们的飞行员被日本俘虏。另一个是美国的陆军部，在 8 月 19 日的海底电报中，询问了横滨的国际红十字会，要他们将失联的八个人的名字发过来。请公众们自己判断一下。”

日本在另一个尤其冷酷的广播中呼吁任何怀疑者去找找其中两名飞行员的家属。“对于那些心存怀疑的人，观察员们建议他们去打听一下现在 21 岁的罗伯特 • 海特和中尉威廉 • 法罗的下落。”这则英语广播宣布，“他们的近亲，应当尽最大的努力从美国的陆军部获得一个满意的答复。而这两人只是被捕飞行员中的一部分。”

媒体最初质疑这样的广播内容是假的，但是美国领导人清楚他们的计策完蛋了。10 月 22 日的新闻发布会上，陆军部长史汀生确认了东京广播中提到的四个名字确实是突击队员，但对其他的被捕飞行员只字未提，这样的省略在几天后又被日本利用起来，在被美国媒体称为“狡猾的宣传运动”中，日本媒体逐渐给出了其他几位飞行员的名字。美国政府决定隐瞒突击队员被日本俘获在一些媒体上引起了强烈的谴责，其中就有专栏作家雷蒙德 • 克拉珀。“新闻刚刚被发布出来，在东京将真相曝出之后，”他写道，“不是怕被敌人知道消息，而是想把美国人民蒙在鼓里，美国人民一直以来，不仅对东京突袭感兴趣，也对我们在这场战争中所做的任何一件事感兴趣。我们的一些官员把这叫做是一场人民的战争。如果我们也能把这当成是一次美国人民战争，将不无裨益。”

记者们期待着被捕飞行员的消息，华盛顿专栏作家大卫 • 劳伦斯很快就填补了这一空白，他提供了一份比利 • 法罗的个人宣言。这位飞行员的一位密友拿出一份法罗在 1940 年决定加入航空兵时写的便笺，名为“我的未来”。这位南卡罗莱纳人在他笔记本的扉页上小心翼翼地记录下各种指令，同样还有他对生活的观察。“我该为自己的日常行为立下规矩，”法罗写道，“首先我必须列举出我的弱点，并消除它们。然后我必须培养自己做这份工作所需的品质。这会很难，但这是唯一的办法。要想达到目的，带着目标去工作是唯一实际可行的办法。”

法罗毫不妥协地写下了他的缺点，从缺乏好奇心和冷静思考，到自信心的缺乏。之后他概述了他希望发展出的优点，从他身体健康到他的信仰。“时刻贴近上帝——按照他的意志和命令行事。上帝是我的朋友和保护者。”他写道，“什么都不要怕——无论是疯狂、疾病还是失败——保持正直——观察这个世界。”法罗所写的21条自勉信条的要点刊登在了劳伦斯的专栏上，在全国见报。这刚好在日本人将法罗绑缚在十字架上枪杀的七天后。这位来自达灵顿小镇的年轻飞行员代表了数以百万计的陆军战士、海军战士、飞行员和海军陆战队员，他们在整场战争中战斗在全世界的每一个角落，从北非的沙漠到瓜达尔卡纳尔岛的丛林。“他既不是诗人，也不是学者，”劳伦斯写道，“他只是美国空军的一个中尉。”

支持的信件雪片一般从各地飞向法罗母亲的家里，有的来自遥远的纽约，乔治亚州和俄亥俄州。全国各地的教堂将这位年轻飞行员的自勉语信条刊登在周日公告上，而一些企业，像明尼苏达州的西北国家寿险公司，则印刷了带有“一位美国人对胜利的信条”这样标题的爱国小册子。泽西城亨利斯奈德高中在教室的墙壁上张贴了有关法罗的海报，而南卡罗来纳大学的校长让•里翁•麦克吉斯克将这些信条变成了他1943年在法罗母校的毕业演讲。“不管我的孩子发生了什么，我知道他在这场战争中是为了伟大的目标而战。”杰西•法罗告诉记者，“我的儿子是一个普通的美国人，无畏地面对生活，愿意为了权利和自由的理想而献身。”

另一方面，美国政府急着想要弄清楚日本对飞行员做出了怎样的惩罚，但只在1943年2月23日，通过瑞士获得了一个不幸的消息：日本指控飞行员故意轰炸学校、医院和无辜人群。“更令人发指的是，他们用机枪向正在学校里玩耍的无辜学生射击，导致儿童死伤，在认出他们是儿童的情况下，仍向他们扫射。”鉴于飞行员们已经供认故意射杀平民，日本拒绝为他们提供传统的战俘保护政策。“美国政府会明白，这样的人作为人道主义的敌人是不可饶恕的。”日本人写道，“法庭通过调查，认定这些人有罪，依据军事管制法判处他们死刑。然而，大部分飞行员被特赦予以减刑，只有特定的几位被执行了死刑。”

罗斯福拒绝将这个消息告知公众，虽然国务院还在为如何处理这一危机而绞尽脑汁，这项工作最初交给了国务卿助理布雷肯里奇·朗，他起草了一份详细的美国备忘录：“我们收到了那位日本人发来的照会全文，照会称一些杜立特的飞行员已被处决，经过研究，我们认为这是可信的。此前我希望这样的消息是不确切或过于悲观的，但现在已不容怀疑。”摆在朗面前的第一个选项是：“立即处决美军战俘营中数量相等的日本军官作为回敬。”但他继而排除了这个方案，因为他怀疑这对日本政府不会造成什么影响，只会刺激他们进行报复，菲律宾失陷后日本俘虏了许多美国人，这样的做法将是危险的。“一个我无法忽略的事实是，日本手上有 18 000 名俘虏是我们的人，而我们只有为数不多的日本战俘。”他写道。不过事实上美国被俘的士兵和平民要比给出的这个数字高得多。“的确，美国的土地上有许多日本平民，但我想平民和战俘应该区分开来。”

朗建议政府可以公布这份照会，告知美国人民，尽管他怀疑这样做只会给被捕飞行员家属的焦虑火上浇油，同时引发一场针对日裔的冲突。更重要的是，在几周前，美国刚刚要求交换 4 500 名囚犯。他写道，“如果在交换囚犯完成之前，局势出现任何恶化，结果都将是可悲的。”朗提出的建议是让美国强烈抗议，并要求瑞士方面确定还活着的飞行员的姓名和具体位置，以及飞行员被处决的细节。他补充说，美国可以做一份这样的声明“这是背离战争文明的野蛮行径。对日本违反战俘条例的行为，我们保留追究的权利，等到我们获取到更多的信息后，将处决我们手上同等数量的日本战俘作为报复。”

朗命令在 3 月 22 日中午之前将抗议草案准备完毕，同时建议美国政府封锁消息。“在我们知道被处决飞行员的确切数字之前，不能公布任何姓名、日本对飞行员的处刑和我们进行报复的形式——如果报复一事仍需要商议的话。”国务院官员准备了一封长达 7 页的抗议书，指责日本违反日内瓦公约对飞行员严刑逼供的“兽行”。“如果真如照会中所说的那样，日本政府真的堕落到如此野蛮的地步，成为了邪恶的化身，竟然冷血谋杀了战争中成为战俘的美国军人，”国务院写道，“那么美国政府将会让日本政府中参与此事的官员为这种蓄意的犯罪承担个人与官方的双重责任，并将在适当的时候将他们绳之以法。”

国务卿柯德尔·赫尔在4月7日将这份抗议书呈交给罗斯福审批。“进行报复的提议经过考虑后被否决，虽然它得到了陆军部和海军部的同意。”赫尔写道，“这份备忘录和绿色电报涉及战争的最高决策问题，因此我必须将它们呈交给您来决断。”总统看了抗议书，在最后一页上写道：“同意，罗斯福。”第二天，罗斯福又将一份附随备忘录发回给赫尔。“我对美国飞行员被处决一事深感不安和惊骇。”他写道。“鉴于这份公告严厉的措辞，尤其是最后警告日本我们打算采取报复行动的那一段，我认为我应该即刻发表公告。致日本政府的公告措辞过于激烈，会让他们进一步伤害手上的美国人——平民和士兵，因此应当由我说出全部的事实，再加上这份声明的全文或大意。”

罗斯福误解了抗议书的最后一段，最后一段说美国将“让对此事负责的日本政府官员为他们野蛮、不人道的行为得到应有的惩罚。”4月9日一份没有签名的白宫备忘录指出了总统的错误：“我们对日本的照会并没有威胁要报复——只是要惩罚处决美国战俘的日本官员。”在接下来的星期二，总统建议将飞行员被处决的消息公之于众，虽然他觉得美国国务院的公告还不够有力和全面。“请让我重新起草一份不那么官方，但更人性化的公告。”

随着东京突袭一周年的到来，日本人打算再次先于美国政府发布独家新闻。埃尔默·戴维斯，战时情报局主任，在4月14日的新闻发布会上宣布，计划在几天内公布突袭事件的全部经过。

“会告诉我们香格里拉在哪儿吗？”一位记者追问。

戴维斯微笑着给予肯定。

但两天后，他不得不推翻自己说过的话。“经与陆军部协商后，我们发现东京突袭的解密许可还没有走完程序，”战争情报部的主任说，“目前无法预测整个事件什么时候公布。”

许多媒体对政府继续保密的做法加以指责，包括《纽约时报》。新闻写道“日本人抓捕了一些美国飞行员，现在对东京轰炸的细节，日本政府完全有可能知道的比美国公众被允许知道的还要多。为了给参与了这次伟大行动的人以公正的评价，也为了公正地对待我们的公众，他们至少有权利知道那些敌人已经掌握的消息，现在就应该将这次勇敢突袭的完整故事公布出来。”

日本抢得了先机，公布了一份详细的、并且很大程度上准确的报告，包括了突袭的筹划、执行和结局，提到了参与行动的飞行员和轰炸机的准确数目。“我很荣幸，”日本帝国军队总部新闻署的首席新闻官矢作中尾少将告诉记者，“将整个故事告诉给美国人民。”日本不仅揭示出大黄蜂号就是所谓的香格里拉，甚至还单独挑出了斯蒂芬·朱里卡提供的飞往东京的情报简报。日本也的确在事实中混入了一些谎言，他们声称击落了许多架飞机，称杜立特过于害怕，甚至没有投下炸弹就逃向了中国。“我们很乐意授予他‘成效甚微’（与杜立特英文名字发音相近）的称号。”矢作中尾在报告中说。“我们可以期待，罗斯福下一个任命接替杜立特的指挥官可能会是‘成效为零’中校。”

美国别无选择，只有拿出自己的版本进行反击，许多报纸全文刊登了这份 11 页的新闻稿。这被日本人嘲笑为匆忙的“补救产品”，为了掩盖一次“失败的突袭”，两个国家都努力想要控制叙事权，虽然这次轰炸的实际破坏力与战争后期美军发动的一系列袭击相比是微不足道的，但它对美日两国领导人的影响是巨大的。受到羞辱的日本领导人仍在大言不惭地拿这次突袭做文章，希望打击美国对取得胜利的热情，尤其是目前日本经历了命运的逆转，他们在珊瑚海、中途岛和所罗门群岛遭受了失败。而相比之下，美国领导人已经成功塑造了一个突袭神话，夸大了它的成功。但日本的不断挑战会破坏这一宣传成果。

被日本公布的信息再一次将美国领导人逼入了死角。在给杜立特颁发荣誉勋章的时候， 军方曾告诉公众，所有的飞机都已安全逃脱，但后来却不得不承认至少有 8 名飞行员落到了日本人的手上。现在美国领导人承认，除了去俄罗斯的一个机组外，美国损失了其余的 15 架轰炸机。战争中需要保密这大家没有异议，但是政府精心编排，用来欺骗民众的消息却激怒了很多人。“美国人民永远不会忘记东京突袭，但是同时，他们也永远不会忘记他们受到了愚弄。”弗吉尼亚州林奇堡市的《新闻》日报说。“不是没有被告知发生了什么，而是出于某种目的，被故意愚弄了。”甚至一些国会议员也发出了抗议。“我相信，任何政府在跟自己的人民耍花招的时候，都是在玩一颗炸弹，”明尼苏达州的众议员沃尔特·贾德说，“我们不需要舒缓糖浆；我们要像自由的成年人那样被对待。”

焦头烂额的白宫官员一方面要努力恢复公共关系，同时还要想办法团结整个国家。突袭细节被公布的几个小时后，在德克萨斯州进行军事巡查的罗斯福发表了声明。他承认几周以前，美国就得知日本已将被捕飞行员中的几位处决，并下令国务院在4月发表抗议。“带着最深的惊骇，我知道所有文明的民族都会对此感到惊骇，我不得不宣布日本政府的野蛮行径，他们处决了我国被俘的军人。”总统说。“我们的敌人用这样的办法来震慑对手是野蛮残暴的。日本军阀想要恐吓我们的意图将会彻底失败。它只会让美国人民比以往任何时候都更加坚定地消灭无耻的日本军国主义。”

通常讲话都是轻松愉快的总统做出如此强势的回应，这让一些媒体感到震惊。“罗斯福总统发表了他整个职业生涯中措辞最为有力的声明，”美国全国广播公司（NBC）的罗伯特·圣约翰说道，“这份声明充满了强烈、充满火药味的词语。你尽可以叫这些词是憎恨之语。”

国会议员的反应也同样激烈。有几位国会议员甚至要求采取报复行动，而另一些议员则坚持美国应向太平洋战场提供更多的财政支持。

“我们正在与一群野兽交战，”密西西比州的众议员约翰·兰金说，“而不是和一个人类国家战斗。”

“如此可憎，日本公然藐视了任何国际评论。”来自德克萨斯州的众议院议长萨姆·雷伯恩评断。

田纳西州的参议员汤姆·斯图尔特抓住这次机会来为他的法案争取支持，他的法案要求扣留所有在美国的日本人，甚至包括日本人的后裔，他在一次演讲中声称，他希望他的议员伙伴们可以剥夺那些“黄色魔鬼”的公民身份。“哪里有一滴小日本的血统，哪里就会有背叛，”斯图尔特狂喊，“他们不能也永远不会诚实。对美国飞行员的处决就是证明。他们不配拥有公民的权利。”

甚至最高法院的陪审法官，威廉·道格拉斯也对此发声：“那些年轻人不是被处死，而是被谋杀的。他们把无法逃避的责任放到了我们肩上。”

表达愤慨的信件涌向了白宫，许多信件暴露出这个国家酝酿已久的紧张局势。来自帕萨迪纳的罗妮·托尔斯指出，这个国家的黑人一直都在遭受着同样野蛮的对待。其他信件主要针对日裔的后代，正如布莱金瑞奇·朗所担心的那样。“面对你报告中所说的，日本那样恐怖地对待我们的飞行员，你难道还认为任何小日本，无论身份，都应该被允许自由地居住在我们的西海岸地区吗？”洛杉矶的艾拉·塞尔托茨问道。“我们这儿的人绝不这么认为。”

来自里诺市的麦克马洪写给总统的信更具敌意。“带着惊骇，我们听说了消息，杜立特的几个手下被处决了，被这些该死的日本鬼子。”他写道，“我鄙视他们，他们只是一群异教徒、食人族和老鼠。就应该把他们都杀光，消除干净。”

作为对日本处决美国军人的回应，北美航空公司宣布，员工们将用八名被捕飞行员的名字来命名八架新轰炸机。而莱特航空公司的首席现场工程师告诉记者，他用的是一把日本制造的滑尺——末端带有太阳标志——来为东京突袭队的飞机进行功率控制计算。债券销售量飙升，那些之前批评军方隐瞒突袭真相的报纸都联合起来一致对敌，美国飞行员被处决的消息让他们大为惊骇，报纸上刊发了一篇篇充满愤慨之情的社论，标题如“日本野兽”“东京的野蛮人”和“那些小日本杀人犯。”

许多广播记者同样也在广播中斥责敌人。“日本此前从未有过如此嚣张、如此恶性和如此激进的直接报复，他们冷血地处决了美国的战俘，”CBS的约瑟夫·哈施说，“他们没被直接杀死，而是被逼供，他们被关押起来，遭受折磨，最终被以捏造的指控处决。”

不少报纸和杂志都使用了日本民族的刻板形象，《时代》杂志的一幅漫画中描绘了一把标着“文明”的手枪指着一只猿猴的脑袋，猿猴的胸上写着“美国飞行员的谋杀者们。”

“小日本甚至比猿猴更低劣。”南卡罗莱纳州《独立论坛报》的安德森附和道。“偷袭珍珠港就应该足以警示我们，那些猴子们会对战俘做出些什么来。”

在国会和媒体要求报复的声音中，也有一些声音在呼吁各方保持克制，《华盛顿邮报》的一篇社论反映了这一情况。“恐惧滋长了人们想要寻求报复的心理，我们必须像躲避瘟疫一样避免复制日本的报复方式。”该文认为，“任何那样的报复方式都将表明，我们让日本将这种邪恶像病毒一样传给了我们，而远非是消灭了邪恶的根源。那样我们就输掉了这场战争。我们必须摧毁日本，但不能以损害我们的价值观为代价。”

飞行员被处决、轰炸机坠毁以及中国人遭到的打击报复，这让一些观察家们质疑这次突袭是否值得。联合专栏作家，大卫•劳伦斯，此前曾刊发了比利•法罗的信条，他写道，“东京突袭，因此可以被归类为噱头—— 一个为了心理效果，而不是军事价值而设计的，具有象征意义的事件。特技飞行有一定的作用，但通常都不值得冒那种险，除非特技飞行有后续跟进的行动，是可持续军事计划的一部分。”

突击队员被处决的消息极大地震动了军队。“我们不能停下——我们必须加倍努力，直到彻底摧毁那些犯下战争罪行的军阀。”海普•阿诺德在致全体空军的公告中宣布，“当日本的零式战斗机出现在你的视线中时，想想那些同志——已经献出了他们的生命，然后将你们的投弹瞄准器对准日本的基地。”

指挥这次东京突袭特遣队的哈尔西舰队长，他没想那么多，就一句话，“我们会让那群混蛋们付出代价！”他咬牙切齿地吼道，脖子上的胎记变成了鲜明的紫色。“我们会让他们血债血偿！”

杜立特的愤怒是显而易见的，他向盟军在北非总部的新闻记者发表了讲话，并发誓美国将继续轰炸日本，直到将整个日本帝国炸碎，直到日本的领导人们求饶为止。“我们将用投下的每一颗炸弹来纪念我们被杀害的伙伴。”杜立特和他的突击队员罗德尼•怀尔德和霍华德•赛斯勒宣誓。“如此丑恶的行径违反了我们所有正义和权利的原则——这些原则正是我们现在为之战斗的一切。我先是为一个文明的世界中还存在着这样荒唐的野蛮行径而悲叹，而我现在只有对造成这一结果的日本领导者们感到深深的厌恶和愤恨。”

“终有一天，我们会为死去的战友报仇雪恨，”赛斯勒补充道，“我希望我就是复仇者中的一员。”

在别处的突击队员们也发誓要报仇。

“我们不会忘记！”约瑟夫·曼斯基在《纽约先驱报》上写道，“我们曾飞到东京的上空，我们还会再次飞到东京的上空。”

日本处决部分飞行员的消息让被捕飞行员的家属焦灼不安。信息被匆忙发布出来，大部分家属都是从新闻广播或报纸上得到的消息。锡德•格罗斯，给《克利夫兰新闻》送稿件的勤务工组长——鲍勃·米德尔家的老朋友——打电话将这条新闻告诉了米德尔的母亲，他愤怒地写信给白宫的新闻秘书史蒂夫·厄尔利，描述了这一经过。“她非常不安。此外，对这样的消息她会从电话里听到，而不是由政府来正式通知而感到震惊。这对这些家庭来说是残酷而轻率的，”他写道，“在之前没有得到任何通知，就听到了这样不幸的消息。”

记者找到了被捕飞行员的家属进行采访，一些飞行员家属拒绝接受现实。“日本人不可能如此无情和不人道，”米德尔的母亲告诉媒体，“他们就是不能对我们的儿子做出那样邪恶而疯狂的事情。”

“我不认为任何一个自称是人类的种族会做出如此残忍和不人道的事来。”尼尔森的母亲说。

唐纳德•菲茨莫里斯的母亲还沉浸在“青蜂侠”坠毁的打击中，她告诉记者，她确信他的儿子现在正和中国游击队并肩作战，而比利·法罗母亲的态度更加现实，“那些没被处死的飞行员，”她说，“在日本鬼子那里可能会活得生不如死。”

第二十四章

为了取得胜利，必须一次又一次地反复轰炸日本那颗黑暗的心。

——《费城问询报》，1943年4月22日

斯基·约克和他的机组成员在乘坐了近一个星期的火车后，又乘坐平底渡船在卡马河上走了几天，终于在一个叫奥汉斯克的村庄登陆，这座村庄位于乌拉尔山脉脚下。这是一个公社农村，贫困肆虐。“整个村子里就没有一条铺过的路，”埃曼斯回忆说。“一切都布满了污垢，到处是肮脏的棚舍。”

突击队员们被安排住进了一座原始的房子——新刷了油漆——里面有一个厨房，一个饭厅，一间卧室给约克和埃曼斯，另一间卧室给泰德·拉班和大卫·波尔使用。诺兰·赫恩登不得不睡在一间小厅里。唯一洗手间只是地板上的一个空洞，排泄物由此直接排到屋外的地面上。“那种气味，”埃曼斯后来写道，“你可以想象。”

俄罗斯人为几位飞行员裁量过冬的衣服。第一周过后，他们收到了一捆信件，共有40封。其中有约克的13封信和埃曼斯的10封信，剩下的信其他人每人各有几封。“收到家人消息时的那种激动，我终身难忘。”埃曼斯回忆

说，“斯基和我都收到了我们各自新出生孩子的照片。”

“我想知道等我们离开这个地方的时候，我们的孩子该有多大了？”埃曼斯问道。

“天啊，”约克回答说，“我不知道。”

当福利特·布拉德少将奉罗斯福之命来俄罗斯加快租借物资交接的时候，他看望了机组成员。希望似乎也跟着他到来了。在约瑟夫·史坦利大使和最近刚晋升为准将的米凯拉的陪同下，布拉德少将在9月11日下午离开了古比雪夫，乘坐一架双引擎道格拉斯运输机，飞往莫洛托夫。到了莫洛托夫，三位美国人又登上了省长的游艇，一艘侧弦带有明轮的内河游艇。“从船上看去，乡下的景色要比从飞机上看到的更美，乌拉尔山脉的山麓小丘从河上缓缓升起，山麓上的阔叶林被秋天染上了靓丽的颜色。”斯坦利写道，“山间溪流从山上奔涌而下，如此清澈透明而又美丽，我真渴望能纵身跃入其中的任何一条溪流。”

第二天，美国官员们在奥汉斯克上岸。突击队员们在河岸上方注视着他们，对他们乘坐的政府官员的游艇啧啧称赞。

“乖乖，”约克说，“这样豪华的游船可是不怎么符合这个国家所宣扬的共产主义啊，不是吗？”

大使看见了急切等待的飞行员们。“我看见了一小群美国人穿着卡其制服，站在河岸的上方，”史坦利后来写道，“他们兴奋地挥舞着手臂，我们也向他们招手。”

待到走近时，突击队员们向长官们敬礼，大家互相做了介绍，并握手。

“美妙的国度。”史坦利说，试着找出话题。

“是的，长官，”约克回答说，“但被困在其中除外。”

每个人都笑了。

他们回到住所。这里粗陋的条件让史坦利感到惊讶，他说这个住处像是一个“小木屋”。这群美国人围着餐厅的桌子坐了下来。“和在家里可不一样，”这位大使说，“不是吗？”

约克问及战争的进展，布拉德利将最新的消息简要说了一下。“突袭东京的其他人都有消息了吗？”埃曼斯问道。

“在国内，这次突袭备受关注。”布拉德利说。

约克提到收听到的日本广播报道称这次突袭损失了多达七架轰炸机。

“在日本上空并没有损失任何一架飞机，”布拉德利说，“但是当他们飞到中国后，一些机组确实遇到了麻烦。事实上，我认为，日本鬼子抓到了一个或两个机组，但我认为他们并不是被击落的。”

一个俄罗斯人拿进来一箱供应给突击队员们的物资，包括杂志、牙膏和一本俄罗斯语法书，这是飞行员们要求的。“没什么东西，”米凯拉说，“只是几件衬衫和一些牙膏试用装。”

飞行员们对获得物品供应表示感谢，并问是否可以得到一些新衣服和新鞋子。米凯拉让他们把自己的尺码写下来。

“他们给你们吃得好吗？”史坦利问。

“不好，长官，”约克回答，“他们从来没有给我们吃好！我们只能吃到大米、卷心菜、黑面包和茶叶，直到听说你要过来探望，你看到的所有这些食物都是昨晚才拿过来的。”

美国外交官们感到惊讶，但是无能为他们改变什么——突击队员们也清楚这一点。“我感到一种巨大的失望漫过全身，我想其他几位队友应该也有这种感觉。面前是我们自己的同胞，在俄罗斯唯一可以帮我们做点事情的人，但是他们却束手无策。”埃曼斯写道，“在让俄罗斯人为我们做事这件事上，他们并没有比我们更大的权限。”

史坦利不得不为大局的利益而权衡，他必须小心谨慎地选择什么才是他必须争取的。这里不过是五名飞行员，可说不定哪天美国会有数以千计的飞行员需要降落在苏联的领土上。大使不能把俄罗斯逼得太紧了。“我对这些孩子们感到非常抱歉，但是，毕竟，他们和我们其他人一样，深陷这场可能持续数年的巨大战争中，”他后来写道，“我想帮助他们，并为其他可能降落到俄罗斯领土的飞行员建立起一套处置程序，因为我们的先遣部队已将日本诸岛列入了轰炸范围。”

约克将身子探过桌子，凑近米凯拉。

“将军，我们在这儿的日子很难过。每天被迫闲待着，”他说，“如果等到来年春天冰雪融化的时候，事情还没有任何转变，那恐怕我们将不得不尝试靠我们自己离开这里。如果是那样的话，你能帮我们做点什么呢？我们需要地图和一个指南针。”

米凯拉怀疑突击者们是在策划逃跑，他警告大使馆方面不可以为他们提供帮助。“你会那么想，我不会怪罪。但是你可以想象如果大使馆帮助你们逃跑被发现会怎样。”

“你们必须要有十足的把握之后，才可以做出那样的尝试，”史坦利补充道。

布拉德利插话进来，告知突击队员们他正试图安排航船，将租借的轰炸机经由阿拉斯加运往俄罗斯。“如果我成功了，也许可以想办法把你们混进将飞机开进俄罗斯的美国飞行员队伍。”将军说，但也警告他们不要太高兴。“另一方面，如果这些人就想把你们留在苏联，那无论是我还是你们，或是任何其他人都没有办法改变他们的想法。”

约克说，这条消息令人鼓舞。“你们都必须保持理智。必须记住，毕竟，现在正在打仗，一场大战，它会持续很长时间。”布拉德利补充。“你们是五个身处西伯利亚的美国人。你们无论是出去还是留在这里，都不会改变战争的进程。”

将军从他的公文包里拿出一条香烟。“哦，天呐，美国香烟！”约克喊道，“这个我们可得省着点儿抽。”

突击队员们将他们所需物品的清单和让大使馆帮助邮寄的信件交了上来，他们将大使和将军送到了码头。“我感觉我们正在向离开这里的唯一希望说再见，正在失去与外部世界的唯一联系。”埃曼斯写道，“事实上，正是如此！”

史坦利在给国务卿赫尔发去的报告中称，他看到突击队员们“健康状况良好，居住环境舒适，食物充足，整体上得到了很好的照顾。”但是这位大使很同情飞行员们失望的心情。“我了解他们的感受，”他后来写道，“我在不带给他们虚假希望的前提下，尽量让他们振作起来。当我们的小游艇在卡马河上转入第一道弯的时候，突击队员们仍站在岸边的渡口上，从后面望着我们，挥着手。”

9月变成了10月，然后是11月。天气变得寒冷潮湿，村里的土路先是变成了泥浆，然后冻结在了一起。在10月的时候，整个地区就被1英尺厚的积雪覆盖了，大块的浮冰出现在了卡马河上，这只是整个河流冻上之前短暂的序曲，河道要等到春天才会再次畅通。突击队员们对这样的严寒感到不适应，大部分时间待在室内。“我们的士气日渐低沉，”埃曼斯写道，“我们说话和行为的方式都有必要变得极其小心。在狭小的空间内，我们之间关系上任何严重的裂痕都会导致糟糕的结果。”

作为该组的队长，约克坚持执行军队纪律，要求他的手下使用礼节用语，如“是的，长官。”“不，长官。”虽然他和埃曼斯是好朋友，他同样要求这位下级军官在别人面前用长官称呼他，不过两人在私下里是互相用昵称称呼对方的。“我知道我们必须维持纪律，”约克后来说。“我们要在出来的时候还像一队军人那样，而不是成了一群蠢货。”突击队员们劈柴火，学习俄语，对语法书中的带有宣传色彩的例句暗自发笑，如“在美国，工人们吃不饱，穿不暖，普遍受到统治阶级的欺凌。”“我每天差不多花10个小时学习俄语，”约克回忆道，“我觉得这是我想要学习这门语言的唯一机会，只要我不得不待在那里，我总要找点事情来做。”

队员们每天晚饭后聚在一起打扑克，玩到午夜开始播送晚间新闻为止，他们设计了一套措施来奖励获胜者，同时也可以排解他们的苦闷。“输得最多的那个人必须把他的头放在沙发座上，撅起屁股来对着房间中心，”埃曼斯后来写道，“其他人都可以上去用手掌在他的屁股上猛拍一下，打这一掌的时候还可以从对面墙边开始助跑。输得第二多的人要接受剩下三个人同样的对待，输得第三多的人由剩下的两个人来惩罚，而第四个输家只有赢家可以惩罚，赢家只会打得手掌酸痛。这有助于发泄我们之间在一周以来可能积累起来的不良情绪。”

到了11月下旬，武官助理罗伯特·麦凯布少校和海军医生弗雷德里克·朗中校来看望了机组成员，他们乘坐马拉雪橇，带来了杂志、书籍和几瓶美国威士忌。

“好吧，我们还在等什么？”朗宣布。

“上帝啊，”埃曼斯说，“到了鸡尾酒派对时间，不是吗？”

突击队员们从厨房里拿出玻璃杯，到外面结冰的栅栏上取下冰凌，开始了持续整个下午和晚上的豪饮，一直喝到凌晨2点。第二天，朗给每位突击队员做了身体检查，之后把他们都叫过来。“我看到你们所有人身上都出现了一些糙皮病和坏血病的迹象，”他告诉这些人。“这是饮食不当所致。大约十天左右，血清和药片就会被送到这里。你们不要担心。适当锻炼，尽量到户外活动。”

11月30日，大使馆将麦凯布有关突击队员的报告发给了国务卿赫尔。“按照苏联的标准，他们所获得的食物、住房和取暖条件是相当好的。苏联发放的冬季服装保暖不足，但奥汉斯克的军事指挥官已经承诺从莫洛托夫发来更好的衣服。除了轻微的维生素缺乏症之外，机组成员的健康状况是令人满意的。”麦凯布写道。“在约克少校的杰出领导下，他们的士气依然很高，虽然长时间缺乏活动，特别是冬季让他们的精神状态有所下降。苏联对待机组的态度是非常友好的。”

麦凯布非正式地警告道，终日的闲散有可能会让突击队员们试图逃脱，那将造成一个尴尬的局面。“如果能用某种方式给这些被扣留的人分配一些有用的工作是最理想的。他还提到了突击队员们渴望被转移到气候更温暖的地方，因为他们都来自美国南部。”该报告指出。“有可能的话，在美苏当局的军事对话中，让美国代表建议假释被扣留人员，为让他们为苏联空军在高加索地区服务。”

一周后，沉重的黑大衣被送了过来，这些大衣由反过来的山羊皮制成，内里是羊毛，廉价的黑色染料很快就让突击队员们被染上了一条一条的黑色。

“看起来我们得在这里过冬了。”埃曼斯说。

“难道你在收到大衣之前，对此还有过任何疑问吗？”约克嘲讽道。

随着外面的气温降到零度以下，一个当地人被冻死在了他们房子附近。食物越来越少。突击队员们只能靠卷心菜和黑面包为生，这致使约克的体重从180磅降到了135磅。任何东西都不能被浪费，最好的体现就是，一次当地人弄来了几只鸡。“鸡头和鸡爪我们是不吃的，但厨房里的妇女们把它们都吃了，还砸开鸡头，吃掉了里面的大脑。”埃曼斯回忆道，“他们还吃鸡的内脏，这些内脏我从未意识到过它们的存在——鸡肺、鸡胗和鸡肝，还有那圆溜溜的小东西，大约有小手指尖大小，我猜那是鸡肾。这是我所见过的最彻底的吃鸡方式。”

时间似乎停滞不前，飞行员们的日子过得昏昏沉沉，几天甚至几周的时间都变得模糊不清。飞行员们会昏睡一整个下午，晚上躺着睡不着觉，有时甚至想要鼓起力气学习或阅读都感到力不从心。为了击退无聊而做出的最后努力就是抓耗子比赛，他们看谁能捉到最多的老鼠。他们折磨被捕获的那些啮齿动物来取乐。“我们会把一只活老鼠绑在外面雪地里的木桩上——你可以想象——用一根线绳把老鼠的腿绑住，这样它就跑不了了，木桩立在地上，大约 1.5 到 2 英尺长。”埃曼斯回忆说。“老鼠在雪地上绕圈，总会有一只鸟或者老鹰或者别的什么东西飞下来，将它抓走。我们还能做什么其他的事吗？”

这些娱乐活动也没有起到作用。“我们的精力已经达到了一种难以置信的低谷状态。”埃曼斯写道。“我的儿子到 12 月 18 日就该有 7 个月大了。我想知道他长什么样。”感恩节悄无声息地就过去了，但是圣诞节的到来却让人有种不同的感觉。思乡加剧了飞行员平日里的痛苦。“在一次去森林中砍柴的时候，我们带回来了一棵圣诞树。”埃曼斯回忆说，“这是很小的一棵，但我们把它用棉布片装饰了起来，摆在桌子上。不知怎的，它帮助我们稍稍恢复了一些士气。”

那位翻译，麦克，带回来了一个肮脏的吉普赛女人，晚上突击队员们就听到他们在麦克的房间里亲热，这进一步侵蚀了突击队员们的士气。“每当我们刷牙的时候，牙龈就会出血。我们发现，只要我们吸吮自己的牙龈，就能吐出血来”埃曼斯后来写道。“我们的皮肤干燥起皮。我们的体重都减轻了。而我们的士气全部消磨殆尽。”

饥饿、疲惫还有无法逃出这冰冻荒原的绝望，使得约克提议直接给斯大林写信。

“你是认真的吗？”埃曼斯回答。“你觉得你的信甚至能被交到他的手上吗？”

“也许不会，”约克答道，“但是这就像其他所有事情一样，不去试一试又怎么会知道呢。”

埃曼斯问约克打算给斯大林写什么。

“就告诉他我们的确切想法！告诉他我们想要出去，”他说，“如果他不能为我们安排，我们就让他把我们转移到气候更温暖的地方，让我们去工作。”

很快，约克坐下来开始写一封长信。“当然了，你不认识我们，”他写道，“我们是受过训练的战斗机组人员，我们现在没有给任何人带来任何好处。我们可以去与我们共同的敌人作战。”约克提出了一个可能的方案，包括直接释放这些飞行员。事情已经过去这么长时间，可以将他们秘密释放。如果不行，约克建议允许飞行员们与俄罗斯人并肩作战，或者至少去做一些其他可以利用他们技能的工作，最好是在一个温暖的地方。麦克帮助突击队员们翻译了这封信。

“我会立刻把信寄出去。”他说。

“我认为他会帮我们寄的，”约克对埃曼斯说，“因为我觉得他不敢不寄——一封写给斯大林的信。”

1月是漫长而又难熬的。“我们从未停止过期望，每天盼着大使馆的消息，盼着会有人来，盼着我们可以离开，盼着我们要求的药品或衣物可以到达——盼着任何事情的发生。”埃曼斯写道，“但是什么也没等来。”到了2月，气温渐渐回升到零度以上。冰封已久的卡马河开河了。那年春天，突击队员们开始公开谈论逃跑的事情，计划着要偷哪艘船以及向南去的最佳路线，打算就在四月中旬到五月中旬之间离开。

“上帝啊，还会不会有那么一天，我们可以离开这该死的地方，”一天下午约克说道，他正和埃曼斯看着河面上的浮冰向下游漂去。

“我们不知道哪一天能离开这里，但是我们知道会有那么一天的，”埃曼斯说。“想想我们周围的这些人。他们永远也不能离开这里。”

队员们还在继续为春季的逃跑做着准备，3月25日接近中午时分，一位穿着考究的俄罗斯少校从莫斯科赶来了。少校从他的公文包里拿出一份文件。

“不久前，莫斯科方面收到了这封信，”这位俄罗斯军官宣布，“这是你写的吗？”

约克确认。

“我们来这儿是要告诉你，你的第一个请求，也就是要求被从苏联释放的要求，无法满足。”上校的脸上舒展着笑容说道，“但是我们的政府决定满足你后面的两个请求。你们将会被转移到更温暖的地方，并被允许去工作。”

约克将这条消息翻译给其他队员。

“噢耶！”赫恩登喊道。

“你们已经在这里待了好几个月，”上校继续说，“什么时候可以准备好出发？”

“准备好？”约克问道，仍沉浸在这条消息给他带来的震动当中。“我简直不敢相信我的耳朵。”他后来回忆道，“我五分钟之内就可以准备好。”

突击队员们收拾好他们为数不多的物品，和俄罗斯军官们坐在一起吃了最后一顿黑面包，茶和卷心菜构成的午餐。

“我们要去哪里？”约克问道。

“到时候你就知道了。”

当天下午大约4点钟，飞行员们与俄罗斯人分别乘坐4辆汽车出发。在奥汉斯克待了七个月后，终于看着这个凄凉的村庄消失在了汽车的后视镜里，飞行员们都很激动。天上开始下起了雪，俄罗斯人开车驶向莫洛托夫，整个行程不过100英里，却用了12个小时，还换了几个备用轮胎。到了莫洛托夫，军官们将突击队员们安顿在一个酒店。“电梯停了，我们不得不走上去。”埃曼斯回忆说，“墙壁上还保留着红色的长绒装饰；旧的煤气灯装置仍在，只是不在使用，却昭示着沙皇时代这里曾有过的奢华。”

上校要来了飞行员的胸围，腰围和鞋码，为他们制作了俄罗斯制服，外加毡底靴子和带有一颗红星标志的毛皮帽子，以及带有锤子和镰刀标志纽扣的衬衫。上校通知突击队员他为他们准备了门票，是当天晚上列宁格勒芭蕾舞剧团的表演《天鹅湖》。事实证明，重返文明是令人吃惊的。“芭蕾舞剧的最后，我们和其他观众一起站起来鼓掌。”埃曼斯后来写道，“芭蕾舞演员优雅向观众谢幕，每一次她走出来的时候，向观众鞠躬后，都会专程走过来，向我们包厢这边鞠躬示意。”

几天后，俄罗斯军官护送突击队员们到机场，飞往南部城市，契卡洛夫，位于里海的东北方向。飞机即将到达，飞行员们向下望时，惊讶地看见下面的路面上有骆驼在行走，这种惊奇之感正如飞行员们在俄罗斯看到第一个、也是唯一一个抽水马桶时的心情。“契卡洛夫展现出的景象和别处一样，”埃曼斯回忆说，“同样衣衫褴褛的人们拖着沉重的步伐，默不做声。没有商店，在我们看来，也没有任何生意活动的迹象。看起来曾经是商店的地方，门口和窗户都被木板封了起来。”

在契卡洛夫待了几天后——其间一个晚上他们还去观看了歌剧——突击队员们爬上了火车。不同于西伯利亚铁路上的火车，这列火车上铺有红地毯，还有红色的豪华座位。“座位已经磨损得很厉害了，”埃曼斯说，“但是还没被磨破。”火车向南开了八天，穿过塔吉克斯坦和乌兹别克斯坦，随着外面的温度不断上升，每到一站，都会有商贩都举着各种水果叫卖。和约克同在一个火车包厢里的是一名矮壮的俄罗斯青年，叫尼古拉。他很乐意利用这个机会练习英语。尼古拉负责监督通过伊朗进口的租借物资，在他的座位底下，塞满了装满午餐肉罐头、麦斯威尔咖啡，当然，还有伏特加的小提箱。他很乐意将他的东西拿出来与突击队员们分享。

“你们要去哪里？”尼古拉问道。

“我们还一点儿也不知道呢。”约克回答。

“这是我们国家的典型做法，尤其是对陌生人。”

约克不失时机地想请他的新朋友帮助他们逃跑，但尼古拉表示反对。虽然他同情这些被扣留的突击队员，但他不愿违背政府的意愿。

“你必须要有耐心，”尼古拉建议，“你们会再次参加战斗的。”

火车驶入土库曼斯坦的首都，阿什哈巴德车站，高达一万英尺的山峰和崎岖的山脉将这里与邻国伊朗分隔开来。突击队员们向尼古拉告别，尼古拉也在这里下了火车。几辆汽车载着突击队员们来到了一个小土坯房，房子周围是泥巴砌的高墙。这座简陋的房子里面有几个房间，其中一间有两张床，另外一间有三张床，都是铁质的简易床，每张床上有一条毯子，但没有床垫、床单或是枕头。这座房子唯一的水源来自后院里的一个水龙头；地上的一个坑，三面用木栅栏挡着，这就是厕所。

“这可不是我给你们选的地方。”感到尴尬的上校向突击队员们坦白。

“家！温馨的家！”埃曼斯说，“显然，我们的住处从差变成了更差。”

约克也不顾及那么多了，他大叫道：“这群王八蛋！这些肮脏的、该死的混蛋！”

上校很快就离开了。每天晚上，一名当地官员会来查看飞行员们，而一名上了年纪，牙齿都已经掉光了的门卫为他们做饭。从 4 月 10 日开始，每天早晨，突击队员们都要爬上一辆公共汽车，到当地一个专门翻修两翼教练飞机的工厂上班。工厂的领班分配约克和埃曼斯去拆除飞机的机身，而赫恩登和波尔负责清洗仪器，拉班处理小型发动机。工作时间从上午 8 点一直持续到下午 5 点半。其间上午和下午各有一次休息，中午还有一个半小时的午餐时间，午餐是按量配给的面包和面条。

外部世界消息的唯一来源是张贴在工厂布告栏里的一份报纸，飞行员们每天都会仔细阅读。在这份报纸上，约克和他的机组成员获悉罗斯福总统发布了东京袭击的细节，以及日本人处决了一些飞行员。“这个消息让我们震惊。”埃曼斯后来写道。“想到我们还在为自己的运气而抱怨，这让我们感到惭愧。不过这并不会减弱我们要离开苏联的决心。”

在突击队员们到阿什哈巴德住下不久后的一个晚上，尼古拉来到了他们的门口，并由此开启了与这些美国人一系列的秘密会晤，通常飞行员们会去尼古拉家中吃晚饭。每次突击队员们都会缠着尼古拉，让他帮助他们逃跑。这样几个星期下来后，尼古拉终于说出：“很好，我可以帮助你们，我会帮你们的。但你们必须把自己完全交到我手中。”尼古拉警告突击队员们要保持耐心，在任何情况下都不可以独自试图逃跑。“边境有俄罗斯士兵把守，边境上除了有警犬和地雷外，还围着铁丝网。”他说，“光靠你们自己是跑不出去的。不要尝试！”

尼古拉答应提供帮助，这让飞行员们非常激动，正如埃曼斯所记录的那样：“我们的心情都飞上了天。”但这样的心情很快就消退下去，几天过去了，然后是一个星期。尼古拉告诉他们，他最初的计划告吹了，并警告突击队员们保持耐心，不要独自尝试逃跑。一天晚上飞行员们在尼古拉家里吃饭的时候，拉班喝得太多了，这种受挫的情绪达到了顶点。

“中士，为什么不吃点儿东西？”约克说。“这会让你感觉好些。”

结果喝醉了的拉班反而站到了餐桌上，对着尼古拉爆发了：“你和你那该死的叫做斯大林的老板都可以滚一边儿去了，”拉班喊道，“你们不过是群狗娘养的。”

“拉班，”约克跳了起来，握紧拳头，“闭嘴！”

“而你，”中士转而向他的指挥官约克发起了反击，“你这个狗娘养的，可以去死了。”

约克给埃曼斯使了个眼色。“你和赫恩登，还有波尔，把拉班弄出去，”他命令道，“把他带回家。”

赫恩登和波尔各抓住拉班的一只胳膊，将他拖出了门。埃曼斯告诉约克要试着挽回和尼古拉的关系，然后就跟着他们一起离开了。拉班叫嚷、咒骂着，被飞行员们拖到了街上。

“拉班，看在上帝的份上，”埃曼斯赶上他们后对拉班说道，“清醒一下，好吗？”

拉班绕着挨曼斯打转，然后猛击了埃曼斯一拳。埃曼斯感觉到血从他的左眉角喷出，他的怒火一下子被点燃了。他猛力回击了拉班，一拳打在了他的鼻侧，拉班的上排假牙飞了出去，掉在地上摔碎了。

半小时后，约克到家，他告诉埃曼斯，尽管拉班撕破脸皮，但尼古拉仍然同意帮助他们。灯光照亮了他朋友被打得发青的眼圈。

“到底发生了什么？”

埃曼斯将他和拉班用拳头互殴的事情告诉了约克。

“等我们出去后，就到军事法庭上去告他。”约克说。

尼古拉很快就有了一个新计划。他要将当地的一位走私者介绍给突击队员们，那位走私贩子可以帮助他们跨过伊朗的边境。

“我不能被看到和他在一起。也不能直接把你们介绍给他。不过这个人我一眼就能认出来。”尼古拉告诉他们，“他经常到这个城市广场来转悠。等到周日，我和约克一起坐在城市广场的长椅上，我看到那人就把他指出来，然后离开。剩下的就看你们的了。”

计划顺利展开。尼古拉指认出正绕着广场散步的走私贩子，约克跟上去，到那人的背后问道：“你是阿卜杜勒·阿兰吗？”

那人转过身，看着飞行员摇了摇头，继续散步。约克追上他。“你是阿卜杜勒·阿兰，”他重复道，“我知道你是谁！”

“如果我是阿卜杜勒·阿兰又如何？”那男人说着转过身面向约克。

“我想让你为我们做点事情。”

“什么事情？”

约克告诉他，需要把5个美国人从苏联偷偷带到邻国伊朗。那个男人拒绝了。

“我可以付钱，”约克说，“500卢布。”

“不可能，”走私贩子斥责道，“不要再跟我说话！”

“——或者付你美元！”

一提到美元，走私贩子停下了脚步。他开价800美元，把这些美国人送到马什哈德，那是伊朗的第一大边境城市，也是英国领事馆所在地。约克在大黄蜂号上打牌赢了大约250美元。另外还有埃曼斯赢了60美元，剩下的三位飞行员加起来赢了能有40美元。

“100美元.”约克出价。

走私贩将价格回到700，但约克继续砍价。

“400，”阿兰用英语结结巴巴地说，“否则不去！”

“我们一共只有250块。”约克说。

“成交！”

整个计划听起来非常简单。5月10日午夜之前会有一辆卡车开到飞行员们住着的土坯房前面。当卡车熄火后，他们就爬进车斗里躺下。等到了日出的时候，突击队员们就已经到了伊朗。“这似乎是个梦，”埃曼斯回忆说，“就在眼前——我们要走了！”

在接下来的几天里，突击队员们白天在工厂做工，焦急地等待着那个晚上的到来。飞行员们数出要给走私贩的那250美元费用，将剩余的钱都给了尼古拉，他为突击队员们准备了一个行囊，里面装着伏特加、鱼子酱和一份马什哈德地图，上面圈出了英国领事馆的位置。到了出发的那个星期一，随着午夜的临近，飞行员们焦急地站在窗边等待。“外面的夜一片沉寂，”埃曼斯回忆说，“谁也没有开口说话。我们都屏息凝神地听着，想要听到汽车发动机的声音。”

午夜到来了——又过去了。“突然，我们全都听到了那个声音，”埃曼斯写道，“绝不会错，那就是卡车换挡减速时发动机发出的那种声音。这辆车正在转弯开到我们这条街上。”

突击队员们溜到外面，打开大门，看着卡车在前面停了下来。就是它了——这一刻飞行员们已经等了很久了。飞行员们爬进卡车的车斗里。一根火柴照亮了阿卜杜勒·阿兰的脸，他要钱。约克给了他100美元，但走私贩要求交250美元。

“剩下的钱——到马什哈德再给，”约克反驳，“在马什哈德——再给更多的钱！”

走私贩子勉强同意了，他发出嘘声，让飞行员们快躺下，而后就爬到卡车的驾驶室里和司机坐在一起。突击队员们听到司机转动点火钥匙，但就是打不着火。“打了一次又一次，还是启动不了，”埃曼斯后来回忆道，“就是打不起来。”

阿兰爬出驾驶室，向卡车里瞥了一眼，他说司机必须得到城里去弄个零件回来。他建议卡车上只留两名突击队员等待，其他三人先回到土坯房里。时间一分一分地拖延下去，司机终于如约回来，带着零件。几分钟后，卡车启动了。突击队员们爬进后车斗，用油布把自己遮盖起来。“那辆卡车的车斗无疑是坚硬的，但我们却觉得它犹如一个玫瑰花搭成的床，”埃曼斯写道，“它正载着我们离开那凄凉的、不信神的国家——我们希望如此！”

卡车出发后驶上了一条高速公路，它朝着群山的方向开去，车身随着加速发出咔哒咔哒的响声。“我们能看出来车子正向南行驶，”埃曼斯回忆说，“我们拿掉了遮蔽的油布。正是晚上，没人能看到我们。路上也没有其他车辆或任何东西。”

突击队员们感觉到司机减了档，卡车开始向山上驶去。又过了一个小时。卡车慢了下来，停靠在了路边。司机拿着一把螺丝刀给卡车换了车牌。车子再次启动，但很快又靠边停下了。

“出来。”有人命令道。

突击队员们爬了出来，与此同时，灌木丛中走出来了一个人， 他的脸在黑暗中模糊不清。

“过来，”陌生人示意，“快点。”

飞行员们排成一队，跟着这位神秘的向导徒步向山上走去。他们刚走出几百英尺，卡车就沿着公路开走了。在山上徒步行走很困难，因为由页岩构成的山坡上完全没有植被。“你往上走一步，能被滑下来两步，”埃曼斯回忆说，“坦率地说，我们一直在努力地跟上那个家伙。”

徒步行走很快就让约克筋疲力尽，他在黑暗中呕吐起来。“我觉得自己已经走不动了，”他说，“要不你们到我前面去走吧？”

其他队员拒绝了，他们坚持要向导慢下来。飞行员们听到远处传来一声来福枪的响声，枪声在峡谷的岩壁间回荡，接着传来狗叫的声音。终于，突击队员们开始下山了，下山的路要好走得多。在某一处，向导要他们趴下，缓缓地匍匐前进，后来飞行员们猜测他们当时可能是在穿越边境线。在黎明到来前不久，筋疲力尽的突击队员们倒在了高速公路旁边的一条农渠里，他们身上的衣服在这次跋涉中已变得褴褛不堪。那辆最初带他们进山的卡车很快出现了，从高速公路上开了下来。飞行员们爬进后车斗。“给我们当向导的那个家伙不见了，”埃曼斯回忆说，“我们再没有见到他。他只是带领我们越过边境的一个神秘人物。”

司机开动卡车，重新驶回到公路上。虽然现在飞行员是在伊朗，但俄罗斯军队仍然占据着边境附近的某些地区。突击队员们感到卡车慢了下来。埃曼斯从油布下面向外偷偷张望，他看到了一个检查站。一个木质的拱门横跨在公路上，拱顶中心有一颗红星和一幅斯大林的画像。卡车停了下来，埃曼斯可以听到司机愉快地在和俄国士兵交谈。然后他听到了靴子踩着碎石的声音逐渐靠近卡车的后斗。突然，油布被人一把扯了下去。“我的目光就那么直接地盯在了一张离我不足十二英寸的脸上。这人的脸上留着胡须，头上戴着的毛皮帽子上有一颗红星。”

“哦，我的上帝，”这位飞行员心想，“我们被抓住了。”

埃曼斯闭上眼睛，僵在了那里。卡车外面的交谈仍在继续，当埃曼斯睁开眼睛看时，那张俄罗斯面孔已经不在了。他突然感觉到卡车又开始移动了。“慢慢地，护栏、拱顶、斯大林画像和红星掠过我们的头顶，被留在了身后，”他回忆道，“我这才感到了宽心。”

卡车沿着高速公路继续行驶。现在太阳已经出来了，飞行员们可以看到周围的景色。“这是一个荒凉的国家；满眼望去，没有树木，只有页岩向远处延伸，”埃曼斯回忆说，“在我们前方山谷的下面，有一个闪闪发光的金色圆顶，正迎着太阳升起的地方。”

卡车沿着公路走了一个上午，中午时分，停在了路肩上。阿卜杜勒爬出驾驶室，走到后面来。

“下来，”他命令道，“钱。”

“马什哈德。”突击队员们抗议道。

“不可能，”走私贩子指着路下方几英里外的小镇，他告诉突击队员们“守卫——俄国人。”

他们从车里爬了出来，交出了剩下的150美元。卡车掉头开走了。飞行员们走下高速公路，来到大约100英尺远处的一个弹坑里。又累又饿，他们拿出了尼古拉为他们准备的盘缠。

“好吧，我们到了！”约克宣布，“在波斯（现称伊朗）马什哈德几英里外，坐在一个弹坑里吃鱼子酱，黑面包，喝着伏特加。我在想有多少美国人能有这样的经历。”

“我们还没到马什哈德。”赫恩登警告说。

他们决定让约克和埃曼斯先偷偷混进城里，找到英国领事馆，去请来帮助，而其他人就在大坑里原地等待。他们把伏特加酒瓶摆放到弹坑的边缘作为标识。

两名飞行员沿着高速公路出发了。快靠近城市的时候，路上出现了来来往往的当地人。但似乎没人注意到这两名飞行员。从这里进入马什哈德要通过一座桥，桥上有守卫的俄罗斯哨兵。每当有车通过时，俄罗斯人就会拦下进行搜查，这个过程会有几分钟的时间，可以分散哨兵对步行入城者的注意。

两位飞行员一边等待着完美时机的出现，一边拿出尼古拉交给他们的城市简图进行记忆。这时一辆卡车向桥边驶去。

“我们的机会来了！”约克宣布。

哨兵拦下卡车开始检查，而这两个飞行员就混在其他行人当中过桥。“跨过这座桥不过是50英尺的长度。但想要撒腿就跑的冲动几乎是无法抗拒的。”埃曼斯回忆说。“我们通过后没敢回头看，只是加快了脚步。”

进入城里，两位飞行员惊讶地看到商店在出售俄罗斯买不到的香烟和其他商品。他们前面出现了一个俄罗斯巡逻队。飞行员赶快挤到街对面，趴在商店的橱窗外，假装在看橱窗里的商品。待到巡逻队走过，飞行员一口气穿过通往领事馆的最后几个街区，来到了一座刷着白墙带有拱形入口的建筑的附近。几个士兵在门前站岗。“我们深深地吸了一口气，”埃曼斯回忆说，“我们假装不经意，悠哉悠哉地走到了拱门的对面。然后突然转身，向里面冲去。”

伊朗士兵从卫兵室里一下子涌了出来，用刺刀将突击队员逼到墙边。

“美国人！美国人！”飞行员们大喊着，“英国领事！”

一位包着头巾的官员走了过来，上下打量着飞行员。“英国领事不在，”他终于开口说，“副领事在这里。”

“很好，”飞行员说道，“那就副领事。”

警卫员带领飞行员走进了领事馆，飞行员们惊叹于这里的草坪、鲜花和游泳池，它们看起来简直是完美的。一只被长绳拴住的羚羊在院子里玩耍。这里天堂般的景象让埃曼斯想到了伊甸园。

“你见过这么漂亮的地方吗？”约克问埃曼斯。

“从没见过！”

两位飞行员将他们的名字和级别写在一张纸上，并标明自己是美国陆军空军成员。警卫拿着这张纸出去了。还不到一分钟，门猛地被推开了，副领事走了进来。

“我的上帝，”他大声说道，“你们到底是从哪儿冒出来的啊？”

飞行员向这位英国人说明了其他三名突击队员所在的位置。45 分钟后，机组成员们就团聚了。这些精疲力竭的突击队员们会在几天之内开始他们漫长的回国之旅，他们将经由印度前往北非，再从北非到南美，最后到达华盛顿。不过，在领事馆几天的短暂停留里，他们将感受到英国人的热情好客，盛情的款待从那天下午，从副领事那里就开始了。

“想不想来杯威士忌加苏打？”

第二十五章

在战争中，比如现在正在进行的战争，仅存的法律和习俗支配着交战国之间的关系。

——专栏作家欧内斯特·林德利，1943年9月23日

在日本人处决霍尔马克、法罗和斯帕茨的同一天，卫兵直奔江湾监狱的其他五个突击队员。在一个有雾的灰蒙蒙的早晨，穿着崭新的制服，手持步枪和军刀的日本兵把飞行员们一个接一个从牢房里拖了出来。“虽然我们被关在单独的牢房里，没有相互沟通的机会，但我们都得出了相同的结论——如果被判决为死刑，我们将要试着越狱。”博比·海特和雅各布·萨泽后来写道，“这听起来有些奇怪，但我们大多数人都用牙刷武装了自己。我们设想我们可以从用牙刷猛戳守卫的脸开始越狱。”

卫兵们押着飞行员们走进审判室。突击队员们警觉地意识到只剩五名飞行员了：海特，萨泽，蔡司·尼尔森，乔治·巴尔和鲍勃·米德尔。霍尔马克在江湾监狱停留的一夜是在一个单独的牢房里度过的，其他人认为，他仍在房桥监狱，在与痢疾的斗争中逐渐恢复。日本人在前一天晚上从牢房里带走了法

罗和斯帕茨，但他们再也没有回来。其他人去了哪里？很快他们就没时间猜想了。“我们在审判席前列队，”海特和萨泽回忆道，“盯着我们的审判官们的眼睛。”

日本人宣读了一段声明，然后转向了翻译。翻译双手颤抖，汗水从他的脸上流下。

“你们因为对学校进行轰炸和扫射而被判死刑。”翻译开口了。

飞行员们缩紧身体，如果被裁决为死亡，就随时准备逃跑。卫兵感到了这紧张的气氛，紧握军刀的刀柄。

“但是因为天皇的仁慈，”翻译继续说，“你们被改判为享受特殊待遇的终身监禁。”

判决就这样结束了。整个过程持续了不到三分钟。卫兵押着突击队员们回到他们的牢房并把他们单独监禁起来。“我不禁感到一种奇异的欣喜，虽然要在单独监禁和漫长的战争中等待任何可能重获自由的机会，”萨泽后来说，“同时，想要重获自由几乎是毫无希望的，因为如果美国赢得了战争，那时我们最可能遭遇的就是被日本人处决。”

在 3 号牢房的地上，米德尔刻上了日期以及他的姓名、等级和编号。他写明他隶属美国陆军航空队，并且是 B–25 特遣队中的一员。他在最后恳求将来任何读到他信息的人：“通知美国陆军——终身监禁。”

同样，其他突击队员使用鱼骨头和贝壳的碎片在地上刻字。为了打发时间，巴尔刻了一个日历。在他放弃之前，他标出了 10 月 1 日到 10 月 23 日。他甚至再也没有写出 10 月其余的几天，或者填上他为 11 月的日历画出的空格。在他的单人牢房的门上有四块木板，战争罪行研究员后来发现这位领航员在上面刻上了个人证明：

中尉巴尔，美国陆军航空队——第 34 轰炸机中队——美国哥伦比亚市，1942 年 4 月 17 日从大黄蜂号航母上起飞——轰炸了日本的名古屋——飞行了 17 个小时到达中国——燃料耗尽。跳伞——于 1942 年 4 月 18 日被俘。

湿热的夏天让位给了气温低至零下的严冬。飞行员们在没有取暖设施的单人牢房里挣扎着用仅有的几条毯子保暖。在 12 月，日本人把突击队员们移到更大的一间牢房里。“我们是如此激动又如此渴望能待在一起，”海特回忆，“以至于每天我们不停地互相聊天。”

大米和萝卜或洋葱汤组成的贫乏饮食持续损耗着他们的健康，尽管飞行员们试着练习健美操。萨泽用脚蹬着一面墙而手顶着另一面墙爬到狭窄的单人牢房的上方。在高处他透过窗口看到了延绵数英里的乡村。海特设定了每天做20个俯卧撑的目标，却发现他虚弱的身体几乎做不了十个。一次他把自己推起来时昏了过去，头撞到了地上。

痢疾很快增加了海特的麻烦。日本人把其他突击队员转移到了别的牢房，只留下米德尔帮忙照顾他生病的朋友。海特被俘时设法留住了几美元，他用来说服卫兵给他买一些额外的食物来帮助他恢复健康。虽然他没有与其他突击队员分享这笔钱，但后来这样的做法让他感到后悔。“这些都是你作为囚犯时会发生在你身上的事情，”他回忆道，“有时你发现自己身上的一些东西并不美好。”

1943年4月17日，日本人把这几人移出了江湾监狱，这几乎是他们从大黄蜂号的甲板上起飞的一整年之后了。卫兵押解戴着手铐的囚犯登上了飞机，把他们铐在座位上，并摘掉了他们的蒙眼罩。飞行员很高兴有机会看到外面的风景。“平原上点缀着稻田，”萨泽和海特回忆道，“我们当时想，之前没有为了重获自由而越狱是多么幸运。这片区域根本无处藏身。如果越狱了，我们很可能轻易就被抓获，而且很可能当场就被射杀了。”

飞行员们被送到南京的日本军事监狱——用砖块和混凝土建造起来的新设施，高墙环绕——对外宣称只有12间牢房，幸运的是没有害虫。突击队员们再次被单独监禁，在9乘12英尺的牢房里，只有尼尔森和巴尔的牢房要大上几英尺。唯一的一扇窗户在离地7英尺的高度，仅能透过有限的光线。警卫通过木门上的视窗查看囚犯，并从一个靠近门底部的6英寸镶板递进食物。“牢房内的设施只有一个草垫儿和三张非常薄的棉质毯子，”海特和萨泽说，“当我们想坐下时只能坐在混凝土的地面上。”

突击队员们适应了在新监狱的生活，一天中唯一期盼的事情是在每天上午10点30分到监狱的院子里锻炼半个小时，但前提是天气允许的情况下。“其余的时间，”他们回忆道，“我们只是坐在或者在狭窄的牢房里来回踱步，就像关在笼子里动物。” 几天过去了，几周过去了，然后几个月过去了，飞行员们独自在混凝土的牢房中与孤独和疲乏战斗。“一天开始了，一天结束了，每天都是相同的——坐在我们的牢房里无所事事。”海特和萨泽写道，“在我们更多地了解了警卫之后，我们有时候和他们会开玩笑说，日本会输掉这场战争。通常，这会激怒他们，他们常常会拔出刀来威胁我们。接着我们就大笑并示意他们进入牢房进行威胁，但他们从来没有这样做过。”

日本人找到了其他方法进行报复，巴尔后来证实：“一些警卫会折磨我们，把我们叫到小窗口前然后向我们脸上吐口水或者让另一名警卫突然向我们已经寒颤的身体泼冷水。”虽然飞行员基本上幸免了其他中国囚犯遭受的殴打——中国囚犯的尖叫声不时在整个监区回荡，他们受到的惩罚更加微妙但同样严酷：克扣的食物。警卫有权控制谁可以活下来——谁要去死。突击队员们意识到，把警卫们逼急了并不是明智的举动。

一天，尼尔森把铝制水杯翻过来时发现杯底刻了一条消息：“康尼•巴特斯，美国海军陆战队” 。1941 年 12 月，日本人在威克岛俘虏了巴特斯。这是飞行员们第一次猜测到南京监狱可能关有其他被俘虏的美国人。尼尔森擦掉了巴特斯的名字并刻上了自己的名字。杯子从一个牢房传到另一个牢房，直到最后回到巴特斯手里，他在上海监狱期间设法收集到了关于战争进展的各种报道，他与大家共享了这些消息。大家称这种原始的通信系统为“锡杯新闻服务” 。

“俄国人已经兵临德国边境。”一条信息写道。

突击队员可供交换的消息几乎只有他们的名字，用指甲或鱼骨头刻在杯子底部。谁发现了消息会就会把它擦去，这样巴特斯就知道有人收到了这条消息。收到消息的人会在放风时低声把它传递给其他人。“通过这种方法，我们知道了美国人在欧洲和亚洲同时大举进兵，”海特和萨泽后来写道，“当然，这消息非常简略，但它至少是条好消息，它比其他任何事情都更能让我们保持理智并满怀希望。”

随着时间的推移，警卫发现了他们的通信系统，这迫使他们改变了联络方式。米德尔发明了一种通过莫尔斯代码交流的基本方式：在墙上的一次轻敲等于一个点，刮擦墙壁一次等于一个破折号。这位富于创造性的飞行员同样想出了大部分警卫的绰号，例如丑大个儿，丑小个儿，呆子，骡子和弗兰肯斯坦等。“他甚至可以在日本人最残酷的虐待中看到有趣的事，”海特和萨泽回忆道。“他坚信他会活着出去，他在牢房的墙壁上敲出了他的战后计划。他想在俄亥俄州的莱克伍德市开设一家面向男士的家具店。”

在9月初，当湿热的夏天让位给凉爽的秋天时，米德尔患上了痢疾。粗劣的口粮已经严重削弱了他5英尺11英寸的身躯，其他飞行员形容他变成了“牙签”。脚气病很快成了他的新麻烦。米德尔变得如此衰弱，到11月他已不再离开牢房到外面锻炼。除了在草垫子上打滚，他几乎什么也做不了了。“我们请求去护理他，”巴尔回忆道，“善良是我们仅有的药物，但它一定会奏效的。然而我们的请求被拒绝了。”

在12月1日，突击队员们说服米德尔外出锻炼。他的脚如此肿胀，以致于他唯一能做的就是坐在台阶上晒太阳。一个卫兵过来骚扰他，而米德尔直面挑战。

“听着，”他的话里夹杂着英语和日语，“虽然我病了，但我仍然可以撕碎你们这群该死的家伙。”

他猛地挥拳，没有打中卫兵却跌倒了。“这一幕看起来有些悲哀，但看到他即便在如此糟糕的状态下仍然具有顽强的意志，却是件好事。”海特回忆道，“鲍勃知道自己的状态真的非常糟糕。他只剩下一副骨头架了。”

海特问米德尔是否能为他做些什么。

“只有祈祷了。”米德尔回答。

后来在其他人的帮助下米德尔回到了牢房。海特的牢房就在米德尔的隔壁。他听到这位同事告诉了被称为独眼巨人的卫兵他父母家的地址，并请求他如果自己死了，请他写信告诉自己的父母并把自己的衣服寄给他们。

那天晚上巴尔协助警卫分发晚餐。他从门下面的窄缝把米德尔的餐具推了进去，但没有听到任何动静。这位导航员叫来了一个守卫，打开了牢门，发现米德尔死了。

战后发现的日本人关于米德尔死亡的医学报告，描绘了一幅大费周章的，然而却虚伪的，努力拯救他的场面，从当他刚刚生病时给他注射特殊的葡萄糖和维生素 B，到他死去时不顾一切的最后努力。“立即进行了人工呼吸并在皮下注射了 3.0 毫升的樟脑，在心脏注入了 1.0 毫升的肾上腺素，”报告说，“但是病人未能复苏。”

第二天，锯和锤子的声音响彻监狱。不知道他的朋友已经死了，萨泽从窗户向外张望，惊讶地发现警卫们在建造一口棺材。12 月 3 日，卫兵押着所有囚犯来到米德尔的牢房。日本人在米德尔的嘴里塞了棉花。“鲍勃的身体躺在一个粗糙的木箱里，他的胸前放了几朵菊花。”海特和萨泽回忆道，“我们每个人都默默祈祷，但没有举行任何宗教仪式。”

米德尔的死亡让大家非常痛苦；日本人抓住这个机会作为折磨他们的手段。“在那之后的好几天，每当卫兵路过鲍勃的牢房时，就会喊出他的号码 (3 号),”海特和萨泽后来写道,“他们会站在那里等待回应,当然不会有人回应了,然后他们就大笑起来。”

米德尔常常说，他宁愿让他的家人知道他死了，也不要活着却没人知道。他留下了一封给他的父母和妹妹的信，封签上写着：“只有当我死了时才能打开。”

“我于 1941 年 12 月 7 日写下这封信——在那命中注定的一天，日本人引燃了熊熊战火。遵从上帝的旨意，我应征入伍，我祈祷我做出的努力能够有所裨益。”米德尔开始了他最后的告别。“给你们写这封信的主要目的，是在这个非常的最后时刻安慰你们。在这段时间，所有人都被卷入了冲突中，而你们这些不得不牺牲所爱之人的人是斗争中真正的英雄。连英雄这个词都不足以表达。记住，一个人的灵魂大于他的躯体；因此，你们没有失去我，我的精神将永远与你们同在，注视并帮助你们，如果可能的话，无论“极乐世界”在哪里？勇敢起来，不要痛苦，坚强起来，不要被击垮。这就是你们这些我最爱的人的任务。民主永存。这就是我们为之而做出的牺牲。”

米德尔向他的家人提出了最后的请求。“请承诺永远不要因为任何事情而分开，”他写道，“修补任何琐碎的分歧——继续作为一个充满爱的家庭在这个世界上尽责。妈妈爸爸，不要错把任何事情看得过分重要，导致分居或离婚。桃瑞丝－梅，永远不要让你对爸爸妈妈的爱减少。我请求你们这样做，作为对我的纪念。我知道你们不会让我失望！”米德尔重申，他希望他的父母和妹妹不会被他的死击垮。“我深深祝福并爱着你们所有人；我非常确定在未来的生活里我们将会一起过上更幸福的生活，”他总结道，“上帝保佑并保护你们。鼓起勇气来！”

战后，杜立特于1945年10月18日在克利夫兰市进行了一次演讲。米德尔的父母出席了这次演讲。“他光荣地完成了使命，”杜立特告诉米德尔的父母和观众，“他不仅是这场战争中出色的英雄，更是为了你我的自由而牺牲的烈士。鲍勃是野蛮的日本鬼子的牺牲品，他们在憎恨的祭坛上杀害了他。”

米德尔的牺牲使得其他囚犯每顿饭都多了两个小面包，但它也给了他们一个教训。“我们中的任何人随时都可能离去，”海特想道，“我们可能都会死掉，他们可以弄死我们，而且永远不会有人发现真相。”

时间一个月一个月流逝，突击队员们变得越来越沉默寡言。孤独折磨着他们。“我们必须同自己战斗，”海特和萨泽说，“不让自己发疯。”大家都活在自己的幻想中。尼尔森设想着将来他为自己建造的房子，而海特筹划着在家乡德克萨斯州建立农场。“我思考着当我出去之后享用的美餐。或者我会计划越狱的具体细节，然后在我的脑海里仔细检查每一步，”巴尔回忆道，“接着我在头脑里养羊，养兔子，养猪或者种小麦。我在头脑里经历着每一步，播种，施肥，除草。我在虚构的鸡笼里养鸡。也许我会在某个职业上‘工作’几天，接着变为另一种职业，然后又回到第一种职业。在这样的环境下，头脑能做到的事情实在让人惊叹。”

大家偶尔还会与警卫发生争斗。一天放风之后，当警卫试图让巴尔用雪洗脚时就发生了这样的争斗。这位导航员拒绝了警卫的要求，转身返回牢房。警卫用剑劈向了他的腿。“我看到了红色，”巴尔后来写道，“我转过身来，一拳打在他的鼻子上。他倒下了，其他警卫跑去帮助他。我很虚弱，但是日本人不知道如何使用他们的拳头，我打得漂亮，直到被绝对多数的警卫制服。”

警卫们把巴尔从牢房拖到了外面的院子里。两名警卫抓住他，其他警卫给他套上了一件紧身衣，并拉紧束缚带，它挤压着他的胸口，使他透不过气来。

“当你无法呼吸或移动你的手臂来保护自己时，你马上就会变得恐慌了。刚开始并没有疼痛感，只有可怕的窒息。我身体向一侧弯曲，因为在这个位置上似乎可以喘息到更多的空气，”他回忆道，“接着疼痛开始了。开始时只有麻木，但是当血液强行通过被压迫的通道时，出现了可怕的疼痛。我能听到自己为了争取呼吸而发出了像动物一样的声音。我的眼球和鼻子里有巨大的压力。我因为恐慌和痛苦几乎变得歇斯底里了。”

其他囚犯被迫回到他们的牢房里，听着巴尔痛苦的呻吟。“我们能听到他啜泣的声音，”海特和萨泽回忆道，“但我们什么忙都帮不上。”

半小时后，警卫们把束缚带拉得更紧了。监狱长冷静地盯着巴尔，等待着每一分钟在秒表上滴滴答答地流逝。“我的肺、心脏和肝脏都碎裂了，肋骨也刺了进去，”巴尔写道，“汗水从我的脸上倾泻而下，流进了我的眼睛，尽管这天的天气十分寒冷。”

最后，警卫在一个小时之后松开了他。巴尔遭受的残酷惩罚激怒了山岬，为数不多的对这位导航员流露出同情心的警卫之一。“山岬和众多警卫站在一旁，看着我被被扔进雪堆里呻吟和流汗，但他没有笑，”巴尔回忆道，“当放开我的命令传来的时候，他是第一个跑上来解救我的人。”山岬护送精疲力竭的飞行员回到牢房，用隐蔽的姿势给了他一根烟。“他冒着可怕的风险这样做了，”巴尔回忆道，“我永远不会忘记那根烟或者他。”

大家与饥饿带来的磨人的身体疼痛作战，依靠稀薄的米粥和不加糖的茶生存。“有时你变得什么都不想吃，但是你仍然极为饥饿。”巴尔回忆道，“你吃东西是因为本能告诉你，你必须吃东西才能活下去，但我不得不强迫自己才能把食物吞下喉咙。”飞行员们极为消瘦，混凝土的地面都使他们感到疼痛。脚气病更是加剧了他们的痛苦。“有时脚气病引起的肿胀的是如此严重，我们必须把眼睛周围的肿胀向下推才能睁开眼睛，”尼尔森后来写道，“我们的脚、手、胳膊和腿会膨胀得仿佛变成了棒状。我们的关节频繁疼痛，有时走路都变得艰难了。”

饥饿和绝望的苦难岁月迫使大家思考一些不同寻常的问题。“我们开始思考许多关于死亡的话题。”海特和萨泽承认。“放风时我们谈论着这个话题并想知道为什么米德尔被神带走了。对我们唯一的慰藉是，这一定是上帝的旨意。”

“关于宗教我们思考了许多，”巴尔补充道，“当你处境艰难时，上帝是唯一能让你依靠的东西。”尼尔森同意巴尔的观点。“信仰让我活着，”他说，“对我的国家，我的宗教和我的造物主的信仰。”

海特给监狱长写信，请求得到一本《圣经》。让他吃惊的是，一本圣经很快就被送到了手上，金·詹姆斯的译本，还贴着 1.97 美元的价签。“这有点像一个人在沙漠中发现了凉爽的水池。”他回忆道。“我们没有任何东西可供阅读。我们没有报纸，没有收音机，也没有书籍，我们什么都没有。这本圣经的出现，对于我们来说真是一个大事件。”

大家轮流阅读圣经，把它从一个牢房传到另一个牢房，每个人都在昏暗的光线下聚精会神地阅读。“第一年和第二年的上半年，我靠仇恨活着。憎恨是一种非常强烈的情感，”海特回忆道，“我认为我们能在一定程度上团结在一起，靠仇恨活下去，而不是屈服并放弃。”萨泽回应了海特的话，他后来写道，对日本人的仇恨几乎使他发疯了。“日本人对待我的方式，使我不得不向基督求助，”他回忆道，“不管他们对我做了什么，我都向上帝祈祷。我祈祷得到活下去的力量。从某种角度上来说，我祈祷得到宽恕他们对我所做的一切的力量。”

敌意和愤怒很快消失了。“我们决定不再憎恨我们的守卫，虽然他们不怀好意。他们愚昧而刻薄，但也许——我们想——他们也是善良的。唯一能让他们的善良显现出来的方法是理解和教育，而不是像他们虐待我们那样残酷地虐待他们。”海特和萨泽后来写道。“军官是不同的。他们受过良好的教育。他们发出残酷的命令。他们必须为此受到惩罚。但他们受到的惩罚应该是公正的。他们不应该像我们一样挨打。他们应该在法院受到审判并像我国的罪犯那样受到惩罚。”

萨泽受到的影响最大。“有一天在牢房里，我感受到了上帝的召唤，就像有一个声音在对我说话。”他回忆道，“我不是说听到了一个声音。它更像是一种真理的闪光。我甚至试着去想别的事情，但我做不到。”他在南京监狱可怕的牢房里决定，如果他在战争中幸存了下来，他将前往日本做一名传教士。他觉得沉重的负担消失了。“饥饿和寒冷监牢不再让我感到恐惧。这一切都是暂时的。当我知道上帝拯救了我，甚至死亡也不能对我构成威胁，”他回忆道，“天堂里没有疼痛，没有痛苦，没有悲伤，没有孤独。”

这位投弹手开始将他的新信仰投入实践。他忽略了警卫们的敌意，而是尽力和其中的一位警卫做朋友。

“你好吗？”他每天都微笑着问候。

令萨泽吃惊的是，六天之后，这位警卫送给他一枚红薯。“乖乖，”他想，“这确实奏效。”

1944 年夏天，海特在日本人给他接种疫苗之后病倒了。这位身高 6 英尺的飞行员的体重下降到约 88 英磅，而他的身体整整 5 天都在发烧，达到了 41 摄氏度。日本人把他移到一间装有纱门的牢房，但在那时，他已经因为太虚弱而无法说话。“我病得非常严重，甚至无法抬头，”他说，“我只是躺在那里。”

一天，这位飞行员听到尼尔森和萨泽就在他门外。“海特明天就不会在这里了，”尼尔森说，“我觉得他撑不下去了。”

这个消息令海特寒颤。“我以为自己要死了。我向主祈祷，告诉他，如果这是他的旨意，我愿意去死。妈妈是一位寡妇，她需要我，但是我并不畏惧死亡，因为我相信主。”他后来说，“这是件最神奇的事情。我从那时起开始好转了。”

时间一周周转眼过去了，夏天变成了秋天，1944 年变成了 1945 年。1945 年 6 月 12 日早上 6 点半，警卫们拿着头套和手铐，最后一次出现在了突击队员面前。飞行员们在那天上午的晚些时候，登上了开往北平——自 1928 年以来被正式命名北京——的火车，开始了 40 个小时的旅程。警卫摘掉了头套，但把飞行员们铐在了座位上。这辆火车同时还运输日本军官，所以飞行员也享受了同样的食物，其中包括牛肉。“这是我们三年以来吃过的最好的食物。但是警卫拒绝给我们任何水。结果是，我们 48 个小时什么都没喝到，”海特和萨泽写道，“当我们达到北平时，真的渴得生病了。”

在 6 月 14 日中午，突击队员们到达了北平。警卫给飞行员们戴上头套，然后用车把他们运送到华北1407监狱，位于首都北路上出城大约4英里的位置，一个被关在那里战俘在战后的证词中描述为“地狱”的地方。突击队员们被关押在10英尺乘10英尺的牢房里。两扇小窗是仅有的光源，其中一个在沉重的木门上，对面是一条走廊。警卫允许囚犯们每周洗一次澡。“我们仍被单独关押，而在北平我们甚至没有半小时的放风时间，那是我们在南京的基本待遇。”海特和萨泽写道。“我们的牢房同样简陋。”

警卫的情绪充当了战争形势的晴雨表。美国人的海上攻势在1944的夏天已经达到了一个高潮，收复了的马里亚纳群岛，太平洋上的最后一枚勋章。火山岩群岛，关岛、塞班岛和天宁岛——距东京南部仅有1 500英里——为美国的B- 29轰炸机提供了向日本发动攻击的基地。B–29轰炸机把日本的工业城市夷为废墟，继续着吉米·杜立特和他的79位突击队员开始的战斗。日本失去了马里亚纳群岛，不仅导致了东条英机和他的内阁下台，还导致海军大将永野修身——裕仁天皇的最高海军顾问，说出了这场战争最生动的四个字：“地狱降临。”

而地狱真的降临了。

一天又一天，一周又一周，数以百计的B–29超级空中堡垒遮蔽了日本的天空。波音公司的工程师们不遗余力地开发航空巨兽，这种飞机如此强大，甚至杜立特称其“撼动人类的想象力”。这种四引擎的轰炸机不仅能飞行东京突袭两倍的距离，还能运载杜立特的飞机运载弹药的五倍。1945年3月9日到10日，美国对东京的燃烧弹空袭显示了B–29可怕的力量。空袭引发的火灾如此猛烈，以至于200英里之外的飞行员可以利用火焰进行导航，火灾产生的烟尘甚至熏黑了轰炸机的机腹。这次空袭是战争中对城市地区造成最大破坏的单次攻击，共造成83 793人死亡，另有40 918人受伤，并导致100万人无家可归。“我从没见过这样的破坏。”《波士顿环球报》的记者马丁·谢里丹写道，他登上了一架参与行动的B–29轰炸机。“我不仅能看到东京的许多区域在猛烈燃烧，甚至还能闻到燃烧的味道。”

夜复一夜，轰炸机不断重创日本的主要城市。几年以前，当杜立特在那个下着细雨的清晨从大黄蜂号的甲板上发动他的B–25轰炸机时，这样的空袭还只能是梦想。随着工人们装配出更多的轰炸机，这支空中的无敌舰队也愈发壮大，有些晚上，超过 500 架的超级空中堡垒在人们头顶的天空轰鸣。在战争的最后几个月里，B–29 对日本出动了超过 28 500 架次，对 66 个城市投下了将近 160 000 吨炸弹。产生的后果是惊人的。美国将 158 平方英里的日本城市夷为平地，其中东京超过了 50 平方英里、大阪 15 平方英里，名古屋 11 平方英里。据战后日本的记录，空袭造成 33 万人死亡，造成另外 475 000 人受伤，并使 850 万人无家可归。“日本最终将失去所有城市。”7 月份当德国投降后，杜立特抵达太平洋地区时宣布。“一个游牧民族。”

对日本的攻击最终升级了。8 月 6 日 2 点 45 分，在这个闷热的早晨，上校保罗·蒂贝茨驾驶的 B– 29 轰炸机咆哮着从太平洋岛小岛天宁岛上的珊瑚礁跑道起飞。他的荷载包括一颗原子弹，“小男孩”，一个具有讽刺意味的绰号，专家们预计 2 000 架满载弹药的 B–29 造成的破坏才能与之匹敌。蒂贝茨出现在广岛上空，并在 8 点 15 分投下了炸弹。43 秒之后，原子弹爆炸。爆炸产生的温度超过了 3 200 华氏度，使屋顶的粘土瓦片沸腾起来并瞬间蒸发了受害者。战后，美国调查人员估计，此次袭击使超过 4 平方英里的市区夷为平地，造成包括男人、妇女和儿童在内的大约 8 万人死亡，并使另外 10 万人受伤。三天之后，第二架 B–29 咆哮着从天宁岛黑暗的跑道上起飞，携带被称为“胖子”的原子弹。对长崎的袭击将 1. 8 平方英里夷为平地，造成约 45 000 人死亡，并使多达 6 万人受伤。

那天早上，萨泽在中国的监狱里醒来时听到内心有一个声音催促他去祈祷。杜立特的突击队员们的健康已经达到了新低。脚气病同时折磨着海特和巴尔；巴尔时而会神志不清。

“我祈祷些什么呢？”萨泽问道。

那个声音告诉他为和平祈祷。萨泽照做了，并不知道此时日本本土发生了什么。他祈祷日本的领导人欢迎和平，美国的民众不会陷入混乱或者欺压战后的日本人。从早上 7 点到下午 2 点，他一直在祈祷，接着他又听到了那个声音。“你不再需要祈祷了，”那个声音告诉他，“我们已经取得了胜利。”

第二十六章

看起来这次美国轰炸机突然飞到我国上空，是罗斯福总统用来取悦美国国内不明真相民众的把戏。

——《大阪每日新闻》，1942 年 4 月 29 日

8 月 17 日下午 5 点 15 分，雷·尼科尔斯从一架 B-24 轰炸机中向下面的北平机场张望，两天前，裕仁天皇刚刚在广播中宣布了日本投降的消息。这名少校和战略情报局（OSS）的人组成了一个 7 人救援小队，由尼科尔斯指挥，代号“喜鹊。”和尼科尔斯一同坐在 B-24 轰炸机上的还有埃德蒙·卡彭特上尉，马伦·帕金斯中尉，随行医生方丹·贾曼中尉，日语翻译迪克·哈马达中士，中文翻译梅尔文·里克特下士，上等兵无线电技术员内斯特·贾科。一份长达四页的任务书上罗列出该小组此次的任务——立即与该区域中所有的盟军战俘集中营取得联系，向总指挥部汇报战俘的数量和健康状况，实施紧急医疗救助。

喜鹊只是战略情报局派往中国、朝鲜和印度支那的众多空降小队之一。从战争结束的那一刻起，美国就开启了对预计 22 000 名美国战俘的搜寻。日本正式宣布投降要等到 9 月 2 日在密苏里号战列舰上举行的受降仪式，这使得

搜救工作变得更加危险。但尼科尔斯和其他人知道，许多战俘还在饥饿中挣扎，对于生病和受伤的俘虏来说，时间就是生命。那天下午，他们乘坐的 B–24 从西安起飞，机上载满了毯子、食品、血浆等各种物资。“天气好极了——阳光灿烂，”贾曼后来写道，“我们到达北京上空的时候，本以为会遇到成群的日本神风特攻队（二战末期日本空军专门发动自杀性袭击的突击队）的战斗机来和我们同归于尽。但天空中并没有出现其他的飞机。”

为了让地面上的人员做好准备，B–24 向下抛洒了数以百计的传单，其中许多被风直接吹回到飞机上。其他的也没有落到机场上，而是飘到了八道湾的尼姑庵里。后来，任务报告中这样写道，“尼姑们觉得这些传单读起来很有趣。”此外，小组每位成员都带着一封艾伯特·魏德迈将军的信，解释此次任务的目的。魏德迈于 1944 年取代了“醋乔”史迪威的位置。如果魏德迈的介绍信还不够，那么还有钞票。每位飞行员身上都装着 1 万美元的现钞，尼科尔斯除外，他带了 5 万美元。等到最后一张传单也飘出轰炸机，他们向下看到了机场上有几百名日本士兵。“我们飞得很低，可以看到他们都拿着步枪和手枪，”贾曼回忆道，“我只能祈祷他们已经得到了停战的命令，但我无法确定。”

小组成员进入炮塔舱，炮塔已被移除，以便飞行员从此处跳伞。

“祝顺利！”跳伞指挥员说道。

队员一个接着一个跳了下去，打开伞索，飘向下面的机场。“飞机在天空中盘旋了一圈，投下我们的设备和补给后就飞走了。”贾曼后来写道，“看着消失的 B–24，一种铺天盖地的孤独感席卷了我的全身。”

尼克尔斯、珀金斯和哈马达朝机库走去，留下其他人看管设备。“远处一声枪响，显然是某位过于急切的士兵开了枪。我们小组又有两三个人降落到了地面上，”小组的报告写道，“总体来说，日本兵对我们的到来表现得惶恐不安。”

一辆载着日本兵的平板卡车开了过来。一名中尉从车上跳了下来，后面还跟着几名手持步枪刺刀的士兵，他们把美国人围了起来。“这是怎么回事？”日本军官问道。

“战争已经结束了。”尼科尔斯说，哈马达进行了翻译。“我们来这里领回我们的战俘。”

“不，”中尉狂叫道，“战争还没有结束！”

日本兵用车把美国人带到了机场的指挥部，当班的军官告诉尼克尔斯，他必须等高桥中将来了再说，高桥是日本在中国华中地区部队的指挥官。下午6点30分，高桥中将终于坐着一辆别克轿车到了。尼克尔斯再次提出他的要求——释放所有的盟军战俘。“那位将军，”任务报告里写道，“彬彬有礼，但断然拒绝了他们去见战俘的请求。必须等南京方面的指示。他指出，战争实际上还没有结束，虽然他很愿意帮忙，但这件事是不可能的。”尼克尔斯在个人报告中进行了详细的阐述：“大家都表现得礼貌客气，但是我谨慎地婉拒了和他一起吃饭的邀请，也没有答应他手下任何军官的社交邀请。”

日本人把这些美国人带到了铁路大酒店。8月18日，沮丧的救援人员就待在酒店里等待前往战俘集营的许可。“在这一整天里，需要指出的是，我们实质上是被禁足在了酒店里，”任务报告中说，“日本人警告我们不要到处乱走，因为他们声称手下的士兵有可能会乱开枪。我们也没法获取外面的消息。”

直到第二天下午5点，一名日本陆军中佐和上尉才终于出现在了酒店。尼科尔斯向他们出示了魏德迈的信。日本军官解释说，他们计划把战俘转移到城里来。

“我们急着尽快开始我们的工作，”尼克尔斯说道，“你们有多少战俘和被扣留的人？”

“12名战俘，317名扣留人员。”中佐说道。

“我们知道战俘不止这些。”

“只有12个。”

“明天我们能见到战俘吗？”尼克尔斯少校追问。

“哦，还不行，”中校说出了一连串的借口，“也许后天吧。”

终于在8月19日下午，日本人带他们去了几个大型的羁押中心，主要安置着同盟国的平民，例如被日军抓捕的传教士。尼科尔斯向总部发消息说，他们小队已找到317名被扣人员，其中包括117名美国人，遍布在10个不同的羁押中心。“就像是过新年的时候去走亲访友，”小组报告说，“走到哪里都是热烈的欢迎，到处都是喝上一杯的邀请。我们不得不豁出自己的胃，喝下红酒、白酒、香槟酒、汽水、咖啡还有茶，将这些互不搭配的饮料都混合进了胃里。但是看到每个人都那么快乐，这是值得的。我们甚至还听到了用十种不同语言唱出的‘上帝保佑美国’，荷兰语，比利时语，法语，英国英语，德语，汉语——当然不用说还有美国英语，歌声里都带着一种炽热的感情，不经意间就会让人眼眶一热。”

第二天中午，日本人终于允许美国人去见战俘，看守已经把他们转移到城里，安置在两家酒店里。战俘们看到穿着制服的美国人无不喜出望外。

“给日本人尝尝厉害，小伙子们。”许多战俘都这样说。

那天下午，尼科尔斯与丰台指挥官坐下来谈话，丰台战俘营是大型战俘营，位于北京西南约8英里处。那位留着海象式胡子的大佐向尼科尔斯保证，日本已经释放了所有的战俘。“而在他们谈话的时候，有战俘和被扣留人员出现在了门口，表示日本人说的不是实情。几名被扣留人员悄悄凑近没有参加谈话的美国军官，告诉他们有4个犯人这位日本大佐根本没有提到，那四个人现在北京的一个监狱中，已经快死了。这4个人，他们说，是杜立特突击队在这里剩下的最后几名成员，被判了死刑。

8月16日，几位杜立特突击队员注意到日本兵没有像往常一样出早操，接下来的第二天，士兵们在外面的院子里焚烧文件和图表。一整天里，从外面拉来了好几卡车的文件，士兵就在院子里不停地烧。“我们从窗户里看着他们，并从各自的牢房里相互呼唤。”海特和萨泽写道，“天气很糟糕，外面下着雨，但我们的心情很欢快。我们知道有重大的事情就要发生了。”

卫兵们都穿着崭新的制服，开始把监狱中特定的一些俘虏带走，其中就包括温菲尔德·斯科特·坎宁安，美国威克岛著名的军队指挥官。此前，这些飞行员甚至都不知道他在监狱里。8月19日的晚上，一名警卫走进了每位飞行员的牢房。

他用日语说：“现在，你们和我们，是朋友了。”

第二天，突击队员们得到了额外的食物，晚上6点，警卫们把飞行员带出牢房，给他们修剪指甲和纠结成团儿的胡子。然后一名理发师用刮胡刀为他们刮脸。“在刮的过程中，我们必须站着，他用冷水给我们的脸上打上泡沫，我们的脸被刮得很痛。”

之后卫兵给了飞行员们一个真正的奖励——可以洗澡，虽然只是用一桶热水来洗。突击队员们正在为自己清洗的时候，一名日本军官向他们宣布：“现在你们可以回国了。”

队员们难以置信地盯着他。

“现在你们可以回国了，”军官重复了一遍，“战争结束了。”

飞行员们发现乔治・巴尔不见了，这让他们心里咯噔一下。飞行员们知道乔治最近几天都在闹痢疾。最后，一名卫兵去把这位领航员带了过来，而其他三个人还在洗澡。“我们是如此地开心和激动，互相拍打着后背，欢呼雀跃。但可怜的乔治病得实在是厉害，无法理解发生了什么，”海特和萨泽写道，“他一直在问我们要去哪里。”

那天晚上大约 7 点半，美国士兵来到了这座监狱。其中一个美国兵停在了蔡斯・尼尔森的牢房门口。“他看起来是个美国人，”士兵问道，“你是美国人吗？”

尼尔森说不出话来。在经历了三年零三个月又三十个日日夜夜后，获得自由的时刻已经到来了——但他的声带这时却不听使唤了。

“他看起来像是美国人，”士兵重复道，“把门打开，让他出来。”

尼尔森的体重只剩下 103 磅，已经瘦削得不成人形。

“你是美国人吗？”士兵再次追问。

“是的，”这位前领航员终于发出了声音，喃喃地说道。“我是美国人。”

“你是在哪里被俘的？”

“早在 1942 年 4 月，我跟着一个叫吉米・杜立特的人驾驶 B-25 轰炸机从美国航母大黄蜂号上起飞，”他说，“我们轰炸了东京。”

那位美国士兵怀疑地盯着他看。“见鬼，那些家伙早在几年前就被处决了，”他说着转向其他人，“你得看着点儿他，他神经错乱了。”

“不，我没有。”尼尔森提出抗议，这次他的声音变得响亮起来。“还有三个人就在大厅那里，他们和我是一起的。我们被四处转移，先是从日本到上海，再到南京，现在又到了这里。你们是些什么人？”

“战争结束了，”士兵说，“我们回家吧。”

美国士兵们把突击队员带上一辆卡车，送到了北京大酒店。队员们吃到了几年以来第一顿像样的饭菜。“一个满脸笑容的中国小个子厨师给我们端来了四份看起来就很诱人的、在盘子里堆得高高的爱尔兰炖肉，没有什么能比得上它的美味。”海特和萨泽写道，“一整夜我们都在唱歌、说话和吃东西。”

对这些瘦骨嶙峋的突击队员来说—— 一直以来他们都只能靠一点米饭和水来维持生命——甚至连士兵的行军干粮都成了美味。“主啊，这太好吃了！”海特拿着几种应急口粮。“巧克力是最棒的。”

尼尔森补充说，“对我们来说，午餐肉吃起来就像是牛排一样。”

一个救援人员看见萨泽正偷偷把食物塞进衣服里。“从现在开始，你再不必担心，”他告诉萨泽，“你会有足够的东西吃。”

“你刚才说什么？”这位投弹手问道， 意识到他被单独囚禁了太久，对理解别人的话出现了困难。

“从现在开始，”士兵以更慢的语速重复道，“你会有足够的东西吃。”

喜鹊救援队用无线电发出了救出突击队员的这一惊人消息。“已促成 4 名杜立特飞行员的释放，他们被日本指控在突袭东京中犯有谋杀罪，”电文称，“他们现在被安排住在北京大酒店，受到现有条件下最好的照料。”这条消息很快就在整个指挥系统中引起了反响。“总部想要这 4 位刚被找到的杜立特飞行员们提供任何有关另外 4 名被捕飞行员的消息，他们也同样被日本指控犯有谋杀罪，”一份 8 月 23 日的电文写道，“请恳切地传达这条命令，并以最快的速度通报情况。”

在一份两天后提交的报告中，尼尔森、海特和萨泽确认了比尔·迪特和唐纳德·菲茨莫里斯在中国海岸飞机坠毁中身亡，还有鲍勃·米德尔死在了监狱中。获救突击队员的报告称，日本人对他们施用了水刑，之后对他们进行审判，指控他们把儿童作为袭击目标。“霍尔马克，法罗和斯帕茨被单独宣判，之后就被带走了，”报告称，“这是我们最后一次见到他们。他们三人应该是被处决了。”

最终，海普·阿诺德在写给相关飞行员家属的信中确认了飞行员牺牲的消息，他写道他一直在祈祷所有突击队员都能平安归来。“我知道任何言语都无法安慰到你，但有一件事我希望你可以永远记得——正是你的儿子和他的飞行员同伴们点燃了每位美国人心中的火焰，这火焰决定了日本必然走向彻底的失败，”他在写给霍尔马克家人的信中说，“即便是在面对那些卑劣的刽子手时，霍尔马克中尉依然展现出他一如既往的英勇无畏。他为祖国献出了生命，死得光荣而英勇。”

虽然海特和巴尔都得了脚气病，但巴尔的情况要严重得多。这位领航员的体重已经从187磅减到了只剩97磅，他的头脑已经开始变得混乱。“他被送进来的时候处于一种恍惚的状态，脉搏很弱，”医疗报告中写道，“身体检查显示他双脚水肿，并伴有大面积的触觉丧失。”医生立即为他注射了50毫克的维生素B1，接下来每天为他两次注射，并辅以维生素药片。他每天三顿饭前要服用硫酸亚铁溶液，饭后服用乳酸钙片；此外，医生还为他进行了两次血浆输血。“现状是”报告总结道，“脉象改善，但仍然较弱，触觉正在恢复当中，膝反射正在增强。”

8月24日，尼尔森、海特和萨泽飞往重庆，但是巴尔仍然过于虚弱无法撤离。已被释放的战俘卡雷尔·穆德坐在这位领航员的床边为他守夜，他看着巴尔时而苏醒时而昏迷。巴尔的手偶尔会摸索着穆德的衬衫向上抓住他长长的白胡子。“我会把他的手轻轻拿下来，再放回到床上去。”穆德回忆道，“但不一会儿，他的手就又会摸上来再次抓住我的胡子。”

驾驶C-47运送其他人离开北平的副驾驶员杰克·范·诺曼，在他的日记里写下了这样的经历。“这次带回了许多被日本人关在奉天的战俘。其中有3个人是杜立特的飞行员。从1942年4月开始就一直被囚禁。到重庆把他们放下，再送其他人去昆明。重庆已经有一群人在等着迎接他们了，”他写道，“杜立特的这些小伙子们大部分时间都处于单独囚禁中，他们的情况很糟糕。等我们返回来的时候，大家去俱乐部里畅快地玩乐。”

杜立特突击队员被营救的消息登上了包括《纽约时报》在内的全国各地报纸的头版。现在记者们都焦急地等待着采访这些飞行员的机会。飞行员们到达重庆总部后，很快就在一间小屋里召开了新闻发布会。小屋俯瞰着下面萧索的嘉陵江畔。“那三个人由于营养不良而变得非常虚弱，他们从 C-47 运输机的踏板上走下来都摇摇晃晃，”合众社的一位记者写道，“他们是被搀扶着走下来的。”

“乍一眼看上去，”美联社的记者指出，“似乎他们从来不曾有过笑容，或是再也笑不出来的样子——但他们确实是在微笑。”

突击队员们回顾了突袭东京和名古屋的细节，不过现在这些似乎已经不再是新闻了，战争都已经结束了。海特紧张地指着自己的喉咙，他的声音如此之低，以至于记者都听不清他在说什么。

“在经历了那种饿肚子的感觉后，最好先往肚子里填点儿美军干粮。”萨泽告诉记者。

“我觉得自己又变回美国人了。”尼尔森说道，重庆这里还有一条他妻子发来的消息在等着他。一位记者注意到，“在他读过这条消息后，他像是换了一个人似的。”

魏德迈将军立刻给杜立特发去一封电报，告知他“找到了你们东京突袭中的三名成员。他们是尼尔森中尉，海特中尉和萨泽中士。目前他们在重庆，明天去昆明，然后回家。”魏德迈写道，“他们向你致意。”

9 月 4 日中午 12 点 45 分，海特，尼尔森和萨泽回到了美国，他们住进沃尔特里德医院进行体检。这些瘦弱的飞行员自打被营救出来后平均每天增重 1 英磅。不过还有其他问题，由于 40 个月没有刷牙，尼尔森有 19 颗牙生了龋洞。突击队员们领回了多年的补发工资，尼尔森的总计 8 832 . 91 美元，海特 7 547 . 80 美元，萨泽 5 571 . 16 美元。两天后，陆军部发出了一篇通讯稿，将他们三年的恐怖经历浓缩在了三页纸上。之后突击队员们再次坐到了新闻发布会的现场。“他们的脸看起来憔悴而苍老，”《纽约时报》的记者写道，“在无声地诉说着他们所忍受的痛苦和生活物资的匮乏。”

这三个人的情况渐渐好转，但巴尔还是神志不清，他认为对他的救援只是一个诡计。“我确信整个事件就是小日本的一个圈套，”他后来写道，“这是一种新的折磨方法。”当他的身体恢复过来后，美国军队在 9 月 12 日用飞机把他送到了昆明，但是巴尔的怀疑也随之而来。“在医院里，我是一名躺在床上的病人；一个我认识的人也没有，”他写道，“一个声音不停地告诉我，这是个圈套，要小心。就连医院看起来都像是一座监狱。”

巴尔住进医院几天后就精神崩溃了。一份护士报告中记录：“凌晨2点突然醒来。从床上跳下，开始尖叫。三个男人上去才把他控制住。他紧咬着牙，发出动物一般的低声咆哮，偶尔还会向他的‘拷问者’发出威胁。”这次爆发让巴尔住进了医院的精神科病房。“现在，我之前所有的怀疑和假设都被证实了，”他后来说道。“空荡荡的房间，窗户装着铁栅栏，紧锁的门上有一个槽孔，偶尔会有人脸从槽孔里向内窥视，对我来说，这种单独的拘禁就是监狱。我久久地躺在那里，把整个事情从头到尾想了一遍，决定先假装配合这些拘禁我的人——等到一有机会就逃跑。”

在10月里的一天，一名陆军医护兵带着他穿过停机坪，走向一架等在那里接他离开的C–47。巴尔觉得机会来了，他可以看到远处的山脉，三年多来，他一直生活在高耸的围墙和栅栏下，就像被关在笼子里的动物一样。巴尔感到他的肾上腺素在飙升；他的自由近在眼前。他挣脱了那名陆军医护兵，拔腿朝着远方的地平线跑去。

身后的一击让他失去了意识。巴尔醒来的时候已经在运输机里了，身体被套上了约束衣。当他到达加尔各答医院的时候，他的怀疑进一步加深了。“我恢复了一些体力，”他后来写道，“但我还是会做那些可怕的噩梦，并且一直怀有这样的想法：小日本编造了某种可怕的圈套，他们最终会露出魔鬼的真面目。”

巴尔一直与海特、尼尔森和萨泽被共同囚禁，但现在他们都走了。他用目光在医生、护士和其他病人中搜寻，想找出一张熟悉的面孔来。“为什么看不到我认识的人。”他问自己。

“这是一个诡计，日本人的另一个诡计，”他内心的一个声音在警告他，“很快你就会发现自己还是囚犯。”

10月12日，巴尔抵达了旧金山的莱特曼总医院。他没有带医疗记录，甚至连身份证明也没有。前台人员向他询问，他却连自己的基本信息也答不上来。

最后前台无耐地叫来了一名护理员。

“给这个中尉找个房间，把睡衣拿给他。”

护理员带着巴尔走进一个房间，里面有两张床，一个床头柜和一把椅子。“把你的衣服脱掉，”护理员说道，“穿上这睡衣。”

巴尔照做了，护理员转身离开房间，独自留下了巴尔。这位领航员早先的恐惧又重新袭来。这不是医院，他相信，这是另一座监狱。此时的巴尔已是身心交瘁，他再也无法这样承受下去了。他看到床头柜上放着一把小折刀。巴尔打开折叠刀，将刀片直接插进了胸口。但让他惊讶的是，他既没有感到疼痛也没怎么流血。他从窗户向外望去，打算跳楼，但意识到他所在的房间是二楼，还不够高。巴尔看见房间里有一盏加热灯，他把灯上的电线扯下来做成一个套索。然后踩着一把椅子，将套索系在了房间的顶灯上。巴尔把套索套在脖子上，小心翼翼地收紧。然后，他踢开了脚下的椅子。

巴尔听得头上啪地一声响，接着他就撞到了地板上，玻璃、金属还有火花雨点般地向下落在了他的身上。五天后的一份报告指出，航空运输队未将巴尔分类为精神病人。“这个管理上的失误，几乎让这个病人失去生命。”医生下令将巴尔转移到爱荷华州克林顿镇上的锡克总医院。巴尔将穿着约束衣乘坐三天的火车被转送到那里。他的医生写下：“一路上必须时刻看紧他，否则他很可能会出现自残的行为。”

巴尔很小的时候就成了孤儿，他曾被一名叫做埃莉诺·唐斯的社工照看过。而在战争结束后的这几周里，埃莉诺一直在试图通过电话找到巴尔。最终她得知了巴尔在爱荷华州的位置。她通知了巴尔的妹妹，格蕾丝·马斯，格蕾丝带着她的丈夫比尔，还有密友贝蒂·亚历山大一起去看望了巴尔。事实证明，朋友和家人熟悉的面孔正是巴尔最迫切需要的。“那个时候我才知道这一切都是真的，”巴尔写道，“我知道我自由了。我知道恐惧已经结束了。”

在埃莉诺·唐斯近乎疯狂的电话搜寻中，她也联系到了杜立特。当她确定巴尔的位置后，便将这个消息告诉了这位将军，杜立特立即前往探视。一天，在医院的庭院里散步时，巴尔向杜立特，这位当初带领他飞过日本的人，讲述了他在监狱里 40 个月中所经受的恐惧。“他试图想要把一切都告诉我。起初有些犹豫，但随后泪水就涌了出来，千言万语也跟着倒了出来，”杜立特回忆道，“显然他正需要宣泄一下。”

巴尔还有其他的问题。他告诉杜立特，自从他来到医院后还没有一位医生来给他看过病。此外，他也没有领到制服或钱，虽然他有权领取多年的欠薪。杜立特震惊了——继而愤怒。“我最后回国的几名东京突袭队员需要帮助，”他后来写道，“我一定会确保他们获得他们所需的帮助。”

杜立特大步走进医院的指挥官办公室。“我把杜立特最激烈的愤怒言辞都倒在了他头上。我不会在这里重复我当时说过的话，因为那些话会把这张纸烧出一个洞来，”他后来写道。“我能说的是，乔治很快就有了一套新制服，上面还带着他获得的绶带，他甚至都不知道自己获得了荣誉。他拿到了欠薪，一张超过7 000美元的支票。接到了将他提为上尉的命令。最重要的是，立即就有心理医生来为他诊疗，巴尔开始了缓慢的康复进程。”

空军的最高层也获悉了杜立特的愤怒，很快，巴尔就被转移到了位于长岛的保林空军康复中心。空军外科医生，准将马尔科姆·格鲁，答应亲自向杜立特汇报治疗进展。“我已经指示我们在保林的机构，巴尔上尉一到就立刻通知我，这样我就可以把消息告诉你。”格鲁在给杜立特的一封信中写道。“我打算亲自过问巴尔上尉的情况和治疗进展，这样我们就可以确保尽到一切努力来帮助他康复。”

在巴尔离开锡克综合医院之前的那天下午，杜立特问巴尔是否还记得他曾在大黄蜂号上许诺要在任务完成后，为所有的突击队员举办一个派对。

“是的，长官，”巴尔说，“我记得。”

“那好，乔治，我们还没有举办这个派对，因为你和其他队员之前一直没回来。我要信守那个承诺。等到我生日那天，我要邀请我们这一整伙人到迈阿密去做客，”杜立特告诉巴尔，“我要你也来。我会派一架飞机去接你。”

第二十七章

我不想报复，我只想要和平。

——巴尔，1946 年 5 月 13 日

对于这 4 名被解救出来的囚徒来说，康复之路是艰难的。他们经历了多年的单独囚禁，现在要重新适应文明世界的生活不是件容易的事。他们饱受焦虑和噩梦的困扰。“主啊，我感到紧张，我想要一个人独处。我想我只是有点儿害怕见人。”海特回忆道。“我们被单独监禁了那么长的时间，现在我不清楚我们是否想要见到任何人。这段经历已经烙印在了我们身上，深入骨髓。周围的人有时候真的不知道该拿我们怎么办。我想他们在试着说服我们，并像对待其他人一样对待我们。从很多方面来讲，这这样的做法对我们都是有益的。但他们不了解我们的想法或是内心。”海特和萨泽在被释放几个月后发表了一篇文章，描述了他们试着重新适应生活，但又力不从心的状况。“我们的回忆只能与彼此诉说，”他们写道，“那些记忆将一直伴随着我们。”

在经历了 40 个月可怕的牢狱生活后，这几名突击队员不仅要努力调整以

适应自由的生活，还要面对内心的负疚感，因为他们活了下来，而他们的战友却牺牲了。尽管海特自身仍处于挣扎之中，但他觉得他有责任应该将他所知道的事告诉那些牺牲队员的家属。10 月，海特写信给霍尔马克在达拉斯的家人，信中描述了那次宣判他朋友死刑的虚假的审判。“在那之后我们再也没有见到过那几位好兄弟，”他写了 1942 年 10 月的审判，“日本人把我们带进一个房间，我们的衣服都放在那里；在那儿，我们看到了迪恩的衣服，还有斯帕茨和法罗的衣服。这让我们大为吃惊，同时也感到迷惑不解，不过还是愿意相信他们只是被分开关进了另外一个监狱。我们自己注定要被单独囚禁一辈子，这种情况下很难保持精神与斗志，因为我们处于完全的孤独当中。”

海特承认他的悲伤，在他获释后得知他的朋友们已被处决的消息，让他未能立刻提笔来写这封信。他在印有陆军航空标志的信纸上写了满满 5 页，信中他试图传递乐观向上的态度，他说霍尔马克和其他人是国家的英雄，国家感谢他们。“迪恩是美国青年的优秀榜样，他代表着美国人的勇气。在生命的最后一刻，他的信仰仍然会给予他希望。你的儿子，被千百万人所爱戴，他的离去深深地牵动着我的心。他高贵、勇敢，在我们身处绝望，不知道会被日本人如何处置的时刻，他仍在鼓励大家。”海特在信的结尾承诺会前来拜访。“无论是迪恩，米德尔，还是法罗或斯帕茨，他们并没有真正地离去，”他写道，“我知道他们在上帝的眼中是被认可的。我现在就能看到他们，他们就在那里——永远记刻在所有美国人的心中。”

海特遵照他的承诺来到霍尔马克父母的家中，达拉斯的韦恩大街 808 号，一个他永远都不会忘记的地址。他们之间的交谈进行得非常困难。

“为什么坐在这里的是你，而不是我的儿子？”奥利·霍尔马克问道。海特努力想要做出回应，“这很难找出答案。”

同样，海特也给哈罗德·斯帕茨在堪萨斯州的家人写了一封信。信的开头写道：“我想向你们表达我对哈罗德深深的同情和敬爱。我知道，不确定的消息一直在煎熬着你们，正如我母亲之前所承受的那种痛苦一样，她本以为我已经被处决了。我不明白为什么要处决掉我们中的三名成员，我只能把它理解为这是残忍的日本人所做出的奸诈行为。我们都不清楚日本人打算把我们怎么样。有时候小日本会说要把我们都处决掉，但一次又一次，我们还是被活着留了下来，但又不允许我们回国；哈罗德、霍尔马克和法罗的审判和消失让我们感到紧张而又悲伤。”海特在信的最后告诉斯帕茨的母亲，她的儿子直到最后仍然坚强。“我知道他们现在正幸福地长眠，”他写道，“虽然他们肉体的消失让我们悲伤，但他们的灵魂仍与我们同在。”

蔡斯·尼尔森写信给比尔·迪特在加州的母亲，向她讲述了“青蜂侠”在中国海岸惨烈坠毁的细节，以及迪特和唐纳德·菲茨莫瑞斯的受伤情况和第二天为他们举行的葬礼。他们被埋葬在俯瞰海滩的小沙土山上。“比尔和菲茨是两位非常重要的伙伴，虽然我们认识时间不长，但彼此之间就像是兄弟一般。”尼尔森写道。“想起我亲爱的朋友们已经离去，我感到悲伤不已。我知道迪特夫人也一样，背负着沉痛的心情。但我知道仁慈的上帝会安慰众生，他将帮你担起你的重负。我也祈祷他在各方面都可以保佑你，上帝给予了比尔这个特权让他在上帝的国度中为他所爱的人准备一个会见和休息的美丽地方，在那里我们将再次重逢。”

1945 年，尼尔森将埋葬迪特和菲茨莫瑞斯的地点告知了在中国的美军。第二年，墓地登记局联系到了尼尔森，请他帮助寻找两名飞行员的尸骨。那年春天，尼尔森回到了中国海岸边的小山上。他带人用铁锹挖起沙子，找到了四年前埋葬两位飞行员用的木质棺材。“每口棺材里的尸骨都保存完整，”尼尔森在给迪特母亲的信中写道，“通过飞行夹克上的名牌可以辨认他们的身份。”梅·迪特和唐纳德·菲茨莫瑞斯的母亲在多年来对儿子的共同等待中已经相熟起来。这两位母亲决定提出最后一个请求，由梅·迪特在信中向杜立特提出。在突袭后的那天晚上，两名飞行员一起死在了海浪中，之后的四年又一起并排躺在中国的坟墓里，现在要把他们分开是件憾事。她补充说，“能否把他们一起安葬到阿灵顿公墓，这样的要求是否过分？”

战后，美国调查人员开始了一项最初看起来是不切实际的任务——寻找被处决飞行员的遗骸。虽然辰太承诺会将飞行员的骨灰送返美国，但霍尔马克、法罗和斯帕茨的骨灰仍放在上海的殡仪馆里。1942 年 11 月 14 日，他们的尸体被火化后就被日本人放在了那里。战争结束后，一队日本军人去了殡仪馆，他们将霍尔马克的名字改为史密斯，斯帕茨的名字改为布里斯特，法罗的名字改为甘地，旨在掩盖罪行。一位飞行员们的狱友，同时也是他们的翻译，凯撒·路易斯·雷梅迪奥斯帮助战争罪行调查人员找到了骨灰。虽然日本人更换了名字，但是雷梅迪奥斯发现出生日期并未被改动过，正是通过这条线索，调查人员找回了突击队员的骨灰。每只骨灰盒长宽各9英寸，12英寸深——上面覆盖着一面国旗——将作为美利坚合众国起诉沢田茂、和光友成、冈田龙平和辰太外次郎的证物。

现在只剩下米德尔的遗骸还未找到。米德尔在1943年12月1日死在了南京。詹森·贝利上尉，来自旧金山的前美国联邦调查局特工，在9月底来到了江湾监狱，随行的还有一名记者艾琳·库恩。这里的守卫请美国调查人员坐下来喝杯绿茶，而正在此时，岛田真澄上尉走了进来，手里拿着一个小木箱，用一块很好的白色丝绸包裹着。盒子的顶部露在丝绸的外面，上面印着一行黑字，“美国军官骨灰。”

“这是米德尔上尉的骨灰，”岛田宣布。“刚从南京运过来。你们会把它带回上海，对吗？”

贝利惊呆了。库恩后来写道，“我们对此完全没有心理准备。”

“把盒子给我。”贝利命令道。

岛田把骨灰盒递给了他，贝利将盒子放在膝盖上，默默地注视着。“我伸出双手，”库恩写道。“也许因为我是个女人，在内心的驱使下伸出了手。而奇迹般地，这个年轻人明白了我的意思，他也一言不发地将骨灰盒递给了我。我把它放在腿上，用双臂环抱。我把头埋了下去，藏起我的脸不让周围那些好奇的日本人看到。我绝不会让他们看到我眼中的泪水，我拼命地忍住不让眼泪掉下来。”

日本人又拿出一个盒子，这一只用原色棉布包着。贝利要求把它打开。岛田的助手解开了棉布上的结，打开盒盖，将盒子呈给贝利。里面是米德尔的个人物品。

“一本旅行支票，每张面值10美元，美国银行旧金山分行。”贝利一边读着，一边把里面的东西一个接一个地拿出来。

“一本个人支票簿，休斯顿国家银行。从存根上看，最后一张支票是给大黄蜂号食堂的 17 美元。”他说。“前面的一张存根显示，他花了 21.25 美元在米德兰互惠人寿保险公司投保——人身保险。日期是 1942 年 2 月 2 日。”

贝利又拿出了一张俄勒冈州彭德尔顿天普酒店包房的会员卡，那是第 17 轰炸大队的住所。还有一张米德尔在俄亥俄州迈阿密大学的联谊会会员卡。他还找到了一个指南针、一把梳子和社会保障卡。“有一张照片，上面是一个非常漂亮的女孩子，”库恩写道，“照片上的女孩在褪色的相纸上向我们微笑着，相片外面套着的皮壳已经发霉。它一直被那位年轻的上尉带在身上，直到生命的最后一刻。”

最终，突击队员的遗骸都被带回祖国。哈罗德·斯帕茨被安葬在火奴鲁鲁岛上的太平洋国家纪念公墓。霍尔马克、法罗和米德尔的骨灰被安葬在了阿灵顿公墓。赫布·马西亚将自家花园中的玫瑰摆在了他朋友的墓前，他写信给霍尔马克的母亲：“迪恩的墓就在鲍勃·米德尔和比尔·法罗中间，”他写道，“他们的坟墓在一棵美丽的树下，树阴庇护着他们。”

随着战争的最终结束，战火消散，美国和她的盟国组成了远东国际军事法庭——与审判德国政治和军事领导人暴行的纽伦堡法庭一样，远东军事法庭是太平洋地区的纽伦堡审判。在长达几年的司法程序中，超过 5 000 名日本人被推上了被告席，这其中就包括那些参与审判和处决杜立特突击队员的人。当局逮捕了东条英机和前中国远征军指挥官畑俊六，他们两人都因战争罪而受到审判。杉山元，日本前陆军参谋长，曾积极主张处决美国飞行员，在战争结束的几天后开枪自杀。当时审判飞行员的检察官八田逸郎和首席法官中城豊间也已经不在人世。

当局逮捕了泽田茂，八田曾命令这位在中国的远征军第十三军指挥官指使军事法庭起诉美国飞行员。调查人员同样也逮捕了审判庭法官冈田龙平与和光友成，以及监狱长同时也是行刑官的辰太外次郎。这 4 名被告一起站在了上海沃德路监狱的审判席上，检察官约翰·亨德伦中校告诉记者，“案情一目了然。”1946 年 3 月 18 日上午进行开庭陈述。当初日本人审判美国突击队员只用了半个小时，而这次庭审持续了近一个月。被告有辩护律师，可以出示证物，还可以向证人提问。辩护律师甚至飞去东京去寻找证人、收集证据。最终，诉讼记录加上证词竟长达750页，其中包括了各种人的证词，霍尔马克在房桥监狱的狱友、判定米德尔死于营养不良的医生、目击东京突袭的日本教师，等等。法庭成员甚至还去了飞行员被执行枪决的公墓。

尼尔森是原告一方的重要证人，他在一封给杜立特的信中写道当他出庭作证的时候，那些被告人看到他后是如何地心虚畏缩。不久后，一张辰太向尼尔森鞠躬道歉的照片刊登在了全美国的报纸上。尼尔森写道，“我坐在这里，眼中充满了泪水。我一想到被关在日本监狱中的痛苦经历，就觉得我要尽我所能帮助那些活着回来的人，并帮助他们指控那些处决飞行员的罪魁祸首。”尼尔森连续几天出庭作证，详细陈述了东京突袭的整个计划和训练过程，还有杜立特严令禁止飞行员袭击非军事目标的要求，以及尼尔森对这次突袭的个人回忆。这位“青蜂侠”的领航员随后又沉痛而详细地讲述了他们在中国被捕后所遭受的折磨和拷打，日本还对他们施用了水刑进行逼供。

乔治•巴尔在爱荷华州的锡克综合医院里向法庭提供了一份43页的证词。海特和萨泽也同样从华盛顿发来了一份4页的联合证词。杜立特来到五角大楼回答了一系列的问题，为法庭记录增加了一份3页的备案记录，在这份记录中，杜立特称他的手下并没有像之前日本人所宣传的那样故意袭击学校或是医院。“这些机组人员在行动前就被反复告知要避免任何可能给日本人落下口实的行动，不要让他们说我们不加选择地轰炸和扫射，”杜立特作证，“具体地说，他们被告知要避开医院、学校、博物馆和其他非军事目标。”不过杜立特也承认，日本密集的城市建筑让没有平民伤亡的保证变得难以做到。“军事目标的周围都是民用住宅，在这种情况下轰炸军事目标而不危害到周围的平民住宅是不可能的，”杜立特说，“这是战争中不可预测的因素。”

检察官罗伯特•德怀尔在总结陈词中指出了日本法庭判处飞行员死刑和终身监禁的谬误。“我一生之中从未见过，甚至也从未读到过，任何像那样的审判，完全就是对正义的嘲弄。”他说。“当那些飞行员被送上法庭时，邪恶就已经开始了。他们在法庭上没有任何获得公平和诚实审判的机会，正如我无法用我的右手去阻断尼亚加拉大瀑布一样。他们被处以了极刑，现在他们的灵魂就站在这里。”公诉人请求委员会对被告从严判决。“我们指控这几个人违反了战争法，”公诉人总结道，“我们已经用充足的证据证明了这一点。最后我们要求判处四名被告死刑。”

而辩护律师将审判和处决美国飞行员的责任推到了更高一层领导人的身上，以及日本通过的那个“敌人空军法案”。被告人只是执行命令。“每一个细节都是东京方面决定下来的，被告人在这种情况下，只是在机械地执行公务。”小宫申智辩护道，“他们不过是受人操纵的提线木偶。他们完全没有自由的意志来决定做或不做。”最后辩护律师恳求法官网开一面，展现仁慈，请记住《圣经》中马太福音所说的：“我告诉你们，要爱你们的敌人，祝福诅咒你的人，善待憎恨你的人，为那些凌辱和迫害你的人祈祷吧。”

经过两天的商议，五人委员会认同被告只是在执行命令，免除了他们的死刑。“在很大程度上，每位被告都是因为执行了政府和军队上司的命令而犯下罪行，”该委员会总结道，“他们并没有主观故意。可排除合理怀疑的优势证据表明，颁布‘敌人空军法案’和特别指示怎样对待、审判和惩罚美国囚犯的其他官员，包括高级军政官员应对此负责。虽然上述情况并不能完全赦免被告的有罪指控，但在不同程度上大大减轻了对被告的定罪考量。”

委员会判处泽田、冈田和辰太服 5 年的苦役。和光被判了 9 年，因为法庭认为他受过法律培训，理应更好地识辨出伪造的飞行员供词，但他却毫无异议地接受了那样的供词。这些原本会被送上绞架的战争犯们现在反而只被判了几年。虽然不能加重惩罚，审查机关在 1946 年 8 月对这样轻的判决进行了强烈的批评。“委员会犯了一个严重的错误，竟然做出这样极度宽松、惩罚不足的判决。很明显，委员会认定被告违反了战争法，犯有虐待罪和谋杀罪，就应该依据这样的事实结果给出相应的处罚。”

庭审现场的记者们注意到，委员会在宣读这一宽大的判决结果时，被告人表情漠然，看起来无动无衷，但是日本辩护律师已经惊喜得哭了出来。熊白森忠，日本辩护律师团中的一员，抹去脸上的泪水，带着哭腔向法庭致谢：“我代表日本律师顾问团向委员会做出这一公正而仁慈的裁决表示衷心的感谢。我们非常感激法庭所做的一切。”这一判决激怒了美国的全国上下。“对军事法庭宽大处理杀害你儿子凶手一事，你们作何评论？请发电报告知，”《费城每日新闻》的总编辑给霍尔马克在德克萨斯州的父母发去电报，“我们很乐意将你们的任何谴责刊登到报纸上。”霍尔马克家庭档案中存放的一个手写便条记录下了这位母亲的痛苦。“照我看来，我们的国际代表并没有替我的儿子报仇雪恨。我很惊讶那些凶手们竟被轻判。我们听到了全国人民的呼声，他们也有同感，”她写道，“这永远也不会被遗忘。”

尼尔森对此更是义愤填膺，他此前专门回到中国作证，就为了给他的朋友们伸张正义。他向霍尔马克的母亲承诺，他会和杜立特一起抗议这样的判决，他们会去向参议员，甚至杜鲁门总统提出抗议。“我以为亲自到上海去作证，对案子的审判会有所帮助。但现在看起来，我被他们愚弄了。”他写道，“霍尔马克太太，我会尽我所能，在这次行动中，我的三个好兄弟被处死，还有三个也失去了生命，这对我来说是天大的事情，而 5 到 9 年的刑期是不公正的。”将近两个星期后，在写给迪特母亲的信中，尼尔森似乎已经冷静了下来。“我很抱歉，这样的判决对三个受害人的母亲和家人来说都是不公平的，”尼尔森说，“我感觉自己已经尽力，我感到了迷惘，但是终有一天正义会得到伸张。”

四名被定罪的日本人被送到东京的巢鸭监狱服刑。日本前将军泽田说服美国官员释放冈田和辰太，说他们两人只是在执行他的命令。他写道，对这两人的徒刑判决，“日夜拷问着他的内心。”“因为这是按照上级命令召开的日军陆军法庭审判，”泽田在 1949 年写道，“我应该对由此产生的所有后果负责。对我来说，我的下属与我同样受罚让我感到痛苦万分。”1950 年 1 月 9 日，泽田、冈田和辰太在总共只服了 1 365 天的刑期后走出了监狱。

1948 年 12 月，和光友成被再次定罪。这次是因为他在 1945 年 6 月监斩了 8 名 B-29 飞行员——其中 2 人由他亲自斩首——同年 8 月，在他的协助下另有 8 名飞行员被处决。这回委员会将和光判处了死刑，但这一判决被道格拉斯・麦克阿瑟在 1950 年 7 月改为了终身监禁服苦役。即便如此，他仍然没有服满刑期，而是在 1956 年被假释出狱，相当于只为他手上的每个被害者各服了 6 个月的刑期。和光的监狱记录显示他大部分时间花在了乐器制作和农场劳动上面。在一份申请宽大处理的申请中，这名手上沾着 20 名美国飞行员鲜血的囚犯描绘了他未来的职业规划蓝图。审查委员会十有八九会对此震惊："我想要，"和光写道，"成为一名律师、检察官或法官。"

战争犯罪调查人员同样对前将军下村定穷追不舍。在美国突击队员被处决之前，下村定代替泽田出任第十三军指挥官，并亲自签署了飞行员的死命令。1945 年 12 月，调查人员向入驻东京的美国当局发出口头要求，逮捕下村定。但道格拉斯·麦克阿瑟将军的部下拒绝执行这一要求。和其他美国官员不愿起诉的战争罪犯嫌疑人一样，下村定在战后的日本成为了具有利用价值的资源。他担任日本的战争部长，与美国当局密切合作开展军队复员工作。10 月，他发表了重要讲话，公开承认罪责，他指出日本军方领导人必须为军队犯下的所有罪行道歉。"目前消灭国内外的军国主义和军阀已成为共识，"他说，"回首过去，这是一个必然的发展结果。"

对于在中国的美国调查人员来说，这一切都不重要。既然下村参与了处决美国飞行员，那么他就应该被起诉。军事法官助理约翰·亨德伦中校，在一份 1 月 3 日的备忘录中主张：既然证据显示在处决飞行员时，下村已经取代了泽田的位置，甚至还向辰太发出了如何行刑的指令，那么只对泽田进行审判就是不公平的。这两位将军在对飞行员的审判和处决上都是有罪的。"我们相信，如果不允许审判下村，那么泽田也不应该受到审判，"亨德伦认为，"如果这两名将军都被排除在审判之外，那么军事委员会和公众就会认为我们只想惩办那些因为执行了上级命令而犯下罪责的下级军官。"

1946 年 1 月 11 日，战争罪行调查人员正式发出了逮捕下村的请求。麦克阿瑟的下属再次拒绝，并声称这件事要从"国际角度"出发来考虑。调查人员于 1 月 23 日再次发出逮捕请求，并随之前往日本，这引起了国际媒体的关注。这样一来，麦克阿瑟的下属别无选择，只好逮捕了下村。1946 年 2 月 9 日，下村被羁押在巢鸭监狱。但是到了 3 月，下村并没有和其他 4 名被告一起受审，麦克阿瑟的下属为这位前将军进行了激烈的辩护， 找出有可能会为他免罪的酒店收据和目击证人。最后，麦克阿瑟的首席情报官，查尔斯·威洛比准将，就用下村只是在奉命行事来辩护。“因为处决飞行员的最终决定已经由在东京的帝国陆军总司令部在 10 月 10 日做出，”威洛比在一份备忘录中写道，“那么第 13 军指挥官在执行书上的签名就只是走了一个形式而已。”

当然，威洛比这样的观点与其他四名被告的辩护词并无二致，不过法庭对四名被告进行了审判和定罪。而他所采取的长时间拖延最终达到了目的。“在中国的战争罪行审判即将结束，”拉尔夫·辛那在 9 月写道，“想要继续审判下村已不再可能。因此，指挥部对此案不再采取任何行动。”威洛比亲自关照了对下村的秘密释放，这里涉及绕过日本政府的书面指示，并秘密地将下村的名字从监狱的日常报告中移除。1947 年 3 月 14 日中午，一辆私人轿车从监狱接走了下村，将他送回位于市川的家中，之后又被安排去“一个安静的地方住上几个月。”这位签署杜立特突击队员死刑命令的人此后再没有进过一天的监狱。任务命令是这样的：“按照要求，此次释放要对外保密。”

后　记

他们将永垂青史。

——德怀特·艾森豪威尔的行政助理霍华德·派尔，1955 年

东京突袭的前夕，当杜立特和他的 79 名飞行员一起站在大黄蜂号的甲板上时，杜立特曾许下过一个承诺。“等我们到了重庆，”他告诉他的飞行员们，“我要给你们举办一场终生难忘的派对。”

但是后来飞行员们未能同时到达重庆，聚会也就从未兑现。1943 年，杜立特在北非为 20 多名飞行员举行了一次聚会，但那并不是他所承诺过的全体派对。

因此战争结束后——当突击队的最后一名成员也回到了美国——杜立特给他的队员们发出了邀请信。“现在似乎正是该我们团聚的时刻，就拿我自己来说，没什么能比跟老战友们相聚叙旧、把酒言欢更畅快的事了，”他在 1945 年 11 月的信中写道，“我打算举办盛大的晚宴，用各种美酒佳肴来款待你们。”

1945 年 12 月 15 日的这个周末，飞行员们在迈阿密有了第一次聚会，并由此开始了每年一次的聚会，这个惯例持续了近 70 年。杜立特的邀请受到热

烈的回应，电报和信件塞满了杜立特的信箱。

“我非常乐意前往，”戴维·琼斯写道，“事实上从这周起，我就要开始为了聚会而锻炼身体，这样等到了 15 日那天我就能开怀畅饮了。”

“将军，我已经迫不及待了，盼望着在聚会上与大家再次相见。”“矮子”蒙克回复道。

“你放心吧，”罗斯·格林宁写道，“我一定去，除非帝国大厦倒下来把我砸住。”

这次预期的聚会让蔡斯·尼尔森踌躇起来，他还在努力适应作为一个自由人的新生活。“当我意识到我是我们机组幸存下来的唯一人员时，”他写道，“我感到孤零零的，但也觉得自己非常幸运。”

从大黄蜂号甲板上起飞的 80 名飞行员中有 61 人活过了这场战争。利兰·法克托尔、比尔·迪特和唐·菲茨莫瑞斯在执行突袭任务中牺牲，比尔·法罗、迪恩·霍尔马克和哈罗德·斯帕茨被日本人处决，鲍勃·米德尔在狱中被饿死，另有 12 人在执行其他任务时牺牲：鲍勃·克莱弗、丹佛·楚洛夫、唐纳德·史密斯、理查德·米勒、肯·雷迪、埃德温·贝恩、乔治·拉金、尤金·麦克格尔、奥默·杜克特、梅尔文·加德纳和保罗·伦纳德。最后的这位保罗·伦纳德是杜立特非常信任的机械师，在东京突袭后的第二天，在中国的一个山坡上，他和杜立特一同站在 B-25 飞机散落的残骸中，他让他的指挥官杜立特放心，他说杜立特不仅会当上将军，还会获得荣誉勋章。

1943 年伦纳德在阿尔及利亚牺牲的时候，杜立特也在场。伦纳德在机场被一枚德军的炸弹击中。“这场悲剧唯一能让人好受一点的地方就是他不知道炸弹要来了，也永远不知道是什么击中了他。”杜立特写信给伦纳德在丹佛的遗孀。这是“我写过的最悲伤的一封信。”他后来说道，“如果他不得不死，那么这会是他首选的方式，干净利索、没有痛苦。”杜立特并没有向她提及她的丈夫被炸弹炸得粉身碎骨的可怕真相，但那可怕的一幕在之后的几十年里会一直萦绕在这位将军的心头。“我找到了保罗的遗骸。就只剩下了左手，手腕上还戴着手表。那个在中国，在我最悲伤的时刻，试着让我高兴起来的阳光男孩就只剩下了这只手，”他写道，“保罗的牺牲是我个人在这场战争中遭受的最大悲剧。”

1942年4月，杜立特和他的突击队员们完成了一项不可能的任务，在大家都知道生还机会十分渺茫的情况下， 从那么远的距离起飞。但这些飞行员却做到了，他们成功地轰炸了日本并逃离。而他们中的大多数都活了下来并且没有被抓获就真的是一个奇迹了。海上遇到的顺风拯救了他们，飞行员哈罗德·沃森将之形容为“上天之手的帮助”。东京突袭不仅让这个受伤的国家士气大振，而且战后日本高级领导人的采访记录表明，这次突袭推动了日本夺取中途岛的计划，这个意想不到的结果成为了这次行动的最大功绩。1942年6月的中途岛战役让日本损失了四艘航母，从而扭转了太平洋战场的局势，为美国在太平洋区域发动主动攻击铺平了道路。《美国战略轰炸调查》总结道，“中途岛的航母大战在整场战争中起到了决定性的作用。”

但这次突袭的代价也是巨大的。飞虎队的队长克莱尔·陈纳德后来抱怨道，这次任务的高度保密造成了轰炸机全部损失的结果。之前要是将这次行动告知给他，陈纳德写道，那么他的无线电人员本可以将杜立特的队员引到安全的机场。“那样的贻误带给我的痛苦，”他写道，“并没有随着岁月的流逝而减轻。”而且这在一定程度上也导致了政府的欺骗，政府将轰炸机全部坠毁和两组机组成员被捕的消息封锁了起来。不过，最大的代价当然是中国人为此而承担的生命财产损失，这样的后果在发动突袭时，美国领导人就已经料到可能会发生，但他们认为这个险是值得冒的。作为这次突袭产生的一个副作用，大约有25万中国人被杀死，而这在当时和之后的数十年中一直未能引起美国公众的关注。“侵略者们把一个富饶、人丁兴旺的国家变成了人间地狱，”一位中国记者写道，“变成了一个可怕的大坟场，我们在方圆数英里内看到的唯一活着的东西是一条瘦骨嶙峋的狗，没等我们靠近，它就飞也似地逃走了。”

在迈阿密的第一次团聚中，突击队员们游泳、畅饮，享受着老朋友之间的情谊。1947年他们再次回到迈阿密相聚。尼尔森向杜立特提出是否可以邀请战争罪审判法庭的检察官们，他们刚刚结束了在中国的工作。事实证明，这次聚会开得热闹非凡，酒店夜班服务员留下了这样的记录：杜立特和他带来的那群小伙子真的让我头上多添了几根白发。这是自打我到这儿工作以来最糟糕的一个晚上。完全无法控制住他们。

我让他们只能在 211 号房间里大声喧哗，但是到了凌晨 1 点钟，包括杜立特在内的 15 个人走出了房间，带着女孩子到游泳池里玩乐。杜立特跟我说他们不想制造麻烦，只要再最后跳一次水就会离开。但他们一直在游泳池里待到凌晨 2 点半。

我不下两次上前劝说，但都没有用。他们穿着泳衣在酒店的大厅里追逐打闹，直到早上 5 点才安静下来。

是的，这真是难熬的一夜。

20 多名突击队员都在这份投诉上签了字。现在这份投诉书被保存在麦克斯韦尔空军基地的美国空军历史档案研究所，该研究所位于阿拉巴马州的蒙哥马利。飞行员们相聚在一起的时光是如此美好，此后直到 2013 年，他们每年都会相聚，除去 1951 年和 1966 两年，因为朝鲜战争和越南战争的缘故而取消了当年的聚会。每次年会他们都会联系牺牲飞行员的家属，告诉他们，他们的儿子是不会被遗忘的。“比尔就活在我们的心中，正如他今天也在你的身边，”飞行员们第一次在迈阿密聚会时写信给法罗的母亲，“他将一直活在我们的心中。”

就俄罗斯人是否是有意把他们转移到南方让他们逃跑的这件事，斯基•约克和鲍勃•埃曼斯进行了长达几十年的辩论。约克后来说，他一直认为俄罗斯人是有意这么做的；但埃曼斯并不这样认为。不过两名飞行员都没能活着看到真相大白的那一天。在一份被解密出来的 1944 年 10 月的绝密电报中，有一条重要的线索表明，约克的预感很有可能是对的。美国驻俄大使与苏联的外交部长一同策划，将 28 名被扣留者从西伯利亚转移到了临近伊朗的塔什干，加入到那里原有的 62 名被扣押人员，他们大部分都是海军飞行员。“完成转移后，”电报中说，“为这些囚犯安排一次类似去年 2 份那样的逃跑行动。”

生活仍将继续，那场战争已渐渐远去，突击队员们各自找到了工作，结婚生子。雅各布•萨泽遵循他自己的誓言，回到日本成为了一名传教士。在那里他惊讶地发现日本人为了纪念杜立特而修建了一个公园。在日本传教的三十余年间，萨泽建造了 23 座教堂，其中有一座就建在名古屋。这正是当年萨泽轰炸过的城市。谁也未曾料想命运的转折会带来怎样的改变，萨泽践行宽恕的事迹极大地触动了渊田美津雄，这位偷袭珍珠港事件中的著名的领队战斗机驾驶员皈依了基督教。渊田美津雄在萨泽的教堂受洗。“我曾深陷迷途，”他后来说，“但是萨泽的事迹启发了我，让我捧起《圣经》。”

当年和萨泽一起被俘虏的其他飞行员则经历了多年的创伤后遗症。在杜立特的帮助下，乔治·巴尔终于开始好转。“他对自己能够完全恢复似乎充满了信心，”埃莉诺·唐斯在 1946 年 2 月给杜立特将军写信，“我感觉他现在终于有了安全感。”两个月后，巴尔在《国际新闻》上发表了一篇文章，讲述他自己与病痛作斗争的经历。“现在噩梦减少了，”他写道，“我的体重又回到了 170 磅。我感觉不错。我想尽快忘掉那三年的经历。”

巴尔在 1967 年死于心脏病，终年 50 岁。退伍军人管理局认为他的死亡与服役经历无关，拒绝向巴尔的遗孀和四个孩子发放福利。杜立特再次站出来全力相助，为巴尔的家人争取权益。杜立特不同意管理局的说法，并表示自己可以为此出庭作证。迫于压力，管理局做出了让步。“乔治在战争结束时的身体状况非常糟糕，任何人如果处在那种状态都会给身体器官留下永久性的损伤，”杜立特写道，“在乔治这里就是心脏出了问题。”

其他曾被囚禁过的飞行员也同样出现了长期的问题。1971 年，鲍比·海特的妻子——在海特被释放近 30 年后——在一份写给退伍军人管理局的陈述说明中列举了她丈夫每天的挣扎，从慢性胃病到每天十几次的排便。他一直被噩梦困扰。“他会尖叫着从睡梦中惊醒，睡着的时候讲梦话、磨牙、甩动两条手臂，似乎是在抵御敌人，”她写道，“我真的认为在我们婚后的近 25 年里，他没睡过一晚的好觉。”

但是这些人每年都会聚在一起，暂时把各自的难处放在一边。聚会的核心人物就是杜立特。在整场战争中，这位将军指挥过许多飞行员，但他从没否认过他是有所偏爱的。“这并不是说我不喜欢其他飞行员，”他在 1955 年的聚会上说，“而是说我更爱这群孩子们。”

这种喜欢是相互的。

“我们这群年轻人愿意为他赴汤蹈火，”领航员诺兰·赫恩登回忆，“而且我们也做到了。跟着他出生入死。”

突击队员就是彼此的家人。“不仅仅是团队合作的关系，而是手足兄弟。”哈罗德·沃森说。

“我在第二次世界大战期间执行了40次飞行任务，但是没有一项任务可以超越东京突袭，”投弹手罗伯特·布儒瓦补充道，“其他任务和东京突袭相比就是小巫见大巫了。”

不过这些突击队员们一直都没把他们自己看成是英雄，正如机械师道格拉斯·雷德尼所说的：“我们想我们都是普普通通的美国公民，当我们驾驶飞机起飞的时候会感到害怕，但更害怕无法起飞。”

1959年在图森的第17次聚会上，一些民间团体领导人向飞行员们赠送了八十只银质高脚酒杯，每只酒杯上都刻有一位飞行员的名字。杜立特的副驾驶员迪克·科尔还做了一只丝绒桃花心木的旅行箱，以便飞行员们将高脚杯运送到聚会的地点。

在每次年会上，突击队员们都会举行一个私人仪式，向已经辞世的飞行员敬酒以表怀念，并将过世飞行员的高脚杯倒置过来。每只杯子上的姓名都刻了两处，倒置过来就可以看到第二处刻印。杜立特拿出一瓶1896年（正是他出生那一年）的轩尼诗白兰地。大家约定这瓶特别的酒将由最后两名还活着的成员开启，用来缅怀所有已经过世的成员。

光阴荏苒，一位又一位的队员渐次消逝在了岁月的长河之中。吉米·杜立特，这位特技与竞速飞行中的传奇人物，作为一个生性就爱冒险的人，出人意料地活到了96岁的高龄。2013年，仅剩下的4名队员——都已年逾90岁——决定修改一下他们的约定，他们4人于11月9日，在位于俄亥俄州代顿市的美国空军国家博物馆进行了最后的一次纪念仪式。

纪念仪式在博物馆中一个宽敞的机库中举行，来宾都坐在折叠椅上。飞行员们首先向在场的家人、朋友和政要们敬酒。迪克·科尔、爱德华·塞勒和戴夫·撒切尔三人坐在台上。戴夫·撒切尔是“跛脚鸭”的成员，当年只有20岁的他，救出了泰德·劳森和其他严重受伤的队员。而曾经被俘的鲍比·海特，因为健康原因无法参加，他在田纳西州的家中进行了自己的庆祝。

历史学家卡罗尔·格兰斯大声地念出了80名志愿者的名字，他们在71年前那个狂风骤雨的早上，义无反顾地爬进 16 架停在大黄蜂号甲板上的轰炸机。98 岁的科尔，那次传奇飞行中杜立特的副驾驶，此时站了起来。“先生们，我提议向那次行动中牺牲的和在那之后辞世的队员敬上一杯酒，”科尔说，“愿他们安息。”

三名队员举起了酒杯。

安息号响起。

鸣谢

这本书的完成得益于许多人的努力，在此我要感谢他们一路上给予我的帮助。我有幸见到了四名突击队员，理查德·科尔、戴夫·撒切尔、爱德华·塞勒和现已过世的汤姆·格里芬，他们非常友善地接受了我长时间的采访。我要特别感谢戴夫·撒切尔，他在我完稿后，阅读了这本书的副本。

我还受到了几位突击队员家人的帮助，包括杰夫·撒切尔，他给我的研究工作带来了非常大的帮助，甚至在这本书出版之前，还帮助校对。此外，他为我争取到了出席2013年11月那最后一次纪念年会的机会。我也要感谢贝基·撒切尔和桑德拉·米勒，他们待我像家人一样。我同样要感谢辛迪·查尔，突击队员迪克·科尔的女儿。多年来，辛迪一直在搜集突击队员们的相关记录和照片，她慷慨地为我提供了许多资料。她不仅在达拉斯的得克萨斯大学花了好几天的时间和我一起整理材料，而且还阅读了这本书的手稿。被处决飞行员迪恩·霍尔马克的堂兄，亚当·霍尔马克也给了我很多帮助，他与我共享了许多重要的记录。还有汤姆和凯瑟琳·凯西，他们抽出时间来阅读了这本书的副本。

这种非小说类书籍的写作就像是一次历史的寻宝活动，因此我必须要感谢军队档案馆的工作人员，是他们帮助我寻找到叙述这个故事所需的各种拼图。我要感谢美国国家档案馆的内特·帕琪和埃里克·万·思兰德，以及独立研究人凯蒂·拉斯道夫和苏珊·斯特兰奇。空军历史研究所的阿奇·迪芬特和西尔维斯特·杰克逊也给了我很大的帮助。我还要感谢我在蒙哥马利的好朋友，乔治·卡利多年来对我的帮助，他的私人藏书是我所见过的最令人赞叹的。我要感谢德保罗大学的摩根·亨杰滋和卡莉·费森，他们帮我解锁了日军在中国暴行的记录。同样给我巨大的帮助的还有：富兰克林·罗斯福总统图书馆的研究员肯·穆迪和档案保管员鲍勃·克拉克，以及胡佛研究所档案馆的安·特雷福。

我还要感谢的人包括：大黄蜂号航空母舰博物馆的鲍勃·菲什；得克萨斯大学的汤姆·艾伦；海军图书馆的戴维斯·艾略特；海军战争高校图书馆的伊芙琳·车帕克；空军学院图书馆的玛丽·伊丽莎白·卢伟尔；马里兰大学的安妮·特考斯；国家美国空军博物馆的布雷特·斯托尔；海军局医学与外科处的安德烈·邵伯奇尼斯基；国家博物馆太平洋战争分馆的里根·格劳；南卡罗来纳军事博物馆的麦克·洛特和巴迪·斯特吉斯；达灵顿县历史社会研究所的凯·威廉姆森；杨百翰大学的詹姆斯·德阿克。我要感谢杜立特突袭研究员泰德·布里斯克，他将他的个人收集拿出来与我分享。同样，弗朗索瓦丝·福克纳也为我提供了一份她未曾出版的牧师查尔斯·米斯的传记。我还要特别感谢我在东京的翻译特伦斯·杨，要是没有他的帮助，我肯定会迷路的。

还有国内，我要特别感谢查尔斯顿县公共图书馆的工作人员。多年来，琳达·斯图尔特还有我的朋友斯蒂芬·施万格尔一直帮助我进行研究。感谢帕梅拉·贝内特·奥姆和大卫·哥布尔为我查找资料提供的便利。查尔斯顿学院的克莱尔基金专门协助了我的研究工作。其他几位作家也为我提供了资料和引导，包括我的好朋友史蒂夫·摩尔，他出的书多得我都列不过来。同样感谢奈杰尔·汉密尔顿和格雷格·莱克两位作家。杜立特空袭研究历史学家兼作家卡罗尔·格兰斯在本书出版之前欣然允诺阅读我的手稿。我在西雅图的好朋友也是同行作家克雷格·韦尔奇和在查尔斯顿的杰森·瑞安让我始终保持理智。

我要感谢诺顿公司的约翰·格鲁斯曼，他是位极其出色的编辑，也刚好是《火线护送》一书的作者，这是近年来有关二战的最好的一本书。约翰逐行细读了我的手稿，对我书中的叙述进行了润色。我也要感谢他的助理，乔纳森·贝克，他是为绝佳的助理，永远保持着耐心。文字编辑奥托·松塔格做了大量的工作，纠正文中的疏漏。而诺顿公司的营销部与宣传部更是为这本书付出了巨大的心血。多年来我一直有幸与温迪・司卓曼合作，他是一位非凡的代理人，，有着强烈的商业意识，在他的指引和关照下，我已经完成了三本书。最后，但同样重要的是，我要感谢我那了不起的妻子，同时也是我最好的朋友，卡门•斯科特。正是她多年来的自我牺牲，我才得以全心地投入到历史研究和写书的爱好之中。要是没有她无尽的支持，加上我们两个可爱的孩子伊萨和格里格斯的支持，就不会有这本书。

出处说明

为了讲杜立特突袭这个故事，我寻访了遍布在四大洲的近 40 个图书馆和档案馆。有关吉米·杜立特的私人文件被分别存放在了不同的机构里，其中国会图书馆保存着行动任务报告的副本，以及杜立特与多名飞行员及其家属的大量的往来信件。还有一些关于杜立特的重要记录保存在位于达拉斯的得克萨斯大学，包括他与自己家人的通信、他战后的演讲以及航行日志。位于圣路易斯的国家人事记录中心则保存着这位传奇飞行员的军队档案——总计 1 000 多页的医疗记录、效率报告以及嘉奖令。

另一个重要的资料来源是同样设立在得克萨斯大学的杜立特东京突袭者协会，这里的资料包括每位飞行员的档案、书信、日记、口述历史和 70 多年间的相关剪报。在麦克斯韦尔空军基地的美国空军历史研究机构存有许多原始任务记录的副本，高质量的口述历史记录、照片和突击队员的重要信件。设在马里兰州帕克大学的国家档案馆与记录管理局保存着海军特遣部队的航海日志、战争日记、行动报告以及大量的日本战争罪行文件。管理局中还保存着梅里安·库珀编写的突袭任务报告，这一最具价值的记录却被许多作家在编写相关史实的时候遗漏了。库珀的报告写于 1942 年 5 月，记录了 59 名（总共 80

名突击队员）经过重庆的突击队员对突袭经过和结果的个人陈述。

而最重要的资料来自德保罗大学那些尘封已久的任务文件——包括许多此前未被发表过的信件、宣誓书和个人讲述，让我们得以了解那次突袭过后，日本对中国人民进行了怎样的残酷报复。位于纽约的富兰克林·D·罗斯福图书馆和海德公园村的博物馆收藏了珍珠港偷袭事件的相关记录和处理飞行员被捕及被害的相关政策文件。其他关于亨利·阿诺德、厄内斯特·金和马克·米切尔的重要资料来自国会图书馆和海军历史遗产司令部。还有许多较小的机构，从达灵顿县历史委员会到俄亥俄大学，藏有某些突击队员的个人资料。

日本方面，联合舰队参谋长宇垣缠的日记、《大阪每日新闻》和《日本时报》都提供了有关突袭的内容。马里兰大学的历史学家戈登·普兰芝发表的与多名高级日本领导人的采访记录为深入了解杜立特突袭的军事历史意义提供了有价值的视角。其他重要的并且此前未被使用过的日本资料还包括《战史丛书》，共102卷讲述日本的战争故事。其中的第29卷和85卷用了大量篇幅讲述杜立特突袭。日本的历史学家柴田竹彦和原村大友在2003年发表文章，精确记录了每一架轰炸机对日本造成的损害，虽然这份报告并未提及这次空袭给中国间接带来的可怕后果。可惜这些材料都没有英译版本，多亏了特伦斯·杨为我做了相关记录的翻译。

正如任何前人讲过的话题一样，我的这本书也受益于前面的几位作者。最著名的就是杜立特突击队员协会的历史学家卡罗尔·格兰斯，著有《杜立特的突击队员们》《杜立特突袭》和《四个回家的人》。我同样拜读了詹姆斯·美林写于1964年的《轰炸东京》和杜安舒尔茨写于1988年的《杜立特突袭》。但我这本书的写作大部分是基于原始的资料——报道、日记、书信和口述历史。所有的引用和对话都来自官方的报告、备忘录、记者发布会、庭审记录、电报、信件和日记、国会议事录、船只的航海日志、新闻消息以及回忆录，这其中有已经发表的，也有未曾发表的。

书中出现的地名都保留了1942年时的叫法。

图书在版编目（CIP）数据

轰炸东京：1942，美国人的珍珠港复仇之战 /（美）詹姆斯 · M. 斯科特著；银凡译.

—北京：民主与建设出版社, 2016.7

ISBN 978-7-5139-1111-5

Ⅰ.①轰… Ⅱ.①詹… ②银… Ⅲ.①第二次世界大战战役—空战—通俗读物 Ⅳ.①E195.2-49

中国版本图书馆CIP数据核字（2016）第113059号

版权合同登记号：图字01-2016-3706

轰炸东京：1942，美国人的珍珠港复仇之战

HONGZHA DONGJING:1942，MEIGUOREN DE ZHENZHUGANG FUCHOU ZHI ZHAN

出 版 人　许久文

作　　者　[美] 詹姆斯 · M. 斯科特

译　　者　银 凡

责任编辑　王 颂

监　　制　于向勇　马占国

选题策划　森欣文化

特约编辑　秦 青

营销编辑　刘晓晨　罗 昕

封面设计　红杉林文化

出版发行　民主与建设出版社有限责任公司

电　　话　（010）59419778　59417747

社　　址　北京市朝阳区阜通东大街融科望京中心B座601室

邮　　编　100102

印　　刷　北京京都六环印刷厂

开　　本　700mm × 995mm　1/16

印　　张　30

字　　数　500千字

版　　次　2016年9月第1版　2016年9月第1次印刷

书　　号　ISBN 978-7-5139-1111-5

定　　价　58.00元

注：如有印、装质量问题，请与出版社联系。